Knaur

D1925057

Herausgegeben von Holger Wolandt sind außerdem erschienen:

Das große New York Lesebuch (Band 60740)
Das große Sommerlesebuch (Band 60788)
Das große Winterlesebuch (Band 60945)
Das große Weihnachtslesebuch (Band 60767)
Jesus – Ein kritisches Lesebuch (Band 77088)

Der Herausgeber Holger Wolandt lebt als Reisejournalist und Übersetzer in Stockholm. Er schreibt regelmäßig für MARE und den ADAC.

Herausgegeben
von Holger Wolandt

Das große Frühlingslesebuch

Knaur

Besuchen Sie uns im Internet:
www.droemer-knaur.de

Originalausgabe Februar 1999
Copyright © 1999 bei Droemersche Verlagsanstalt
Th. Knaur Nachf., München
Alle Rechte vorbehalten. Das Werk darf – auch teilweise –
nur mit Genehmigung des Verlags wiedergegeben werden.
Umschlaggestaltung: Agentur Zero, München
Umschlagfoto: Premium, Düsseldorf
Satz: Ventura Publisher im Verlag
Druck und Bindung: Clausen & Bosse, Leck
Printed in Germany
ISBN 3-426-60824-3

4 5 3

Inhalt

Hjalmar Söderberg
Aprilveilchen

1

Im April vor vielen Jahren ging spätabends ein junger Mann auf dem Weg zu einer Einladung mit langen Schritten durch den Humlegården. Er hatte zu Hause über seinen Büchern gesessen und ganz vergessen, daß er noch ausgehen mußte; ein Telefonanruf hatte ihn geweckt und an seine Pflicht erinnert, er hatte sich in höchster Eile in den Frack gestürzt ... Eigenartig: er war an einem Ort eingeladen, wohin er immer gerne ging, und am Morgen, gleich beim Erwachen, hatte er sich gefreut auf das kleine Vergnügen des Abends – und dann alles vergessen!

Nun stand er an der Ecke Floragata-Karlaväg, vor dem Haus, in welches er sollte. Dort verharrte er plötzlich, denn aus einem Fenster ertönte Gesang. Einige Vorbeigehende waren stehengeblieben und lauschten. Eine schimmernde, tiefe und gleichsam plötzlich aufflammende Frauenstimme. – »Schläfst du, meine Seele?«

Er stand wie entrückt. Im ersten Stock, eben dort, wohin er sollte, war alles erleuchtet, und ein Fenster stand weit offen. Dorther kam der Gesang. Einen Augenblick lang glaubte er, die Stimme zu erkennen, bildete sich ein, sie gekannt zu haben, die sang, aber vielleicht nicht in Wirklichkeit, vielleicht nur in einem Traum. Und gerade *dieses* Lied! – »Schläfst du, meine Seele?«

2

»Wer hat gesungen?« fragte er den Gastgeber.
»Frau Grendel. Frau Professor Grendel. Hier ist übrigens ihr Mann, vermutlich kennen sich die Herren? Dozent Jerneld – Professor Grendel.«
Die beiden Herren schüttelten sich die Hände. Sie kannten einander kaum, nur ganz flüchtig. Jerneld war Humanist, Grendel Naturwissenschaftler. Professor Grendel sah aus wie ein gemütlicher Troll, weniger grauenerweckend als sein Namensvetter in der Beowulf-Sage, aber auf jeden Fall kein leckerer Anblick.
Frau Grendel – Frau Professor Grendel. Jerneld lächelte innerlich, unsichtbar. Lena Hilleström also, mit anderen Worten! Nun erinnerte er sich, daß er einmal, vor fünf, sechs Jahren, ihre Heiratsanzeige in einer Zeitung gesehen hatte. Lena Hilleström, die er einst als Schuljunge durch einen glücklichen Unglücksfall zufälligerweise splitternackt gesehen hatte, einmal im Sommer auf dem Lande. Sie war sechzehnjährig, und er gleich alt. Lena Hilleström! Die erste Offenbarung des Weibes in seinem Leben! Lena, Lena, Lena Hilleström! – Frau Professor Grendel.
»Darf ich vielleicht bitten, Frau Professor vorgestellt zu werden?« sagte Jerneld zu Professor Grendel.
»Mit dem größten Vergnügen, wenn ich nur wüßte, wohin sie verschwunden ist.«
Es war eine große Abendeinladung mit vielen Leuten. Der Professor zog den Dozenten mit sich durch einige Zimmer, aber seine Frau war nicht zu finden. Und bald verloren sich auch der Professor und der Dozent aus den Augen. Jerneld kam vor ein Büchergestell zu stehen, entdeckte ein Buch, das seine Neugierde weckte, zog es heraus und setzte sich damit in einen Winkel. Das Buch hieß »Kenntniss von der Welt« und war im Jahre 1753 gedruckt, mit Oelreichs Imprimatur. Und indem er sich an die

Erläuterung eines älteren Kollegen erinnerte, daß der Censor librorum Oelreich zu seiner Zeit der Ehemann gewesen sei, dem man wohl die meisten Hörner aufgesetzt hatte, wandte er die Blätter in dem alten Buch »Kenntniss von der Welt« mit besonderem Interesse um. Und er dachte: »Ich bin ja nicht mehr jung. Bald dreißig Jahre alt. Eine deutliche Wende! Es wird Zeit sein, zu versuchen, etwas Kenntnis von der Welt zu gewinnen!«
Das Zimmer, in dem er saß, hatte sich geleert; die meisten Gäste hatten sich in den großen Musiksalon zurückgezogen, wo ein berühmter Bellman-Sänger* zur Gitarre sang. Die spröde Stimme des Vortragenden forderte eine atemlose Stille unter seinen Zuhörern. Deshalb konnte Jerneld in seiner Ecke in der Nähe einer Türöffnung mit einer bestickten chinesischen Seidenportiere plötzlich einige Sätze aus einem geflüsterten Gespräch in dem kleinen Kabinett hinter der Portiere verstehen. Trotz des Geflüsters war es leicht, die Worte des Mannes von denen der Frau zu unterscheiden.
Er: »Du darfst nicht Unmögliches von mir verlangen. Du weißt doch, daß …«
Sie: »… unmöglich? …«
Er: »Ich versichere dir …«
Sie: »Du wagst es nicht. Du fürchtest dich vor deiner Frau.«
Er: »Du weißt, daß ich dich liebe. Aber du weißt auch, wie es mit mir steht; mir fehlt das Geld, um mich scheiden zu lassen. Wenn ich frei wäre!«
Sie: »Du fürchtest dich nicht nur vor ihr – du fürchtest auch den *Troll*. Armer großer Junge, der sich vor einem Troll fürchtet!«
Er: »Ich versichere dir, Lena …«
Nun erhob sich plötzlich die Stimme des Bellman-Sängers aus weiter Ferne:

* Bellman, Carl Michael, 1740–1795: trinkfreudiger Bohemien; dichtete, komponierte und sang volkstümliche Lieder. (Anm. d. Übers.)

Endlich im Grünen draußen
sollst du dem letzten Liede lauschen.
Ulla, leb wohl, du Schöne.
Spielt voll, Instrumente, klingt!

Und als er geendet hatte, folgte ein minutenlanger schmetternder Applaus. Die Gäste strömten aus dem Musiksalon und verteilten sich in den Räumen. Jerneld stellte »Kenntniss von der Welt« auf das Bücherregal zurück, von wo er es herausgenommen hatte. Er bemerkte nicht, daß er es verkehrt hineinschob. Er mischte sich unter die übrigen Gäste. Er wechselte einige höfliche Worte mit einer kleinen Prinzessin, deren Papa ein bekannter Branntweinbrenner war. Er plauderte eine ganze Weile mit einem jungen norwegischen Dichter, der keinen Frack trug, weil er keinen besaß, und der den exzentrischen Einfall gehabt hatte, Stockholm zu besuchen, obwohl er keinen Nobelpreis abzuholen hatte – er war zu jung und vor allem zu arm dazu. Er stieß auf einen Literaturprofessor mit schwarzem Bart und einer Nase von altem östlichem Adel und diskutierte mit ihm das Beowulf-Problem. Und mitten in dieser Diskussion spürte er plötzlich eine kräftige Hand auf seiner Schulter, er wandte sich mit einem nervösen Rück um und sah Professor Grendel, der meinte: »Endlich habe ich sie gefunden! Ich muß Ihnen sagen, Herr Dozent, sie ist nicht eine von denen, die man vom selben Regal herunternimmt, auf das man sie gestellt hat! Aber hier ist sie, bitte sehr: Dozent Jerneld – meine Gemahlin!«
»Aber lieber August«, sagte die Frau, »einer Vorstellung bedarf es hier nicht. Du weißt doch, Dozent Jerneld und ich sind so etwas wie Kindheitsfreunde.«
Und zu Jerneld: »Wie wenig du dich verändert hast, Stefan, und wie nett, dich wieder einmal zu sehen! Ich habe manchmal an dich gedacht, du kannst mir glauben!«
Eben da wurde gemeldet: »Das Souper ist serviert!«

Professor Grendel gehörte zu jenen, die sich darauf verstehen, ein schwedisches Buffet kahlzuschlagen. Und während er im Stehen Glas um Glas leerte, unsägliche Mengen von Speisen verzehrte, brutal alle Konkurrenten aus dem Wege drängend, bediente Dozent Jerneld die Frau des Professors an einem kleinen Tisch in einer Ecke.
»Bitte, kleine Lena«, sagte er, als es ihm geglückt war, etwas zu erobern, was sie haben wollte. »Bitte, kleine Lena! Kleine Lena, Lena, Lena Hilleström.«
Und sie bedankte sich mit einem Lächeln, in dem er zugleich Sonnenschein, Mondschein und Sternenglanz erblickte.
Aber er hatte doch irgendwie die Empfindung, daß sie etwas bekümmerte. Sie war manchmal ganz abwesend, in weiter Ferne. Ihre Augen schienen jemanden oder etwas zu suchen. Dann plötzlich schien sie sich wieder zu sammeln.
»Na, du bist also ein gelehrter Mann geworden?« sagte sie.
»Weit gefehlt. Das werde ich nie sein. Ich habe zu viele verschiedene Interessen.«
»Und was interessiert dich am meisten?«
»Ägyptologie, glaube ich.«
Sie lachte ihr Sternenlachen. »Weshalb gerade das?«
»Die Ägypter waren das gottesfürchtigste Volk, das es je gegeben hat. Und ich schwärme für die Frömmigkeit vergangener Zeiten. Nicht für die der Gegenwart.«
Sie überlegte einen Augenblick. Dann schien ihr plötzlich ein Einfall zu kommen.
»Ich dachte eben, ich könnte morgen ins Nationalmuseum gehen«, sagte sie. »Aber dort habe ich alles schon gesehen, außer der Ägyptischen Sammlung. Die will ich morgen sehen. – Etwa um zwei Uhr«, fügte sie hinzu.
Nun war das Buffet leer gegessen, und Professor Grendel kam aufgeräumt und galant und servierte seiner Frau Bordeaux zum Truthahn. Und er stieß mit Jerneld an und trug ihm das Du an, indem er sagte: »Ich habe nun einmal das Privi-

legium des Rangs, und leider auch das des Alters. Zum Wohl, Junge!«

»Zum Wohl, Bruder!« antwortete Jerneld, wie es das Ritual vorschrieb.

»Wenn du denkst wie ich«, sagte der Professor, »so pfeifen wir auf das Eis und den süßen Wein und all die Frauenzimmer-Naschereien und gehen hinein und genehmigen uns einige anständige Whiskys.«

»Wir können doch deine Frau nicht ihrem Schicksal überlassen.«

»Autsch«, sagte Grendel, »muckse nicht, sondern komm jetzt!«

»Geh nur mit ihm, Stefan«, sprach sie. »Du wirst es nicht bereuen. Er ist so amüsant, wenn er etwas angeheitert ist.«

Jerneld folgte Grendel ins Billardzimmer, wo ein Bataillon von Flaschen und Gläsern in schon etwas erschütterter Schlachtordnung auf einem dazu hergerichteten Gestell der einen Wand entlang stand. An einem runden Tisch in einer Ecke saß ein Herr in sich zusammengesunken in einem Fauteuil, das Glas und die Whiskyflasche neben sich auf dem Tisch. Er schien halb zu schlafen, und das Glas war leer.

»Sitzest du hier, mein kleiner Zecher«, meinte Grendel. »Aber nun bekommst du Gesellschaft, ob du willst oder nicht. Sind die Herren miteinander bekannt? Nicht. Dozent Jerneld – Doktor Eckerman. *Dichter* Eckerman kann man auch sagen, wenn man sich mit ihm einen Spaß leisten will, aber das will ich nicht. Wollte ich das, sagte ich Dichter Eckerman, wie alle anderen!«

Doktor Eckerman ließ diese »Höflichkeiten« unbeantwortet. Er sah blaß aus und müde und vollkommen gleichgültig.

»Ich bitte«, antwortete Eckerman und hob ein wenig sein leeres Glas, stellte es aber gleich wieder weg.

Professor Grendel goß für sich selbst einen Riesenwhisky ein, hielt dann die Flasche gegen das Licht, um zu prüfen, wieviel noch darin sei, und füllte anspruchslosere Portionen in die Gläser der anderen. (Es standen zahlreiche Whiskyflaschen auf dem Gestell, aber er folgte seiner alten Gewohnheit.)

»Auf dein Wohl, Eckerman«, sagte er. »Du braucht nicht dazusitzen und zimperlich zu tun. Glaubst du, ich weiß nicht, daß man über dich und meine Frau spricht? Aber das kümmert mich einen Dreck! Du hast ein hübsches Frätzchen im Vergleich zu mir – zugegeben. Aber was kann dir das helfen? Die Frauen wollen selbst schön sein – um schöne Männer kümmern sie sich nicht. Und außerdem hat sie kein *Temperament.*«

Eckerman sah zur Decke hinauf und schwieg.

Grendel wandte sich an Jerneld: »Schade, daß du so spät gekommen bist. Da hast du sie nicht singen hören.«

»Doch«, sagte Jerneld, »ich hörte sie singen, als ich vor dem Haus stand. Ein Fenster war offen, und sie sang. Zwar wußte ich nicht, daß sie es war. Aber es stand eine richtige kleine Volksansammlung auf der Straße und lauschte. Sie sang ›Schläfst du, meine Seele?‹ von Emil Sjögren.«

»Eben dies! Und wenn man sie singen hört, könnte man wirklich glauben, sie habe Temperament. Das glaubte ich anfangs auch, aber ich bin betrogen worden! Temperament – nein! Im Vertrauen, Bruder: wenn ich was von dieser Ware haben will, und das will schließlich ein Mann von Zeit zu Zeit, muß ich mich anderswo umschauen.«

Jerneld fühlte sich verwirrt und wußte keine Antwort. Es war ihm unmöglich auszumachen, ob Grendel nur leicht beschwipst war oder vollgelaufen wie ein Elefant – oder stocknüchtern. (Denn so sah er aus.)

Eckerman blickte noch immer zur Decke und schwieg.

Jetzt strömten zahlreiche Herren herein, um sich nach dem Souper einen Whisky zu genehmigen. Jerneld wollte dem Gespräch eine andere Richtung geben und fragte Grendel etwas, was sein Fach als Naturwissenschaftler betraf. Aber Professor Grendel würdigte ihn keiner Antwort, sondern begann statt dessen, im Falsett »Schläfst du, meine Seele?« zu singen. Er sang vollkommen rein und musikalisch – ein Meisterstück parodistischer Nachahmungskunst.

Auf dem Heimweg durch den Humlegården, als es im Osten über den Hausdächern an der Sturegata schon hell zu werden begann, erinnerte er sich plötzlich an etwas, das Lena Hilleström gesagt hatte.
Sie hatte gesagt, sie wolle morgen ins Nationalmuseum und die Ägyptische Sammlung sehen.
»Etwa um zwei Uhr.«

3

Zu jener Zeit, gegen Ende der neunziger Jahre, befand sich die Ägyptische Sammlung des Nationalmuseums in einigen kleinen halbdunklen Räumen tief unten im Kellergeschoß. In Anbetracht der geringen Anzahl von Ägyptologen in Schweden war es selbstverständlich, daß diese kleinen grabähnlichen Kammern öfter von Liebespaaren besucht wurden, die ein Versteck für ihr Geheimnis suchten, als von Ägyptologen. Museumsbesucher anderer Art störten äußerst selten den Schlaf der Jahrtausende, und auch nicht den des Wärters.
Jerneld blieb einen Augenblick in der Loggia des Museums stehen, bevor er hineinging. In der Hand hatte er einen Veilchenstrauß, den er auf dem Weg von einer alten Frau am Stureplan gekauft hatte. Er zögerte.
»Ein Veilchenstrauß«, dachte er, »das ist zu gewöhnlich. Ich hätte auf etwas anderes kommen sollen. Und der alte Hultbom, der Wärter dort unten, kennt mich, und er glaubt sicher nicht, daß ich einen Veilchenstrauß gekauft habe, um einer vornehmen ägyptischen Dame aus der jüngeren Thebenzeit den Hof zu machen.«
Er warf den kleinen Strauß über die Balustrade der Loggia und ging hinein. Es war genau zwei Uhr.
Als er in den Grabkeller hinunterkam, war sie schon da. Mit einem Veilchenstrauß an der Brust stand sie über einen Mumiensarg gebeugt.

Sie reichte ihm die Hand, die er küßte.
»Wer liegt in dem Sarg?« fragte sie.
»Niemand«, antwortete er. »Die Mumie ist weg. Aber auf Grund der Inschriften lag eine ältere Dame im Sarg, eine Dame mit dem Titel ›königliche Verwandte‹. Und ich bin eben damit beschäftigt, Beweise zu sammeln, daß sie zu Lebzeiten eine alte Tante jener Prinzessin war, die Moses im Schilf fand, als sie im Nil badete – übrigens keine sehr beliebte Badestelle, wegen der Krokodile ...«
Sie lachte ihr Sonnenscheinlächeln, aber etwas blaß, wie wenn leichte Spinnwebwolken im April über die Sonne ziehen.
Jerneld sah sich um. Wärter Hultbom war unsichtbar.
»Lena«, sagte er. »Kleine Lena, Lena Hilleström – was *willst* du von mir?«
Ihr Lächeln erstarb.
»Ich weiß es nicht«, antwortete sie. »Vielleicht nichts. Aber sag mir, war's spaßig gewesen gestern abend mit meinem Mann? Beim Whisky?«
»Er war ganz fidel. Aber wie kam es, daß du dich mit ihm verheiratet hast?«
»Er wollte mich unbedingt haben. Ich wollte nicht, aber sein Wille war stärker. Es ist etwas von Zauberei an ihm – alles kommt immer so, wie er will. Stefan – glaubst du an Trolle?«
Plötzlich stieg eine Erinnerung an den vergangenen Tag in ihm auf – das Geflüster hinter der Portiere zum kleinen Kabinett, während er im Bibliothekszimmer saß und in einem alten Buch blätterte.
»Ich glaube an alles mögliche«, sagte er. »Aber noch habe ich keinen Troll getroffen.«
Sie war vor einer kleinen Statue aus schwarzem Stein stehengeblieben.
»Was ist das?« fragte sie.
»Dies ist die Göttin Neith, die in späteren Zeiten mit der Göttin

Isis verquickt wurde. Betrachten wir die Inschrift: ›Kein Sterblicher hat meinen Schleier gehoben.‹«
»Das ist gewiß mehr, als ich sagen kann«, meinte Lena leise.
»Du bist doch auch keine alte ägyptische Göttin«, sagte Jerneld. »Und es war nicht dein Fehler, daß ich dich als Schuljunge einmal ohne Schleier zu sehen bekam. Aber die Folgen für mich waren schrecklich. Im Herbst saß ich einmal in einer Religionsstunde und zeichnete nackte Mädchen an den Rand von Norbecks Theologie. Unser Religionslehrer, der nun in irgendeinem Landnest Bischof ist, entdeckte den Skandal und setzte Himmel und Erde in Bewegung, will sagen das Lehrerkollegium und meinen Vater, der glücklicherweise Kanzleirat im Kultusministerium war. Wenn er etwas anderes gewesen wäre, hätte man mich von der Schule relegiert. Aber ich kam mit einer herabgesetzten Betragensnote davon und kriegte Schläge von meinem Vater.«
Nun lächelte sie ihm wieder zu – Sonne durch Aprilwolken ... Sie nahm den Veilchenstrauß von ihrer Brust und gab ihn ihm. Sie gab ihm mehr. Und ihre lautlosen Küsse störten weder den Schlaf der Jahrtausende noch den des Wärters.

Der gleißende Sonnenglanz über Strömmen blendete ihre Augen, als sie durch das Museumstor herauskamen. Sie blieben einen Augenblick in der Loggia stehen. Er hielt ihre Veilchen in der Hand.
»Woran denkst du?« flüsterte sie.
»Ich denke daran, daß ich einmal sterben werde. Da will ich mich an heute erinnern.«
»Wenn du sterben wirst, findest du dies vielleicht nicht der Erinnerung wert. Da hast du anderes, woran du dich erinnerst. Oder du erinnerst dich überhaupt an nichts.«
Er hielt sich die Hand vor die Augen, blind vom Geglitzer der Sonne über Strömmen.
»Wohin gehst du?« fragte er.

»In die Stadt. Komm mit!«
»Läßt sich das machen?«
»Natürlich. Warum sollte es sich nicht machen lassen?«
»Wir treffen natürlich Bekannte. Fürchtest du das Gerede nicht?«
»Das habe ich mir abgewöhnt.«
Sie gingen schweigend der Stadt zu.
Sie sagte: »Ich hätte wohl Lust, heute abend in die Oper zu gehen. Man spielt ›Hoffmanns Erzählungen‹. Willst du nicht mitkommen? Bestimmt – oh, das wird ein Vergnügen!«
»Aber was sagt dein Mann?«
»Der Troll Grendel wird heute abend ins ›Idun‹ gehen, und da kommt er immer erst am nächsten Tag nach Hause.«
»Hat er nicht ›Haarweh‹ von gestern abend?«
»Das glaube ich nicht. Um acht Uhr saß er am Schreibtisch und schrieb einen Zeitschriftenartikel, und um zwölf Uhr hielt er seine Vorlesung.«
»Nun beginne ich beinahe an Trolle zu glauben«, sagte Jerneld.
»Ja, an Trolle muß man glauben«, erwiderte Frau Professor Grendel. »Aber man soll sich nicht vor ihnen fürchten!«
Sie waren zu dem kleinen dreieckigen Platz zwischen Oper und Jakobskirche gekommen. Die Glocken der Kirche sangen und dröhnten. Eine junge Opernsängerin wurde begraben. Sie war von ihrem eifersüchtigen Liebhaber erwürgt worden.
Sie trafen Bekannte und begrüßten sie hastig im Vorbeigehen. Unter anderem begegneten sie dem kleinen norwegischen Dichter, den sie am Abend zuvor getroffen hatten. Er trug dieselben Kleider wie dort und war ohne Überrock, obschon von Nordosten her ein schneidender Wind blies, von den Schären, dem Bottnischen Meerbusen her.
Jerneld ging ins Vestibül der Oper, um die Billetts zu kaufen. Er erinnerte sich, daß es im ersten Rang einige rückwärtige Logen gab, wo man nicht gesehen werden konnte, wenn man ganz hinten saß, und er erhielt zwei von diesen nicht sehr gefragten

Karten. (Die meisten wollen schließlich gesehen werden, wenn sie ins Theater gehen.)
Als er aus dem Vestibül der Oper herauskam – mit dem Veilchenstrauß in der einen und den Karten in der anderen Hand –, fand er Frau Professor Grendel im Gespräch mit Doktor Eckerman. Sie hatten sich zufälligerweise getroffen, während sie dastand und wartete.
Durch einen eigentümlichen Zufall hielt auch Doktor Eckerman einen Veilchenstrauß in der Hand.
Jerneld steckte die Theaterkarten hastig in die Manteltasche. Die beiden Herren begrüßten sich mit ausgesuchter Höflichkeit, aber vielleicht etwas steif. Und nach der Begrüßung sagte Doktor Eckerman nichts, Jerneld nichts und Frau Professor Grendel nichts.
Jerneld meinte, die etwas peinliche Stille brechen zu müssen, und sagte: »Wir hatten wirklich einen netten Abend gestern ...«
»Ja«, antwortete Doktor Eckerman, »wir hatten es so nett mit Grendel. Er ist ja so freundlich und amüsant.«
Während Doktor Eckerman dies sagte, ließ er sein Veilchenbukett in eine Tasche gleiten, nahm rasch Abschied und ging gegen den Kungsträdgården hinunter.
Dozent Jerneld und Frau Professor Grendel kamen in eine Seitenstraße, eine vornehme und ruhige Straße. Sie schwiegen beide. Keiner wußte etwas zu sagen. Aber plötzlich stießen sie auf Professor Grendel, der vom Lantmäteribacken her auftauchte und anscheinend große Eile hatte, denn er blieb nicht stehen, sondern schrie im Vorbeigehen: »Diener Eckerman oder wie du heißt! Diener, kleines Lenastück! Hab' keine Zeit, mit euch zu schwatzen! Muß zu einer Generalversammlung! Wichtige Interessen wahrzunehmen!«
An der nächsten Straßenkreuzung blieb Frau Professor Grendel stehen und sagte: »Du mußt mir verzeihen, Stefan, mir ist nicht recht wohl. Ich habe ganz scheußliche Kopfschmerzen! Ich kann nicht in die Oper heute abend.«

4

Jerneld irrte eine Stunde lang durch die Straßen, ohne zu wissen, wohin er ging. Aber schließlich stand er vor einem kleinen Restaurant in der Nähe des Observatoriums. Er wohnte nicht weit davon und pflegte deshalb manchmal dort das Mittag- oder Abendessen einzunehmen.

Plötzlich bemerkte er, daß er ein Veilchenbukett in der Hand hielt. Seine erste Regung war, es wegzuwerfen, aber er tat es nicht.

Er ging hinein, bekam einen Tisch am Fenster und legte die Veilchen neben das Gedeck. Eine Serviertochter, ein hübsches junges Mädchen von neunzehn, zwanzig Jahren, erschien mit der Speisekarte.

»Guten Tag, Herr Doktor«, sagte sie.

»Guten Tag, kleine Lena«, sagte Jerneld. (Sie hieß nämlich Lena.)

Er hatte ihr manchmal etwas den Hof gemacht, aber nicht mehr, als die Höflichkeit es verlangte – nicht mehr, als was Brauch und Sitte war an diesem Ort und an vielen anderen. Er war der »Sittlichkeit der Sitte« gefolgt, wie Nietzsche sagt. Es war deshalb beinahe natürlich, daß er das Veilchenbukett nun nahm und es an ihrem kleinen Ausschnitt an der Brust festmachte.

Jerneld schien es, als ob sie merkwürdig tief errötete. Sie war doch solche kleinen Freundlichkeiten gewohnt, und auch andere, massivere.

»Danke«, sprach sie leise. Und später, als sie servierte, was er bestellt hatte: »Denken Sie, daß es im April Veilchen gibt.«

»Die gibt's schon im Februar«, sagte er. »Da kommen sie von der Riviera. Woher diese hier kommen, weiß ich nicht, aber ich habe sie einer Alten am Stureplan abgekauft.« (Er vergaß in der Eile, daß er die Veilchen, die er von der Alten am Stureplan gekauft hatte, schon vor einer Ewigkeit weggeworfen hatte.)

Als sie ihm den Kaffee brachte, erinnerte er sich daran, daß er zwei Karten für die Oper in der Tasche des Überrocks hatte.
»Lena, haben Sie ›Hoffmanns Erzählungen‹ schon gesehen?« fragte er.
»Nein, wo wird das gespielt?«
»In der Oper. Ödmann singt die Hauptrolle. Es ist ein romantisches und phantastisches Stück, und sehr schöne Musik. Ich habe zufällig zwei Billetts. Aber Sie haben wohl heute abend nicht frei?«
Fräulein Lena errötete noch einmal merkwürdig tief. Und sie hatte Tränen in den Augen, als sie flüsterte: »Nein ...«
Er saß da und starrte aus dem Fenster hinaus. Die Sonne war verschwunden, und langsam wurde alles grau. Die Menschen, die an dem Fenster vorbeigingen, an dem er saß, verloren in dem grauen Licht ihre persönlichen Züge. Sie sahen wie tot aus. Einige kamen langsam, andere schneller daher, aber alle, wie wenn sie Maschinen wären. Wer langsam ging, war zum Langsamgehen, und wer schneller ging, zum Schnellergehen eingerichtet. Niemand schien so schnell oder so langsam zu gehen, wie er es wollte. Auch die lange Reihe nackter Pappelskelette vor der Technischen Hochschule ... Friedhofstimmung ... Und das »Gespensterschloß« gegenüber, wo ein uralter Professor sitzt und Totenschädel sortiert ...
Es begann im Lokal dämmerig zu werden. Zwei oder drei Gäste saßen da und kauten an ihren Speisen. Geklapper und Speisegeruch aus dem Küchenteil ...
Plötzlich stand Fräulein Lena an seinem Tisch.
»Ich habe mit dem Oberkellner gesprochen«, flüsterte sie leise. »Ich habe mich für heute abend freigemacht. Wenn mir nur die Zeit reicht, nach Hause zu gehen, um mich umzuziehen!«
»Du hast bestimmt Zeit genug, kleine Lena«, sagte er. (Er hatte ihr nie zuvor »du« gesagt, aber sie nahm es ihm nicht übel.)
Er ging in den Vorraum hinaus, holte die Karten aus seiner Manteltasche hervor und gab ihr die eine.

»Ich gehe auch nach Hause und kleide mich um«, sagte er. »Dann treffen wir uns in der Loge – es ist eine hintere Loge im ersten Rang. Man sieht und hört gut, sitzt aber trotzdem etwas für sich allein und wird nicht von vielen gesehen ...«

Er ging nach Hause und kleidete sich um, in Frack und schwarze Halsbinde. (Der Smoking wurde zu jener Zeit in Schweden nur von einer kleinen Zahl bahnbrechender Snobs getragen, und Jerneld gehörte nicht zu ihnen.)
Als er in die Oper kam, saß sie schon in der Loge. Es gab da sechs Plätze, aber die vier anderen waren unbesetzt. Sie saßen ganz hinten, und nachdem der Vorhang sich geöffnet und es im Saal dunkel geworden war, konnte niemand sie sehen.
»Hoffmanns Erzählungen« ist, wie ja jedes Kind weiß, eine besonders romantische und phantastische Oper. Die Musik soll von einem gewissen Offenbach sein, traurig berühmt für seine frivolen Operetten. Und man erzählt sich, daß Bizet, der unsterbliche Schöpfer der »Carmen«, der Offenbachs elende Operetten tief verachtete, nach dem Anhören von »Hoffmanns Erzählungen« gesagt haben soll: »Der Mann ist jedenfalls eine Art Musiker.«
Die Deutschen schätzen im allgemeinen Wagner mehr als Offenbach. Das ist Geschmackssache. Auf jeden Fall ist es jedoch sicher, daß schöne Musik eine eigentümliche Macht über das Herz der Menschen besitzt. Und weder Fräulein Lena noch Dozent Jerneld waren in dieser Hinsicht eine Ausnahme.

5

Schweden war, trotz der unrichtigen Angaben in deutschen Konversationslexika (woher Dänen und Norweger gewöhnlich ihre Kenntnisse über Schweden haben), schon zur Zeit Oskars II. ein durchaus demokratisches Land mit starker Fluktuation

zwischen den Gesellschaftsschichten. Es geschah mehrere Male, daß sich junge Leutnants mit Serviererinnen oder Tabakverkäuferinnen verheirateten und später Generäle wurden. Es erweckte deshalb nicht viel Aufsehen, als der vielversprechende junge Archäologe Dozent Jerneld (aus dem adligen Geschlecht Jerneld) sich mit Fräulein Lena Hultbom, Kellnerin im »Abendstern« und Tochter eines Wärters im Nationalmuseum, verheiratete.
Einige Zeit später wurde ein hübsches Mädchen geboren.
Dozent Jerneld konnte nicht zum General aufrücken, wurde aber in jungen Jahren Professor, wenn auch nicht in Ägyptologie. Und während er sich im Laufe der Jahre mehr und mehr in seine Studien vertiefte, konnte es geschehen, daß er zeitweise seine schöne junge Gattin vernachlässigte.

6

Eines Abends im April ging Professor Jerneld mit seiner Frau auf dem Weg zu einer Einladung durch den Humlegården. Als sie zur Ecke Karlaväg-Floragata kamen, blieben sie einen Augenblick stehen und lauschten. Aus einem offenen Fenster im ersten Stock (eben dort, wohin sie sollten) klang Musik. Jemand spielte die Barcarole aus »Hoffmanns Erzählungen« auf der Violine, mit Klavierbegleitung.
Jerneld wollte hinaufgehen, aber Lena verharrte wie verhext.
»Ich will bis zum Ende zuhören«, flüsterte sie.
»Wer hat gespielt?« fragte sie die Gastgeberin, die dastand und mit Professor Grendel sprach.
»Ich war es, meine Gnädige!« antwortete der Professor. (Sie hatten sich flüchtig schon früher getroffen, an einer Einladung.)
Frau Lenas Gesicht verriet vielleicht unfreiwillig eine gewisse Überraschung.
»So haben sich wohl Ihre Gnaden den Musikanten nicht vorge-

stellt?« sagte der Professor. »Meine irdische Hülle ist nicht schön. Aber in der Hülle sitzt eine Seele, und in der Seele ist Musik!«
»Lieber Grendel«, sagte Jerneld, »du bist bewundernswert. Du sprichst nicht wie ein Naturwissenschaftler, wenn du mit schönen Damen sprichst. Das ist ein sehr feiner Zug.«
»Du täuschst dich, Bruder«, antwortete ihm Grendel. »Ich sage ganz einfach, was ich meine. Als Naturwissenschaftler weiß ich gewiß nichts über die Seele, aber als Mensch weiß ich einiges. Vielleicht mehr als du, da ich länger gelebt und mehr gelitten habe als du!«
(Professor Grendel sah eigentlich nicht wie ein Märtyrer aus. Zwar war er seit sieben oder acht Jahren von seiner Frau geschieden, die nun in Rom mit einem jungen italienischen Bildhauer zusammenlebte, und man erzählte sich, daß es ihm sehr nahegegangen sei. Aber zum Entgelt war er in den letzten Jahren durch glückliche Spekulationen sehr reich geworden, und seine eherne Gesundheit ließ es zu, daß er noch mit fast fünfzig Jahren ein ausgesprochen munteres und lockeres Junggesellenleben führte, während er gleichzeitig mit unverminderter Energie an der Befestigung und Ausweitung seines wissenschaftlichen Rufes arbeitete. Man sprach von ihm schon als von einem zukünftigen Nobelpreisträger.)
»Sie müssen mir meine Überraschung verzeihen, Herr Professor«, meinte Lena Jerneld. »Sie kam nur daher, daß ich keine Ahnung davon hatte, daß Sie Geige spielen können.«
»Das war fast das erste, was ich lernte«, sagte Grendel. »Mein Vater war Geiger in der Hofkapelle, und als er bemerkte, daß auch ich musikalisch war, versuchte er, mich zum Wunderkind auszubilden. Aber es glückte ihm gottlob nicht! Ich spiele nicht viel besser als mein Alter selig.«
... Jerneld trieb sich in den Zimmern herum und sprach hie und da mit einem Bekannten. Er kam in die Bibliothek hinein, ging zu einem Büchergestell und nahm die »Kenntniss von der Welt«

heraus. Sie stand am selben Platz auf demselben Regal wie vor zehn Jahren. Er blätterte etwas darin und stellte sie zurück. Er hob die seidenbestickte chinesische Portiere zum kleinen Kabinett. Es war leer. Er wußte nicht, wie es kam, aber eine alte Melodie stieg in ihm auf: »Schläfst du, meine Seele?«

»Vielleicht hat Grendel recht«, dachte er. »Vielleicht gibt es eine Seele und in der Seele Musik.«

Aus dem Musiksalon drang die spröde Stimme des berühmten Bellman-Sängers, begleitet vom Knacken der Gitarre.

… Er kam ins Billardzimmer. In einer Ecke saß einsam Eckerman, eine Whiskyflasche neben sich auf dem kleinen runden Tisch. Jerneld ließ sich neben ihm nieder. Sie waren seit langem schon Duzfreunde geworden.

»Gemütlich, daß du gekommen bist«, sagte Eckermann. »Bleiben wir hier sitzen und genehmigen wir einen Tropfen gemeinsam. Aber sprechen wir nicht, das ist so fad.«

Professor Grendel fuhr Jerneld und Frau Lena in seinem großen Luxuswagen nach Hause; sie hatten beinahe denselben Weg. Er war voll der verrücktesten Geschichten, und er war ein Virtuose im Erzählen. Lena lachte Tränen. Zuletzt wollte er unbedingt, daß sie bei ihm zu Hause noch einen kleinen Nachtwhisky bekommen sollten. Jernelds schwache Proteste hatten keine Wirkung.

Er führte sie in seiner prachtvollen großen Wohnung herum und zeigte ihnen unzählige Kostbarkeiten und Kuriositäten. Er setzte sich ans Klavier und phantasierte. Er sprach über Gott und die Seele und weihte Frau Lena in die neueste pragmatische Philosophie ein. Zum Abschluß spielte er »Ein feste Burg ist unser Gott« auf der Baßgeige.

7

Ein indisches Sprichwort heißt: »Du sollst dein Haus und alles, was darin ist, verlassen; es ist lauter Unreinheit.« Und ein anderes indisches Sprichwort sagt: »Du sollst dein Haus nicht verlassen, denn du weißt nicht, ob es noch steht, wenn du heimkehrst.«

Professor Jerneld war zum Leiter einer archäologischen Expedition nach Kreta ausersehen worden. Und bevor er reiste, wog er die beiden widersprüchlichen Weisheiten lange ab. Aber er entschied sich für die erste – und außerdem war die Sache schon ausgemacht.

Eigentlich hatte die Absicht bestanden, seine Gattin solle mitfahren, und sie hatte sich auf die Reise gefreut. Aber es war ein kleiner Knoten in die Schnur geraten – es ging nicht alles wie am Schnürchen. In den späten Nachtstunden bei Professor Grendel hatte sie etwas zuviel getrunken (Grendel hatte unaufhörlich ihr Glas nachgefüllt), und bei der Heimkehr war es zum ersten Mal in ihrer zehnjährigen Ehe zu einem großen Krach gekommen. Sie packte vieles aus, was sie lange mit sich herumgetragen und verborgen hatte.

»Glaubst du, ich weiß nicht, daß du mich verachtest!« hatte sie gesagt. »Glaubst du, ich habe nicht verstanden, daß du mich genommen hast, weil du einer anderen böse warst, die du nicht bekommen konntest?«

Er wußte keine Antwort. »Du bist betrunken, kleine Lena. Geh zu Bett!«

»Glaubst du, ich hätte nicht begriffen, daß du jene Theaterkarten für jemand anders gekauft hattest, und auch die Veilchen?«

»Lena, kleine Lena, geh zu Bett!«

»Du hast aus mir eine feine Dame gemacht, und das findest du selbstverständlich großartig, und du willst, daß ich dir dankbar sein soll! Aber du hast kein Herz, und du glaubst an nichts, nicht einmal daran, daß ich eine unsterbliche Seele habe! Und was bist

du langweilig – pfui Teufel, was bist du langweilig mit deiner Archäologie.«
Am nächsten Tag war es zu einer Art Versöhnung gekommen, aber beide spürten, daß sie nicht ganz echt war. Jedenfalls war klar, daß Lena kein weiteres Interesse für die Ausgrabungen auf Kreta hatte. Er reiste also ohne sie.

Auf Kreta und anderswo im östlichen Mittelmeer hatten die Archäologen zu jener Zeit eine neue (das will heißen sehr alte) Kulturschicht entdeckt, die man auf die schon früher bekannte Mykene-Kultur zurückführte. Man nimmt an, daß sie ihre Blütezeit vor der homerischen Zeit, im zweiten Jahrtausend vor unserer vulgären Zeitrechnung, gehabt hat, und man findet Spuren davon noch in der homerischen Dichtung. Man sieht an den Statuetten jener Zeit, daß die Damen etwas altmodisch gekleidet waren: steife Glockenröcke mit Volants, geschnürte Taille und entblößte Brust. Heutzutage zeigen die Damen eher den Rücken.
Professor Jerneld brachte bei seiner Heimkehr einige von diesen Statuetten für das Nationalmuseum in Stockholm mit.
Da hatte sich indessen Frau Professor Jerneld schon in Frau Professor Grendel verwandelt. Eine Scheidung pflegte man zu der Zeit gewöhnlich durch eine Reise nach Kopenhagen zu ordnen, aber ein Ausflug nach Kreta konnte ebenso nützlich sein.

Theodor Fontane
Eine Osterfahrt in das Land Beeskow-Storkow

Ein märkisches Kapitel

Zwischen dem Spreewald und der *Wendischen* Spree (der Dahme) liegt das Land Beeskow-Storkow, ein wenig gekannter Winkel, der nichtsdestoweniger seine Schönheit und seine Geschichte hat. Beiden beschloß ich nachzugehen und wählte dazu die Woche vor Ostern, eine Zeit, in deren greller, oft schattenloser Beleuchtung ich die märkische Landschaft noch nicht gesehen hatte. Von den alten Familien dieses ehemalig lausitzischen Landesteiles interessierten mich am meisten die Löschebrands, in betreff deren ich nur wußte, daß sie seit vielen hundert Jahren um den großen Schermützel-See herum ihre Sitze hatten. Ihr Name schon klang mir prächtig im Ohr, und ich sah eigentlich alles, was Löschebrand hieß, hoch zu Roß irgendeinen Brand mit geweihter Lanze löschend. Jeder ein Ritter Sankt Georg. O das mußte ein himmlischer Tag werden, und ich gab mich dieser Vorstellung um so voller und sichrer hin, als ich, ein paar Notizen abgerechnet, keinen »Wissenskram« in mir beherbergte, der meine Phantasie hätte zügeln können.
Der Abend vorher schon hatte mich nach Fürstenwalde geführt, von wo die Fahrt in aller Morgenfrühe beginnen sollte. Diese Morgenfrühe war nun da, der Wagen kam und hielt, und über das holprige Pflaster der ehemaligen Bischofsstadt hin ging es in das »romantische Land« hinein. In das romantische Land Beeskow-Storkow.

1. Rauen und die Markgrafensteine

Es ging, weil die Spree hier sieben Arme hat, über sieben Brücken, und als die letzte Brücke hinter uns lag, lag auch schon die weite Landschaft vor uns, hell und klar und sonnig, und so trocken, daß der Staub aufwirbelte, wie zur Sommerzeit. Aber ein Blick auf die Bäume zeigte zur Genüge, daß der Sommer noch ausstand und daß nichts heraus war als ein paar ärmliche Palmsonntagskätzchen.

Ich hatte gleich anfangs meinen Platz neben dem Kutscher genommen, der eigentlich kein Kutscher war, sondern ein Fuhrherr, und durch gute Haltung in jedem Augenblicke den Beweis führte, daß er bei den Potsdamer Ulanen gestanden. Er hieß *Moll*, entsprach durchaus seinem Namen und gab was auf Bildung, Bücher und Zeitungen. Aber er hatte sich seinen guten Verstand und sein eigenes Urteil nicht weggelesen und hielt vielmehr umgekehrt mit einem gewissen Eigensinn an seinen einmal gefaßten Ansichten fest. Selbstverständlich immer unter Wahrung artiger Formen. Er war gesprächig und mitteilsam, aber doch zugleich auch reserviert und lächelte viel.

Als wir aus der Flußniederung auf die Höhe gekommen waren, wies ich auf einen Hügelzug, der sich in geringer Entfernung vor uns ausdehnte: »Was sind das für Berge?«

»Die Rauenschen.«

»I, die Rauenschen. Wo die Braunkohlen herkommen?«

Er stimmte zu.

»Das ist mir lieb, die mal zu sehen, obwohl ich keine brenne: sie stauben zu sehr. Dann ist wohl auch Rauen selbst hier ganz in der Nähe?«

»Versteht sich. Der dicke Turm da. Das is es.«

»Na, dann vorwärts. Aber in Rauen müssen wir einen Augenblick halten. Ich glaube, da gibt es was.«

Er war einverstanden und zeigte nur dann und wann mit dem

Peitschenstock auf das eigentümliche Treiben an dem uns immer näher kommenden Hügelabhang. Ein einziges Pferd zog eine lange Reihe von Wagen und ließ mich erkennen, daß dort ein aus irgendeinem Bergstollen herausführendes Schienengeleise liegen mußte. Von der entgegengesetzten Seite her kamen leere Wagen zurück, und in einem dem Höhenzuge vorgelegenen Sumpfstück stand ein Storch und sah sich ernst und nachdenklich um. Es war, als such' er nach einem Wahr- und Erkennungszeichen und könne nicht einig mit sich werden, ob es auch die rechte Gegend sei.

Moll, dem ich meine Bemerkung mitteilte, fand es auch und verbreitete sich dann eingehender über Störche, namentlich darüber, daß es doch eigentlich ein merkwürdiger und zugleich auch höchst anspruchloser Vogel sei, der immer wieder ins Beeskow-Storkowsche komme, während ihm doch die ganze Welt offenstehe.

All das sprach er in sehr gebildetem Deutsch, mit einem Dialektanklange, der weder märkisch noch berlinisch war, obwohl er von beiden einen Beisatz hatte. Dies fiel mir natürlich auf, und ich sagte: »Sie sprechen so anders, Moll; wo sind Sie eigentlich her?«

»Ich? Ich bin aus Hinterpommern.«

»Ist es möglich?«

»Ja, was will man machen.«

»Und von wo denn?«

»Von Köslin. Das heißt, ein bißchen ab, so nach'm Gollenberg zu.«

»Da sind Sie ja Nachbar von Bismarck.«

»Nei, der liegt mehr rechts weg, so zwischen Rummelsburg und Schlawe. *Meine* Gegend ist doch noch anders. Und ich sag Ihnen, eine propre Gegend.«

»Ich dacht immer, es wäre da nicht viel los.«

»Ja, das haben mir schon viele gesagt. Aber es is nicht so. Da ist mehr los als hier. Denn was haben Sie denn hier? Eine Kussel und dann wieder 'ne Kussel. Und mal 'ne Krähe und, wenn's hoch kommt, 'ne Bockmühle.«

»Nu gut. Aber was haben *Sie* denn? Ist es denn besser bei Ihnen?«

»Nu, besser is es schon, denn schlechter is nich möglich. Und das macht alles der Charakter. Der Charakter is immer die Hauptsache. Sehen Sie, bei uns gibt es lauter orntliche Menschen.«

»Und alle zehn Schritte 'nen Edelmann.«

»Ach, lieber Herr, ein Edelmann is gar nich so schlimm. Ich bin auch für Freiheit; aber was so 'n richtiger Edelmann is, na, viel tut er woll freilich auch nich, aber er tut doch immer *was*. Und der Bauer is auch janz anders bei uns.«

»Ich hab immer gefunden, der Bauer ist überall derselbe. Der Bauer ist überall hart.«

»Is schon richtig. Aber doch alles mit 'n Unterschied. Un warum is er hier so hart, ich meine so schlimm-hart? Weil er selber nichts hat. Es is ja die reine Hungerleiderei. Sehen Sie sich doch diesen Weg und diese Schonung an. Der reine gelbe Sand. Und wo der reine gelbe Sand is, is auch immer der reine gelbe Neid. Und gönnt keiner dem andern was. Und von was geben oder helfen steht nu schon gar nichts drin.«

»Hören Sie, Moll, ich bin zwar selber ein Märker, aber ich glaube wahrhaftig, Sie haben ein bißchen recht.«

»I, freilich hab ich recht. Es is alles pauvre hier, und von's Pauvresein is noch nie nich was Gutes gekommen.«

Unter solchen Gesprächen waren wir bis in Rauen selbst hineingefahren. Auch dieses, wie der Hügelabhang draußen, zeigte den Bergwerkscharakter; alle Häuser sahen rußig und schmucklos aus, und nur eine modische Petroleumlampe mit blauem Ständer und weißer Milchglasglocke war überall als einziges Zierstück in die Fenster gestellt.

In der Kirche, die für das Fest geputzt und gesäubert wurde, trafen wir einen Ortsangesessenen, an den ich mich alsbald mit der Frage wandte: »was die rauensche Kirche denn wohl habe«.

»Wir haben gar nichts als den alten Grabstein vorm Altar. Alles, was in Schnörkelbuchstaben daraufstand, ist weggetreten; aber die Rauener sagen, es wär ein Bischof gewesen. Und ich denke mir, es wird wohl ein Bischof gewesen sein.«

»Ein Bischof? Hören Sie ...«

»Ja, warum soll es kein Bischof gewesen sein? Es waren ihrer ja so viele. Welche liegen in Fürstenwalde, welche liegen in Beeskow, und warum soll nicht wenigstens einer in Rauen liegen? Er kann ja 'ne Vorliebe für Rauen gehabt haben.«

»Glauben Sie?«

Diese letzten Worte waren schon vor dem vorerwähnten Altar gesprochen worden, und wir schoben jetzt eine längliche Strohdecke fort, unter der der angebliche Bischofsstein gelegen war. Er war wirklich ganz abgetreten, bis auf eine einzige, den Schriftzügen oder Buchstaben nach aus der Wende des fünfzehnten und sechzehnten Jahrhunderts herstammende Zeile, die durch einen schmalen, nur etwa zwei Zoll breiten Vorsprung der Altarstufe geschützt und gerettet worden war. Diese Zeile lautete: »V. Wulffen, Tempelb ...« Es war also ein Tempelberger Wulffen, der hier begraben lag, und kein Bischof dieses Namens. Wie denn solcher überhaupt nicht existiert hat, was sich aus dem vollständigen, uns von Wohlbrück in seinem Geschichtswerke gegebenen Verzeichnisse der Lebuser Bischöfe mit Sicherheit ersehen läßt.

Aus dem Dorfe Rauen fuhren wir abermals in eine Schonung ein, zwischen deren Krüppelkiefern eine Fahrstraße sich ängstlich hin und her schlängelte, fast als ob jeder einzelne Baum zu schonen gewesen wäre. Wo so wenig ist, ist auch eine Kiefer etwas. Endlich aber passierten wir eine halb offene Stelle, die durch mehrere hier sich kreuzende Waldwege gebildet wurde.

»Das ist er«, sagte Moll und hielt sein Fuhrwerk an.

»Wer?«

»Der große Stein.«

»Der Markgrafenstein?«

Er nickte bloß und überließ mich meinem Staunen, das weniger an den rechten Flügel der Bewunderung als an den linken der Enttäuschung grenzte. Wirklich, ich war enttäuscht und würde, wenn es Moll vorgezogen hätte, schlechtweg daran vorüberzufahren, im günstigsten Falle gedacht haben: »Ei, ein großer Stein.« Und das sollte nun einer der berühmten Markgrafensteine sein, eines der sieben märkischen Weltwunder! Ich hatte mir diese Steine halb memnossäulenartig oder doch wenigstens als ein paar von der Natur gebildete Riesenobelisken gedacht und sah nun etwas Zusammengekauertes daliegen, das genau den Eindruck eines toten Elefanten auf mich machte. Nun sind Elefanten ja unzweifelhaft große Tiere, wenn ihnen aber obliegt, als Berg- oder Felstrümmer landschaftlich zu funktionieren, so kommt die Landschaft und kommen sie selber zu kurz.

»Ist er es denn wirklich?« bracht ich endlich heraus. »Es ist wohl bloß der kleine; es sollen ja zwei sein.«

»Ja, zwei sind es, und der andre war auch größer. Aber den haben sie ja zersprengt, und was nu noch davon da is, das is nich viel, un is bloß Scheibenständer und Kugelfang, wenn die Rauener ihr Freischießen haben.«

»Aber im Granit kann sich doch keine Kugel fangen.«

»Is schon richtig. Aber das ist ja gerade das Gute. Sehen Sie, so 'n richtiger Kugelfang is eigentlich gar kein Kugelfang. Das heißt, er is es zu sehr.«

»Wie denn?«

»Ja, wie soll ich es sagen? Es is damit wie mit dem Schiffsjungen, dem der silberne Teekessel ins Meer gefallen war und der dann ängstlich und pfiffig fragte: ›Is *das* verloren, wovon man weiß, wo's is?‹ Und so kann man auch beim richtigen Kugelfang fragen. In 'n Sand stecken sie drin, und jeder weiß ganz genau, wo sie sind. Aber weg sind sie doch. Und nun sehen Sie sich die klugen Rauener an! An den Granit schlägt die Kugel, und klatsch, da liegt sie. Und wenn sie mit Schießen fertig sind, suchen sie die

platten Kugeln wieder auf. Und liegen alle da, wie die Pflaumenkerne.«
»Hören Sie, Moll, das gefällt mir. Können wir diesen Kugelfang nicht sehen? Ich meine den Stein.«
»O gewiß. Er liegt ja hier gleich nebenan. Und ich brauch auch nicht abzusträngen. In *den* Sand hier stehen die Pferde wie 'ne Mauer.«
Diese prusteten und rieben sich vergnügt und wie zum Zeichen des Einverständnisses die Köpfe, Moll und ich aber gingen nach rechts in das Gehölz hinein, wo wir alsbald auch den anderen Stein fanden, der mal der größere gewesen war. In seiner Front erkannt ich leicht die beiden Erdwandungen einer mehr als hundert Schritte langen Schießallee, während sich am Stein selber unzählige Kugelspuren zeigten.
»Und dies ist also der große Stein. War er *viel* größer als der andre?«
»Nein, ich hab ihn zwar nicht mehr gesehen, aber die Leute sagen es ja.«
»Was?«
»Nun, das er *nich* viel größer war ... Und so um die zwanziger Jahre rum wurd er in drei Stücke gesprengt, gerad so, wie Sie 'ne Birne in drei Stücke schneiden: links 'ne Backe un rechts 'ne Backe und in der Mitte das Mittelstück. Un aus 'n Mittelstück haben sie ja nu die große Schale gemacht, die jetzt auf'n Berliner Lustgarten steht, und die linke Backe, das is das Stück, das wir hier sehen, un die rechte Backe, die werd ich Ihnen nachher zeigen.«
»Ist es nötig, sie zu sehen?«
»Ja, die müssen Sie sehen. Ich zeig Ihnen alles, wie sich's gehört. Und es heißt auch die ›Schöne Aussicht‹.«
Alsbald saßen wir wieder in unsrem Wagen und fuhren jetzt im Zickzack auf eine sandige Höhe hinauf. An höchster Stelle hielten die Pferde wie von selbst, und Moll sagte: »Hier ist es. Dies ist die ›Schöne Aussicht‹.«

»Und die Backe?«
»Die liegt *hier.*« Und dabei wies er auf ein sonderbares Granitmobiliar, das mich, auf den ersten Blick wenigstens, an Stonehenge erinnerte, jenen alten Druidenplatz in der Nähe von Salisbury, den man in Kunstatlassen und illustrierten Architekturgeschichten abgebildet findet. Im Quadrat standen vier Steinbänke, dazwischen präsentiert sich ein großer, runder Steintisch, alles aus dem Granitstück gefertigt, das man von dem Stein unten abgesprengt hatte.
Der Wagenplatz, auf dem ich saß, war höher als das Steinmobiliar und gönnte mir einen freieren Umblick. Alles in der Welt aber hat sein Gesetz, und wer auf der »Schönen Aussicht« ist, hat nun mal die Pflicht, sich auf den Steintisch zu stellen, um von *ihm* aus, und *nur* von ihm aus, die Landschaft zu mustern. Und so tat ich denn, wie mir geboten, und genoß auch von diesem niedrigeren Standpunkt aus eines immer noch entzückenden Rundblicks, ein weitgespanntes Panorama. Die Dürftigkeiten verschwanden, alles Hübsche drängte sich zusammen, und nach Westen hin traten die Türme Berlins aus einem Nebelschleier hervor.
Aber mehr als die Fernsicht interessierte mich, was in verhältnismäßiger Nähe gelegen war, und ich rief Moll, auf daß er mir die Namen der bunt umhergestreuten Ortschaften nenne.
»Da der Turm hier hinter dem rauenschen«, hob er ciceronehaft an, »is der von Markgrafpiesk, und der hier unten, über die Pieskesche Heide weg, das ist der von Schermeuselpiesk.«
»Ich glaube, Sie spaßen.«
»I, wie werd ich denn! Es gibt hier lauter solche Namen, un is einem orntlich ein bißchen genierlich!«
»Und hier links der Turm zwischen den zwei Pappeln?«
»Das is Pfaffendorf; na, das geht doch. Aber das andere, gleich dicht daneben, das is Sauen, und hier rechtsweg is 'ne Kolonie von des Alten Fritzen Zeiten her und heißt Schweinebraten!«
»Aber Moll, ist es denn möglich?«

»Ach Gott, hier is alles möglich. Und warum heißt es so? Weil sie keinen haben. Und wollen sich wenigstens einen vorstellen oder dran erinnern.«

»Aber warum sich erinnern an *das*, was man nicht haben kann. Ich finde, das ist gegen die Lebensweisheit. Freilich, jeder hat so seine eigne. Und nun sagen Sie mir, das große Wasser hier vor uns, was ist *das?*«

»Das ist der Schermützel.«

»Ah, das ist schön. Und das daneben, das sind wohl die Güter, die die Löschebrands hier hatten?«

Er bejahte.

»Nun sehen Sie, da müssen wir hin. Ich denke mir, daß ich da vielerlei finden werde: Gräber und Türkenglocken und Denkmäler und Inschriften. Und vielleicht auch einen Pfeiler mit ein paar eingemauerten Nonnen, oder 'ne Sakristei mit 'nem vergrabenen Schatz.«

Er lachte. »Nei, so viel finden Sie nich. Un 'nen vergrabenen Schatz erst recht nich. Oh, du meine Güte ...«

»Nun, wir wollen sehen, Moll.«

Und damit fuhren wir weiter auf den Schermützel zu.

2. Am Schermützel

Nur von dem höchsten Punkte der »Schönen Aussicht« aus hatten wir den See vor Augen gehabt, als wir nun aber, am Hügelabhange hin, ihm direkt zufuhren, verschwand er wieder und überließ mich auf eine halbe Stunde nicht nur dem mahlenden Sande, sondern auch allerhand philosophischen Betrachtungen, in denen Moll so stark war. Er sprach unter anderem eingehend über das Glücksrad und den Wechsel aller Dinge, wovon auch der Schermützel, übrigens zu seinem und der Anwohner Vorteil, ein Lied zu singen wisse. Jetzt bring er zum Beispiel 2000 Taler *Pacht* und werd es bald noch höher bringen, um die

Zeit aber, als die Franzosen im Lande gewesen seien, sei der ganze See, der damals dem Fiskus gehört, um die Summe von 2000 Taler an einen Meistbietenden *verkauft* worden. Und noch dazu wie? Der Meistbietende sei nämlich ein Herr von Löschebrand aus Saarow gewesen (nicht der alte Rittmeister, der jetzt auf dem Reichenwalder Kirchhof liege, sondern sein Vater oder Großvater), ein pfiffiger alter Junker, der sich denn auch einen richtigen Junkerspaß gemacht und die ganzen 2000 Taler in lauter ihm selbst aufgezwungenen Bons und Lieferungsscheinen ausgezahlt habe. Natürlich seien die Scheine von den Beamten untersucht und nachgezählt worden, und als sich bei der Gelegenheit ergeben, daß es nur 1998 Taler seien, habe der alte Saarowsche mit einem Gesicht, als ob es ihm nicht darauf ankomme, noch zwei blanke Taler zugelegt und dabei herzlich gelacht. Und so sei denn der ganze See damals für den tausendstel Teil von dem, was er jetzt Pacht bringe, verkauft worden.

Unter solchem Geplauder waren wir, immer noch am Hügelabhange, bis an ein halb pavillon-, halb tempelartiges und zugleich völlig einsames Gebäude gekommen, das zwischen Kiefern und Laubholz hindurch auf den hier plötzlich wieder sichtbar werdenden See sah. Ich erfuhr, daß ein Herr von Bonseri dies Mausoleum (denn ein solches war es) errichtet habe, war aber unaufmerksam auf alles Weitre, weil die Schönheit des Schermützel und seiner Dörfer mich ausschließlich zu fesseln begann. Das nach rechts hin gelegene mußte *Saarow* sein. Ich erkannte deutlich das hohe rote Herrenhausdach, das über die Wirtschaftsgebäude wegragte, während ihm gegenüber, allen Pappelgestrüpps unerachtet, der kleine *Pieskower* Kirchturm immer deutlicher hervortrat.

Beide Dörfer lockten mich, das eine wie das andere, da das Fuhrwerk aber geschont werden mußte, so beriet ich mit Moll und proponierte, daß er mit den Pferden unmittelbar auf das an unsrer eigentlichen Reiselinie gelegene Pieskow fahren solle, während ich meinerseits erst nach Saarow marschieren und von dort aus in einem kleinen »Seelenverkäufer« über den See herüberkommen wolle. Das fand denn auch seine Zustimmung, wie jede den Weg kürzende Proposition, und während er sofort auf einem Schlängelwege bergab und auf die linke Schermützel-Seite zufuhr, hielt ich mich rechts, um auf einem am See hinlaufenden Wiesenpfad bis an den Fahrdamm und demnächst auf die große Saarower Dorfstraße zu kommen.

Es war ein wundervoller Weg; über dem blauen Wasser wölbte sich der blauere Himmel, und zwischen den spärlichen Binsen, die das Ufer hier einfaßten, hing ein ebenso spärlicher Schaum, der in dem scharfen Ostwinde beständig hin und her zitterte. Holz und Borkenstücke lagen über den Weg hin zerstreut, andre dagegen tanzten noch auf dem flimmernden See, der im übrigen, all diesem Flimmern und Schimmern zum Trotz, einen tiefen Ernst und nur Einsamkeit und Stille zeigte. Nirgends ein Fischerboot, das Netze zog oder Reusen steckte, ja kaum ein Vogel, der über die Fläche hinflog. Oft hielt ich an, um zu horchen, aber die Stille blieb, und ich hörte nichts als den Windzug in den Binsen und das leise Klatschen der Wellen.

Und endlich auch die Schläge, die vom Pieskower Turm her zu mir herüberklangen. Ich zählte zwölf, es war also Mittag, und ehe der letzte noch ausgesummt hatte, war ich auch schon bis an die Stelle heran, wo mein Fußweg in die vorerwähnte Saarower Dorfgasse mündete.

Dicht am Eingang saß ein Mütterchen auf einem Strauch- und Reisigbündel, das sie sich aus der Heide geholt, und grüßte mich. Alte Weiber sollen kein Glück bringen, aber wenn sie freundlich sind und einem einen »Guten Tag« bieten, so hat es mit der ganzen Jägerweisheit nicht viel auf sich. Und so blieb ich denn auch stehen und sagte: »Na, Mütterchen, is wohl ein bißchen schwer? Und die Sonne sticht heut so. Sie müssen die Kinder in den Wald schicken. Oder haben Sie keine?«

»Woll, Kinner hebb ick un Enkelkinner ook. Awers se wulln jao nich. Un se *künn'* ook nich. Sie möten joa all in de School.«

»Ja, ja. Alles muß in die Schule. Haben Sie denn auch 'ne Kirche in Saarow?«
»Nei, wi möten nach Reichenwald.«
»Richtig. Ich erinnere mich. Das ist da, wo sie den alten Rittmeister begraben haben. Haben Sie den noch gekannt?«
»O wat wihr ick nich? He wihr joa so in mine Joahr. Woll hebb ick em kennt.«
»Und wie war er denn so?«
»Na, he wihr joa sowiet janz goot. Bloot man en beeten schnaaksch un wunnerlich un ok woll en beeten to sihr för de Fruenslüd. Awers nu is he joa dod.«
»Und hat wohl ein Denkmal? Ich meine so was von Stein oder Eisen. Eine Figur oder einen Engel mit 'nem Spruch oder Gesangsbuchvers.«
»Nei. För *so* wat wihr he nich.«
»Und is sonst noch was in Saarow zu sehn?«
»Ick glöw nich. Veel is hier nich in Saarow. En nijen Kohstall ...«
»Aber drüben in Pieskow?«
»Joa, in Pieskow. O woll, versteiht sich. In Pieskow, da möt wat sinn.«
»Na, dann werd ich mal sehn. Ich dank auch schön, Mutterchen.« Und damit ging ich weiter in das Dorf hinein.
Wirklich, in Saarow war nicht viel, und als ich mich genugsam davon überzeugt hatte, hielt ich mich auf den See zu, wo nach meiner Meinung eine Fähre sein mußte. Nach einigem Suchen sah ich ein angeketteltes Boot liegen und dicht daneben ein Häuschen, an das drei, vier Ruder angelehnt waren. Also hier war es mutmaßlich. Ich trat denn auch ein und fand eine Frau, die sich, auf eine Stuhllehne gestützt, von hinten her über ihren etwa zwölfjährigen Jungen bog und ein Exempel mit ihm rechnete, das diesem blutsauer zu werden schien. Als ich ihr mein Anliegen vorgetragen hatte, sagte sie kurz, aber nicht unfreundlich, »sie habe nur den Jungen zu Haus, ob ich mit dem fahren wolle«.

»Gewiß.«

Und so stieg ich denn ins Boot und setzte mich so, daß ich dem Jungen, der rückwärts saß, grad in die Augen sah. Als wir schon abstießen, kam auch noch seine jüngere Schwester, nahm rasch ein zweites Ruder und setzte sich neben ihn. Ich sah bald, daß der Junge seiner Sache vollkommen sicher war und den Schermützel ohne sonderliche Mühe bezwingen würde, trotzdem uns der Wind entgegenwehte.

Dieser, anstatt stärker zu werden, wurde schwächer, aber je mehr er sich legte, desto blendender wurde die Sonne, so daß ich im Sonnenlicht, das überallhin flimmerte, bald nichts weiter sah als das Eingreifen der Ruder und die klugen und energischen Köpfe der beiden Kinder. Es entging ihnen auch nicht, daß sie mir gefielen, aber ich sagte nichts, und wir waren schon bis über die Mitte des Sees, als ich endlich fragte:

»Wie tief ist denn eigentlich euer See?«

»Na, wie uns' Huus.«

»Oh, mihr, mihr«, flüsterte die Schwester.

»Und könnt ihr denn auch schwimmen? Oder *du* wenigstens?«

»Nei.«

»Ja, da kannst du ja mal ertrinken.«

»Oh, ich wihr doch nich.«

»Nu nimm mal an, wenn euer Boot umkippt.«

»Uns' Boot kippt nich.«

Und dabei sahen sie sich an und kicherten und ruderten weiter. Eine Weile verging so, während der Junge nachzusinnen schien, was nun *er* wohl zur Unterhaltung beisteuern könne. Dann sah er mit eins in die Höh und sagte: »Dat 's 'ne Möw.«

»Freilich. Ich kenne Möwen. Aber woher kennst *du* sie? Sie sind ja nur selten hier.«

»Wir hebben een.«

»Lebendig?«

»Ne, utstoppt. Und wi hebben ook en Reiger, un is ook utstoppt un hat 'ne Schlang in 't Muul.«

»Aber Vögel ausstopfen ist nicht leicht. Wer macht denn das hier?«

»Mien' Vader sien Vader. De künn all so wat.«

»Ist er tot?«

Er nickte. Da wir aber bereits in der Nähe des dichten Schilfufers waren, an dem er den Einfahrtspunkt nicht verfehlen durfte, so schwieg er jetzt und sah bei jedem Ruderschlag nach rückwärts. Und nun war er heran, gab dem Boote geschickt eine Wendung und glitt zwischen dem knisternden Schilf hin auf die Pieskower Landungsstelle zu.

Das Ufer war nicht hoch und erkletterte sich leicht. Als ich oben war, grüßt ich noch einmal zurück und schlenderte dann zwischen zwei Heckzäunen hin auf einen Grasplatz zu, der allem Anscheine nach die Mitte des Dorfes bildete. Häuser und Gehöfte faßten ihn ein, unter denen ich gerade der Kirche gegenüber auch ein preußisches Schulhaus in seiner eigentümlichen Mischung von Backsteinsauberkeit und Stiljammer erkannte. Die Nachmittagssonne stand prall auf die Scheiben und sah stechend und inspektionsmäßig in die langweilig leeren Räume hinein.

Es kam niemand, als ich klopfte. »Wohnt hier der Lehrer?« fragte ich endlich eine vorübergehende Frau. »Geihen S' man in 'n Goarden.« Und richtig, da stand er in Front eines Bienenschobers und grub ein von ein paar kleinen Kirschbäumen eingefaßtes Stück Land um.

Ich fand einen freundlichen Mann, der auch gleich bereit war, mir das zu zeigen, um was sich's einzig und allein für mich handeln konnte: die Kirche. Diese war keine von den altehrwürdigen aus Feldstein, die stets einen Reiz und eine Schönheit haben, sondern ein Neubau, den man hier unter Benutzung der alten Fundamente vor länger oder kürzer errichtet hatte. Von rechts her lehnte sich ein Turm an, eigentlich nur ein Türmchen von *der* Art, wie man ihnen auf Weinbergen und Wirtschaftshöfen als Eingang in Sprit- oder Eiskeller begegnet.

Es war also mit nur geringen Erwartungen, daß ich die Kirche betrat. Aber freilich auch dies Wenige sollte kaum erfüllt werden. An der einen Wand hingen ein paar Totenkronen und Immortellenkränze, während über dem Altar ein Abendmahlsbild paradierte, darauf Judas um kein Haarbreit schlimmer aussah als die zwölf anderen, Christus mit eingerechnet. Ich übersah rasch, daß hier wenig zu machen sei, wollt aber das Meine getan haben und sagte: »Sie wissen doch, daß es früher eine Löschebrandsche Kirche war und daß viele Löschebrands hier begraben wurden?«

»Ich habe davon gehört, unser alter Emeritus ...«

»Und da wundert es mich, hier nichts als kahle Wände zu finden. Einer aus der Familie war mit Feldmarschall Illo verschwägert, ein andrer fiel bei Fehrbellin, und ein dritter soll sich gegen die Türken ausgezeichnet und dem Köprülü die große Prophetenfahne mit eigner Hand entrissen haben. Ich nenne nur diese drei. Nach meinen Erfahrungen nun auf diesem Gebiet geht man in unsren märkischen Familien über solche Dinge nicht gleichgültig fort, und wenn auch selbstverständlich die großen Geschichtsbücher nicht Zeit und Platz haben, ein Aufhebens davon zu machen, so tuen es doch die Kirchen und Krypten überall da, wo solche Schwertmagen und Kriegsgurgeln zu Hause waren. Und da gibt es denn immer allerlei Fahnenfetzen und zerbröckelte Feldmarschallsstäbe, Kettenkugeln und Stulpstiefel, und unter Umständen auch wohl rostige Degen, mit denen ein Bruder den andern über den Haufen gestochen. Ist denn gar nicht so was hier? Es ist doch eigentlich gênable für eine berühmte alte Familie, wenn all dergleichen bei Toten und Lebendigen fehlt. Es *darf* nicht fehlen. Es *muß* dergleichen geben.«

»Und es *hat* auch dergleichen gegeben. Hier in dieser Kirche. Wenn ich sage ›dergleichen‹, so mein ich nicht Degen und Brudermord, denn ich will mir nichts an den Hals reden. Aber Grabsteine mit Inschriften und Engelsköpfen, und einen kup-

fernen Sarg mit einem Kuckfenster oben, all das und manch andres noch war da. Darüber ist kein Zweifel.«
»Und Sie haben das alles selber noch gesehn?«
»Oh, nein. Es war das alles lange vor meiner Zeit, und das wenige, was ich davon weiß, weiß ich von unserm alten Emeritus und von der Mutter Rentschen, die noch die frühere Seitenkirche gekannt hat und mal mit unten in der Gruft war, als sie die Särge schoben und zusammenrückten, um Platz für den letzten zu schaffen. Denn die Pieskowschen gingen eher ein als die Saarowschen. Und der mit dem Kuckfenster habe ganz bös ausgesehen und den Kopf geschüttelt, als ob er's nicht leiden wolle. Denn er sei schon bei Lebzeiten immer sehr stolz gewesen und habe sich nicht gerne beiseite schieben lassen. Es ist natürlich alles Dummheit und ungebildet, aber die Leute machen sich nun mal solche Geschichten.«
»Und tuen auch recht daran. Es liegt doch immer was drin. Und ist denn die Gruft nicht mehr da? Den mit dem Kuckfenster säh ich gerne.«
»Nein, die Gruft ist nicht mehr da, sie haben sie zugeschüttet. Aber hier rechts neben dem Altar, wenn Sie mit Ihrem Stock aufklopfen wollen, da können Sie's noch deutlich hören. Es klingt alles hohl.«
Ich ließ auf diese Weisung hin meinen Stock auch wirklich fallen, und als ich mich überzeugt hatte, daß er recht habe, dankt ich ihm und verließ die Kirche mit dem Hoch- und Vollgefühle, die Löschebrandsche Gruftstelle nicht bloß hypothetisch ermutmaßt, sondern sie mit Hülfe des »hohlen Klanges« über jeden Zweifel hinaus historisch festgestellt zu haben.
Es war nun Zeit, mich nach unsrem Wagen umzusehn, und ich hatt auch nicht lange danach zu suchen. Er hielt drüben an der andern Seite des Kirchplatzes, vor einem sehr niedrigen Hause, von dessen Dache sich das Moos mit der Hand wegfegen ließ. Es war ganz ersichtlich ein Krug, auch ein Schild schimmerte herüber, aber die Pferde waren nicht ausgespannt und fraßen

einfach aus einer Stehkrippe. Neben der Tür bemerkt ich Moll, und als er mich kommen sah, kam er mir entgegen und lüpfte melancholisch den Hut.
»Ich dachte, Sie wollten ausspannen, Moll.«
»Ich wollt auch. Man bloß es ging nich. Is *das* eine Gegend! In Saarow is nichts, das kenn ich, und hier in Pieskow is gar nichts.«
»Aber die Leute werden hier doch einen Stall haben?«
»Is schon richtig. Aber keinen Pferdestall. Alles, was sie haben, is 'ne Ziege un, wenn's hoch kommt, 'ne Kuh. Und wer hier ein paar Pferde hat, na, der hat auch ein bißchen Acker und krügert nich und hat nicht Lust, zu dienern und zu katzenbuckeln und einem groben Knecht einen doppelten Bittern einzuschenken.«
»Ich versteh. Aber wissen Sie, mich friert hier trotz aller Sonne. Kommen Sie, Moll, wir wollen es drin versuchen. Es wird doch wohl warm sein.«
Und so traten wir in die Krugstube.
Drinnen war es auch wirklich warm. Aber außer der dicken Luft rührte sich nichts, trotzdem sich drei Menschen in der Stube befanden. Auf einer Ofenbank, die Füße weit vorgestreckt, saß eine Frau von vierzig oder mehr und hatte beide Hände hoch unter ihre Schürze gelegt, als verberge sie was. Es war aber nur Angewohnheit. Ihr zur Seite rekelte sich ihre vierzehnjährige Tochter, ein hübsches, schlank aufgeschossenes Ding, und beschäftigte sich damit, einen blauen Wollfaden um ihren Zeigefinger herum- und dann wieder abzuwickeln. Am erfreulichsten war das jüngste Mitglied der Familie, das auf einer Hutsche ritt und einem hölzernen Pferde das wenige von Haaren auszog, womit des Bildners Hand es an Hals und Hinterteil ausgestattet hatte.
Mein »Guten Tag« war nicht unfreundlich, aber doch gleichgültig beantwortet worden, und es schien in der Tat nicht, als ob wir weiterkommen sollten. Endlich faßte ich mir ein Herz und sagte:

»Die Sonne will auch gar kein Ende nehmen. Ich glaube, Regen wär gut.«

»I, Sünn is ook goot.«

»O gewiß. Aber alles zu seiner Zeit. Wir haben die Sonne nun schon vier Wochen, und nichts kommt 'raus, und eigentlich müßte doch alles schon in Blüte stehen.«

»Joa. Man blot in Pieskow nich.«

»Aber das klingt ja, liebe Frau, wie wenn hier überhaupt nichts blüht.«

»Na, binoah is et ook so.«

Moll mischte sich hier ins Gespräch und entwickelte seine Lieblingsideen über den Segen des Kapitals und den Unsegen der Kapitalisten. Geld sei gut, das sei keine Frage, ja Geld sei sogar *sehr* gut. Ohne Geld ging' es eben nicht. Aber die reichen Leute, die *bloß* reich wären und kein Herz und kein Gewissen hätten und bloß immer reicher werden wollten, *die* verdürben alles und plünderten alles, und eh nicht ein richtiger Edelmann hier wieder ins Pieskowsche käm …

»I wo«, unterbrach ihn die Frau heftig und zog ihre Hände von der Schürze weg. »I wo. Wat salln wi mit 'n Edelmann? Wat is Edelmann! In olle Tiden, na, doa gung dat, un doa wihr dat nich anners. Awers nu? Du mien Jott, de hebben joa alleen nix. Un *wenn* se wat hebben, na, denn hebben se wat, und denn sinn se groad so, as de *annern* sinn, de wat hebben.«

Moll wollte replizieren. Aber sie ließ ihn nicht dazu kommen und sagte: »Nei, nei, loaten S' man, wi weeten dat; 't is all dumm Tüg; un man blot Geld hebben is *nich* dumm Tüg. Un wenn wi so wat Adligs herkreegen, wat ook man ümmer upp Moss'n passen deiht, na, *dat* helpt uns nich. *De* schinn uns blot. Glöwen S' man, ick weet dat … Een von mine Schwistern is dröwen …«

»In Saarow?«

»I wo. Dröwen in Amirika. *Doa* verstoahn se't. Un worümm? Wiehl se wat hebben. Un wo se wat hebben, doa *künn* se ook wat.

Und ick woll, ich wihr ook all doa. Joa, min Seel. Un et kümmt ook noch so. Man blot, dat man ihrst röwer wihr. Nei, nei, mit Pieskow is nich veel.«
Und dabei steckte sie die Hände wieder unter die Schürze.

3. Groß Rietz

Eine halbe Stunde später verabschiedeten wir uns und fuhren aus dem unwirtlichen Pieskow, in dem nicht mal mehr ein Grabstein von besseren Zeiten redete (*wenn* es bessere Zeiten waren), in die sandig hügelige Feldmark hinaus.
»Hören Sie, Moll«, hob ich an, »das war 'ne forsche Frau.«
»Woll, forsch war sie. Man bloß zu sehr, un eigentlich wütig; un nahm ja gar keine Raison an.«
»Ja hören Sie, das sagen Sie wohl; Sie sind ein behäbiger Mann. Aber solch armes Volk, das jeden Tag seine Not fühlt, das wird eben wütend und mucksch und starrt vor sich hin. Übrigens lassen wir's, und sagen Sie mir lieber, was ist das mit dem alten Emeritus? Der pieskowsche Lehrer konnte ja gar nicht von ihm los. Ist er denn noch bei Wege?«
»Freilich. Und wir kommen sogar an dem kleinen Hause vorbei, das er sich aus Feldstein hat aufmauern lassen. Und hat selber mitgeholfen. Und wenn ich es so liegen seh in Kapperfolium und Efeu, muß ich immer an Robinson und Freitag denken.«
»Und da wohnt er? Und ist schon sehr alt?«
»Sehr alt und weiß alles. Er hat noch den Kaiser Napoleon gesehn, als er aus Rußland kam, und als Studente war er mit in Griechenland und ist auch mal mit in die Luft geflogen. Aber sie haben ihn wieder 'rausgefischt. Und ich hab ihn öfter sagen hören: ›Ein jeder hat so sein Schicksal, und wer Pastor in Pieskow werden soll, an den kann kein Türke 'ran. Und Feuer und Wasser auch nicht.‹«
»Ei, das muß ja ein reizender alter Herr sein, und wohl sehr

aufgeklärt und freisinnig. Oder vielleicht auch ein bißchen zu sehr. Ist es so was? He?«

Moll lächelte vor sich hin und schien ausdrücken zu wollen: auf eine so feine Frage laß ich mich nicht ein.

Eine kleine Weile danach erreichten wir einen Wald, über dessen schmalen Fahrweg von rechts und links her eine Menge Wurzelwerk gewachsen war. Das gab nun ein entsetzliches Geholper und Gestolper, und ich flog hin und her, aber ich freute mich doch, aus Wind und Sonne heraus zu sein.

Es waren hochstämmige Kiefern und Tannen gewesen, womit der Wald begonnen hatte; bald aber kam Laubholz und inmitten desselben eine moorige Lichtung, auf deren höher gelegenen Stellen allerlei vertrocknete Büsche von Besen- und Heidekraut standen. Auch Elsen- und Birkenholz lag hier in Klaftern am Wege hin, und auf einer dieser Klaftern, die schon bis auf wenige Kloben abgefahren waren, saß ein alter Herr mit Käpsel und Starbrille, neben sich ein Kind, eine zehnjährige Kleine, während ein großer Bastard-Neufundländer, dem die Schäferspitzkreuzung noch ein Erhebliches an Intelligenz und Entschlossenheit zugelegt hatte, zu Füßen beider sich ausstreckte. Die Kleine war reizend und schien dem Alten etwas zuzuflüstern.

Als wir vorüber waren, sagte Moll mit halblauter Stimme: »Das war er.«

»Wer?«

»Nu, der Emeritus. Er geht hier öfter ...«

Aber eh er noch aussprechen konnte, war ich schon vom Sitz herunter und lief die paar Schritte zurück, um dem Unbekannten und doch bereits so Bekannten unter Entschuldigungen über meine Zudringlichkeit einen Platz auf dem Wagen anzubieten, immer vorausgesetzt, daß er denselben Weg mit mir habe.

»Danke«, sagte der Alte. »Das Aufsteigen ist mir zu schwer und zu gefährlich; ich sehe schlecht, und die scharfe Brille hilft auch nicht viel. Aber die Beine sind noch in Ordnung. Ist es Ihnen recht, so gehen wir ein Stück zusammen und plaudern ein bißchen. Ich plaudere gern. Irme steigt auf den Bock, das Kind kennt nichts Lieberes, und wir marschieren auf dem Fahrdamm hinterher.«

Er schien meine Zustimmung als selbstverständlich vorauszusetzen, erhob sich also und nahm meinen Arm, und als gleich danach auch Irme zu dem artig beiseite rückenden Moll hinaufgeklettert war, setzte sich unser Zug in eine langsame Bewegung. Eine Fühlung zwischen dem Emeritus und mir war rasch gewonnen, und so nannt ich ihm meinen Namen und den Zweck meiner Fahrt.

»Ach, das freut mich, daß jemand in unsere wenig gekannte Gegend kommt. Es ist ein eigen Land, ich kenn es und lieb es und möcht es für die Tage, die mir noch beschieden, mit keinem andern vertauschen; aber es ist arm und unfruchtbar in jedem Betracht, und ich fürchte fast, daß es auch an Historischem Ihnen nicht viel herausgeben wird.«

»Es ist leider, wie Sie sagen. Ich war ein paar Stunden in Fieskow und dachte da wenigstens von den Löschebrands allerlei zu hören. Aber die Gruft ist zugeschüttet, und die Grabsteine sind fort. Und es muß doch seinerzeit eine berühmte Familie gewesen sein.«

»Gewiß, gewiß, und ich habe sie selbst noch in guten Umständen gekannt, wenigstens unsre pieskowsche Linie, trotzdem es schon auf die Neige ging. Und das alles seit Anno 93.«

»Ei, das klingt ja gerad, als ob wir in Frankreich wären. In Frankreich, wie Sie wissen, datiert alles von quatre-vingt-treize. Steht es damit in irgendeinem Zusammenhang?«

»Nicht in dem geringsten. Es handelt sich bei diesem Anno 93 um nichts mehr und nichts weniger als um die pieskowsche Glocke, von der eine alte Prophezeiung sagte: ›Solange *die* klingt, so lange dauert der Löschebranden Glück.‹ Und die Prophezeiung hielt auch Wort, und die Löschebrands waren nicht bloß die Herren hier um den Schermützel herum, sie waren auch große Herren überhaupt und galten bei Hof und waren versippt und verschwägert mit allem, was reich und vornehm im Lande war. Ihr Liebstes aber war der ›Dienst‹, und weil es immer schöne, stattliche Leute waren, so waren ihnen auch die schönsten und stattlichsten Regimenter immer nur gerade gut genug, und alles, was als Löschebrand in der saarow-pieskowschen Taufliste stand, stand zwanzig Jahre später in der Rangliste der Garde du Corps und Gendarmes. Es waren echte Junkers, eigensinnig und hochmütig, und ließen die Leute reden, und trotzdem sie nach Sitte jener Zeit über ihre Mittel hinaus lebten und eine wunderliche Wirtschaft führten, erhielten sie sich doch in einem guten und zuletzt wenigstens in einem leidlichen Vermögenszustande, weil sich in alten Familien immer wieder was zusammenerbt.«

»Aber freilich ...«

»... Der Krug geht so lange zum Wasser, bis er bricht, und als Pfingsten 93 kam und am Abend vorher das Fest eingeläutet werden sollte, da klapperte die Glocke, die beim Volke seit lange nur ›der Löschebranden Glück‹ hieß und sieben Menschenalter lang über den Schermützel hin geklungen hatte. Das gab nun ein Kopfschütteln im Dorf und allerlei Sorg und Furcht im Schloß, aber Sorg und Furcht konnte den Spuk nicht bannen, und obwohlen der alte Gottlob Ernst von Löschebrand, der erst Anno 19 starb und den ich selber noch gekannt habe, die Glocke mit sechs Pferden und einer schwarzen Decke darüber (als ob es ein Leichenwagen wäre) nach Berlin fahren und einen frommen Spruch mit eingießen ließ – einen frommen Spruch, an den er nicht recht glaubte –, so war es doch von dem Tag an vorbei mit der ›Löschebranden Glück‹ und ist seitdem auch nicht mehr aufgekommen.«

All die Zeit über war mir der Neufundländer unausgesetzt zur Seite gewesen und nur ein paarmal bis an den Wagen vorgesprungen, um nach Irme zu sehn. Der Emeritus aber öffnete mir immer mehr das Schatzkästlein seiner Erinnerungen, und als er

hörte, daß ich zunächst nach Groß Rietz wollte, riet er mir, bei seinem alten Freunde, dem Kantor, vorzusprechen und ihm Grüße zu bringen, »der werde mir mit Rat und Tat behülflich sein und mir zeigen, was zu zeigen sei«.
Dabei waren wir aus dem Walde heraus und bis in die Front eines etwas zurückgelegenen und hinter Efeu halb versteckten Steinhäuschens gekommen, über dessen Heckenzaun fort ein kleiner Pfirsichbaum blühte.
»Wie schön«, sagte ich. »Wem gehört dies Idyll an der Heerstraße?«
Der Alte lächelte vor sich hin. »Es wird wohl das des alten Emeritus sein.« Und wirklich, es war es.
Eine Minute später schritten Großvater und Enkelin auf das Häuschen zu. Der Neufundländer folgte, verstimmt über die zu rasch abgebrochene Bekanntschaft. Irme drehte sich noch einmal um und nickte; dann verschwanden alle drei hinter dem Heckenzaun, und Moll und ich waren wieder allein.
»Er ist auch nur arm«, sagte mein Philosoph in ernster Betrachtung. »Und dabei neunundsiebzig. Es ist doch eigentlich eine traurige Geschichte.«
»Warum? Er sah ja nicht traurig aus. Ganz und gar nicht. Aber Sie sind ein Mammonsjäger, Moll; Ihr drittes Wort ist immer Geld, und da kann ich schließlich nicht mehr mit. Ich hab Ihnen heute früh recht gegeben, aber Sie gehen ja viel zu weit und vergessen, daß ein Unterschied ist zwischen Pauvresein und Armsein. Armsein ist nicht so schlimm. Achten Sie mal darauf, immer die, denen das Leben das Leben schwer macht, das sind die Tüchtigsten und Klügsten. War nicht die pieskowsche Wirtin eine kluge Frau?«
»Ja, ja.«
»Nun sehen Sie, so viel Schneid ist immer nur bei der Armut. Die Not lehrt beten, sagt das Sprüchwort, aber sie lehrt auch denken, und wer immer satt ist, der betet nicht viel und denkt nicht viel.«

»Ich bin aber doch lieber satt.«

»Ehrlich gestanden, ich auch. Darin stimmen wir nun wieder zusammen. Aber es ist doch auch was mit der Armut, oder wenn man so will, sie hat auch ihre Vorzüge.«

»Man bloß nich viele …«

»Nein, viele nicht. Aber doch welche. Sehen Sie, Sie haben viel gelesen und sind eigentlich, wenn es nicht grad Ihre schwache Stelle trifft (Sie wissen schon, welche), für einen gebildeten Fortschritt. Und nun frag ich Sie, wo säßen wir noch und wo wären wir noch, wenn es keine Not in der Welt gäbe. Die Not ist der große Treiber oder eigentliche ›Motor‹, wie manche sagen, und daß ich hier jetzt mit Ihnen herumkutschiere trotz Ostwind und dieser Stichsonne (fühlen Sie mal, wie mir die Haut schon abschülbert), ist eigentlich auch bloß aus Not.«

»I nu ja, man kann es auch so sagen. Aber ich bin doch mehr fürs Amöne. Sehen Sie den hübschen Turm da vor uns? Das ist Groß Rietz; da kann man doch wieder ein Glas Bier kriegen und ein Rührei mit Schinken.«

»Und da finden wir auch was in Schloß oder Kirchen. Ja, Sie lachen, Moll, und denken: ›Ach, das sagt er schon den ganzen Tag‹; aber Sie sollen sehen, hier gibt es was. In Groß Rietz nämlich hat der Minister Wöllner gewohnt, freilich erst, als er in Ungnade gefallen war, und ist auch bald nachher gestorben. Wer in Ungnade fällt, heißt es, der lebt nicht mehr lange. Nu, *mir* könnt es nicht passieren; In-Ungnade-Fallen und gut Pensioniertwerden ist eigentlich immer mein Ideal gewesen. Aber der eine denkt so und der andre so … Haben Sie schon mal von dem Minister Wöllner gehört?«

»Nein. Wer war er denn? Ich habe bloß noch von die Manteuffels gehört. Und einer hieß der kleine Manteuffel. Es muß also wohl schon vorher gewesen sein.«

»O lange vorher. Er war Minister bei Friedrich Wilhelm II. oder, wie die Leute sagen, beim dicken König. Und sie sagen auch, er hätt ihm immer Hokuspokus vorgemacht und Geister und Gespenster, und alles immer mit Weihrauch und Glasharmonika. Na, vielleicht war es nicht so schlimm. Und das können Sie glauben, Moll, er war gescheiter als manche, die jetzt über ihn lachen. Is auch gar nicht zu verwunderlich. Denn wie ging es denn? Erst war er bloß Hauslehrer und soll auch ein paarmal gepredigt haben, und noch dazu ganz gut; aber zuletzt dacht er doch wohl, ›es käme nicht viel dabei heraus‹, und heiratete lieber ein junges Fräulein von Itzenplitz. Auch die Mutter, heißt es, war ihm nicht unhold. ›Nicht unhold‹ darf man am Ende sagen und ist ein statthafter Ausdruck. Und als er nun das junge Fräulein geheiratet hatte (die Mutter nahm es alles in die Hand), da wurd er Minister und regierte den preußischen Staat. Und das kann doch schließlich nicht all und jeder.«

Ich hatte hierbei Molls unbedingte Zustimmung erwartet, aber diese blieb aus, und während er es vorzog, hin und her zu diplomatisieren, fuhren wir bereits in Groß Rietz ein und hielten alsbald vor einem Häuschen, das uns als das des Herrn Kantor bezeichnet worden war.

Ich stieg ein paar Stufen hinauf bis in den Flur und wollte klopfen, aber ein Choral, der eben auf einem kleinen Klavier gespielt wurde, hielt mich davon ab. Endlich schwieg es drin, und ich trat ein.

Ein alter würdiger Herr empfing mich und hörte wohlwollend, aber verlegen meinem Vortrag zu, was mich schließlich selber verlegen machte. So sehr, daß ich, wie gewöhnlich in solcher Lage, vom Hundertsten aufs Tausendste kam. In diesem Moment höchster Bedrängnis erschien die Frau Kantorin und sah mit dem den Frauen eigenen Scharfblick auf der Stelle, daß es sich hier unmöglich um etwas Bedenkliches handeln könne. Sie lud mich also zum Sitzen ein, was seitens ihres Mannes noch nicht geschehen war, und stellte nun ihre Fragen so geschickt und so freundlich, daß ich mich rasch wieder zurechtfand. »Ich fürchte nicht, Ihre Zeit allzulang in Anspruch nehmen zu müssen, eine Stunde, wenn's hoch kommt. Ohnehin hängt die Sonne schon über den Dächern drüben, und wenn wir auch Mondschein und sogar Vollmond haben, so lassen sich doch alte Bilder in solcher Beleuchtung nicht allzu gut studieren, die Fenster mögen so hoch und breit sein, wie sie wollen. Oder irr ich mich, wenn ich annehme, daß sich die beiden Wöllner-Portraits in Ihrer Kirche befinden?«

»Eines *war* in der Kirche, das in roter Uniform. Aber der Herr von der Marwitz hat es, als er das letzte Mal hier war, ins Schloß bringen lassen, und da hängen sie nun alle zusammen.«

»Ich wußte nur von zweien.«

»Ja, zwei *Wöllner*-Bilder ... Ede, du könntest ins Schloß gehen und um den Saalschlüssel bitten; es wär ein Herr da, der die Bilder sehen wollte ... Ja, zwei Wöllner-Bilder, eines als Minister und eines aus seiner Hauslehrerzeit, als er noch in Groß Behnitz war. Himmel, Groß Behnitz! Wie sich doch alles ändert im Leben. Das war das Itzenplitzische Lieblingsgut, und nun hat es Borsig, und der hat es auch nicht mehr, und ist bloß noch Sommersitz und Villa für seine Witwe. Kennen Sie Groß Behnitz?«

Ich nickte.

»Das also sind die beiden Wöllner-Bilder. Und auf dem zweiten, in einem Talar oder Roquelaure, sieht er eigentlich aus, als ob er ein Beichtvater wär oder sonst was Katholisches. Und auch sehr hübsch. Es sind aber außerdem noch zwei Bilder da, die mit dazu gehören, zwei Frauenbilder, und die Leute sagen, das eine sei die Frau Generalin von Itzenplitz, die ja so große Stücke von ihm hielt, und das andre sei das Fräulein von Itzenplitz (die Tochter der Gnädigen), die dann der Hauslehrer Wöllner, oder vielleicht war er auch schon Domainenrat, geheiratet hat. Aber da kommt Ede. Bringst du die Schlüssel?«

»Nein. Aber es sei schon gut. Und der Herr solle nur kommen.«

Auf diese Zusage hin erhoben wir uns, die Frau Kantorin und ich, und gingen nunmehr auf das Schloß zu, das mir seiner großen Renaissancetreppe nach aus der Zeit König Friedrich I. zu stammen schien. Ein Diener wartete schon und schloß einen

Hochparterresaal auf, aus dessen Fenstern ich einen Blick auf einen von Treibhäusern eingefaßten Garten hatte. Dieser Blick war hübsch, aber der Saal selber zeigte nichts als eine Stehuhr, eine Portraitbüste Friedrich Wilhelms II. und jene vier Bilder, über die mir die Frau Kantorin einen vorläufigen kurzen Bericht gegeben hatte.

Der letzte Glutschein der untergehenden Sonne fiel auf drei Bilder; das vierte (kleiner) hing an einer Schmalwand unmittelbar daneben und war das Wöllner-Bild aus seiner Ministerzeit. Er trägt auf demselben gepudertes Haar, einen roten Uniformrock und einen blauen, mit Silber gestickten Kragen. Ebensolche Rabatten und Aufschläge. Die Nase dicklich, die Lippen wulstig, die Augen groß und hervortretend. Alles in allem entschlossen und charaktervoll, aber ohne Wohlwollen.

Auf diesem kleineren Portrait ist er ein mittlerer Fünfziger, auf dem größeren, im rechten Winkel daneben hängenden aber erscheint er als ein jugendlicher und in der Tat schöner abbéhafter Mann, wie man ihnen auch heute noch innerhalb der katholischen Geistlichkeit in Österreich und Süddeutschland zu begegnen pflegt. Er zeigt sich, seinen damaligen Studien entsprechend, mit einem Mikroskop beschäftigt, zwischen dessen Gläser er eben einen zu beobachtenden Gegenstand gelegt zu haben scheint. Eine Verwandtschaft zwischen den beiden Bildern ist unverkennbar; derselbe sinnliche Mund, dazu dieselben großen Vollaugen. Und doch, welch ein Unterschied! Auf dem Ministerportrait alles abstoßend, hier alles anziehend bis zum Verführerischen. Dazu gut und, soweit meine Kenntnis reicht, in einzelnen Partien sogar vortrefflich gemalt. Von welcher Hand, würde sich durch Kunstverständige leicht feststellen lassen, da, nach Antoine Pesnes Tode, wohl nur wenige Maler in Berlin existierten, die so zu malen imstande waren.

Die beiden Itzenplitzischen Frauenportraits, die dieselbe Wand schmücken, sind in Ausdruck und Vortragsweise nur Durchschnitt. Alles Interesse verbleibt also *ihm*, und wer die Geschichte dieses vielfach verkannten und unterschätzten Mannes dermaleinst zu schreiben gedenkt, wird an diesen Groß Rietzer Bildnissen nicht vorübergehen dürfen. Sie lehren uns manches in seinem Leben und Charakter verstehen.

Inzwischen war die Sonne gesunken, und als wir jetzt aus dem Saal auf die große Freitreppe hinaustraten, stand der Vollmond bereits in aller Klarheit am Himmel. Ihn als Leuchte zur Seite, gingen wir auf die nah gelegene Kirche zu, hinter deren Fenstern ich ein paar Epitaphien und Trophäen in ihrem flimmernden Schmucke von Waffen und Goldbuchstaben erkannte. Dieser flimmernde Schmuck aber war nicht das, was meine Schritte hierher gelenkt hatte, vielmehr hielt ich mich jetzt auf die Mitte des Kirchhofs zu, wo, von einer Gruppe von Ahornplatanen umstellt, ein großer Granit, ein *Doppel*grabstein lag, auf dem einfach die Namen standen: »J. C. v. Wöllner und C. A. C. v. Wöllner, geb. von Itzenplitz«. Sonst nichts, weder Spruch noch Inschrift. Um die Stätte her war braunes Laub hoch zusammengefegt und predigte wie der Stein selber von der Vergänglichkeit irdischer Dinge.

Moll war uns auf den Kirchhof gefolgt. Er schien einen Augenblick zu Reflexionen in dem eben angedeuteten Sinne geneigt, gab es aber doch auf und begnügte sich schließlich mit einer einfachen Wetterbetrachtung: »Ich dachte, der Wind würd uns einen Regen zusammenfegen. Aber es is nichts. Sehen Sie sich bloß den Mond an; er hat nicht mal 'nen Hof und steht so blaß da wie 'n Zehnmarkstück.«

»Es ist richtig. Aber Moll, warum sagen Sie *Zehn*markstück?«

»Jott, ich dachte, vor *die* Gegend ...«

Und damit gingen wir auf das Gasthaus zu, wo mein Mammon- und Adelsfreund schon ein Zimmer für mich, und zwar »auf der rechten Giebelseite«, bestellt hatte.

»Gott, Moll, das ist ja die Mondseite.«

»Na, denn tauschen wir. Ich hab es gern, wenn er mir so prall aufs Deckbett scheint.«

Theodor Storm
Eine Halligfahrt

Einst waren große Eichenwälder an unserer Küste, und so dicht standen in ihnen die Bäume, daß ein Eichhörnchen meilenweit von Ast zu Ast springen konnte, ohne den Boden zu berühren. Es wird erzählt, daß bei Hochzeiten, welche durch den Wald zogen, die Braut ihre Krone habe vom Haupte nehmen müssen; so tief hing das Gezweig herab. In den Tagen des Hochsommers war unablässige Schattenkühle unter diesen Waldesdomen, die damals noch der Eber und der Luchs durchstreiften, indessen oben, nur von den Augen der revierenden Falken gesehen, ein Meer von Sonnenschein auf ihren Wipfeln flutete.

Aber diese Wälder sind längst gefallen; nur mitunter gräbt man aus schwarzen Moorgründen oder aus dem Schlamm der Watten noch eine versteinte Wurzel, die uns Nachlebende ahnen läßt, wie mächtig einst im Kampfe mit den Nordweststürmen jene Laubkronen müssen gerauscht haben. Wenn wir jetzt auf unseren Deichen stehen, so blicken wir in die baumlose Ebene wie in eine Ewigkeit; und mit Recht sagte jene Halligbewohnerin, die von ihrem kleinen Eiland zum erstenmal hierher kam: »Mein Gott, wat is de Welt doch grot; un et gifft ok noch en Holland!«

Und wie erquicklich die Luft aus diesen Deichen weht! Ich komme eben heim; wo hätte ich besser den Sonntagmorgen feiern können!

Schon hatte unten in den Högen der erste warme Frühlingsregen die unabsehbaren Wiesenlandschaften grün gemacht; schon weideten wieder die unzähligen Rinder auf der Rasendecke, in welcher die Wassergräben zwischen den einzelnen Fennen wie

Silberstreifen in der Morgensonne funkelten. Von hüben und drüben, abwechselnd und sich antwortend, in unendlicher Abtönung, erhob sich Gebrüll und klang weit über die Ebene hinaus. Und wie lebendig die Stare waren, diese geflügelten Freunde der Rinder! In lärmendem Zuge kamen sie vom Kooge herauf, schwenkten vor mir hin und wider und fielen dann in dichtem Schwarm auf die Krone des Deiches nieder, um gleich darauf, hurtig um sich pickend, seewärts an der Böschung hinabzuspazieren.

Aber unten entlang dem Strome, der von der Stadt ins Meer hinausführt, schimmerte einladend die neue Strohbestickung, womit zum Schutze gegen die nagende Flut der Saum des Strandes überzogen war. – Wie anmutig es sich auf diesem sauberen Teppich wandelte! – Es war noch in der Morgenfrühe; das traumhafte Gefühl der Jugend überkam mich wieder, als müsse dieser Tag was unaussprechlich Holdes mir entgegenbringen; kommt doch für jeden die Zeit, wo auch die Gespenster des Glücks noch willkommen sind. – Und siehe! – während das Wasser weich, fast lautlos zu meinen Füßen anspülte, plötzlich mit leichten, unhörbaren Schritten ging die Erinnerung neben mir. Sie kam weit her aus der Vergangenheit; aber ihr Haar, das sie kurz in freien Locken trug, war noch so blond wie einst. – Es war deine Gestalt, Susanne, in der sie mir erschien; ich sah wieder dein junges, festumrissenes Gesichtchen, die kleine Hand, die lebhaft in die Ferne zeigte – wie deutlich sah ich es! Auf einem solchen Teppich an ebendiesem Strande schritten wir auch damals nebeneinander. Deine geöffneten Lippen tranken die feuchte erquickende Luft; mitunter, wenn der weiche Südost aufwehte, griff deine Hand nach dem blauen Schleier und legte ihn zurück über das winzige Sonnenhütchen. Dann warst du stehengeblieben und horchtest nach oben hinauf; deine jungen neugierigen Augen forschten in der durchsichtigen Luft. »Ich sehe nur eine einzige!« riefst du: »dort steigt sie eben in den Himmel!« Und jetzt vernahm auch ich es; so weit man horchen mochte, zur Höhe wie in die Ferne, der ganze Luftraum schien ein einziges unablässiges Lerchensingen. Die kleinen Sänger selbst aber entschwanden unseren Augen in der blendenden Fülle des Lichtes, das ihn durchströmte. – Und schweigend gingen wir weiter; die Welt war so still und klar, und die Lerchen sangen immerfort; was hätten wir auch reden sollen!

Doch wir waren nicht allein. Die Frau Geheimrätin, Susannes Mutter, ist mir nicht weniger unvergeßlich; sie hatte an der Böschung des Deiches ihr Schnupftuch voll von Champignons gepflückt und wandelte nun wie lauter Erdgeruch an unserer Seite. Es war eine gar stattliche Dame, und selbst die kleinen Ungeheuer der Tiefe, die Seekrabben, schienen ihr den schuldigen Respekt nicht zu verweigern. Sie waren heraufgekrochen, saßen am Rande des Wassers auf der Strohdecke und sonnten sich und drehten ihre knopfartigen Augen; wenn aber das Spiegelbild der Geheimrätin mit der ungeheueren lila Hutschleife über sie hinfiel, klappten sie grimmig mit den Scheren und schossen seitwärts in den Abgrund zurück. –– Nach einer Weile hatten wir ein kleines Schiff bestiegen; »Die Wohlfahrt« hieß es; der Name stand mit goldenen Buchstaben auf dem Spiegel eingegraben. Wir waren alle glücklich an Bord gelangt; nur daß die alte Dame einen zierlichen Schrei ausstieß, als ihre Champignons, die sie den »lieben Schiffer« zu verwahren bat, so ohne Umstände in den offenen Schiffsraum hinabflogen.

Und leise blähten sich die Segel, und leise schwamm das Schiff; man hörte das Wasser vorn am Kiele glucksen. Nach einer Stunde hatten wir die nachbarliche große Insel hinter uns und trieben nun auf der breiten Meeresflut. Eine Möwe schwebte über dem Wasser dicht an uns vorbei; ich sah, wie ihre gelben Augen in die Tiefe bohrten. »Rungholt!« rief der Schiffer, der eben das Segel umgelegt hatte.

Die Geheimrätin, die – ich weiß nicht durch welche Künste – ihren Champignonbeutel wieder in der Hand trug, blickte nach allen Seiten um sich. »Ich sehe nur den uferlosen Ozean!« sagte sie, indem sie ihr Augenglas einschlug und wieder in den Gürtel steckte. Der Schiffer, der mit beiden Armen über Bord lehnte, wandte sein wetterbraunes Gesicht der Dame zu; aber nachdem er sie wie in mitleidiger Verachtung einige Sekunden gemustert hatte, starrte er wieder schweigend ins Meer hinaus.

»Sie müssen dorthin blicken«, sagte ich, »wo nach Senecas Ausspruch alle Erdendinge am sichersten verwahrt sind!«

»Und wo wäre das, mein Lieber?«

»In der Vergangenheit; – in diesem sicheren Lande liegt auch Rungholt. Einst zu König Abels Zeiten, und auch später noch, stand es oben im Sonnenlichte mit seinen stattlichen Giebelhäusern, seinen Türmen und Mühlen. Auf allen Meeren schwammen die Schiffe von Rungholt und trugen die Schätze aller Weltteile in die Heimat; wenn die Glocken zur Messe läuteten, füllten sich Markt und Straßen mit blonden Frauen und Mädchen, die in seidenen Gewändern in die Kirche rauschten; zur Zeit der Äquinoktialstürme stiegen die Männer, wenn sie von ihren Gelagen heimkehrten, vorerst noch einmal auf ihre hohen Deiche, hielten die Hände in den Taschen und riefen hohnlachend auf die anbrüllende See hinab: ›Trotz nu, blanke Hans!‹ Aber das rotwangige Heidentum, das hier noch in uns allen spukt –«

»Ich bitte doch, mich freundlich auszunehmen!« schob die Geheimrätin mit etwas strammem Lächeln dazwischen.

Ich verbeugte mich zustimmend. »Es bäumte sich noch einmal auf gegen den blassen, aufgedrungenen Christengott; die Männer von Rungholt – so wenigstens haben es die geistlichen Chronisten aufgeschrieben – beriefen eines Tages einen Priester und hießen ihn einer kranken Sau das Abendmahl geben. Da ergrimmte der Herr und ließ wie zu Noä Zeiten seine Wasser steigen; und über die Deiche und Mühlen und Türme schwollen sie; und Rungholt mit seinen blonden Frauen und seinen trotzigen Männern« – und ich wies mit dem Finger rückwärts, wo noch vom Kiel unseres Schiffes das Wasser in der Sonne strudelte – »dort steht es unten, unsichtbar und verschollen auf dem Boden des Meeres. Nur zuzeiten bei hellem Wetter, wenn in der einsamen Mittagsstunde die Wimpel schlaff am Mast herunterhängen und die Schiffer in der Koje schnarchen, dann – wie die Leute sagen – ›dühnt es auf‹. – Wer dann mit wachen Augen über Bord ins Wasser schaut, kann gewahren, wie Türme mit goldnen Gockelhähnen aus der grünen Dämmerung aufsteigen; vielleicht mag er sogar die Dächer der alten Häuser erkennen, und wie zwischen dem Seetang, der sie überstrickt hat, seltsam schwerfälliges Getier umherkriecht, oder zwischen den zackigen Giebeln in die Enge der Gassen hinabschauen, wo Muschelwerk und Bernstein die Tore der Häuser verbaut hat und der nie rastende Flut- und Ebbstrom mit den Schätzen versunkener Schiffe spielt. – Aber auch die Schiffer unter Deck erwachen und richten sich auf, denn unter sich aus der Tiefe hören sie es läuten; das sind die Glocken von Rungholt.«

Susanne war indes herangetreten und hatte mit großen Augen zugehört; aber sie bedurfte für diese Seegeschichte eines sachkundigeren Gewährsmann.

»Läuten sie wirklich, Schiffer?« fragte sie. »Haben Sie es selbst gehört?«

Das klang so allerliebst, daß auch die Backen der alten Teerjacke sich zu einem Lächeln verzogen; und er spie weit ins Meer hinaus, bevor er antwortete: »Ick hevt min Dag nich hört.«

Und weiter fuhren wir über Rungholt. Aber trotz der kühlen Antwort des Schiffers blickte Susanne noch ein paarmal verstohlen über Bord ins Wasser, begann doch auch jetzt die Mittagseinsamkeit sich brütend auf das Meer zu legen. Und als sie sich von mir ertappt sah, errötete sie nur leicht und lächelte; denn meine Augen mochten es den ihren schon verraten haben, wie gern auch ich an Wunder glaubte.

Vor uns in den Horizont trat jetzt ein grauer Punkt, der sich allmählich in die Breite steckte; und endlich stieg ein grünes Eiland vor uns auf. Eine geflügelte Wache schien es zu umgeben; so weit man an dem Strande entlang sehen konnte, wimmelte es in der Luft von großen weißen Vögeln, welche unablässig wie in stiller Geschäftigkeit durcheinander auf- und abstiegen. Stets in demselben Luftraume beharrend, glichen sie einem ungeheueren schwebenden Gürtel, der das ganze Eiland zu umschließen schien; ihre ausgebreiteten mächtigen Flügel erschienen wie durchsichtiger Marmor gegen den sonnigen Mittagshimmel. – Das war fast wie in einem Märchen; und dazu kam mir in den Sinn: mein Freund Aemil, ein leidenschaftlicher Regattenmann, als er in lauer Sommernacht in seinem Boote hier vorbeigetrieben war, wollte von dorther eine entzückende Musik vernommen haben. Der Mond sei über der stillen Insel gestanden, und während er nach langer Pause heimgerudert, sei in der Nacht und auf dem Meer kein anderer Laut gewesen als diese geisterhaften, allmählich hinter ihm verhallenden Töne.

Aber es war dennoch keine Zauberinsel, sondern eine Hallig des alten Nordfrieslands, das vor einem halben Jahrtausend von der großen Flut in diese Inselbrocken zerrissen wurde; die weißen Vögel waren Silbermöwen, welche dem Strande entlang über ihren Brutplätzen schwebten; larus argentatus, von den Naturforschern längst registriert und in ihren Systemen untergebracht. Als wir bald darauf zu Wagen unter ihrem Ring durchfuhren, sah ich deutlich über unseren Köpfen die funkelnden Augen und die starken, vorn gebogenen Schnäbel. Dabei erklang in kurzen Pausen ein heiseres »Gack! Gack!«, ähnlich dem unserer Gänse, nur hastiger und wilder. Susanne drückte ängstlich den Kopf an ihre Mutter; aber unser Fuhrmann klatschte lachend mit der Peitsche, und das luftige Gesindel stob gackernd nach allen Seiten auseinander.

Und dort auf der hohen Werfte, inmitten der öden baumlosen Insel, lag das große Hallighaus mit dem tief hinabreichenden Strohdache, in welchem nun schon seit Jahren »der Vetter«, ein alter trefflicher Junggeselle, sich bei den schweigsamen Bewohnern eingemietet hatte. »Die Räder der Staatsmaschine« – so hatte er mir derzeit seine Übersiedelung angekündigt –, »werden mir doch zu indiskret; ich weiß, es gibt Leute, die davon entzückt sind; mich anlangend, so kann ich's nicht ertragen, wenn sie mir fortwährend hinten in die Rockschöße haspeln.« – Und so war er denn mit seiner Bibliothek und seinen allerlei Sammlungen in diese Meereseinsamkeit gezogen, wo er sich seiner Meinung nach außer dem Bereich der verhaßten Maschine befand.

Auf ihn auch war ohne Zweifel jene nächtliche Musik zurückzuführen; denn noch vor einigen Jahren hatte er in der Stadt, in der er damals lebte, für einen großen Geigenspieler gegolten; obgleich er, solang ich denken konnte, jede Aufforderung zum Spiel mit dem Bemerken ablehnte, daß das vorüber sei. Ich selbst hatte ihn nur einmal, da ich noch im Hause meiner Eltern lebte, spielen hören; dieses eine Mal aber wurde für mich die Ursache wiederholter Täuschungen; denn wenn ich später in den Konzerten weltberühmter Virtuosen saß, so trug ich selten etwas anderes davon als eine traumhafte Sehnsucht nach jenem Spiel des Vetters. Dennoch sollte er während meiner späteren Abwesenheit von der Heimat noch einmal, jedoch nur auf kurze Zeit, seine Geige wieder zur Hand genommen und, wie einstens, alles mit sich fortgerissen haben. Ein Näheres darüber hatte ich nicht erfahren. Für gewöhnlich war der Vetter ein munterer alter Herr, dem man nicht anmerkte, vor welch tiefer Erregung oft diese freundlichen Augen Wache hielten.

Aber schon war unser Wagen am Fuße der Werfte angelangt, und dort oben in der Tür unter dem steinernen Giebel stand er selbst, der kleine schmächtige Mann mit den tiefliegenden Augen und dem vollen weißen Haupthaar. »Willkommen im Ländchen der Freiheit!« rief er, während er eilig herabkam und dem Dienstjungen die Leiter an den Wagen legen half. Und wahrlich, frei genug war es hier; außer der Werfte mit dem breit darauf gelagerten Haus schien aus der grünen Inselfläche nichts hervorzuragen als etwa eine zerstreut umherweidende Schafherde; selbst das Gras war so niedrig, daß es kaum den dazwischen umherkletternden langbeinigen Schnaken ein Hindernis in den Weg legte. Sein Wohnzimmer hatte sich der Vetter in dem größten Raume des Hauses, dem sogenannten Pesel, eingerichtet. Schränke mit Büchern, mit Konchylien und andern Sammlungen, Karten und Kupferstiche nach Claude Lorrain und Ruisdael bedeckten die übrigens weiß getünchten Wände. Von dem Aufsatze des Schreibtisches schaute neben einer Statuette der Venus mit dem Delphin, die von einem Korallenbaume aus den Südseeinseln gleichsam überschattet war, das markige Antlitz Beethovens in der bekannten Künstlerbüste auf uns herab.

Als wir in die Tür traten, flog uns ein kleiner Vogel entgegen, flatterte einen Augenblick wie zweifelnd hin und her und setzte sich dann auf die Hand seines Herrn, mit dem lebhaft bewegten Köpfchen zu ihm aufblickend. »Nur ein Sperling!« sagte der Vetter lächelnd und den verwunderten Blick der alten Dame beantwortend: »Sie wissen, der Sperling gleicht dem Menschen, an sich ist er ohne Wert, aber er trägt die Möglichkeit zu allem Großen in sich. Der Bursche hier und ich, wir leben trefflich miteinander.« – Auf seinen Wink flog der Vogel wieder fort und ließ sich auf einen Ast des Korallenbaumes zu Häupten der schaumgeborenen Göttin nieder, als warte er wie einst darauf, mit lustigen Genossen vor ihren Wagen gespannt zu werden, um sie über das blaue griechische Meer in den Schatten ihrer heiligen Haine zu tragen. Wir aber schlürften bald aus zierlichen Tassen den Trank der modernen Welt; ich meine nicht den Kaffee, sondern den Tee, den wir Küstenbewohner auch an einem heißen Hochsommervormittage nicht verschmähen.

Durch die Fenster, welche in der Front des Hauses gegen Süden lagen, sah man auf die grüne Fläche der Hallig und fern am Strand die Brandung, welche silbern in der Sonne schimmerte. Unser Schiff war von hier aus nicht zu sehen; aber dort zu Westen starrte der Mast eines andern kleinen Fahrzeugs in die Luft; es

war vor kurzem hier gestrandet und jetzt Eigentum der Halligleute. – Was überhaupt war hier nicht Strandgut! Der große schwarze Hund, der jetzt im Hause umherlief, nicht weniger als der edle Alicante, den wir späterhin bei Tische tranken. Und wie stand es um die Bibliothek des Vetters? –
Meinem angeborenen Triebe folgend, hatte ich die Bücherschränke durchstöbert und blätterte eben in einem abgegriffenen Exemplar des »Hesperus«, als eine kleine Hand sich leise auf das erste weiße Blatt des Buches legte. Der Name »Emma« stand hier eingeschrieben und ein Kreuz darunter.
Noch höre ich den Laut unschuldiger Teilnahme, den Susanne bei diesem Anblick ausstieß. »Wer war das, Onkel?« rief sie. »Hast du sie gekannt?«
»Gekannt, mein Kind?« wiederholte der Alte und strich mit dem Finger über eine Bücherreihe. »Das ist auch Strandgut; fast alles Antiquaria! Die einstigen Besitzer sind gescheitert oder zugrunde gegangen; ihre Bücher sind in alle Welt getrieben, von geschäftigen Leuten aufgefischt und verkauft; und nun stehen sie hier eine Weile, bis auch ihren jetzigen Besitzer das gleiche Los ereilt. – Aber freilich, dennoch kenne ich diese Emma, wenn sie auch schwerlich davon weiß, daß ich ihre posthume Bekanntschaft gemacht habe.«
Susanne blickte gespannt in die immer lebhaft mitredenden Augen des Vetters.
»Siehst du!« fuhr er fort – und nahm mir das Buch aus der Hand und schlug einige Seiten darin auf – »hier steht es deutlich: sie liebte, litt und starb. Diese kurze Geschichte erzählen mir hier die Bleistiftstriche unter ihren Lieblingsstellen, das vertrocknete Vergißmeinnicht, dazu das Kreuz. Auch eine alte Jungfer ist sie gewesen und häßlich genug, daß ihre schönen Augen niemandem haben gefallen wollen; auch dem einen nicht, der nie daran gedacht hat, wie glücklich er sie an jenem Frühlingstage machte, als er die welke Blume so gedankenlos ihr gab, wie er sie vorhin gedankenlos gebrochen hatte. Ein Gesichtchen wie

das deine wird das nie verstehen; aber –« und er blickte halb schmerzlich, halb in zärtlicher Bewunderung in das schöne Antlitz des jungen Mädchens – »nicht wahr? durch dich soll niemand Leid erfahren!«
Susanne öffnete die Lippen, als wolle sie eine Frage tun; aber der Vetter strich sanft mit der Hand über ihr blondes Haar; dann wandte er sich ab und setzte mit fast zarter Sorgfalt das Buch an seinen Ort. Er mag wohl gefühlt haben, daß ich das bemerkte, denn er sagte lächelnd: »Nun, nun! da ist nicht bloß der ›Hesperus‹, da ist auch noch ein armes treues Menschenherz darin.«
Zufällig sah ich in diesem Augenblick unter dem Bücherschranke den mir von früher wohlbekannten schwarzen Geigenkasten. Was war nach solchen Gesprächen natürlicher, als daß ich den alten Herrn an jene Melodie aus meiner Knabenzeit erinnerte und in ihn drang, sie mich jetzt noch einmal hören zu lassen. – Aber er schien fast erschrocken. »Nein, nein, mein Junge!« sagte er, den Kasten hastig in die äußerste Ecke schiebend. »Siehst du denn nicht, daß das ein Särglein ist? Man soll die Toten ruhen lassen.«
Und so war denn weiter von dem Geigenspielen nicht die Rede. Nicht zu leugnen stand übrigens, daß die äußerst zarte Organisation des Vetters im Anstoß mit den Außendingen ihn zu einem für Durchschnittsmenschen ziemlich seltsamen Kauz gemacht hatte. Auch verfehlte es nicht, die Frau Geheimrätin, welche ein seltenes Geschick hatte, ihn an seinen heikelen Stellen zu berühren, im Laufe dieses Tages mehr als einmal gründlich in Verwunderung zu setzen.
Die gute Dame konnte es nicht verwinden, daß er, »der hochgebildete Mann«, die feine Gesellschaft seines früheren Wohnorts mit dieser nur von Halligleuten und einem zahmen Sperling bevölkerten Einöde vertauscht habe, und nahm dies Thema stets von neuem wieder auf. – Die kleine Szene, welche zwischen den beiden alten Herrschaften hieraus entsprang, werde ich nie vergessen.

»Frau Cousine!« sagte der Vetter mit großem Nachdruck, indem er eine schon erfaßte Apfelsine in die Kristallschale zurückfallen ließ – denn wir saßen nach beendigter Mittagstafel eben noch am Nachtisch –, »wenn in Novembernächten der Sturm hier unser Haus gepackt hat, daß wir aufgeschüttelt aus den Betten springen; – wenn wir dann durchs Fenster in Augenblicken, wo eben die Wolken am Mond vorübergejagt sind, das Meer, aber das vom Sturm gepeitschte Meer hier unten am Fuße unserer Werft sehen, die allein noch hervorragt aus den schäumenden, tobenden Wasserbergen; – Sie glauben nicht, Frau Cousine, wie erquicklich es ist, sich einmal in einer andern Gewalt zu fühlen als in der unserer kleinen regierungslustigen Mitkreaturen!«

Ich mag wohl stumm dazu genickt haben, denn ich wüßte auch jetzt noch nichts Erkleckliches dagegen einzuwenden; die Frau Cousine aber wollte das allerdings nicht glauben, sondern fuhr fort, heftig für das feste Land und dessen gute Gesellschaft zu plädieren.

Eine Weile hörte der alte Herr geduldig zu; dann aber begann es schalkhaft um seinen noch immer schönen Mund zu zucken.

»So will ich's offen denn bekennen«, sagte er; »die Exzellenzen und die Geheimen Ober-Gott-weiß-was-Räte begannen sich die letzte Zeit in unserer guten Stadt auf eine für mich äußerst beunruhigende Weise zu vermehren.«

Ich sah das herablassendste Lächeln in dem Antlitz der alten Dame aufsteigen.

»Aber, mein Gott, was taten Sie Ihnen denn –?«

»Mir, Frau Cousine? Ich dächte doch; sie gingen überall dort in der Sonne, wo eben mir zu gehen beliebte. Es sind das aber, solange sie noch in ihren Drähten hängen, oftmals ganz verruchte Figuren, und man muß ihnen ausbiegen, damit man keine Schläge von ihren hölzernen Armen bekommt.«

Die Geheimrätin wurde unruhig.

»Aber, lieber Herr Vetter, mein seliger Mann –«

»Gewiß, gewiß, Frau Cousine!« Und der Vetter legte beschwichtigend seine Hand auf ihren Arm. »Ich kenne eine ganze Blumenlese davon, die alle einen unheimlichen Anstrich mit sich herumtragen; diese Kerle – ich wette! –, wischt man ihnen die Staatskalendernummer von der Stirn, so sitzen sie da wie ausgeblasene Hülsen; und ich sehe schon, wie ihnen die Augen verglasen, während das bißchen Akten- und Rangklassenbewußtsein daraus verdunstet.«

»Aber, Herr Vetter!« Und die Geheimrätin benutzte eine augenblickliche Pause; »mein trefflicher seliger Mann –«

Und der Vetter legte wieder beschwichtigend seine Hand auf ihren Arm.

»Gewiß, gewiß, Cousine! Und damit ich niemandem unrecht tue, es gibt auch recht scharmante Leute unter ihnen!«

Und sich plötzlich an mich wendend, begann er immer schneller und heftiger zu reden, bis er zuletzt einige unleugbar handgreifliche Worte niederzuschlucken sich ehrlich, aber vergebens bemühte.

Die Geheimrätin hatte resigniert die Hände gefaltet und sagte gar nichts mehr; der Vetter aber war aufgesprungen, mit erhitztem Gesicht riß er die Stubentür auf und rief: »Mantje, ein Glas Wasser!«

Bevor aber Mantje noch erscheinen konnte, rannte er selber hintennach.

Die alte Dame schien allmählich aufzuatmen.

»Ein angenehmer Mann, der Vetter«, sagte sie hüstelnd, »indes, ich sehe ihn doch am liebsten hier auf seiner Insel.«

Aber schon trat er selbst wieder in die Stube.

»Ich habe unziemlicherweise die Tafel abgebrochen«, sagte er entschuldigend; »Sie wissen ja: Herz schon so alt und noch immer nicht klug! – Lassen Sie uns nach Landesbrauch nun Martje Flors Gesundheit trinken!« Er füllte die Gläser und erhob das seine. »Frau Cousine! Susanne! Mein lieber Junge! Auf daß es uns wohl gehe in unseren alten Tagen!«

Und wir tranken, wie das diesem ernstesten aller Trinksprüche eigen zu sein scheint, schweigend und schüttelten uns die Hände.
Die Geschichte aber, welche demselben zugrunde liegt, verdient es, auch in weiteren Kreisen erzählt zu werden. Als nämlich Tönningen, die größte Stadt der Landschaft Eiderstedt, einst von den Schweden belagert wurde, hatte eine Gesellschaft feindlicher Offiziere in dem benachbarten Kathrinenherd Quartier genommen und trieb dort arge Wirtschaft; sie ließen sich Wein auftragen, zechten und lärmten, als seien sie die Herren hier. Martje Flor, die zehnjährige Tochter des Hauses, stand dabei und sah unwillig dem Gelage zu, denn sie gedachte ihrer Eltern, die das unter ihrem Dache dulden mußten. Da reichte einer der Trinker ihr ein volles Glas und rief, was sie so trübselig dastehe, sie solle lieber auch eine Gesundheit ausbringen! Und Martje trat mit ihrem Glase an den Tisch, wo die feindlichen Kriegsleute saßen, und sprach: »Dat et uns wull ga up unse ole Dage!« – Und auf dieses Wort des Kindes wurde es still.
Seitdem versteht es jeder bei uns zu Hause, wenn am Schlusse des Mahles der Wirt es seinen Gästen zubringt: »Und nun noch – Martje Flors!«
Als wir nach aufgehobener Tafel vor die Haustür traten, führte uns der Vetter unter bedeutungsvollem Schweigen am Hause entlang bis an die südwestliche Ecke desselben. Hier stieß er ein unter herabhängendem Holunder fast verborgenes Pförtchen auf; und wie in ein Wunder blickten wir in einen großen baumreichen Garten hinab, den an diesem Orte, bei der rings umgebenden Öde, wohl niemand hätte vermuten können. – Drunten, von der Insel aus dem Auge ganz verborgen, lag er in einer kesselförmigen Vertiefung der Werfte, an deren schräg abfallenden Wänden sich zwischen verschiedenartigen Obstbäumen eine Reihe üppiger Gemüsebeete entlangzogen.
Von unten aus dem Grunde blinkte ein kleiner Teich, ringsum von einem hohen Ligusterzaun umschlossen. Auf dem daran

entlangführenden Steige erschien eben, vom Hause hinabspazierend, eine weiße Katze; aber sie verschwand gleich darauf unter dem Schatten der Obstbäume, welche vom Garten aus ihr dichtes Gezweig über den Steig hinüberstreckten. Die blanken Blätter glänzten in dem sattesten Grün, als seien sie nie von einem gefräßigen Insekt berührt worden; nur freilich, wo die Kronen der Bäume den oberen Gartenrand erreichten, waren sie sämtlich wie mit der Zaunschere abgeschoren, was nach des Vetters Erläuterung von dem Nordwestwinde ohne jegliche Bestellung ausgeführt wurde.

Die Aufmerksamkeit unserer »Maman« war durch eine Pumpe erregt worden, welche unweit des Einganges in dem kleinen Teiche stand; und während der alte Herr, unter lebhaften Schlägen mit dem Schwengel, ihr die Speisung und Bedeutung dieses Süßwasserbehälters der Insel zu erklären begann, gingen Susanne und ich in das trauliche Gartennest hinab, wo der Sonnenschein wie eingefangen auf dem grünen Laube schlief. Wir schritten langsam der weißen Katze nach und verschwanden gleich ihr unter dem dichten Laube der Apfelbäume, das fast Susannes goldklares Haar berührte; um uns her schwamm der Duft von Federnelken und Rosen, die oben zwischen den Gemüsebeeten blühten. Unmerklich, wenn mich die Erinnerung nicht täuscht, waren wir in jenen träumerischen Zustand geraten, von dem in der Sommerstille, inmitten der webenden Natur, so leicht ein junges Paar beschlichen wird; sie schweigen, und sie meinen fast zu reden; aber es ist nur das Getön des unsichtbar in Laub und Luft verbreiteten Lebens, nur das Hauchen der Sommerwinde, die den Staub der Blüten zueinander tragen. Ich glaube, wir saßen auf einer kleinen Holzbank und blickten – wer weiß, wie lange schon! – durch die Lücken des Zauns auf das unten schimmernde Wasser, als plötzlich die akzentuierte Stimme der Geheimrätin mich auf die Oberfläche des Lebens zurückrief; und gleich darauf erschien auch der alte Herr und trieb uns mit munteren Worten zum Kaffee in das Haus.

Aber ich stahl mich bald davon, um mir nach meiner Weise allein und ungestört die verschiedenen Räume des großen, ganz im Viereck gebauten Hauses anzusehen.

Eine Weile stand ich in einer Art von Zimmerwerkstatt und plauderte mit dem Sohne des Hauses, der, gleich Robinson, alle Hantierungen vom Robbenjäger bis zum Zimmermann in sich vereinigte und augenblicklich in letzter Eigenschaft an den Blöcken eines Segelbootes arbeitete, das von einer Nachbarinsel aus bei ihm bestellt war.

Von hier gelangte ich in einen langen, ziemlich düsteren Stall. Er war leer, da das Vieh draußen auf der Hallig weidete; nur die weiße Katze saß jetzt hier auf der Krippe, und einige Hühner liefen gackelnd durch das Mauerloch aus und ein; an den Wänden sah ich hie und da ein Seehundfell zum Trocknen angenagelt.

Zu Ende des Stalles, im rechten Winkel anstoßend, noch stiller und noch mehr in Dämmerung, lag die Scheune; und dort in ihrer Mitte stand das neue Boot, noch duftend von dem Harz des Waldes, von keiner Welle noch berührt. Wie selbstverständlich stieg ich ein; ich setzte mich auf die Ruderbank und dachte an den Vetter, weshalb er denn vorhin sein Geigenspiel vor uns verleugnet habe.

Es war völlig einsam hier. Die kleinen, überdies mit Spinngewebe überzogenen Fenster lagen so hoch, daß sie keinen Ausblick zuließen. Vom Hause her vernahm ich keinen Laut; aber draußen um die Mauern, obgleich gegen Mittag der Wind sich fast gänzlich gelegt hatte, ertönte eine Art von Luftmusik, die mich die großen Register ahnen ließ, mit denen hier um Allerheiligen der Sturm sein Weltmeerkonzert in Szene zu setzen pflegt. Nach einer Weile mischten sich leichte Schritte, die durch den Stall daherkamen, in dieses Tönen der Luft, und als ich aufblickte, stand Susanne in der Tür, ihr Hütchen am Bande hin und her schwenkend.

»Weshalb sind Sie denn fortgelaufen?« rief sie, indem sie trotzig den Kopf zurückwarf. »Mama sitzt drinnen vor einer Seekarte, und Onkel hat ein großes Teleskop am offenen Fenster aufgestellt. Ich mag aber nicht durch Teleskope sehen.«

»So gehen Sie bei mir an Bord!« erwiderte ich, auf meiner Ruderbank zur Seite rückend, »es ist ein neues sicheres Fahrzeug.«

»In dieses Boot soll ich steigen? Weshalb? Es ist so düster hier.«

»Hören Sie nur, wie die zarten Geister musizieren!«

Sie horchte einen Augenblick, dann kam sie näher und hatte schon ihr Füßchen auf den Rand des Bootes gesetzt.

»Nun, was zögern Sie, Susanne? Haben Sie kein Vertrauen zu meiner Steuerkunst?«

Sie sah mich an; es war etwas von dem blauen Strahl eines Edelsteins in diesem Blicke, und es überfiel mich, ob mir nicht doch von diesen Augen Leids geschehen könne. Ich mag sie dabei wohl seltsam angestarrt haben; denn als wandle eine Furcht sie an, zog sie langsam ihren Fuß zurück.

»Wir wollen lieber an den Strand hinab!« sagte sie leise. »Ich möchte noch die Nester der Silbermöwen sehen!«

So verließ ich denn mein gutes Fahrzeug, und wir traten aus dem Hause, wo die Tageshelle fast blendend in unsere Augen strömte. – Ohne von den alten Herrschaften etwas wahrzunehmen, gingen wir die Werfte hinab und über die Hallig nach dem Strande zu. Ein Stengel duftenden Seewermuts, eine violette Strandnelke wurde im Vorbeigehen mitgenommen, sonst war hier nichts, das unsere Aufmerksamkeit hätte erregen können. An manchem der oft tiefen Gerinne, womit, wie mit einem Gewebe, die ganze Hallig überzogen war, mußten wir auf und ab wandern, bevor wir eine Stelle zum Hinüberspringen fanden. Aber Susanne hatte die Mädchenturnschule durchgemacht, und an ihren Schultern waren die unsichtbaren Flügel der Jugend; ich hörte deutlich ihr melodisches Rauschen, wenn der kleine Fuß zum Sprunge ansetzte und wenn sie dann so rasch hinüberflog.

Ein leichter Wind hatte sich aufgemacht, als wir den Strand

erreichten. Das Meer, das bei der eingetretenen Flut nur etwa einen Büchsenschuß von dem grünen Lande entfernt war, lag jetzt wie fließendes Silber vor den schräg fallenden Strahlen der Nachmittagssonne; bis weit hinaus um den Strand der Insel hörte man das Getose der Brandung. In der Luft war noch immer, wie am Vormittage, das Steigen und Sinken der großen Silbermöwen, nur daß jetzt, da kein Licht von oben durchschien, das schneeige Weiß ihrer Flügel sich noch mehr gegen den blauen Himmel abhob. Auch kleinere schwarze Vögel mit storchartigem Schnabel sahen wir, die wie mit hellem Kriegsschrei durch das Gewimmel der großen Möwen hin- und herschossen.
Und jetzt ließ Susanne einen Ruf des Entzückens hören; in einem Tangbüschel, umgeben von einem rötlichen Kranze zermalmter Schaltiere, lagen zwei der großen graugrünen Eier; sechs Schritte weiter wieder zwei; und dort, etwas seitwärts, schimmerten gar drei von den kleineren Eiern des schwarzen Austernfischers. Die meisten lagen auf dem bloßen Strande; denn, wie der Vetter sagte, »diese Kreaturen machen wenig Umstände mit ihrer Häuslichkeit«. Die Vögel gackerten und schrien; Susanne aber, unbekümmert und mit vor Neugier leuchtenden Augen, schritt immer weiter hinaus, von Nest zu Nest.
Ich hatte mich gegen das Meer hin auf den Rand des Ufers gesetzt. Eine Weile blickte ich Susannen nach; wohin dann meine Gedanken gingen, hätte ich wohl selber kaum zu sagen gewußt, meine Augen aber buchstabierten immer wieder an dem Spiegel unseres unweit auf dem Wasser schaukelnden Schiffes den mir längst bekannten Namen »Die Wohlfahrt«, dessen goldene Buchstaben in der Sonne zu mir herüberglänzten. Das Anrauschen des Meeres, das sanfte Wehen des Windes – es ist seltsam, wie das uns träumen macht.
Als ich aufstand, war von Susanne nichts zu sehen. Ich ging eine Strecke an dem Ufer hin, während über mir die Möwen gleich ungeheueren Schneeflocken in der Luft tanzten. Ich rief, ich

sang – keine Antwort. Endlich, dort, weitab in einer Bodensenkung, sah ich sie im Sande knien. In der scharfen Beleuchtung der schon abendlichen Sonne gewahrte ich eines der großen Eier in ihrer Hand; sie hielt regungslos das Ohr darauf geneigt, als wolle sie das keimende Leben belauschen, das darin verschlossen war. Ihr zu Häupten aber schwebten zwei der mächtigen Vögel, die sich aus der langen Kette losgelöst hatten; sie stießen ihre heiseren Töne aus und schlugen wie zornig mit den weißen Flügeln. Unwillkürlich blieb ich stehen; so wild und doch so anmutvoll war dieses Bild. Die kniende Gestalt des Mädchens regte sich noch immer nicht. Da schoß eines der erzürnten Tiere so jäh auf sie herab, als hätte es mit seinem Schnabel ihre Locken packen müssen.
Susanne stieß einen lauten Schrei aus, daß selbst die Vögel erschreckt zur Seite stoben; dann schleuderte sie das Ei weit von sich, und wie vorhin über die kleinen Abgründe, flog sie auf mich zu und schlang beide Arme um meinen Hals. – –

Nur ein Hauch darf beben,
Blitzen nur ein Blick;
Und die Engel weben
Fertig ein Geschick.

So sagt ein Dichterwort. – Aber dieser Hauch bebt oft auch nicht. – Ich war ein junger Advokat und längst von wohlmeinender Seite mir bedeutet worden, wenn ich in meinem Berufe »prosperieren« wolle, so müsse ich nicht nur meinen grauen Heckerhut beiseite legen, sondern mir auch den Schnurrbart abrasieren. Beides hatte ich unterlassen, bisher leichtsinnig und wohlgemut; jetzt aber fiel es mir zentnerschwer aufs Herz, und, seltsam, während die Brandung eintönig vor meinen Ohren rauschte und der blonde Mädchenkopf noch immer an meiner Schulter ruhte, konnte ich meine Gedanken zu nichts Besserem bewegen, als sich gegen diese Tyrannei der öffentlichen Mei-

nungen immer von neuem in Schlachtordnung aufzustellen; ja, der Heckerhut und der Schnurrbart selbst begannen zuletzt wie zwei feindliche Gespenster gegen mich aufzustehen.
»Susanne«, sagte ich endlich resigniert, »wir werden heimgehen müssen, es wird schon spät.«
Es ist dies jedenfalls recht ungeschickt gewesen; denn ich weiß noch gar wohl, wie Susanne mich erschrocken von sich stieß und dann, bis unter ihr lockiges Stirnhaar errötend, wie hülflos vor mir stehenblieb. Und ohne Zweifel war es nicht eben viel geschickter, als ich, um das wiedergutzumachen, ihre beiden Hände ergriff und tröstend zu ihr sagte: »Ich weiß wohl, daß es nur die wilden Vögel waren.«
Aber wie auch immer – da wir nun zurückgingen, es war doch anders als vorhin; sie hatte sich nun einmal doch in meinen Schutz begeben. Noch oft, wenn über uns ein Vogelschrei ertönte, warf sie hastig das Köpfchen herum, ob auch die geflügelten Feinde hintendrein kämen, um ihre zerstörte Brut zu rächen; und wenn wir dann an ein Gerinne kamen, so reichte sie wie selbstverständlich mir die Hand, und es war unverkennbar, daß wir nun zusammen flogen.
Als wir auf der Werfte anlangten, stand der Vetter in der Tür.
»Susanne, mein liebes Kind«, sagte er mit einem seltsam geheimnisvollen Wesen, »deine Mutter ist drinnen im Zimmer; ich möchte ein Wort mit unserem jungen Freunde reden.«
Somit faßte er mich unter den Arm und führte mich um das Haus bis an die hintere Seite desselben. Hier machte er halt und sah mir lange und zärtlich in die Augen.
»Mein Herzensjunge!« sagte er dann, »jetzt weiß ich's ja, weshalb du vorhin das alte Liebeslied von mir verlangtest. Denn ich will's dir nur gestehen, daß es ein solches war, und zwar ein echtes. Da es dich die langen Jahre und bis zu diesem Ziele begleitet hat« – der Vetter hielt einen Augenblick inne –, »wenn du mich demnächst selbander besuchen wirst, ich glaube wohl, daß ich die Melodie noch wiederfinde.«

Was sollte ich auf so verfängliche Reden antworten!
»Ich verstehe Sie nicht, lieber Vetter!« sagte ich.
»Du verstehst mich nicht?«
Ich mußte wiederholt diese Versicherung geben; dann aber kam es heraus.
Vom Zimmer aus hatte der Vetter sein Teleskop auf immer neue Inseln und Halligen gerichtet, und die Geheimrätin hatte immer treu hindurchgesehen, »bis wir«, fuhr er fort, »zuletzt auch unseren eigenen Strand und als Staffage dich und Susanne vor unser Glas bekamen. Die Frau Cousine blickte mit ganz mütterlichem Stolze auf euch beide hin, auf einmal aber springt sie mit einem ›O mein Himmel‹ in die Stube zurück. ›Vetter‹, ruft sie, ›ich verstehe die Situation nicht!‹ und schiebt dann mit großer Hast mich selber vor das Teleskop. Und wie ich nun hindurchsehe – ›Erstaunlich!‹ rufe auch ich, ›aber doch nicht völlig unverständlich!‹ und ›Meinen herzlichen Glückwunsch, Frau Cousine!‹ Denn, leugne es nur nicht, Vetter! Du hieltest sie richtig in deinen Armen, und ich sage nur: Halte fest, mein Junge, halte fest! Denn dieses Kind ist Gott und den Menschen ein Wohlgefallen!«
Das Gesicht des alten Herrn strahlte vor Freude, und mir selbst begann das Herz sehr laut zu klopfen. Aber was half das alles!
»Es tut mir leid«, sagte ich, »aber bestellen Sie den Glückwunsch nur wieder ab; denn es ist nichts, Vetter!«
»Nichts?«
»Nein, nichts!«
Und ich erzählte ihm nun, daß es nur die großen Vögel gewesen seien.
»Erstaunlich!« Er sah mich eine Weile zweifelnd an; dann, wie plötzlich entschlossen, drückte er mir kräftig die Hand und sagte: »Mein Herzensjunge, ich glaube, nun verstehst du die Situation nicht.«
Ob inzwischen auch Susanne ihre Mutter in dieser Weise aufgeklärt hatte, weiß ich nicht; ich bemerkte, da wir ins Zimmer

traten, nur ein noch etwas feierlicheres Wesen an der alten Dame, als ihr sonst zu eigen war.

Nicht lange nachher kam die Zeit des Abschieds. Die Damen fuhren; ich, in Begleitung des Vetters, ging zu Fuß an den Strand hinab. Als der Wagen uns schon fast erreicht hatte, ergriff der Alte noch einmal meinen Arm und führte mich ein Stückchen an dem Wasser hin.

»Also es ist wirklich nichts, mein Junge?«

Er sah mich traurig an.

»Nun, so komm zu mir auf die Hallig; wir lassen zu Ostern drei Fach für dich anbauen; überleg dir's wohl!«

Und er drückte kräftig meine beiden Hände.

Dann gingen wir zu Schiffe. Als wir schon weit vom Lande auf dem tiefen Wasser schwammen, sahen wir noch lange den Vetter, wie er grüßend seine Mütze schwenkte und wie die Abendsonne auf seine weißen Haare schien.

Nach Sonnenuntergang drehte sich der Wind; eine sanfte Brise wehte aus Südwest; vor uns aus dem dunklen Wasser stieg der Mond und erhellte mit seinem sanften Licht das Meer. Die Geheimrätin hatte ihren Atlasmantel mit Silberfuchs umgetan und der Kühle wegen sich unten in dem offenen Schiffsraum eingerichtet. Susanne, in weiche Tücher eingehüllt, lehnte neben mir an der Schanzkleidung; ihr Antlitz erschien fast blaß in der nächtlichen Beleuchtung.

Einmal aus der Ferne drang das Winseln eines Tieres über das Wasser zu uns her, und die Schiffer sagten, daß es ein junger Seehund sei, der seine Mutter suche. Dann war es wieder still, und nur die Wellen an unserem Schiffe rauschten. Wir aber standen noch immer und blickten über das Meer hinaus. Wohin in dieser leeren Weltenferne unsere Blicke gingen, wer vermöchte das zu sagen! Ob etwa auch Susanne noch an die wilden Vögel dachte? Sie verriet mir nichts davon, und ich habe es auch später nicht erfahren. Ebenso unsicher bin ich, ob der Klabautermann an Bord gewesen ist. Einmal, da ich den Kopf wandte,

war mir zwar, als ob dort am Bugspriet unter dem Klüversegel sich etwas wie Nebel zusammenkauerte, allein ich achtete nicht darauf. Zwei junge Augen, die sich, still wie diese Nacht, mitunter zu mir wandten, waren ein holderes Geheimnis. Wohl aber fühlte ich, daß Geister mit uns fuhren, denen selbst die Nähe der Geheimrätin kein Gegengewicht zu leisten vermochte.
Als wir dann endlich wieder auf unserem Deiche nach der Stadt zurückkehrten, sang über dem dämmernden Koog unsichtbar noch eine Lerche. Zur anderen Seite stand der Mond und warf gelblich blinkende Lichter auf den von der eintretenden Ebbe bloßgelegten Schlamm.

Es gibt Tage, die den Rosen gleichen; sie duften und leuchten, und alles ist vorüber; es folgt ihnen keine Frucht, aber auch keine Enttäuschung, keine von Tag zu Tag mitschreitende Sorge. – Ich habe meinen Hut und meinen Schnurrbart beibehalten, bis endlich beide zur allgemeinen Mode wurden und darin verschwanden. Es ist mir andererseits verhüllt geblieben, ob etwa im Verlaufe des Lebens der Blick jener blauen Augen neben dem Strahl des Edelsteins nicht auch die Härte desselben angenommen hat. Der Tag auf des Vetters Hallig und mitten darin Susannes süße jugendliche Gestalt steht mir, wie Rungholt, wohlverwahrt in dem sicheren Lande der Vergangenheit.

Noch einmal, einige Jahre später, habe ich den Vetter auf seiner Hallig besucht; freilich nicht selbander, wie er derzeit es so herzlich mit mir im Sinne hatte. Sein Geist schien noch rüstig, aber mit seinem Körper ruhte er doch am liebsten am Fenster in dem weichen Lehnstuhl und ließ statt seiner Füße nur die Augen über die Hallig nach dem Strande wandern. Als ich hier ihm gegenübersaß, sah ich draußen aus dem blauen Himmel zwei jener weißen Möwen gegen das Haus fliegen. Auf halber Höhe der Werfte ließen sie sich nieder, und der Vetter öffnete das Fenster und warf ihnen Brot- und Fleischschnitte zu, die er neben sich auf der Fensterbank für sie in Bereitschaft hatte. »Früher kam ich zu ihnen«, sagte er, »nun müssen sie schon zu mir kommen.« – –

Jetzt suchen sie vergebens ihren Freund. Zwar ist er auf seiner Hallig geblieben, aber aus dem Hause hat man ihm hinausgetragen; die grüne Rasendecke liegt schützend über ihm. Er hat es gewagt, sich hier zur Ruhe zu begeben; wohl wissend, daß der Sturm die Flut zu seinem Grabe treiben, daß die Flut es aufwühlen und ihn in seinem schmalen Ruhebette auf das weite Meer hinaustragen könne. Aber wie hätte er jene großen Mächte fürchten sollen, in deren Schutz er sich so gern gesichert glaubte! Mir hatte der treffliche Mann außer seiner Bibliothek und seinem handschriftlichen Nachlaß auch seine Cremoneser Geige vermacht, welche ich zufolge testamentarischer Anordnung, obgleich des Geigespielens ganz unkundig, weder verschenken noch verkaufen, sondern nur vererben darf. So liegt sie denn jetzt unberührt bei anderen Gedächtnisstücken. Unter den Papieren aber finden sich einige kurze Aufzeichnungen von der Hand des Verstorbenen, welche vermuten lassen, daß derzeit bei seiner Flucht aus der Welt noch ein besonderer Hebel mitgewirkt habe. Auch die Zeit stimmt hiermit überein, denn nach dem beigefügten Datum stammen sie sämtlich aus den letzten Jahren vor seinem Halligleben. Er wohnte damals noch in seinem eigenen Hause, das dicht neben der Stadt in einem baumreichen Garten gelegen war. Aus seinem Wohnzimmer, welches sich im oberen Stocke befand, sah man durch einige davorstehende Lindenbäume über ein paar grüne Felder auf die Heide, die sich damals noch weit nach Westen hinauszog. Ich weiß noch wohl – denn ich habe dort oft bei ihm gesessen –, wie sehr er diesen Ausblick liebte. Die Heide war ihm ein vertrauter Ort; nicht nur daß er sie unablässig für seine entomologischen und botanischen Studien durchforschte, sondern er fand dort auch, wie er sich ausdrückte, »die nötige Erholung von dem Menschenleben«.

An diesem Fenster sitzend muß ich mir ihn denken, als er jene

Zeilen niederschrieb, die jetzt in seiner kleinen, aber deutlichen Handschrift vor mir liegen.
Sie lauten also:

Wie gut es sich hier in den Oktobernachmittag hinausschaut! So golden scheint noch die Sonne; doch lösen sich unter ihrem Strahle schon die Blätter und sinken lautlos auf den feuchten Rasen; immer sichtbarer werden die nackten Äste. Von drunten aus den Holunderbüschen klang ein Drosselschlag; nach einer Weile rief es noch einmal aus der Ferne – es nimmt alles Abschied.
Die lichtgraue Dämmerung des Herbstabends hat sich verbreitet, Haus und Garten liegen schon im Schatten, hinter der Heide ist die Sonne hinabgegangen. Nur ganz fern am Himmel, dort, wohin wie Schatten jetzt die Vögel fliegen, ist noch eine leuchtende Wolkenschicht gebreitet. Sie steht über einem Lande jenseits des Horizonts, den meine Augen noch erreichen können. Aber auch dort wird bald der goldne Tag erlöschen. – –
Als ich in das Zimmer zurückblickte, lag noch ein Schimmer jenes Abendscheines auf meinem schwarzen Geigenkasten, der nun schon seit Jahren uneröffnet dort unter dem Bücherschranke steht. Die Geige, die er verbirgt, erstand ich einst aus dem Nachlasse eines früh verstorbenen florentinischen Musikers, und erst seitdem wußte ich auch, daß ich spielen könne. Auf dem innern Rande des Kastens fand ich damals eine italienische Strophe eingeschrieben, und seltsam, da ich sie in unsere Sprache übertrug, war mir's, als hätte ich diese nun deutschen Verse einst selbst gemacht, und suchte lange, wiewohl vergebens, danach unter meinen alten Papieren. Aber sowie ich die Geige mit meinem Bogen anstrich, da sang es und schwoll es an zu einer Gewalt, die mich selbst erbeben machte. Das war nicht ich allein, der diese Töne schuf; ein geistig Erbteil war in dieser Geige, und ich war der rechte Erbe, der es mit eigener Kraft vermehrte. Nun

ruht sie seit lange klanglos in ihrer schwarzen Truhe; denn schon vor Jahren hatte ich es erkannt: nur bis zu einer gewissen Grenze des Lebens fließt um unsere Nerven jener elektrische Strom, der uns über uns selbst hinausträgt und auch andere unwiderstehlich mit sich reißt.

Und nun? Und heute abend?

Ich muß vor den Spiegel treten, damit ich meine grauen Haare nicht vergesse.

Nein, nein! Ich will die Geige, meine klingende Seele, aus ihrem Sarge nehmen, und meine Hände sollen nicht zittern.

Eveline führte mich in den Saal. Er war noch leer, aber die Kerzen brannten schon; unter der Kristallkrone stand der geöffnete Flügel.

»Hier sollen Sie spielen!« sagte sie. »Dort auf dem Tischchen steht Ihr Geigenkasten.«

»Soll ich wirklich, Eveline?«

Sie legte, wie sie das zuweilen tat, ihre Wange in die Hand und sah mich ernsthaft an.

»Sie haben es mir doch versprochen!«

– »Und vor so hoher Gesellschaft?«

Denn in großen, ziemlich mäßigen Steindrucken, aber auch desto dickeren Goldrahmen schaute fast die ganze erste Rangklasse unseres Staatskalenders von den Wänden herab.

Sie lachte.

»Pst! Nicht spotten! Das sind Papas Penaten. Weshalb sehen Sie nicht auf meine Bilder, die bescheiden, aber tröstlich unter ihnen hängen?«

Und freilich, auch Goethe und Mozart waren, wenn auch in kleinerem Format, vertreten.

Die Gesellschaft drängte aus den andern Zimmern in den Saal.

»Adieu!« sagte Eveline.

Sie reichte mir flüchtig die Hand, ihr dunkles Auge streifte mich; dann ging sie den Eintretenden entgegen. Ich suchte mir in der fernsten Ecke einen Platz. Der weiche, etwas müde Klang ihrer

Stimme lag noch in meinem Ohr; aus ihren einfachsten Worten spricht es oft, ich weiß nicht, wie die schmerzliche Erwartung oder wie die heimliche Zusage eines Glückes. Bald aber gesellte sich mein werter Vetter, der Geheimrat, zu mir und sprach irgend etwas über Kunst; und ich besah mir indes die noch immer unter Geplauder und Komplimenten Platz nehmende Gesellschaft und verglich sie mit der, die an den Wänden hing.

Und jetzt wurde ein Akkord angeschlagen. Unser Adolf, der Musikdirektor, begann das Largo aus Beethovens D-Dur-Sonate. Und es wurde völlig still und blieb es auch; denn er versteht es, wenn die Stunde günstig ist, seinen Beethoven so eindringlich zu Gehör zu bringen, daß es schon sehr große Geister oder aber sehr große Flegel sein müssen, die dabei sich noch selber sollten hören mögen. Mit dem Einsatze des Menuett war mir sogar, als gehe ein Aufatmen des Entzückens durch den ganzen Saal. Ist doch Musik die Kunst, in der sich alle Menschen als Kinder eines Sterns erkennen sollen!

Dann führte der Musikdirektor seine jungen Scharen vor. Es waren frische, anmutige Stimmen darunter, und sie sangen ihre Tee- und Kaffeeliedchen, in denen sie sich so wohl fühlen, die wie die Sommervögel kommen und verschwinden. Sie sangen aber auch von den Liedern des neuen großen Komponisten, durch welchen Eichendorffs wunderbare Lyrik zuerst in der Musik ihren Ausdruck erhalten hat. Ahnungslos schwebten die jungen Stimmen über dem Abgrund der Lieder. – Ich weiß nicht, ob der Kapellmeister Johannes Kreisler davongelaufen wäre; ich saß ganz still und horchte auf den süßen, taufrischen Lerchenschlag der Jugend. Dazwischen immer behagliches Klatschen und liebkosende Worte der älteren Herren und Damen und laute Komplimente der jungen Kavaliere. Weshalb denn auch nicht?

Und nun – ich glaube fast, daß mir die Brust beklommen war – stand ich selbst am Flügel. Eveline hatte die Geige schweigend vor mich hingelegt und war dann ebenso zurückgetreten. Spohrs neuntes Konzert lag aufgeschlagen. Adolf sah mich an: »Nun, wollen wir?«

Wir kannten uns. Vor Jahren hatte mancher Abend, manche Nacht uns so vereint gesehen. Schon lag mein Bogen an den Saiten; ein paar Akkorde noch des Flügels, und sicher und kristallhell flog der erste Ton durch den Saal.

Und meine Geige sang, oder eigentlich war es meine Seele. Sie sang wie einst der Neck am Wasserfall, von dem die Kinder sagten, daß er keine Seele habe. – Du weißt es, meine Muse, denn du standest mir gegenüber neben dem Bilde deines Lieblings, des Jünglings Goethe, die schönen Hände in deinem Schoß gefaltet. Deine Augen waren hingegeben offen, und ich trank aus ihnen die entzückende Götterkraft der Jugend. Und die Wände des Gemaches schwanden, und der rauschende Wasserfall stand, und alle die jungen Vögel, die eben noch so laut geschlagen hatten, verstummten lauschend. Ich war eins mit dir; schöne jugendliche Göttin, hoch oben stand ich herrschend; ich fühlte, wie die Funken unter meinem Bogen sprühten; und lange, lange hielt ich sie alle in atemlosem Bann.

Wir waren zu Ende. Adolf nahm die Hände vom Klavier, sah zu mir auf und nickte leis.

Und da ich den Bogen fortgelegt hatte, blickten die Jungen auf mich, halb scheu, mit erstaunten großen Augen, als hätten sie plötzlich entdeckt, ich sei noch einer von den ihren, den sie nicht erkannt, der nun plötzlich die Maske des Alters fortgeworfen habe.

Erst als Adolf seinen Stuhl rückte und aufstand, wurde die Stille unterbrochen, und die Gesellschaft drängte sich zu uns. Nur ich wußte, daß plötzlich Evelines Hand in meiner lag. Oder war es die Hand meiner Muse, die noch einmal flüchtig mich berührte?

Sie haben dich gescholten, Eveline.

Und wenn ihr wahr gesprochen hättet – laßt sie mir! Auch die Natur, von welcher, gleich der Rose, sie nur ein Teil ist, vermag uns nichts zu geben, als was wir selber ihr entgegenbringen. Vielleicht gelangt der Mensch überall nicht weiter, und wir sterben einsam, wie wir einsam geboren wurden. Und dennoch, was wäre das Leben, wenn es keine Rosen gäbe!

Weißt du, daß es Vorgesichte gibt? – Mitunter, als könne sie nicht warten, bis auch ihre Zeit gekommen ist, wirft die Zukunft ihr Scheinbild in die Gegenwart. – Du ahntest nichts davon, aber ich habe es gesehen; es war mitten im kerzenhellen Saale. Du hattest getanzt und lehntest atmend in der Sofaecke; da sah ich dein Antlitz sich verwandeln, deine Züge wurden scharf, deine Wangen schlaff und fahl. Schon streckte meine Hand sich aus, um leis die Rose aus deinem Haar zu nehmen; denn sie saß dort wie ein Hohn für dein armes Angesicht. Aber es verschwand, da ich fest dich anblickte; du lächeltest, du warst wieder nicht älter als deine achtzehn Jahre. Unmächtig wich das Gespenst zurück; nur ich sah es noch immer wie eine verhüllte Drohung in der Ferne stehen.
O Eveline! Der Strom der Schönheit ergießt sich ewig durch die Welt, aber auch du bist nur ein Wellenblinken, das aufleuchtet und erlischt; und alle Zukunft wird einst Gegenwart.

Im eigenen Herzen geboren,
Nie besessen,
Dennoch verloren.

Wie seltsam, diese Worte auf meinem Geigenkasten!
Auch das ist nun vorüber. –

Hier scheinen in den Aufzeichnungen des Vetters ein oder mehrere Blätter zu fehlen; denn das Folgende, womit dort ein neues Blatt beginnt, ist augenscheinlich nur der Schluß eines längeren Aufsatzes.

– – »Aber ein Hauch der ewigen Jugend, die in mir ist, hat doch dein Herz berührt; mögen noch so übermütig deine jungen Lippen zucken. Einst, wenn auch du zu den Schatten gehörst, deren Mund vergebens nach dem Kelche dürstet, aus dem vor ihren Augen die Jugend in vollen Zügen trinkt, wird die Erinnerung an mich dich jäh überfallen, vielleicht am stillen Abend, wenn du hinter abgeheimsten Stoppeln die Sonne sinken siehst, vielleicht – auch das ist möglich – erst in den Schauern des Todes, in jenem letzten Augenblicke, wo alle Erdengeister dich verlassen. – Und nun geh, Eveline; denn jetzt sind sie alle noch in deinem Dienst!«
Ihre Hand zitterte, die, wie ich jetzt erst fühlte, in der meinen lag. Aber sie zog sie schweigend zurück und ging.
»Gute Nacht, Eveline!«
Du aber, o Muse des Gesanges, verlasse du mich noch nicht! Laß mich mein Haupt an deine Schulter lehnen, denn ich bin müde, müde wie ein gehetztes Wild; und sollte ich heimlich bluten, so lege du die Hand auf meine Wunde! – –

Hier enden diese Aufzeichnungen. Kein Band, keine Locke, keine Blume liegt bei den vergilbten Blättern.
Wer war jene Eveline, welche dies alternde Herz noch einmal so tief zu erschüttern mochte? – Ich kenne keine ihres Namens. Requiescat! Requiescat!

Christoph Ransmayr
Ein Leben auf Hooge

Portrait einer untergehenden Gesellschaft

Hooge ist ein weiches Land ohne Steine und ohne Quellen. Gemessen an der langsamen Vergänglichkeit eines Gebirgszuges, eines Tales oder eines einzigen Steines ist Hooge nur ein flüchtiges Schwemmland, das heute in der Brandung liegt und morgen wieder verschwunden ist. Hooge ist eine Weide, eine Wiese im nordfriesischen Wattenmeer, von Salzwasserrinnsalen durchzogen und einem geteerten, niedrigen Sommerdeich gefaßt. Wie trockengefallene Archen und weit auseinanderliegend, erheben sich aus der baumlosen Ebene Hooges neun, von wenigen Häusern bestandene Erdhügel – die Warften. Nur dort, im Windschatten der Häuser, gedeihen auch Bäume und Sträucher. Auf den Fennen, den Weiden zwischen den Warften, grasen Rinderherden und vereinzelt auch Pferde; darüber ziehen Seevögel, Silbermöwen und Austernfischer, ihre Schleifen. Hooge ist ein Land aus Torf, Schlick und Sand, von der See über den Untiefen und den Resten versunkener Marsch- und Moorlandschaften aufgeschichtet und dem Meeresspiegel doch zu nahe geblieben, um den Namen einer Insel zu erfüllen: Land von solchem Land heißt Hallig.

Achtmal, neunmal und öfter im Jahr rauscht das Meer über die Hallig Hooge hinweg, allein die Warften ragen dann umbrandet aus der Flut, und zieht sich die See zurück, liegen auf den Weiden Muschelkränze, Tang und Seesterne. Wenn dann kein Regen das Salz von den Gräsern wäscht, färbt sich dieses Land auch im Frühjahr kastanienbraun und rot. Daß Hooge im Strom der Gezeiten liegt, heißt auch: Hooge liegt zweimal im Verlauf eines Tages und einer Nacht inmitten des Meeres und zweimal in einer Schlickwüste. Klein ist Hooge; der Deich aus Granit und Basalt, der die fünfhundertfünfzig Hektar der Hallig umschließt, ist bei guten Kräften in zwei Stunden abzuschreiten, und die Bewohner dieses Landes sind rasch gezählt. Es sind einhundertvierunddreißig. Eigentlich ist Hooge nur eine Zuflucht auf 54°34' nördlicher Breite und 8°33' östlicher Länge und kaum elf nautische Meilen von der Küste Nordfrieslands entfernt; eine Zuflucht unter einem Himmel, der manchmal hoch und ungeheuer wird und sich dann wieder jäh herabsenkt und kalt und still und undurchdringlich über den Weiden liegt. Unter diesem Himmel wurde Johannes Hansen im Jahre 1896 geboren. Einige schmerzhafte Jahre auf dem Festland ausgenommen, hat er sein Leben auf Hooge verbracht. Jetzt ist er der älteste unter den Bürgern der Hallig. Es ist Frühjahr 1985, Ende April.

Hansen war Hufschmied und Kirchenrechnungsführer und schnitzte in seinen Mußestunden aus dem Harz der im Meer versunkenen Wälder Seehunde; es waren filigrane, augenlose Geschöpfe, Bernsteinabbilder jener unnahbaren Tiere, die damals wie heute auf den kalkweißen Sandbänken jenseits der Brandung im Wind lagen. Der Hufschmied verwandelte den rohen, blinden Bernstein, den die Krabbenfischer aus ihren Schleppnetzen lasen oder den er selber auf seinen Gängen durch das Watt fand, niemals in etwas anderes als in Seehunde. Aber anstelle der Augen schnitt er immer nur leere Kerben in das Gold der Köpfe, weil ihm schien, daß der Blick eines lebendigen Wesens ohnedies unnachahmlich sei. Johannes Hansen achtete die Seehunde sehr. War er nach vieler Sorgfalt mit einer Schnitzerei endlich zufrieden, dann verwahrte er sie in einem Glasschrank seiner Stube neben anderen Erinnerungsstücken an das wirkliche Leben: Kaum größer als die Finger einer Mädchenhand, lagen die Bernsteinseehunde dort zwischen Delfter Kacheln, Tonscherben, Harlinger Tellern und englischen Tassen –

den Überresten jener Warften, die in den Sturmfluten der Nordsee untergegangen waren und deren freigespülter Hausrat nun bei Ebbe manchmal im Schlick glänzte.
Der Glasschrank steht immer noch in Hansens Stube und klirrt sachte, wenn eine Bö an den kleinen, weiß gestrichenen Fensterläden reißt. Unversehrt schimmert die Sammlung im Halbdunkel, das Strandgut, die blinden Skulpturen, die Scherben, die Reste. Und obwohl er aus einem anderen Jahrhundert kommt, sitzt der ehemalige Hufschmied und Kirchenrechnungsführer Johannes Hansen immer noch vor diesem Glasschrank an seinem Tisch, allein, versunken, stundenlang oft, und liest in der Heiligen Schrift. Seehunde schnitzt Hansen nun keine mehr. Gewiß, die Robben liegen immer noch draußen auf den Sänden, bei klarem Wetter brauchte Hansen nur vor sein Haus zu treten, um die Rudel zu sehen, dunkle, zitternde Flecken im Fernglas, sie sind immer noch da – aber die Feilen, die Messer und den lange gesammelten Bernstein, ja, die ganze Werkstatt, die draußen vor dem Gartenzaun stand, hat eine Sturmflut schon vor Jahren fortgetragen und dorthin zurückgebracht, wohin wohl alles hier auf Hooge irgendwann zurückmuß – zum Grund des Meeres und hinaus in die freie Nordsee. Wenn Hansen jetzt noch Abbilder schnitzen wollte, dann müßte er seinen Skulpturen wohl auch jene schwärenden Wunden in die Hälse schneiden, an denen viele von den Tieren dort draußen leiden; solche und verborgenere Zeichen ätzt das vergiftete Meer den Seehunden ins Fleisch. Aber aus Hansens Fenstern sieht man keine Wunden; aus Hansens Fenstern sieht man weder die paar ölverschmierten Mantelmöwen und Trauerenten, die am Steinfuß des Deiches verwesen, noch das von Geschwüren entstellte Fischzeug, das sich nach manchen Fängen zwischen Tausenden Garnelen in den Schleppnetzen windet und ins Meer zurückgeworfen wird. Aus Hansens Fenstern erscheint Hooge seltsam unzerstörbar und geborgen vor dem Fraß der Zeit: Da ist der sorgsam bearbeitete Garten, der Zaun

mit den hölzernen Ziersäulen, dahinter die grasbewachsene Warftböschung, ein Stück Weideland, der Deich und, je nach dem Stand des Flutkalenders, das Watt oder die Brandung, und es ist, als ob die letzten Jahrzehnte, in denen sich Hooge vom beschwerlichen, bäurischen Ort im Meer in eine von vielen Adressen des Fremdenverkehrs verwandelt hat, noch gar nicht angebrochen wären.

Aber die Abgeschiedenheit dieses verwandelten Ortes ist längst nur noch ein vorübergehender Mangel der kalten, stürmischen Jahreszeit. In den milderen Monaten läßt der tägliche Fremdenverkehr, der Hooge mit den anderen Halligen, Inseln und dem Festland vernäht, keine Weltferne mehr zu. An den Nachmittagen der Sommersaison sind die Asphaltwege von Hooge schwarz von Menschen: Vier- und fünftausend sind es manchmal an einem einzigen schönen Tag, einhundertsechzig- und einhundertsiebzigtausend sind es im Jahr, Ausflügler, Tagestouristen, die bei auflaufendem Wasser aus Amrum, Föhr oder vom Festland kommen, weiß und groß stampfen ihre Fähren dem wirren Verlauf der Priele nach und auf Hooge zu, es sind fünf, sechs, auch sieben Schiffe an einem Nachmittag, und ihre Besatzungen umkreisen, belagern, erobern die Warften, Bastion für Bastion, die dem Dock nächstgelegene *Backenswarft* immer zuerst, dann die *Kirchwarft*, die *Hanswarft* und immer voran. Erst allmählich gerät der Einfall vor den wenigen, weit verstreuten Kneipen ins Stocken und kommt schließlich zum Stillstand.

Spaziergänger und Radfahrer lösen sich vom Troß und fahnden stundenlang nach dem Idyll und der Halligeinsamkeit, einem kostbaren, fremden Stoff, bis sie von den Sirenen allesamt wieder an Bord zurückgerufen werden und mit dem ablaufenden Wasser verschwinden, so gesetzmäßig und berechenbar wie der Wechsel von Ebbe und Flut. Zurück bleiben nur die weniger auffälligen Wattwanderer, Erholungs- und Sommergäste, die in den fünfhundert *Fremdenbetten* Hooges, alljährlich fünfundfünfzigtausend Nächte verbringen. So ist es in der Statistik verzeichnet, von der Johannes Hansen nichts weiß. Aus Hansens Fenstern sind auch keine schwarzen Wege zu sehen und auf dem Meer keine Fähren, sondern nur die ein- oder auslaufenden Baumkorkutter der drei letzten Fischer von Hooge. Fährenrouten und Wege verlaufen anderswo. So leer und still wie vor diesen Fenstern wird es auf Hooge erst wieder im Herbst, der im August beginnt, stiller im Winter, wenn das Treibeis, das sich in den Gezeiten verkeilt und zu unüberwindlichen Barrieren auftürmt, jede Fährverbindung unterbricht, manchmal für Wochen; wenn sich das Leben auf Hooge wieder aus den Vorratskellern versorgt und die Post und Wichtigeres aus Flugzeugen und Helikoptern über der Eiswüste abgeworfen wird. Vieles ist dann wieder so, wie es hier lange war. Aber wer auf Hooge will dorthin zurück? Zurück in die Zeiten der großen Entlegenheit und des fauligen Zisternenwassers, das nach den Reetdächern stank, über die es zuvor geflossen war, in die Zeiten der Tranlichter und des Petroleumrußes, des Treibholzsammelns und vor allem der Armut. Dorthin, sagt Hansen, will wohl niemand zurück. Es ist gut, wie es ist, sagt Hansen, nichts soll wieder werden, wie es war.

Wann die neue Zeit begann? Ach, neue Zeiten haben so viele erste Jahre. An zwei Feste erinnert sich Hansen, schöne Feste mit Gedichten und Ansprachen und Musik. Das letzte wurde 1969 gefeiert, das *Wasserfest*, als die Hallig über eine tief in den Schlick eingespülte Doppelrohrleitung glücklich mit dem Wassernetz des Festlandes verbunden war. Fließendes, frisches Wasser! Das Ende der Hooger Wassernot, sagt Hansen, sei ihm sehr bedeutsam erschienen, denn wie oft sei es in der Vergangenheit vorgekommen, daß eine Flut das Süßwasser in den Soodbrunnen und Fethingen versalzte und das Vieh in den Ställen vor Durst brüllte und auch die Menschheit litt. Noch 1962, als die erste der vier großen Sturmfluten des bisherigen Jahrhunderts Hooge heimsuchte und so sehr verwüstete, daß vieles nicht mehr zu retten, sondern nur von allem Anfang an und neu zu machen war, Höfe, Dächer, Wege, ja ganze Warften … noch damals also mußten sieben Millionen Liter Wasser mühselig vom Festland herübergeschafft werden, um das Übel zu lindern. Und so, sagt Hansen, habe er sich über das Wasserfest auch mehr gefreut als über das *Lichtfest*, das schon zehn Jahre früher gefeiert wurde.

Mit dem Lichtfest, das der Verlegung eines zwanzigtausend Volt starken Kabels gegolten hatte, das Hooge an die Kraft des Festlandes anschloß, sei das alte Halligleben zu seinem Ende gekommen; ein Leben, dessen Beschwerlichkeit sich keiner von den Heutigen vorzustellen vermöchte. Das Kabel schuf diesem Leben eine solche Erleichterung, daß Hansen sich damals fragte, ob dies überhaupt noch das Hooger Leben sei. Mit der Beschwerlichkeit vergingen aber auch viele Künste des Bauerntums, der Fischerei und des Handwerks. Noch im Jahr des Lichtfestes brachte Otto Dell-Missier von der Hanswarft, geachteter Bürgermeister ist er jetzt und Vorarbeiter bei den Deichsetzern, das erste Fernsehgerät auf die Hallig. Die Welt kam dadurch zwar nicht näher, sagt Hansen, aber man konnte sie nun wenigstens aus der Ferne betrachten.

Schön war sie nicht.

Aber vielleicht ist die neue Zeit auch sehr viel älter als die Erinnerung an diese Feste, fast so alt wie Hansen selbst, alt wie der Sommerdeich vor seinen Fenstern. Denn was wäre das neue Hooge ohne diesen Deich? Vielleicht nur noch eine heillos veraltete Kontur auf den Seekarten, die hier ihre Gültigkeit so rasch verlieren; vielleicht nur noch ein zur Wildnis geschrumpftes, verkommenes Land, von Strandastern, Halligflieder und Salzmieren überwuchert und unbewohnbar, ein Land wie Norderoog, dieser dunkle Strich dort draußen im Watt, die *Vogelinsel*. Dort hauste der Einsiedler Jens Sörensen Wand einundvierzig Jahre seines Lebens in einem Pfahlbau und schützte die brütenden Brandseeschwalben, Sandregenpfeifer oder Eiderenten mit einem Prügel vor den Angriffen der Silber- und Sturmmöwen,

bis er im Mai des Jahres 1950 in die Irre ging und in einem Priel ertrank. Hansen kannte den Vogelwärter gut.
Auf Norderoog lag noch im letzten Jahrhundert ein Gehöft und lebten Menschen und Vieh; und so wie Norderoog verwildert alles flache Land und fällt ans Meer zurück, wenn es nicht in Stein gefaßt wird und keine Buhnen und Lahnungen die Gezeitenströme mildern. Nach den Verlustlisten, die Hansen vor Jahren aus den Büchern des Kirchspiels abgeschrieben hat, war Hooge noch vor zweihundert Jahren doppelt so groß wie heute und trug nicht neun, sondern sechzehn – und vor vierhundert Jahren fünfundzwanzig Warften. Hansen war ein Kind, als sich die Obrigkeit entschloß, Hooge und die umliegenden Halligen in Stein zu fassen, um sie dem Festland als Wellenbrecher noch ein, zwei Jahrhunderte lang zu bewahren. Und Hansen war fünfzehn, als man unter der Anleitung holländischer Deichsetzer mit dem Bau jenes Bollwerks dort draußen begann, das die kleinen Springfluten des Sommers, vor allem aber die Wucht der Brandung abhalten sollte; bis dahin war die Küste von Hooge noch in jedem Jahr um die Spurbreite eines großen Pferdewagens vor dem Meer zurückgewichen.
Zur Bauzeit des Sommerdeiches sprach man in vielen Hooger Häusern noch Friesisch. In dieser Sprache war Johannes Hansen über die Erschaffung der Welt und in den Grundrechnungsarten unterrichtet worden; es war die Sprache seiner Kindheit und die der alten Halligen. Aber nun kann man auf Hooge in dieser Sprache nur noch Fragen stellen, sagt Hansen, und man wird die Fragen vielleicht noch verstehen, aber plattdeutsch antworten. Über dem Plattdeutschen habe man das Friesische vergessen. Gewiß, einige von den alten Losungen und auch den friesischen Wappenspruch, den sagen auch die Heutigen noch weiter – *Lewwer duad us Slaav.* Lieber tot als Sklave – in Zierschrift schreiben sie diese bittere Entscheidung an die Wände ihrer Stuben oder halten sie in einem Rahmen unter Glas ... Aber wer unter den Heutigen betet auch das *Vaterunser* noch in der Spra-

che der Kindheit? *Daan Wale schien oef dae Eerde, allikh oes een dae Hemmel.* Dein Wille geschehe auf Erden wie im Himmel. Also ist es vielleicht auch gut, daß die alten Halligleute samt ihrer Sprache vergehen.

Noch sind einige da – die Siebzig- und die Achtzigjährigen, der ehemalige Postschiffer Hans von Holdt und seine Frau Maria, die alte Frau Petersen von der Backenswarft und die Klara Joachimsmeier vom Königspesel oder selbst der damalige Maschinist und Seefahrer Mextorf, Hansens Nachbar – mit ihm und den anderen könnte Johannes Hansen immer noch das Friesische reden, an den Abenden und ganz wie in den Zeiten, in denen noch nicht jeder für sich und allein in der Dunkelheit vor dem Fernsehen saß. Aber seit seine Frau nicht mehr ist, hat Johannes Hansen kein Verlangen mehr nach diesem Reden und verläßt sein Haus und die Ockerswarft nur noch selten. So bewahrt jeder die Geschichte und die Erinnerung auf seine Art. Hans von Holdt zum Beispiel, der in Ehren alt gewordene Sohn jenes weit über Hooge hinaus bekannten Seehundjägers Heinrich Wilhelm von Holdt (der in seinem Leben mehr als sechstausend Seehunde erlegte) – dieser Hans von Holdt hat nicht bloß einen schmalen, selten geöffneten Glasschrank der Erinnerung, sondern hat in seinem Haus auf der Hanswarft ein *Heimatmuseum* eingerichtet, in dem er gegen eine Mark Eintritt zeigt, was ihm an der Geschichte wertvoll erschien: Ein Nebelhorn, eine Korkschwimmweste, einen Kreiselkompaß und einen Sextanten; in einer Koje eine Strandszene mit Sträuchern, ausgestopften Seevögeln und Sand; Knochen aus einem im Watt freigespülten Friedhof und einen ausgelaugten hölzernen Robbenschläger aus dem Eismeer und Werkzeuge und Möbel des alten Lebens, Bilder ... ach, Hans von Holdt hat bewahrt, was zu bewahren war. Auch die Erinnerung an die Baracken des Reichsarbeitsdienstes, die 1938 und noch Jahre danach auf der Westerwarft standen. Zweihundertfünfzig Arbeiter zogen damals schnurgerade Gräben durch das Weideland, rasterten Hoo-

ge in Grundstücke auf und beendeten so die *Allmendewirtschaft*, die schwierige, altgermanische Form des gemeinsamen Landbesitzes. Und dann, sozusagen mit der Einführung des privaten Grundeigentums, sagt Hansen, begann der Weltkrieg. Sechzehn Hooger mußten in diesen Krieg und zugrunde gehen, bis der Krieg schließlich selbst nach Hooge kam: Holdt ruderte damals vier Halligleute in seinem Postboot die zwei Seemeilen nach Pellworm hinüber, als plötzlich ein Flugzeug rasend und entsetzlich größer wurde, einen Herzschlag lang über ihnen und schon wieder hoch am Himmel war, noch bevor sich das Wasser über dem Einschlag der Feuergarben wieder geglättet hatte. In Pellworm trug Holdt damals zwei Tote an Land.
Anders als der Postschiffer Holdt, dem die zerschlissenen, wertlosen Dinge der Geschichte gleich lieb sind wie die kostbaren und der seine Sammlung immer noch ergänzt und wieder und wieder ordnet, hütet seine Nachbarin Klara Joachimsmeier in ihrem Haus nur Kostbarkeiten, von denen die jüngste und zarteste dreihundert Jahre alt ist. Klara Joachimsmeier hat ihre Wohnung, ihr ganzes Haus zum Museum gemacht; und wie Hansens Haus trägt auch dieses noch das alte Reetdach, die Wände sind mit Muschelkalk verputzt und bis an die Decke mit Delfter Kacheln geschmückt, die biblische Bilder tragen. *Königspesel* – seinen Namen trägt dieses Haus nach einer einzigen Nacht, die ein König darin verbracht hat. Es war der Däne Friederich VI., der im Sommer nach der großen Frühjahrsflut des Jahres 1825 nach Hooge kam, um das Elend seiner Untertanen zu inspizieren und dann vom schweren Wasser an der raschen Weiterfahrt gehindert wurde. *In der Nacht zwischen dem 3ten und 4ten Februar war eine Fluth wie seit Menschengedenken nicht* – hatte der Hooger Pastor Anton Wilhelm Conrad Schmidt über das Unglück der Hallig ins Kirchbuch geschrieben – *3 Warften, Klein- und Großsüderwarft und Fedderwarft, sind gänzlich mit ihren Wohnungen und Bewohnern untergegangen. Außerdem sind die 5 westlichen Warften größtenteils zertrümmert … 25 Menschen haben hier in*

Einer Schreckensnacht das Leben eingebüßt, davon sind 5 im Bette ertrunken, die übrigen 20 mit ihren Wohnungen vergangen ... Die übrig gebliebenen Halligbewohner sitzen mehrenteils weinend, durchnäßt, hungernd und frierend auf den Trümmern ihrer Hütten ...

Der Herr aus Dänemark verfügte damals die Erhöhung der Warften und eine Kollekte gegen die Not. So war es oft nach den großen Fluten und so blieb es auch: Hohe Herren kamen, im letzten Jahrhundert eben ein dänischer König und in diesem ein deutscher Bundespräsident wie noch 1962 einer namens Lübke, sie kamen alle in großer Begleitung, bedauerten die Verwüstungen und verordneten Maßnahmen und Hilfe. Und dann wurden eben wieder einmal die Warften erhöht, die Deiche verstärkt und die Häuser fester gebaut. Aber die Flut stieg allen Maßnahmen nach. Auch nun, nach einer langen Zeit der Ruhe, scheint sich der Spiegel des Meeres wieder zu heben, von Jahr zu Jahr, fast unmerklich langsam und unaufhaltsam und kalt.

Klara Joachimsmeiers Haus jedenfalls ist immer noch gerüstet für hohen Besuch. Der Kapitän Tade Hans Bandix, einer von dreißig Kapitänen und vielen Seefahrern, die Hooge hervorgebracht hat, ließ dieses Haus 1760 errichten und stattete es mit allen Kostbarkeiten aus, die er auf seinen Fahrten sammelte, bis er vor der Küste Spitzbergens mit seinem Schiff im Eismeer versank. Sechzig Jahre lang hat Klara Joachimsmeier Fremde durch dieses Haus geführt; seltene Gäste zuerst, dann Reisegruppen, schließlich die Horden von den Fähren. Sechzig Jahre lang hat Klara Joachimsmeier am Beispiel der Erlesenheit ihres Porzellans aus Tsingtau und Meißen, der italienischen Alabasterfiguren und Rubingläser, der Standuhr des Londoner Meisters Sam Honeychurch und japanischer Teebrettmalereien von der Blütezeit des Walfanges in der Arktis erzählt, vom Reichtum des Tade Hans Bandix und aller Hooger Kapitäne des siebzehnten und achtzehnten Jahrhunderts. Und von der großen Stille hat Klara Joachimsmeier erzählt, der Stille auf Hooge nach den Abschiedstagen, in denen die *Grönlandfahrer* zum Walfang ins

Eismeer oder die *Ostindienfahrer* nach dem Pazifischen Ozean aufgebrochen waren.
Aber aller Reichtum der Seefahrt ging an Hooge vorüber. Denn viele Hooger, die zu Ehren, zu Geld oder gar zu Kapitänswürden kamen, nahmen irgendwann einen fremden Namen an, nannten sich so, wie sie von den holländischen Reedern genannt wurden, und ließen sich in einer Küstenstadt des Festlandes nieder. *Rauschende, schwarze, langmähnige Wogen kommen wie rasende Rosse geflogen* – so hat Detlev von Liliencron, der Dichter und preußische Kirchspielvogt auf der Insel Pellworm, die Sturmflut beschrieben. Und wer wollte denn sein Haus und seinen im Eis oder in der Tropenglut unter Gefahren erworbenen Reichtum auf einer Hallig hinterlassen, wo ihm alles und in einer einzigen Nacht von einem solchen Wasser wieder genommen werden konnte?
Aber so bedrohlich dieses schwarze Wasser den Halligen auch stets geblieben ist und mit welcher Wucht auch immer sich die See gegen ihre Küsten warf – von den alten Hoogern spricht keiner groß von der Sturmflut, ohne danach gefragt worden zu sein. Wozu auch? Das mag den Sommergästen oder den zugewanderten Festländern überlassen bleiben, die in der Flut hartnäckig mehr sehen wollen als Wasser, dem Pastor Dietrich Heyde etwa, der in seiner Kirche Lichtbildervorträge über die Sturmflut hält, dazu Psalmen hersagt und mit einem Leuchtpfeil von der Kanzel herab auf die Schaumkronen besonders großer Brecher zeigt. Auf einer Leinwand vor dem Altar führt Heyde den Fremden das Meer vor, wie sie es noch nie gesehen haben, den kleinen, überfluteten Friedhof der Kirchwarft, umgestürzte Grabsteine in der Gischt, gleißende Wogen, die über die Warften hinwegrollen und sich an Zäunen und Hausmauern brechen undsofort.
Doch, die Bilder sind wahr und manche sind schön, die Hooger haben sie nicht erst auf der Leinwand gesehen, die Hooger erinnern sich. Und der Pastor ist eben noch jung und begeistert.

Dietrich Heyde ist der dreiunddreißigste Pastor, den man auf Hooge zählt, und kommt wie die meisten seiner Vorgänger vom Festland und schreibt wie die meisten seiner Vorgänger an der Chronik der Fluten weiter. Soll sein. Aber Sache der Halligleute ist es nicht, den Sommergästen Worte wie *Blanker Hans* immer wieder als den Namen der Nordsee vorzusagen oder ihnen wieder und wieder den Unterschied zwischen einem bloßen *Landunter* und der *Sturmflut* auseinanderzusetzen. Wer den Unterschied erfahren will, wird ihn erfahren. Nicht, daß man auf Hooge etwas gegen Belehrungen einzuwenden hätte – die jungen Leute vom Festland wie der Wattführer Dirk Post oder der Vogelwart Stefan Bräger, Naturschützer und Biologen, die auf der Hanswarft ihre *Schutzstation Wattenmeer* betreiben, halten doch auch Vorträge und zeigen Filme und Ausstellungen –, aber warum sollten die Hooger sich nun auch noch in Lehrstunden mit dem Meer beschäftigen, mit dem sie ohnedies seit Jahrhunderten beschäftigt sind?
Aber gut. Pastor Heyde ist ein braver Mann; ganz anders zwar als sein Vorgänger, der Pastor Speck, dem man nachsagt, er hätte unter seinem Ornat stets das Ölzeug getragen, um nach dem Gottesdienst schneller wieder unter Segel zu sein, nein, ein Mann der See ist Heyde nicht; aber ein braver Mann. Seit die Bohlsens ihrer Trunksucht wegen für sechs Wochen ans Festland mußten, er nach Schleswig und sie nach Bredstedt, sorgt sich der Pastor auch um Johannes Hansen. Hansen war ja nach dem Tod seiner Frau zu den Bohlsens in Kost gekommen. Und schließlich war Pastor Heyde auch an Bord, als der Krabbenfischer und sozialdemokratische Gemeindevertreter Paul Hermann von Holdt, Hans von Holdts Sohn, gemeinsam mit dem Fischer Ocke Friedrichsen und einer ganzen Kutterflotte von den Halligen nach dem Festland fuhr, um dort gegen die Vergiftung der Nordsee zu protestieren. Zwar ist das Wasser um Hooge immer noch sauberer als die Küstengewässer, weil eine den Hoogern gnädige Strömung die Jauche aus der Weser- und

Elbmündung weit hinaus in die Deutsche Bucht und erst dann hart nach Norden treibt – aber Paul Hermann von Holdt erfährt von schlimmen Zuständen der Nordsee immer wieder aus seinen Grundschleppnetzen, wenn er die Steertknoten öffnet und die Sortiermaschine ihm seinen Fang entschlüsselt. Holdt hat schon vor Jahren gesagt, daß selbst ein Meer sterben kann.
Viel Dreck, viel Protest und alles umsonst, pflegt Hansens Nachbar Theodor Adolf Mextorf zu sagen, wenn die Rede auf das Meer kommt – gegen die allmächtige Verbindung von Blödheit *und* Gier bliebe ja doch jeder Protest wirkungslos; denn ehe die Nordsee nicht tot sei wie ein Trog voll Salzsäure, würden die Verbrecher in der Wirtschaft und im Staat nichts, aber auch gar nichts begreifen. Zweiundvierzig Länder hat der Erste Maschinist und Schiffsingenieur Theodor Adolf Mextorf in seinem Leben gesehen; als einziger von vier Söhnen einer alten Halligfamilie ist er aus dem Krieg zurückgekehrt und hat dann Korinthen aus Afrika und Erdöl aus Lateinamerika geholt, hat Hunderte Häfen von der Seeseite fotografiert, die immer gleichen Kräne, Kaimauern und das Dickicht der Masten, hat das Nordlicht und das Kreuz des Südens gesehen und ist in einem Orkan vor der türkischen Küste gestrandet. Selbst jetzt noch, mit zweiundsiebzig Jahren, wird er für einige Sommerwochen an Bord eines dreimastigen Klippers wieder die Maschinenaufsicht führen, wird nach Nordafrika reisen und wieder nach Hooge zurückkehren und hier doch wieder sein, was er immer gewesen ist: Ich bin der Bösewicht unter den Hoogern, sagt Mextorf über sich selbst, ich bin der Querulant.
Der Maschinist hat sich die Zeichen der Zeit immer selber gedeutet und dabei den Frieden des Fortschritts manchmal gestört: Seit Jahren liegt er mit dem Fischer Ocke Friedrichsen in einem Gerichtsstreit um das Aussehen der Warft, das Friedrichsen mit seinem Hausbau gestört haben soll. Und obwohl sein eigenes Haus bequem und geräumig ist, vermietet Mextorf keine Zimmer an Sommergäste wie viele andere Hooger, wie

selbst der Bürgermeister Dell-Missier, der am Feierabend, nach seiner Arbeit am Deich und den Buhnen und nach der Stallarbeit, nun auch noch an zwei neuen Ferienwohnungen für seine Hausgäste baut. Aber Mextorf will keine Fremden im Haus. Er verleiht auch keine Fahrräder wie Jürgen Diedrichsen von der Backenswarft, kutschiert keine Gäste im Pferdewagen über das Land wie Heiner Brogmus, will auch kein Lokal und keinen Verkaufsstand eröffnen und macht selbst die Vergangenheit nicht zugänglich wie Hans von Holdt oder Klara Joachimsmeier. Eine alte Schiffskajüte in seinem Keller hat der Maschinist allein für sich und seine Erinnerungen aus Strandgut und Wrackteilen zusammengesetzt. Unter den Bullaugen dieser Kajüte sitzt er an vielen Nachmittagen, blättert in verjährten Journalen und Karten und betrachtet seine Aufnahmen von Palmenpromenaden und Klippen, während im Erdgeschoß über ihm seine Frau, die ehemalige Posthalterin und Funkerin von Hooge, Hemden bügelt.

Einmal im Monat versammeln sich im *Café Seehund* auf der Hauswarft die drei christdemokratischen und vier sozialdemokratischen Gemeindevertreter vor den Bürgern von Hooge, um dort die nächste Zukunft der Hallig öffentlich zu besprechen, Klagen zu hören oder Beschlüsse zu fassen. Theodor Adolf Mextorf war lange nicht mehr im *Seehund* und ist mit der Gemeindeversammlung dort eigentlich nur in einem wichtigen Punkt gleicher Meinung: Die Landesregierung in Kiel möge den Halligleuten und der gesamten Küste Nordfrieslands mit ihren Gesetzen und Phantasien über den rechten Naturschutz vom Halse bleiben. Denn was tut diese Regierung an der Ostseeküste, in Kiel!, wo man die großen Gezeitenströme nur vom Hörensagen kennt? Beschließt sie etwa ein Verbot der Bombardierung des Watts und all dieser idiotischen Schießübungen der Armee in der Meldorfer Bucht? Oder verbietet sie die Ölbohrung und die Tankerreinigung auf See oder auch nur die Dünnsäureverklappung, die zwanzig Seemeilen vor Hooge das Meerwasser zur Giftbrühe macht? Einen Teufel tut diese Regierung. Nichts davon ist verboten. Alles ist erlaubt. Um aber über diese Sauereien hinwegzulügen, erklären die Kieler nun das Wattenmeer zum *Nationalpark* und beschließen eine Litanei unsinniger Vorschriften, ein Gesetz, das weite Küstenstriche in *Tabuzonen* verwandelt und den Hoogern verbietet, die Außensände, die Seehundbänke und viele Wattflächen auch nur zu betreten. Ja verflucht, wohin sollen wir denn gehen, fragt man im Cafe Seehund, wohin, wenn nicht ins Watt?

Paragraphen! Als ob das Land und die Sände durch Paragraphen zu schützen wären. Ohne unsere Deiche, ohne unsere Buhnen und Lahnungen, heißt es im Cafe Seehund, gäbe es hier schon längst nichts mehr zu schützen. Und wie soll denn überhaupt etwas tabu werden, was ohnedies von der Brandung zerschlagen und von den Gezeitenströmen in die freie See verfrachtet wird? Die Außensände verlagern sich doch in jeder Sturmflut zehn Meter und mehr von West nach Ost; der Japsand driftet auf Hooge zu und wird die Hallig noch innerhalb der nächsten fünf, sechs Jahrzehnte erreichen; der Norderoogsand driftet auf die Vogelinsel Norderoog zu, wird dort auflaufen, wird die Insel ersticken und weiterwandern und schließlich in den immer tiefer und breiter werdenden Prielen verschwinden. Noch vor zwanzig Jahren konnte Paul Hermann von Holdt nur mit einem Plattbodenfahrzeug von höchstens siebzig Zentimetern Tiefgang zum Krabbenfang; jetzt erlauben ihm die Meeresverhältnisse einen siebenunddreißig Tonnen großen Baumkorkutter, der fast zwei Meter tief im Wasser liegt. Und die Priele um Hooge vertiefen und verästeln sich weiter, verbinden sich miteinander und werden den Wattsockel der Hallig endlich umspülen wie das Wasser eines Burggrabens die Burg. Aber die Priele werden die Hallig nicht schützen, sondern ihr Fundament abtragen, geduldig, Schicht um Schicht.

Wir sind Halligleute, sagen die Hooger, wir kennen das Meer und gehen mit ihm um, wie man mit einem Meer umgehen muß.

Wir brauchen keine Tabuzonen, sondern Leitdämme und Deiche, und wir brauchen auch keine menschenleeren Vogelparadiese, sondern Abschußgenehmigungen, bevor uns die von Jahr zu Jahr größer werdenden Ringelgansschwärme mit ihrem Kot noch die letzten Weiden verbrennen.
Die Deutschen sind ein seltsames Volk, sagt der Erste Maschinist Theodor Adolf Mextorf zum Bullauge seiner Kellerkajüte, ein sehr seltsames Volk. Noch vor ein paar Jahrzehnten haben sie ganze Kulturen zugrunde gerichtet und Millionen Menschen verschleppt und erschlagen und, wohin sie auch kamen, nur vernichtet und verwüstet. Und jetzt? Jetzt träumen sie von einer stillen, menschenleeren Natur und errichten um jeden verseuchten Seehund, um jeden Borstenwurm ein Gesetz.
Dem Hufschmied und Kirchenrechnungsführer Johannes Hansen ist es nun gleich, daß er die Seehundbänke in der Weite vor seinen Fenstern nicht mehr betreten wird. Er hat sich das Andenken der Tiere ja in Bernstein bewahrt. Johannes Hansen fragt sich und andere auch nicht mehr, ob die Hallig im Meer verschwinden, unter dem Getrampel der Sommergäste zugrunde gehen oder sich bis zur Unkenntlichkeit weiterentwickeln wird. Wie es ist, ist es gut.
Auf Hansens Tisch liegt neben der Heiligen Schrift ein in Ochsengallepapier geschlagenes, handgeschriebenes Buch. Das ist die Geschichte von Hooge. Hansen hat sie aus den Büchern des Kirchspiels abgeschrieben, Jahrhundert für Jahrhundert, bis ihm die Schrift undeutlich wurde und seine Frau weiterschrieb. Und doch kamen beide nicht bis in die Gegenwart. Über der Abschrift der Verlustlisten des Sturmflutjahres 1825 starb die Frau. Seit neun Jahren lebt Hansen allein. Jeden Tag um die Mittagszeit erhebt er sich von seinem Tisch und geht in das Schlafzimmer. Sein Bett steht an der Wand links vom Fenster. An der gegenüberliegenden Wand steht das Bett seiner Frau, das er mit einem wollenen Überwurf für immer zugedeckt hat. Um die Mittagszeit ist es in diesem Zimmer auch bei stürmischem

Wetter sehr hell. Ohne sich zu entkleiden, liegt Johannes Hansen auf seinem Bett, jeden Tag eine Stunde lang, oft ohne zu schlafen und ohne auch nur die Augen zu schließen, ein Mann, der zeitlebens schmal geblieben und im Alter beinahe wieder zart geworden ist.

(1985)

Klaus Mann
April, nutzlos vertan

Max Perzel, ein junger Mann aus dem Mittelstande, war bis jetzt immer sehr achtlos mit seiner Zeit umgegangen. Neunzehn war er alt geworden, ohne daß sich in seinem Leben etwas Ungewöhnliches zugetragen hätte. Er hatte das Gymnasium in der mitteldeutschen Kleinstadt absolviert, in der sein Vater pensionierter Beamter war, weder in der Schule noch im Familienkreise war er je im guten oder schlechten Sinne aufgefallen. In der Klasse gehörte er stets zur schlechteren Hälfte der Schüler, vermied es aber durch einen dauerhaften und ehrhaften Fleiß, jemals zu den wirklich Gefährdeten, den eigentlichen Sorgenkindern hinabzusinken. So wurde er, von Schuljahr zu Schuljahr, mit einem eben noch knapp mittelguten Zeugnis versetzt. Bei den Spielen, in der Pause oder nachmittags auf der Wiese, war er niemals, keine halbe Stunde lang, unter den Tonangebenden, Regierenden; von zu gewagten, tollkühnen Unternehmungen hielt er sich völlig zurück. Da er bei anderen, harmloseren Gelegenheiten von einer maßvollen und soliden Forschheit sein konnte, blieb es ihm trotzdem erspart, in den Ruf eines Feiglings, Duckmäusers oder Musterknäbleins zu kommen. – Brüder hatte er nicht, nur eine Schwester, die aber schon ins Büro ging. Sie war für ihn eine fremde, etwas schnippische junge Dame. – Als Max achtzehn Jahre alt war und nicht mehr so viele Pickel im Gesicht hatte, meinten einige wohlwollende Leute, daß er eigentlich ein ganz hübscher Junge wäre. Er war ziemlich groß; leider mußte er eine Brille tragen, wegen leichter Kurzsichtigkeit. Sein Haar – dunkelblond – wäre angenehm von Farbe und Qualität gewesen, wenn er es nicht zu stark pomadisiert hätte.

Auch das Abitur ging vorüber, und seine Eltern waren zufrieden, als er es mit der Durchschnittsnote Drei bestanden hatte. Es war beschlossen, daß er die Rechte studieren sollte, und zwar zunächst ein Semester in Heidelberg. Er packte seinen Koffer, bekam von seinem Vater das Eisenbahnbillett dritter Klasse, von der Mutter ein Körbchen mit Wurstbroten, einem halben Sandkuchen, zwei harten Eiern, drei Äpfeln und drei Orangen ausgehändigt, und er fuhr los. In Heidelberg suchte er die alte Pension auf, deren Adresse sein Vater ihm gegeben hatte. Von seinem Fenster hatte er einen schönen Blick über den Neckar. Das Semester hatte noch nicht begonnen. Der Tag gehörte ganz ihm. Es gab einige Formalitäten auf der Universität zu erledigen. Es war selbstverständlich, daß er die freie Zeit, die ihm blieb, zu vernünftigen Arbeiten verwendete. Er legte sich Bücher und Zeitschriften auf dem Schreibtisch zurecht. Als er aber das Fenster öffnete, um sein Zimmer zu lüften, bemerkte er, daß über den Bäumen und Gebüschen ein sehr zartes Grün lag, wie er es noch nie gesehen zu haben glaubte. Er dachte, daß es Knospen seien, die so schimmerten. Das Wort »Knospen« bestürzte ihn, als dächte er es zum erstenmal. Er sah zum Himmel hinauf und war noch einmal bestürzt – über seine empfindliche und reine Bläue, in der, reizend geformt, leichte weiße Wolken wie Vögel schwammen. Ich könnte spazierengehen – dachte Max Perzel. Der Student darf sich ein wenig Freiheit gönnen, dachte er konventionell.

Als er das Haus verließ, ging eben eine alte Dame vorüber, die von einem jungen Mädchen geführt wurde; Max konnte den beiden einen vollen Augenblick in die so verschiedenen Gesichter sehen. Die Alte hing schwer am Arme des jungen Mädchens; sie hatte einen merkwürdig stampfenden, grimmigen, ja wütenden Gang. Auch der Ausdruck ihres Gesichtes war zornig –: ein großes weißes Gesicht, konstatierte Max Perzel, steinern verhärtet, von unzähligen Fältchen durchzogen. Die weit aufgerissenen, stahlblauen Augen wirkten kahl ohne Brauen und Wimpern – fahle Eisaugen unter einer hohen, eigensinnigen, gottverlassenen Stirn. Die alte Frau war groß und breitschultrig, von einer angsterweckenden Rüstigkeit. Sie trug ein schwarzes Pelzkleid – es war kein Mantel, sondern ein Kleid, knapp gearbeitet: es muß aus Seehundfell sein, dachte Max Perzel. Das Antlitz der Alten war so bedeutend und derart erschreckend, daß es den Blick von dem süßen Gesicht des jungen Mädchens auf eine herrische Art ablenkte. Nur eine halbe Sekunde lang durften die Augen des jungen Menschen dieses Gesicht berühren, das sich ihm wie flehend entgegenhielt. Das empfindliche Halbprofil, das ihn, über die majestätische Schulter der Alten hinweg, mit seinem angstvollen Lächeln beschenkte, schien ihm zartgetönt, mit mattgelben Lichtern, wie altes Elfenbein. Die dunklen Augen hatten malaiischen Schnitt. Der weiche, dunkle und schöne Mund schien auf eine pathetische Art zu schmollen. – Die Alte riß an dem Mädchen, auf das sie sich stützte. Während sie weiterstampfte, hörte Max Perzel sie deutlich sagen: »Marsch – los, April!« Er überlegte eine Sekunde lang, ob das schöne Mädchen April heißen möge; ob er die Alte mißverstanden habe oder ob diese einfach geisteskrank sei. Gleichzeitig dachte er: Und dabei ist der April fast zu Ende. – – Als er wieder zu den beiden hinschauen wollte, waren sie um eine Ecke verschwunden. Er eilte ihnen nach, entdeckte aber keine Spur mehr von ihnen. – Man schrieb den 30. April. Es war mittags zwölf Uhr.

Student Perzel blieb mitten auf der Straße stehen, wie einer, dem etwas Ungeheures zugestoßen. In welche Tragödie hatte er hier einen so flüchtigen und bewegenden Einblick bekommen? Was geschah diesem Mädchen, dieser Holdheit, diesem exotischen Kinde? – Welche Welt von finsteren und romantischen Zusammenhängen! Wie konnte man eingreifen, wie helfen? Wie das Mädchen wenigstens wiedersehen? – Eine wahrhaft panische Angst, nur ja nichts zu versäumen, bemächtigte sich des trägen jungen Mannes. Er fühlte sich physisch verändert, eine Unruhe ergriff ihn, die sein Körper niemals gekannt hatte. Was hatte er bis jetzt mit seiner Zeit getan? Wie schlapp, wie tatenlos hatte er sie dahingehen lassen. Mit einem Schlag war die Zeit kostbar, geheiligt –: das war die große Veränderung. Ohne Frage war die Welt immer und überall voll von so erregenden, unerklärbaren und wilden Abenteuern – er hatte nur bis jetzt die Augen nicht offen gehabt hinter seinen dummen Brillengläsern. Aber dieser April war noch nicht vorüber. Nutze die Stunde! Wirf dich in die Minute! Halte zäh und zärtlich die Sekunde fest!

Er eilte dahin, niemals war eine solche Ungeduld in seinem Gang gewesen. Zum Fluß hinunter – und noch niemals hatte er Wasser mit Bewußtsein zwischen seinen Fingern hindurchrinnen lassen –; über Wiesen; wieder zurück in die Stadt. Nirgends das Mädchen, aber überall eine veränderte Welt. Andere Farben, Gerüche, Gesichter; alles gesteigert, anspruchsvoll, heftig geworden, und zwischen allen Geräuschen –; die Stimme des Mädchens, die er so deutlich zu hören glaubte. Sie verlangte nach ihm, von ihrer schrecklichen Herrin gepeinigt; man gab ihr Gift zu trinken, man schlug sie. – – Wie anders war dieser Tag als alle vorhergegangenen, endlos viel länger und dabei abgekürzt auf eine stürmische Weise. Die Frucht, die er anfaßte, als er schließlich Hunger bekam, schien ihm elektrisch geladen. Zwischen ihm und dem Kellner im Restaurant ereignete sich ein bedeutungsvolles und stummes Gespräch der Blicke, als hätten sie etwas Entscheidendes untereinander auszutragen. – Während er eilte oder ermüdet saß, arbeitete es in seinem Kopf ununterbrochen. Wie habe ich die ganze Zeit bis jetzt gelebt? Neun unverzeihliche Jahre habe ich den Stumpfsinn des Gymnasiums mitgemacht. Und nun – Jura studieren, wo die Welt doch voll ganz anderer Mysterien ist. Ich werde nicht Rechtsanwalt, im Gegenteil, ich mache Gedichte. Ich werde Schauspieler, gleich hier, und jetzt springe ich auf die Gartenbank und rezitiere etwas Beispielloses. Ich lerne Geigespielen und wunderbar

Flötenblasen. Ich gehe auf Wanderschaft. Das Mädchen finde ich doch, und trotz allem. Ich erwürge die Alte – mit diesen meinen Händen erwürge ich sie –, ich werde hingerichtet, aber erst gründe ich eine geheime Gesellschaft; ich sprenge die Universität in die Luft – o Gott, mein Gott, was habe ich nur bis jetzt mit meiner Zeit getan! Läßt es sich nachholen, so viel Versäumtes? Sei noch nicht vorüber, April, verweile noch, verweile noch, nie wieder werde ich deiner teilhaftig sein. Vergängliche Minuten, mach eine Ausnahme, verzögere dich, es ist ja schon abends, viertel nach elf, der gesegnete Monat ist gleich vorüber, und wenn kein Wunder geschieht, habe ich ihn nutzlos vertan.

Es ist gut, daß keiner seiner Kameraden ihn sieht, denn er hat seine Brille verloren, sich beim Laufen in den Gebüschen ein klaffendes Dreieck ins Hemd gerissen; seine Krawatte hat sich auch gelöst. Man müßte ihn für sehr heruntergekommen halten. Wir aber folgen gerührt seinem taumeligen Gang am Rande des Flusses, in dessen treibender Dunkelheit, zu seinem fassungslosen Glück, Lichter schwimmen. Noch sehen wir ihn zusammenschauern, da die Uhr Mitternacht schlägt. Und dann überlassen wir dies Herz, das so gleichmütig geschlagen hatte, seiner stürmischen Wonne über die gegenwärtige, seiner Verzweiflung über die entrinnende Minute.

Wolfgang Hildesheimer
Der hellgraue Frühjahrsmantel

Vor zwei Monaten – wir saßen gerade beim Frühstück – kam ein Brief von meinem Vetter Eduard. Mein Vetter Eduard hatte an einem Frühlingsabend vor zwölf Jahren das Haus verlassen, um, wie er behauptete, einen Brief in den Kasten zu stecken, und war nicht zurückgekehrt. Seitdem hatte niemand etwas von ihm gehört. Der Brief kam aus Sydney in Australien. Ich öffnete ihn und las:

Lieber Paul!
Könntest Du mir meinen hellgrauen Frühjahrsmantel nachschicken? Ich kann ihn nämlich brauchen, da es hier oft empfindlich kalt ist, vor allem nachts. In der linken Tasche ist ein »Taschenbuch für Pilzsammler«. Das kannst Du herausnehmen und behalten. Eßbare Pilze gibt es hier nämlich nicht.
Im voraus vielen Dank.
Herzlichst Dein Eduard

Ich sagte zu meiner Frau: »Ich habe einen Brief von meinem Vetter Eduard aus Australien bekommen.« Sie war gerade dabei, den Tauchsieder in die Blumenvase zu stecken, um Eier darin zu kochen, und fragte: »So? Was schreibt er?«
»Daß er seinen hellgrauen Mantel braucht und daß es in Australien keine eßbaren Pilze gibt.« – »Dann soll er doch etwas anderes essen«, sagte sie. – »Da hast du recht«, sagte ich.
Später kam der Klavierstimmer. Er war ein etwas schüchterner und zerstreuter Mann, ein wenig weltfremd sogar, aber er war sehr nett, und natürlich sehr musikalisch. Er stimmte nicht nur

Klaviere, sondern reparierte auch Saiteninstrumente und erteilte Blockflötenunterricht. Er hieß Kolhaas. Als ich vom Tisch aufstand, hörte ich ihn schon im Nebenzimmer Akkorde anschlagen.

In der Garderobe sah ich den hellgrauen Mantel hängen. Meine Frau hatte ihn also schon vom Speicher geholt. Das wunderte mich, denn gewöhnlich tut meine Frau die Dinge erst dann, wenn es gleichgültig geworden ist, ob sie getan sind oder nicht. Ich packte den Mantel sorgfältig ein, trug das Paket zur Post und schickte es ab. Erst dann fiel mir ein, daß ich vergessen hatte, das Pilzbuch herauszunehmen. Aber ich bin kein Pilzsammler. Ich ging noch ein wenig spazieren, und als ich nach Hause kam, irrten der Klavierstimmer und meine Frau in der Wohnung umher und schauten in die Schränke und unter die Tische.

»Kann ich helfen?« fragte ich.

»Wir suchen Herrn Kolhaas' Mantel«, sagte meine Frau.

»Ach so«, sagte ich, meines Irrtums bewußt, »den habe ich soeben nach Australien geschickt.« – »Warum nach Australien?« fragte meine Frau. »Aus Versehen«, sagte ich. »Dann will ich nicht weiter stören«, sagte Herr Kolhaas, etwas betreten, wenn auch nicht besonders erstaunt, und wollte sich entschuldigen, aber ich sagte: »Warten Sie, Sie können dafür den Mantel von meinem Vetter bekommen.«

Ich ging auf den Speicher und fand dort in einem verstaubten Koffer den hellgrauen Mantel meines Vetters. Er war etwas zerknittert – schließlich hatte er zwölf Jahre im Koffer gelegen –, aber sonst in gutem Zustand.

Meine Frau bügelte ihn noch ein wenig auf, während ich mit Herrn Kolhaas ein Glas Sherry trank und er mir von einigen Klavieren erzählte, die er gestimmt hatte. Dann zog er ihn an, verabschiedete sich und ging.

Wenige Tage später erhielten wir ein Paket. Darin waren Steinpilze, etwa ein Kilo. Auf den Pilzen lagen zwei Briefe. Ich öffnete den ersten und las:

Lieber Herr Holle, (so heiße ich)
da Sie so liebenswürdig waren, mir ein »Taschenbuch für Pilzsammler« in die Tasche zu stecken, möchte ich Ihnen als Dank das Resultat meiner ersten Pilzsuche zuschicken und hoffe, daß es Ihnen schmecken wird. Außerdem fand ich in der anderen Tasche einen Brief, den Sie mir wohl irrtümlich mitgegeben haben. Ich schicke ihn hiermit zurück.
Ergebenst Ihr A. M. Kolhaas

Der Brief, um den es sich hier handelte, war also wohl der, den mein Vetter damals in den Kasten stecken wollte. Offenbar hatte er ihn dann mitsamt dem Mantel zu Hause vergessen. Er war an Herrn Bernhard Haase gerichtet, der, wie ich mich erinnerte, ein Freund meines Vetters gewesen war. Ich öffnete den Umschlag. Eine Theaterkarte und ein Zettel fielen heraus. Auf dem Zettel stand:

Lieber Bernhard!
Ich schicke Dir eine Karte zu »Tannhäuser« nächsten Montag, von der ich keinen Gebrauch machen werde, da ich verreisen möchte, um ein wenig auszuspannen. Vielleicht hast Du Lust, hinzugehen. Die Schmidt-Hohlweg singt die Elisabeth. Du schwärmst doch immer so von ihrem hohen Gis.
Herzliche Grüße, Dein Eduard

Zum Mittagessen gab es Steinpilze. »Die Pilze habe ich hier auf dem Tisch gefunden. Wo kommen sie eigentlich her?« fragte meine Frau. »Herr Kolhaas hat sie geschickt.« – »Wie nett von ihm. Es wäre doch gar nicht nötig gewesen.«
»Nötig nicht«, sagte ich, »aber er ist eben sehr nett.«
»Hoffentlich sind sie nicht giftig. – Übrigens habe ich auch eine Theaterkarte gefunden. Was wird denn gespielt?«
»Die Karte, die du gefunden hast«, sagte ich, »ist zu einer Aufführung von ›Tannhäuser‹, aber die war vor zwölf Jahren!« –

»Na ja«, sagte meine Frau, »zu ›Tannhäuser‹ hätte ich ohnehin keine große Lust gehabt.«
Heute morgen kam wieder ein Brief von Eduard mit der Bitte, ihm eine Tenorblockflöte zu schicken. Er habe nämlich in dem Mantel (der übrigens seltsamerweise länger geworden sei, es sei denn, er selbst sei kürzer geworden) ein Buch zur Erlernung des Blockflötenspiels gefunden und gedenke, davon Gebrauch zu machen. Aber Blockflöten seien in Australien nicht erhältlich.
»Wieder ein Brief von Eduard«, sagte ich zu meiner Frau. Sie war gerade dabei, die Kaffeemühle auseinanderzunehmen, und fragte:
»Was schreibt er?« – »Daß es in Australien keine Blockflöten gibt.« – »Dann soll er doch ein anderes Instrument spielen«, sagte sie.
»Das finde ich auch«, meinte ich.
Meine Frau ist von erfrischender, entwaffnender Sachlichkeit. Ihre Repliken sind zwar nüchtern, aber erschöpfend.

Michael Holzach
Frühlingswanderung

Lange bevor der Wecker schrillt, bin ich wach. Die Sachen liegen gepackt vor dem Fenster. Das schräge Sonnenlicht läßt den Schatten der Birke über den Schreibtisch wandern. Freda schläft noch. Ohne daß sie etwas merkt, steige ich aus dem Bett. Ich dusche, putze mir die Zähne, auf das Rasieren kann ich ab heute verzichten.

Das Pfeifen des Teekessels weckt Freda. Schweigend frühstücken wir. Mit meinen Gedanken bin ich schon unterwegs. An der Tür umarmen wir uns. »Wollen wir uns irgendwo treffen?« werde ich gefragt. »Mal sehen«, antworte ich ausweichend, um ihr eine Ablehnung zu ersparen. Erleichtert verlasse ich das Haus.

Mein erster Weg führt mich ins Tierasyl. Ein paar Dutzend Hundeaugen hinter Gittern empfangen mich mit flehendem Blick. Wie festgenagelt bleibe ich im Eingang des Zwingerhauses stehen. Einen Augenaufschlag lang rührt sich nichts. Kaltes Neonlicht fällt von der Decke. Es riecht penetrant nach zoologischem Garten. Irgendwo tropft Wasser. Dann, in einem Aufschrei aus Jaulen, Kläffen und Winseln, werfen sich die eingepferchten Tiere gegen den Gitterdraht ihrer Käfige, drehen sich wild im Kreis, hüpfen hysterisch auf der Stelle. Das Tollhaus ist los. Wie soll ich hier bloß meinen Weggefährten finden?

Verschreckt gehe ich von Zwinger zu Zwinger. Bleibe ich vor einer Zelle stehen, beginnt dort sofort ein heftiges Gerangel um meine Gunst, das meist in erbitterten und oft blutigen Beißereien endet. Es gilt das Gesetz des Stärkeren.

Im vorletzten Käfig, fast am Ende des langen Ganges, liegt eine

hellbraune Promenadenmischung auf dem nackten Boden in der Ecke und beobachtet scheu das Toben ihrer Mitgefangenen, mit eingezogenem Schwanz und angelegten Ohren, die Stirn in Sorgenfalten und am ganzen Leibe zitternd. Die grüne Kennkarte, die an ihrem Zwinger festgemacht ist, gibt spärlich Auskunft über den furchtsamen Häftling: »Rasse: Boxermischl.; Geschlecht: rd.; Farbe: br.; Alter: etwa 1/2 J.; Name: unbek.; Heimaufenthalt: seit 1. 4.« Handschriftlicher Zusatz: »Mag nicht Auto fahren!« – das gibt für mich den Ausschlag.
Zehn Minuten später zerrt mich der scheue Asylhund an einer Schnur als provisorischer Leine ins Freie. Die Nase dicht über dem Pflaster, hetzt er mit mir von Baum zu Baum die Straße hinab, so, als wüßte er ganz genau, wo es langgeht.
Direkt vor den Elbbrücken muß ich erschöpft Rast machen, auf einem Zipfel Grün am Straßenrand; doch der Hund gibt keine Ruhe. So weit die Leine reicht, beriecht er mit wedelndem Schwanz jeden Grashalm, von oben nach unten, von unten nach oben, verharrt staunend vor der einsamen Gänseblume, nascht ein wenig von einem Haufen Kaninchenködel. Ein Abenteuer, dieses bißchen Wiese, das erste Stück Flora in seinem Leben. Im Asyl hatte mich die Tierpflegerin gewarnt: »Der war noch nie draußen.« Schon als Welpe hat er im Tierheim Itzehoe »gesessen«, und als er dort nicht zu »vermitteln« gewesen war, brachte man ihn nach Hamburg. Während der »Überführung« war er dann im Auto fast erstickt am eigenen Erbrochenen. Daher auch die besondere Charakterisierung auf seiner grünen Kennkarte.
Bevor es weitergeht auf Hamburgs Ausfallstraßen taufe ich meinen Hund mit einer Scheibe Dauerwurst auf den Namen Feldmann. So sollen im Sauerland alle Hunde heißen, habe ich mal gehört. Wo aber ist das Sauerland?
Die stählernen Auf- und Abschwünge der Elbbrücken begleiten mich und Feldmann auf einem schmalen Gehweg aus der Stadt. Autokolonnen toben uns dreispurig entgegen. Es ist noch früh am Vormittag, die Leute müssen zur Arbeit. Fahl und matt

schiebt sich der Fluß unter uns her. Die flache Morgensonne flackert durch die Eisenträger und hält unseren Schritt exakt mit. Alles scheint in Bewegung. Beim letzten Brückenpfeiler verengt sich der Bürgersteig und endet plötzlich vor einer quer montierten Leitplanke. Kein Schild, kein Hinweis. Für wen auch, wir sind die einzigen Fußgänger weit und breit. Feldmann hockt sich mit seinem Asylzittern auf die Hinterläufe und schaut fragend zu mir hoch, zu mir, seinem Herrn und Alpha-Rüden. Aber ich bin so ratlos wie er. Ich fühle mich wie in eine Falle geraten, weiß nicht weiter, weiß nur zurück, zurück jedoch wollen wir beide nicht.

Auf der gegenüberliegenden Seite der Brücke ist der Gehweg nicht unterbrochen, erkenne ich, dort könnten wir zum anderen Ufer laufen, aber der breite Autostrom versperrt uns den Weg. Erst als sich die stadteinwärts drängenden Blechkolonnen stauen, kommt es zu einem zeitweisen Stillstand des Verkehrs. Jetzt kann ich es wagen. Kurzentschlossen klemme ich mir meinen Hund unter den Arm, klettere mit ihm über die Leitplanke und schlängle mich zwischen den Wagen hindurch. Fahrer hupen verärgert. Einer tippt sich kopfschüttelnd mit dem Zeigefinger an die Stirn. Es quietschen Reifen. Noch drei, vier Meter, und ich bin drüben. Feldmann wickelt im wilden Freudentanz seine Leine um meine Beine. Als Leithund scheine ich meine erste Bewährungsprobe bestanden zu haben.

Und weiter geht es, immer der großen Straße nach, durch graue Quartiere aus rötlichem Klinker, durch Veddel, durch Wilhelmsburg, über die Süderelbe nach Harburg. Mauern ziehen sich von Kreuzung zu Kreuzung, Ampeln unterbrechen das Laufen. Viele Menschen gehen an uns vorbei, aber ich sehe sie nicht an; ich blicke wie ein Blinder weit und starr voraus, spüre die Rucksackriemen in den Schultern, die Kopfsteine unter den Füßen, höre den Takt, den ich mir mit dem Knotenstock auf das Trottoir schlage.

Vor einer roten Fußgängerampel sucht Feldmann schnell Bekanntschaft mit einem Terrier, der ihm aber nur grimmig die Zähne zeigt. Sein Besitzer, ein kleiner Mann mit Thälmann-Mütze, schaut hinter dicken Brillengläsern groß an mir hoch. »Ihr habt euch wohl verlaufen?« fragt er und deutet mit seiner eingerollten *Morgenpost* auf meinen Rucksack. »... sind nur auf der Durchreise«, antworte ich ausweichend. Als würde er mich verstehen, nickt der Mann mit seiner Mütze, murmelt vielsagend »Aha«, dann aber, gerade noch rechtzeitig vor der Frage nach dem »Wohin?«, unterbricht das grüne Ampellicht unsere Unterhaltung.

Erst am Nachmittag, die Sonne verliert deutlich an Höhe, dünnt die Stadt langsam aus. Weniger Autos auf schmaleren Straßen, kleinere Häuser in weiterem Abstand zueinander, dazwischen Schrebergärten, Treibhäuser, ein Schrottplatz. In den Kanälen protzen die Motorboote mit Chrom und Pferdestärken. Auf einer Wiese, neben einem elektrischen Umspannwerk, das erste reetgedeckte Haus. An den Bushaltestellen annoncieren Vorstadtdiscos ihre Go-Go-Girl-Wettbewerbe, und Schützenvereine laden zum jährlichen Umzug. Hamburger Stadtland.

Hinter mir, in scheinbar unerreichbarer Ferne, ragt der Fernsehturm aus dem Dunst. Häuser, Brücken, selbst das riesige Plaza sind nicht mehr zu sehen. Viel früher als erwartet bin ich in der Fremde. In der nächsten Telefonzelle brauche ich nach meinen beiden Notgroschen nicht lange zu suchen. Freda ist sofort am Apparat, als hätte sie auf meinen Anruf gewartet. »Ich muß dich irgendwo treffen«, sage ich. Keine Antwort. »Vielleicht im Sommer«, setze ich nach, »irgendwo am Rhein.« Freda sagt noch immer nichts. Sie mißtraut meiner ungewohnten Entschiedenheit. Schließlich ein zögerndes »Mal sehen«, was ich dankbar als feste Zusage nehme. Meine Angst vor dem Alleinsein ist damit fürs erste gemildert.

Am Rande einer monoton-gepflegten Neubausiedlung aus Einfamilienhäusern, nicht weit von einer lärmenden Autobahn,

lockt ein kleiner Obstbaumgarten in voller Blüte, von einer dichten Hecke umfriedet. Ein Blick über die Schulter genügt, um sicherzugehen, daß wir unbeobachtet sind; die hölzerne Pforte ist nur angelehnt, und schon sind wir eingehüllt von einem süßlichen Duft. Zwischen zwei kleinwüchsigen Bäumen lasse ich den Rucksack in das hohe Gras fallen, und sofort wird mir leicht und frei. Zum erstenmal binde ich Feldmann von seiner Leine. Erst stutzt der Hund, schaut mich ungläubig an, schüttelt noch einmal die letzten inneren Hemmungen ab, um dann ungezügelt durch das Gelände zu jagen.
Während mein Hund um mich herum seinen Kräften freien Lauf läßt, sinke ich erschöpft in die weiche Frühlingswiese und lege mich der Länge nach auf den Bauch. Durch mein verschwitztes Hemd dringt die angenehme Kühle des Grases. Es riecht würzig und zu den feuchten Wurzeln hin ein wenig nach Fäulnis. Direkt vor meinem Gesicht klettert ein blauschwarzer Käfer mit sechs langen, feinbehaarten Beinen an einem Grashalm hinauf. Seine schön geschwungenen Fühler tasten vorsichtig nach meinem Atem. Er mag nicht viel größer sein als eine Ameise, aber durch seine Nähe erscheint er mir wie ein riesiges Untier, mit gepanzertem Rücken, zangenartigen Greifern und einem Maul, mit dem er mich mühelos verschlingen könnte. Als ich die Luft einen Moment anhalte, setzt das Untier seinen Aufstieg fort. Auf der Grasspitze tritt es erst ein paarmal verlegen auf der Stelle, dann platzen die Flügel aus seinem Panzerrücken, und schon schwirrt es davon.
Eigentlich wollte ich heute noch ein Stück Strecke machen, aber einmal im Gras, mit aufgeschnürten Schuhen, ist mir jede Lust am Weiterlaufen vergangen. Zu schwer sind jetzt die Glieder, zu schön das Apfelblütendach. Auch Feldmann hat sich endlich müde getobt. Mit offenem Maul und heraushängender Zunge liegt er hechelnd neben mir. Nichts geht mehr bei uns. Nur mit Mühe öffne ich meinen Rucksack und rolle den Schlafsack aus. Feuer zu machen für einen Tee ist mir schon zu anstrengend;

auch fürchte ich, daß uns die Leute aus der Nachbarschaft entdecken könnten. Was würden sie mich fragen, was sollte ich ihnen antworten? Bloß keine Menschen jetzt.
Gestern noch hatte ich die Wohnung voller Leute, alles gute Freunde, die mit mir zum Abschied festlich essen sollten. Basti kam eigens aus dem Ruhrgebiet angereist, Freda trug ihr buntes Beduinenkleid, Martin und Janni schenkten mir eine Topfpflanze. Wir saßen auf dem Fußboden um ein mit Blumen und Kerzen geschmücktes Bettlaken, aßen Schafsfleisch mit makrobiotischem Gemüse und tranken trockenen Wein. Alle verstanden sich gut miteinander, nur ich fühlte mich im Stich gelassen. Im Bad konnte ich trotz meines Selbstmitleids nicht mal richtig heulen, aber als gegen Morgen endlich alle gegangen waren, bin ich quer über das Laken gelaufen und habe das Geschirr und die Salatschüssel gegen die Wand getreten.
Nach der Randale war der Rucksack schnell gepackt. Nur das Nötigste sollte mit: Schlafsack, Kochgeschirr, Feldflasche, Regencape, Kleidung zum Wechseln plus kurze Hose, Taschenmesser, Tabak, Pfeife, Streichhölzer, Zahnbürste, Tagebuch, Kamera mit zehn Filmen, Heftpflaster für die Blasen, Verpflegung für ein paar Tage und natürlich der selbstgeschnitzte Wanderstock aus Korsika. So unbelastet wie nur möglich wollte ich sein, ohne Uhr und damit ohne Zeit, ohne Karte und Kompaß und damit ohne Orientierung, ohne Bücher und damit ohne Leben aus anderer Hand. Das Wichtigste aber, was ich zu Hause ließ, war das, was man gemeinhin zum Leben braucht: das liebe Geld, ohne das bisher nichts ging. Ohne Geld durch eine Welt zu gehen, in der sich alles um Mark und Pfennig dreht, hatte etwas Utopisches für mich, erschien mir wie ein Gang in absolutes Neuland – ein Neuland, in dem es jedoch mir ganz vertraute Orte gab: München, Heppenheim, Bochum, Bergisch-Gladbach, Heidelberg, Berlin … Am nächsten war Holzminden an der Weser. Dort hatte ich entscheidende elf Jahre im Internat verbracht und mit meiner kurzen Hose, die ich selbst im Winter

trug, Eindruck geschunden. Aber auch Holzminden erscheint mir hier, unter dem weißen Blütendach, so endlos fern wie meine Hamburger Wohnung, kaum dreißig Kilometer hinter mir, in der die Salatreste noch an den Wänden kleben.
Für Feldmann, der sein Leben bisher hinter Gittern verbracht hat, muß der Kontrast noch größer sein. Er hat heute erfahren, wozu ihm Beine gewachsen sind, wie ein Gänseblümchen riecht und daß Kaninchenködel schmecken. Satt allerdings kann auch ein Asylhund davon kaum werden, das zeigt sich beim ersten gemeinsamen Abendbrot. Fast den halben Brotlaib verschlingt er mir wie nichts, dazu ein gutes Stück meiner Wurst, ohne daß die Gier, mit der er mich beim Essen beobachtet, aus seinen Augen weicht. Ich mache mir ernste Sorgen, wie ich ihn mit durchbringen soll auf meiner Wanderschaft, ohne einen grünen Heller im Sack. Hunger leiden zu müssen, darauf bin ich vorbereitet, damit will ich fertig werden, aber meinem Hund, dessen Rippen ich schon im Zwinger zählen konnte, werde ich allzu viele Schmachttage kaum zumuten können.
Die letzte Scheibe Brot spüle ich mit einem Schluck Wasser aus der Feldflasche hinunter und krieche in meinen Schlafsack. Feldmann schnüffelt noch ein wenig das Gelände ab, bis auch er seine Schlafstätte an einem nahen Baumstamm gefunden hat. Erst kratzt er dort ein wenig herum, dreht sich ein paarmal unschlüssig im Kreis, um dann, mit einem tiefen Seufzer müder Zufriedenheit, im hohen Gras zu verschwinden.

Rot und schwerfällig steigt die Sonne hinter den Dächern der Siedlung empor. Die Nacht hat über die Wiese einen weißgrauen Kristallschleier gelegt, der jetzt, in den ersten flachen Sonnenstrahlen, glitzernd vergeht. Da alles noch schläft hinter heruntergelassenen Jalousien, wage ich ein kleines Feuer für einen Morgenschluck Tee. Die Hitze tut gut, sie vertreibt die letzten klammen Gedanken der Dunkelheit. Die erste Nacht unter freiem Himmel ist überstanden. Ein stärkendes Gefühl, auch ohne weiches Bett und schützendes Dach ausgekommen zu sein. Fast leid tun mir die Leute in ihren Häusern da drüben. Müssen sie nicht Platzangst bekommen zwischen ihren dicken Mauern? Ich fühle mich frei hier im Freien und komme mir sehr überlegen vor. Was soll mir jetzt noch groß passieren?

Feldmann streckt sich und rollt mit langem Gähnen die Zunge zu einer rosa Spirale. Als das erste Moped über die Straße plärrt, stehlen wir uns leise aus unserer Blütenidylle. Wie gestern früh lasse ich die Sonne links von mir scheinen, gehe also weiter nach Süden, denn geradewegs dort liegt Holzminden.

Doch bevor wir richtig in Bewegung kommen, müssen wir noch manches Hindernis hinter uns bringen. Zunächst ein Autobahnkreuz, ein Drüber und Drunter von Beton und Blech, von Gestank und Lärm – ein Kreuz für den Fußgänger! Nach zwei Unterführungen und mehreren vergeblichen Versuchen, einen Zubringer zu überqueren, stoppt uns eine Motorradstreife. Der füllige Polizist steigt behend von seiner schweren Maschine und fragt, ob ich verrückt sei. Ich verneine die Frage, so ruhig ich kann. Während der Beamte meine Personalien per Funk überprüfen läßt, erkundige ich mich nach einem Weg aus diesem Straßenlabyrinth. Gut einen Kilometer weiter ist eine Brücke, bekomme ich zur Antwort, und kurz dahinter noch eine, und dann bin ich bald in Klecken. Es dauert eine Weile, bis die Zentrale »negativ« durch das Funkgerät quäkt, was anscheinend positiv für mich ist, denn ich bekomme nun meinen Personalausweis zurück. Ich darf weiter.

Hinter Klecken stehen Feldmanns erste Kühe. Skeptisch schnuppert der Hund durch den Stacheldraht und versucht, sich ein Bild von den Riesentieren zu machen, die uns neugierig anglotzen. Die Kuhweide grenzt an ein Waldgebiet, doch meine Hoffnungen auf ein gutes Vorankommen werden bald enttäuscht: Nach nur wenigen Minuten freiem Tritt geraten wir in eine Wochenendkolonie, mit sonnenverbrannten Stadtmenschen in grellen Hollywoodschaukeln vor Klapptischen, gedeckt mit Nescafé, Rama, Nutella und Brötchen oder geschnittenem Sonnentoast. Um jedes Frühstückglück ein niedriger Jägerzaun, an jeder Eingangspforte der Name des Besitzers in Messing oder Emaille, aus jedem blitzblanken Auto, das neben jedem Häuschen parkt, die Verkehrsinformationen des Norddeutschen Rundfunks: »… ortskundige Autofahrer werden gebeten, die Unfallstelle möglichst weiträumig zu umfahren.« Die Stadt hat uns noch immer nicht losgelassen, und sie behält uns in ihrem Griff bis tief hinein in den Naturschutzpark Lüneburger Heide. Denn es ist ein schöner Maisamstag, und die Massen wälzen sich durch das Wacholderland. Statt der Autos dominieren hier die Klappräder, die sich – Väter vorne, Kinder in der Mitte, Mütter als Schlußlicht – ihren Weg am Fußvolk vorbei durch den Sand klingeln.

Überall mahnen uns Schilder, die markierten Wege nicht zu verlassen, die Ruhe zu wahren und die Schönheit der Natur zu achten. Ich habe hier kein Auge für die Natur, die vielen Menschen verstellen mir den Blick, machen mich aggressiv, ich will nichts wie weiter, weg von dem Trubel, Abstand gewinnen, Strecke machen.

Salziger Schweiß rinnt mir die Stirn herunter und macht mich durstig. Es ist viel zu heiß für diese Jahreszeit. Die Füße werden schwerer mit jedem Schritt. Mein rechter Schuh scheuert beharrlich an der Ferse. Spürbar wächst da eine Blase, die sich wie ein taubes Polster zwischen das Fleisch und die Wollsocken legt. Wann wird sie platzen? Ich zähle jeden Schritt des rechten Fußes. Fünfzig Schritte bis zum Baum, hundertfünfzig Schritt bis hinter die Kurve, zweihundertfünfzig Schritt bis an die Schranke vor dem Parkplatz, und immer noch rutscht das Wasser unter der Haut hin und her. Am Wirtshaus »Lönsklause« ist es dann soweit: Die Blase zerplatzt – ich spüre den lang erwarteten beißenden Schmerz, der sich über die Achillessehne bis zur Wade hin hochzieht. Pause. Auf der Caféterrasse des Lokals viele Menschen unter rotweißen Cinzano-Sonnenschirmen. Die

Gäste mustern uns mit Respekt: meinen Rucksack, meinen Wanderknüppel, in der Stadt noch eher kuriose Gepäckstücke, dazu den Hund. Eine Frau fragt mich mit schriller Stimme, ob ich der Schäfer sei. Niemand lacht, die Frage ist ernst gemeint. Der Naturbursche im Naturpark, das paßt so haargenau, daß ich am liebsten Reißaus genommen hätte. Aber mein Fuß will jetzt nicht mehr, und außerdem brauchen wir Wasser. Mit einem herumliegenden Gartenschlauch lassen wir uns beide vollaufen. Feldmann säuft aus meiner rechten hohlen Hand, ich aus meiner linken.
Mit gefüllter Feldflasche geht es humpelnd weiter. Es wird Abend, bis wir die Lüneburger Heide endlich hinter uns haben. Ich bin hundemüde, der rechte Fuß streikt. Zeit, sich nach einem Nachtquartier umzusehen. Ein kleines Wäldchen hinter einer Wiese bietet sich an. Feldmann kriecht unter den Zäunen durch, ich klettere mühsam drüber weg. An einem Hochstand ein ebener, nadelbedeckter Fleck. Niedergeschlagen bereite ich unser Lager. Kein guter Tag heute, zu viele Menschen, zertrampelte Natur. Und dann meine Ferse. Ich habe sie mir blutig gelaufen, der Socken klebt am rohen Fleisch. Wie soll es überhaupt weitergehen, wenn ich schon am zweiten Tag Invalide bin? Ich besitze nur diesen rechten Fuß, ich Fußgänger, ich brauche ihn so dringend wie der Vogel seinen rechten Flügel, wie der Fisch seine rechte Flosse, wie der Maulwurf seine rechte Schaufel. Ersatzteile gibt es keine, nur mein Heftpflaster als Flickzeug.
Beim Abendessen gleich die nächste Katastrophe. Da zeigt sich, daß unser Proviant schneller zur Neige geht als vorgesehen. Ich teile mir mit meinem Begleiter das letzte Brot, das letzte Stück Käse. Heringe in Dillsoße frißt der Hund nicht, dafür die Dauerwurst um so lieber. Aber satt werden wir beide nicht heute abend – und was wird morgen? Soll ich betteln gehen? Arbeiten? Klauen? Meine Gedanken eilen zurück nach Hamburg, wo Freda jetzt sicher mit ein paar Freunden beim Italiener sitzt und sich

Kalbszunge in Knoblauchsoße schmecken läßt. Lange liege ich wach.
Mitten in der Nacht schreckt mich plötzlich ein furchtbares Geräusch auf. Es hört sich an, als ob ein Mensch zu Tode gewürgt wird. Im Licht meines Streichholzes sehe ich, wie mein Hund mit heruntergezogenen Lefzen, die Augen verdreht, sein ganzes Abendbrot wieder herauskotzt. In meinen Armen versuche ich, das zitternde Tier zu beruhigen, aber nach wenigen Minuten schon folgt der zweite Brechanfall, dann der dritte und vierte. Statt Speisereste spuckt und hustet Feldmann nur noch einen hellen Schleim. Genaues läßt sich in der Dunkelheit nicht erkennen. Kein Streicheln kann ihn zur Ruhe bringen, auch keine guten Worte. Ich bin verzweifelt. Den ganzen Tag ist er quicklebendig vor meinen Beinen hergetrabt, die Hitze und die Wochenendler störten ihn wenig, und nun liegt er wie in seinen letzten Zuckungen. Was fehlt dem Tier? Bekommt ihm sein neues Leben nicht, war die Umstellung zu abrupt, oder hat er etwas Vergiftetes gefressen? Plötzlich fällt mir die eher beiläufige Bemerkung der Tierpflegerin aus dem Hamburger Asyl ein; sie hatte von einem Virus gesprochen, das bei dem einen oder anderen Heimhund festgestellt worden ist. »Zwingerhusten« nannte sie die Krankheit, »dagegen kann man wenig machen.« Ein paar Tiere sind schon daran eingegangen.
Je häufiger und heftiger mein Feldmann von dem würgenden Keuchen geschüttelt wird, desto sicherer bin ich, daß er diesen Zwingerhusten hat, und niemand kann uns hier helfen, allein im nächtlichen Wald, irgendwo zwei Tagesmärsche südlich von Hamburg.
Während ich Feldmann den klebrig-brockigen Schleim vom Maul wische, steigt es würgend in mir hoch. Nur mühsam überwinde ich meinen Ekel, streichle das Tier pausenlos, rede ihm weiter gut zu und hoffe, daß diese mondlose Nacht schnell vorübergeht. Mein Hund, der mir Schutz geben sollte vor den

Gefahren am Wege – jetzt bin ich sein Beschützer und fühle mich doch so hilflos wie er.
Hätte ich wenigstens eine Uhr, damit ich wüßte, wieviel Zeit uns noch vom Morgen trennt. Das lange Warten zehrt an den Nerven. Feldmanns Anfälle scheinen etwas schwächer zu werden, sein Atem ruhiger, aber ich weiß nicht, ob er nun stirbt oder sich erholt. Unermüdlich streichle ich den warmen Hundekörper. Endlich meldet ein erster, kurzer Vogelgesang den heraufziehenden Tag. Die Sterne verblassen. Mit der Morgendämmerung weicht die Spannung von mir, und ich versinke in einen bleiernen Schlaf.
Als ich erwache, liegt Feldmann wie eine Locke zusammengerollt, mit geschlossenen Augen und ruhigem Atem neben mir. Wäre da nicht das Erbrochene auf meinem Schlafsack, ich hätte geglaubt, diese furchtbare Nacht sei nur ein Traum gewesen. Helle Wolken ziehen eilig über uns hin, hier im Wald aber ist es fast windstill. Leise nenne ich Feldmann beim Namen. Sein langer Schwanz beginnt zu tänzeln. Nach kurzem Recken stellt er sich vorsichtig auf die Tatzen und geht ein paar zaghafte Schritte zum Hochstand, um mit heruntergedrücktem Becken wie eine Hündin zu pinkeln, denn das Beinheben hat er noch nicht gelernt. Ich atme auf, es scheint ihm deutlich besser zu gehen.
Da ich nichts mehr zu essen habe, muß das Frühstück ausfallen. Wir verlassen den Wald auf demselben Weg, den wir gekommen waren, Feldmann hinter mir, mit hängendem Kopf, ich mit einem flauen Gefühl im Magen. Das wichtigste ist jetzt, irgendwie an etwas Eßbares heranzukommen. Ich halte Ausschau nach einem Dorf. Doch nun, wo wir die Hilfe der Menschen brauchen, ist das Land wie ausgestorben: kein Bauernhof, kein Wochenendhaus, nur braune Äcker mit schnurgeraden Reihen erster winziger Keimlinge und dichte Wälder, die mir endlos erscheinen, weil ich aus Rücksicht auf meine rechte Ferse und meinen geschwächten Begleiter nur sehr langsam vorankomme.

Auf einer Schneisenkreuzung mitten im friedlichen Wald steht da plötzlich ein kolossales Monstrum: ein Panzer, dessen Kanonenrohr genau auf den Weg gerichtet ist, den wir entlangkommen. Es krampft sich in mir zusammen. Jetzt bloß keine falsche Bewegung. Wenn ich weglaufe, setze ich mich ins Unrecht. Regungslos läßt mich die Kriegsmaschine auf sich zukommen, sie beherrscht ihre Umgebung allein durch ihre drohende, stumme Präsenz.

Hinter dem eisernen Ungetüm ein Bild des Friedens: Drei ölverschmierte Gestalten in olivgrünen Pullovern sitzen um ein Lagerfeuer herum und brutzeln sich etwas Leckeres. »Guten Morgen«, grüße ich erleichtert in die Runde. Staunend blicken mich die Männer an, als sei ich hier mit meinem Rucksack völlig fehl am Platz und nicht sie mit ihrem Panzer. Es dauert eine Weile, bis einer der Soldaten die Sprache wiederfindet. »What the hell are you doing here?« fragt er kopfschüttelnd. »Walking«, gebe ich militärisch knapp zurück. Mit breitem Akzent klärt mich der Brite auf, daß ich mich in einer »Military Area« befinde, zehn Kilometer von der Garnisonsstadt Munster entfernt, und daß »Civilians« wie ich hier gar nichts zu suchen haben. Nun ist mir klar, warum ich den ganzen Morgen keinem Menschen begegnet bin. Die vielen Kettenspuren und Patronenhülsen waren mir unterwegs schon aufgefallen, aber ich dachte an Forstfahrzeuge und Jägerei, denn irgendwelche Absperrungen oder Hinweisschilder hatte ich nirgends gesehen.

Ich erkläre den Soldaten meine Lage und hoffe, daß sie mich nicht gleich davonjagen – was dort über dem Feuer brät, riecht einfach zu gut. Feldmann steckt schon mit dem Kopf in einer Mülltüte und wühlt gierig ein paar Knochen hervor. Der Zwingerhusten scheint seinem Appetit nicht geschadet zu haben. Ich wage es nicht, mit gleicher Direktheit meinem Hunger Ausdruck zu geben. Unsicher trete ich von einem Bein aufs andere, vergeblich bemüht, nicht allzu offen in die Pfanne zu starren, und immer wieder höre ich mich sagen: »Well, well, well.« Aber

die drei Kerle, alle ungefähr um die Zwanzig, einer noch mit dicken Pubertätspickeln im Nacken, rücken nicht etwa zur Seite, sagen nicht: »Have a seat«, »Be our guest«, »Would you like this steak medium oder well done?« Nein, sie tun so, als sei ich gar nicht mehr da. Feldmann zieht immer neue Überraschungen aus der Tüte, erst Würstchen, dann halbvolle Büchsen Corned beef und schließlich jede Menge Weißbrot. Schlecht scheint es den Boys wirklich nicht zu gehen. Was würde ich mir vergeben, wenn ich jetzt einfach den simplen Satz herausbrächte »I'm hungry.« Im Wald kann sich doch jeder mal verlaufen, und bis Munster ist es noch weit. Aber der Satz bleibt mir im Hals stecken, ich bekomme ihn nicht über die Lippen. Er hat etwas Peinliches, fast Obszönes, er paßt nicht in die Landschaft, zumal nicht in die bundesdeutsche des Jahres 1980. Was sollen die Tommys von diesem Land denken, in dem der »standard of living« viel höher ist als zu Hause auf ihrer Insel? Sie würden mich wahrscheinlich schallend auslachen, sie würden meinen, ich scherze. Geh die paar Meilen in die Stadt, würden sie sagen, und friß dich im erstbesten Restaurant so voll, daß du nicht mehr laufen kannst – bye-bye.
Das letzte Weißbrot kriegt Feldmann nicht mehr herunter. Sein Bauch, vorher eine Kuhle, ist jetzt ein praller kleiner Ballon. Hoffentlich behält er alles bei sich. Ohne ein Wort und mit Wut im Bauch gehe ich weiter. Am liebsten hätte ich die drei zum Abschied mit ihrem eigenen Panzer plattgewalzt. »Bloody Tommys!« schreie ich so laut in den schweigenden Wald, daß Feldmann erschrocken seinen Schwanz einzieht.
Am Waldrand markiert ein Schild das Ende des militärischen Sperrgebiets: »HALT! SCHARFSCHIESSEN! LEBENSGEFAHR! – STOP! LIVE FIRING! DANGER OF DEATH!« Unter dem Text grinst mich ein schwarzer Totenkopf an, und ein Schauder fährt mir über den Rücken. Ein Glück, daß die Panzerbesatzung gerade Mittagspause gemacht hat, als ich ahnungslos durch ihre Hölle spazierte.

Im Süden breitet sich friedliches Land aus. Lerchen trällern stehend in den Lüften. Gar nicht weit liegt ein ziegelgedeckter Hof im Schatten von weit ausladenden Eichen. Der oder keiner! Quer über den Acker mache ich mich auf den Weg. Ein Mann im blauen Drillich steht an einen Türpfosten gelehnt, die Hände tief in die Hosentaschen vergraben. Während ich auf ihn zugehe, lassen sich unsere Blicke nicht los. »Guten Tag«, sage ich mit all dem Optimismus in der Stimme, der mir fehlt. Mein Gegenüber nickt nur knapp. Auf dem Fensterbrett schreckt eine Katze aus dem Mittagsschlaf. Schnell greife ich nach Feldmann und mache ihn an seiner Schnur fest. Da nichts weiter passiert, muß ich wieder etwas sagen: »Wir kommen aus Hamburg ... zu Fuß.« Der Mann nickt erneut. Unbeeindruckt fragen seine Augen: »Was willst du?« Feldmann will zur Katze. Gereizt halte ich ihn zurück. Im Stall blökt ein Kalb. Ich gehe noch einen halben Schritt auf den Bauern zu, den Blick auf seine Holzpantinen geheftet. Dann sage ich: »Mein Hund, der hat Hunger – haben Sie zufällig was für uns?« Das Wort »Hunger« ist endlich heraus, uneigennützig versteckt hinter meinem Begleiter und letztlich doch auf uns beide bezogen. Dem Bauern macht die zweideutige Frage zu schaffen. Es dauert eine Weile, bis er langsam den Mund öffnet. »Die Reste sind schon bei den Schweinen, aber Dickmilch könnt ihr haben«, sagt er und verschwindet im Dunkel der Türöffnung.

Dickmilch, dieses Wort muß ich erst mal verdauen. Es klingt wie Cordon bleu und schmeckt nach Kindheit: Berlin-Wilmersdorf, Mitte der fünfziger Jahre, ein heißer Frühsommertag. Die Schule ist gerade aus, völlig verschwitzt steige ich die vier Treppen hinauf, jede Stufe geht mir bis ans Knie. Oben wartet meine Mutter schon an der Tür. Ich sehe sie durch die Stäbe des Holzgeländers, wie sie mit meinem Erscheinen die Arme weit öffnet, ich rieche das Salz ihrer Achseln, spüre die Weiche ihrer Brüste und eile, nach kurzer, warmer Umarmung, in die Küche, wo es schon auf der Fensterbank steht, ein Porzellanschälchen

mit der Dickmilch, kühl und köstlich, gerade aus der Speisekammer, eine dünne Zuckerschicht obendrauf.
Mit einem Emailleeimer in der einen Hand und einem Teller in der anderen erscheint eine ältere Frau mit bunter Schürze um den prallen Leib im Eingang des Hauses. »Ihr wollt was zu essen?« sagt sie mit freundlicher Miene und stellt den Teller vor mir auf die Holzbank neben dem Treppenabsatz, geht aber dann erst zu einem Blechnapf, der am Hauseck auf der Erde steht, und schüttet ihn voll bis zum Überlaufen. Die Katze hat schon mit geduckten Kopf zum Sprung angesetzt, aber die Milch in ihrem Freßnapf ist diesmal für Feldmann bestimmt, der sie gleich und in einem Nu in sich hineinschlingt. Erst nach ihm bekomme ich meinen Teil. Sämig und satt rinnt der gelblichweiße Milchbrei in meinen Teller, und der säuerliche Geruch verstärkt die süßen Kindheitserinnerungen. Obwohl mein Hunger nun fast zur Gier wird, halte ich mich zurück. Erst mal muß ich dieses Gefühl, etwas zu essen zu haben, ganz und gar auskosten. Wie selbstverständlich war Nahrung bisher in meinem Leben, wie alltäglich und normal der volle Eisschrank, die freie Auswahl aus der Speisekarte – und wie besonders, ja kostbar ist jetzt dieser Teller saurer Milch. Euphorie steigt in mir auf. Ich sehe die Zukunft plötzlich in hellen Farben: kein Berg zu hoch, kein See zu tief, denke ich, wir werden unseren Weg schon gehen, nichts und niemand kann uns mehr aufhalten, keine wunden Füße und auch kein Zwingerhusten, dieser Teller Dickmilch wird uns die Kraft dazu geben.
Löffel für Löffel feiere ich ein Fest, lasse die kühlen Happen erst langsam auf der Zunge meine Körpertemperatur annehmen, zerdrücke sie dann genüßlich am Gaumen, kaue, obwohl da nichts zu kauen ist, ein wenig mit ihnen herum, bevor ich sie in mir herunterrinnen lasse. Die Frau gewinnt Gefallen an meinem Appetit und schüttet mir noch zweimal den Teller randvoll. »Wohl länger nichts mehr gehabt?« fragt sie. »Drei Tage«, antworte ich kurz mit vollem Mund, was strenggenommen gelogen

ist. Doch wer zeit seines Lebens gewöhnlich dreimal täglich gegessen hat, dem erscheint bei der ersten größeren Unterbrechung dieses Rhythmus das Hungergefühl schier unerträglich. Noch mehr aber quälte mich die Ungewißheit, ob ich überhaupt ohne Geld irgendwo von irgendwem etwas zu essen bekäme.
Nach dem dritten Teller bedanke ich mich und will weiter, doch weiterzukommen soll hier schwer sein. »In unserer Gegend ist der Krieg noch immer nicht zu Ende«, sagt mir die Bäuerin. Nach ihren Schilderungen sind wir umzingelt von riesigen Manövergebieten, eine kleine zivile Enklave im größten Panzerübungsgebiet der Republik. »Sonntags ist das hier schon mal n büschen ruhiger«, sagt die Frau, »aber wart mal ab, morgen geht das wieder rund, da versteht man manchmal sein eigenes Wort nicht mehr.« Erst im letzten Herbst haben sie drei Manövergranaten aus den Rüben gezogen, und in Munster ist sogar mal ein Fehlschuß im Kirchturm gelandet. »Wer es nicht gewöhnt ist, der kann hier schnell verrückt werden«, warnt mich die Bäuerin, »mach man nur, daß du Land gewinnst!«
Mir steht dazu nur der Weg nach Munster offen, durch einen schmalen zivilen Korridor zwischen zwei Schießplätzen. Ich traue der Landschaft vor dem Garnisonsstädtchen nicht mehr, ihr Sonntagsfrieden ist mir suspekt. Hinter den Bäumen sehe ich verdächtige Bewegungen, aus Büschen ragen Äste wie Geschützrohre, halb umgestürzte Bäume werden zu Abschußrampen für Raketen. Wann geht's hier wieder rund?
Aber dann, so unvermittelt und plötzlich wie heute mittag den Panzer mitten im Wald, sehe ich sechs halbnackte Kinder im Bach bei einer wilden Wasserschlacht. Jeder spielt gegen jeden, und die wollenen Badeshorts und bunten Unterhosen leuchten nur so ins Land. Das Rinnsal ist zum Schwimmen viel zu flach, aber wer von den Knirpsen kann schon schwimmen? Feldmann kann es auf Anhieb – drei Sätze, und er ist drin, der rote Ball hat es ihm angetan. Die Kinder jubeln. »Komm du auch«, rufen sie mir zu, »kannst in den Kasten, bist so schön groß.« Ich zögere

ein wenig, bis ich es wage, mit meiner Unterhose in das angenehm kühle, gar nicht so schmutzige Wasser zu steigen. Mein »Kasten« sind zwei Stöcke, die im Bachbett stecken. Nun stürmt die Meute, aber nicht aufs Tor, sondern zunächst auf den Sommersprossigen, der den Ball hat. Jeder will mich zuerst prüfen, heftiges Gerangel entsteht, Feldmann verstärkt das Durcheinander, und bald liegen alle im Wasser.

So geht das den ganzen Nachmittag, Weinen und Lachen wechseln schnell, Torwürfe sind selten, und wenn mal ein Ball kommt, dann halte ich ihn fast nie, weil ich bis zu den Schienbeinen bewegungsunfähig im Schlick festbetoniert bin. Meine kinderleichten Gegner sind mir weit überlegen. Nachdem unsere Lippen blaugefroren sind, lassen wir uns von der Sonne trocknen und wechseln dann unsere Sachen. Dabei bestätigt sich meine Vermutung, daß ich gegen ein gemischtes Team gespielt habe, denn »Tiggy« alias Tanja, sieben Jahre alt, ist wirklich ein Mädchen.

Erst auf dem gemeinsamen Weg in das heimische Dorf der Kinder kommen die Fragen: »Bist du ein Wandersmann?« »Ja«, antworte ich, und die Bezeichnung Wandersmann gefällt mir. »Und wohin wanderst du?« »Immer geradeaus.« »Und wenn der Weg eine Kurve macht?« »Dann gehe ich über den Stoppelacker.« Da blitzt es in den Kinderaugen.

Auf dem kurzen, geraden Weg bis zu den ersten Häusern höre ich viele Geschichten: vom Kalb, das letzte Nacht gestorben ist, erstickt unter der eigenen Mutter, von den Soldaten, »die alles kaputtmachen«, vom Rechenlehrer, den sie nicht ausstehen können. Als ich mich schließlich vor der Haltestelle der Bahnpost verabschiede, fragt mich das Mädchen: »Nimmst du uns mit?«

Allein gehe ich weiter. Hamburg liegt erst kurz hinter mir, und schon gibt es wieder Häuser, Straßen, Lärm. Nahe einer Kaserne stehen Männer in Uniform Schlange vor einem italienischen Eiswagen. Die Wache am Haupttor hat schon, Gewehr bei Fuß, eine Waffel in der Faust. Auch hier droht mir ein Schild: »Vorsicht – Schußwaffengebrauch!« Ein Spielwarenladen hält im Schaufenster viel Kriegsspielzeug bereit: Leopard II, Marder und Königstiger zum Selberbasteln, aber auch Kanonenfutter im Kinderwagen für die Soldatentöchter. Im Stadtpark der Garnisonsstadt flanieren rund um den Ententeich auffallend viele junge Männer, zu zweit, zu dritt, in kleinen Gruppen, alle korrekt gekleidet und alle irgendwie gelangweilt. Das Café beim Kino, in dem die U 47 gerade das britische Schlachtschiff »Royal Oak« versenkt, ist ebenfalls gut besucht von Gästen mit militärischem Haarschnitt. Bis auf die Straße hinaus riecht es verführerisch nach Kaffee und feinen Backwaren. Durch die Scheiben sehe ich Kuchen auf den Tischen, mit Schlagsahne drauf oder überzogen von Schokolade. Sofort ist mein Hunger wieder da. »Wenne unterwegs bist, haste immer Hunger«, hatte Gustav die Ratte einmal gesagt, jener französische Fremdenlegionär aus dem Erzgebirge, der seit Diên Biên Phu »auf der Rolle« war, wie er sich ausdrückte, kreuz und quer durch die Bundesrepublik, zu Fuß, per Anhalter und gelegentlich mal mit einem »Bahnbenutzungsschein« des Sozialamts. Ich traf den Tippelbruder Mitte der siebziger Jahre vor dem Franziskanerkloster in Paderborn. Den linken Unterschenkel hielt er in einem Luftschacht versteckt, eine Zigarrenkiste mit ein paar Groschen drin hatte er vor sich. So bettelte er sich seine »Bombe« zusammen – um die drei Mark kostete damals die Zweieinhalb-Liter-Flasche Rotwein, die er täglich brauchte, »damit ich schlafen kann, ohne zu träumen, denn träumen ist schrecklich«.

Damals war ich als Reporter unterwegs, und der Artikel, den ich später schrieb, trug die Überschrift: »Betteln ist schwerer als arbeiten«. Es war ein halbseidener Artikel, voller Halbwahrheiten, ich fuhr mit Timm, meinem Freund, im flotten Alfa die Landstraßen ab, auf der Suche nach lohnenden Objekten zum Thema: »Nichtseßhafte«. Sozialreportagen waren schon damals sehr gefragt. Gustav die Ratte erzählte mir sein Leben für einen

»Heiermann«, also fünf Mark, die wir ihm großzügig in seine Zigarrenkiste warfen. Und er verriet mir auch ein paar Geschäftsgeheimnisse der Tippelbrüder, so zum Beispiel, wie man in Bäckereien, ohne zu zahlen, etwas zu essen bekommt. »Hamse wohl etwas altes Brot oder Gebäck übrig?« hieß die einschlägige Frage, die mir hier vor der Konditorei auf einmal so lebendig in den Ohren klingt, als stünde Gustav leibhaftig neben mir. Nie hätte ich es mir träumen lassen, daß ich diese Redewendung der Obdachlosen einmal selbst gebrauchen müßte, um den eigenen Hunger zu stillen. Aber muß ich wirklich? Habe ich doch ein Obdach in Hamburgs feinstem Stadtviertel Winterhude, für das die Miete (516 Mark plus Heizungskosten) sowie die Krankenversicherung und die monatlichen 190 Mark für das Versorgungswerk der Deutschen Presse per Dauerauftrag von meinem Bankkonto abgebucht wird. Mit diesem Konto könnte ich hier filmreife Tortenschlachten finanzieren, und doch habe ich jetzt so wenig über dem Kopf und in der Tasche wie damals Gustav, als er am nächsten Morgen im Park von Paderborn aus seinem traumlosen Rausch erwachte. Ich wollte mich versuchsweise lossagen vom Geld, weil mein Lebenshunger bisher zu meinem Einkommen und zu meinem Alter proportional gestiegen ist. So habe ich mich zu meinem Doppelgänger gemacht, und wenn ich jetzt zögere, in die Bäckerei zu gehen, um nach Brot zu betteln, dann nicht, weil ich kein Geld habe, sondern weil ich eben doch welches besitze. Zwar spiele ich meine Rolle heute authentischer als noch vor fünf Jahren, als wir das Auto im Parkhaus von Paderborn versteckten, bevor wir uns mit nacktem Oberkörper von der Heimleiterin der Obdachlosenherberge nach Läusen, genannt »Bienen«, absuchen ließen, aber meine Zwielichtigkeit ist geblieben. Ich bin mir selbst nicht glaubwürdig, und meine größte Sorge auf dieser Reise ist nicht etwa, unterwegs zu verhungern (sollte es tatsächlich hart auf hart kommen, wird mein eng geknüpftes soziales Netz mich schon auffangen), wirkliche Angst macht mir nur die Vorstellung, daß ich dies alles tue, um darüber zu schreiben. Ich sehe schon den Werbetext auf dem Buchumschlag: *»Ohne Geld durch deutsche Lande – ein Reporter erzählt«*. Mit geheuchelter Armut Geld machen, zu solch perversem Betrug wäre selbst Gustav nicht fähig, der mit allen Wasser gewaschen ist, wenn es gilt, den quälenden Durst zu löschen. Und wie scheinheilig sind meine Selbstzweifel, da ich es ja am Ende doch tun werde. Aber ich muß es tun, muß mich zur Zwiespältigkeit meiner Motive und meiner Rolle bekennen, muß laufend beschreiben, wie es mir seßhaftem Tippelbruder ergeht auf meinem Weg durchs Land.

Die Türglocke der Konditorei macht ding-dong. Fette Cremetorten und obstbeladene Kuchenböden springen mir zu Dutzenden ins Auge. Gäste und Bedienung drehen die Köpfe. Ihre Blicke wandern an mir herab: Mein Hemd ist verschwitzt, in die Jeans hat der Stacheldraht einen Triangel gerissen, sandiger Staub bedeckt die Schnürschuhe. Die Landstraße ist mir wohl schon anzusehen. Ich halte mich an meinem Stock fest und warte im Verkaufsraum vor dem Kuchenbüfett, bis ich an der Reihe bin. Fünf Kunden stehen noch vor mir, zwei Uniformierte, zwei sonntagsfeine mollige Damen und ein Junge in kurzen Hosen. Er blickt mit freundlicher Neugierde, bis ihn die eine mit spröder Stimme fragt: »Willst du nun Apfel oder Aprikose?« Er will keins von beiden, lieber Negerküsse. Die Frau bestellt »zwei Aprikosenschnitten ›mit‹«. Der Junge zieht einen Flunsch.

Nachdem die Soldaten endlich ihre Wahl zwischen dem Schokoladenkuchen, der Rumtorte und dem Buttercremestrudel getroffen haben, wendet sich die Verkäuferin mir zu. »Sie wünschen, bitte?« Welch eine Frage! Mir ist alles recht, ob Schnittchen, ob Torte oder Strudel, auch einzupacken braucht sie es gar nicht erst, ich verzehre gleich hier, stehenden Fußes. Das Bedienungsmädchen, blond, weißgeschürzt, wartet auf meine Bestellung. Ding-dong, neue Kundschaft kommt, durch den Türspalt sehe ich draußen meinen angebundenen Feldmann, der sorgenvoll zu mir hereinstarrt. »Sie wünschen, bitte?« Ein wenig über den Tresen gebeugt, um nicht zu laut sprechen zu müssen, kommt aus mir der Spruch von Gustav: »Haben Sie wohl etwas altes Brot oder Gebäck übrig?« Mit dieser Frage ist auch meine Verlegenheit über den Tresen. Als hätte ich dem Mädchen einen unsittlichen Antrag gemacht, läuft sie rot an, sagt nach kurzem Zögern dann »Einen Moment« und verschwindet durch eine Tür neben dem schön dekorierten Pralinenregal. Auf der Straße schrillt das Martinshorn einer Militärstreife heran und fährt vorbei. Die Aprikosenschnittchen lächeln mich an. Ding-dong, noch mehr Leute. Endlich kommt die Bedienung zurück, immer noch etwas verfärbt im Gesicht, eine Papiertüte in den Händen. »Bitte«, sagt sie mit betretenem Lächeln. »Danke«, sage ich, bemüht, ihrer Stimmlage zu entsprechen. Mit einem Ding-dong bin ich wieder draußen an der Luft. Feldmann tanzt.

Während ich die Stadt verlasse, stopfe ich trockene Brötchen und »Amerikaner« in mich hinein. Ich bin unsagbar stolz, meine erste große Bettelprobe bestanden zu haben, die Sauermilch vom Bauern war ja mehr eine Gefälligkeit. Ich empfinde eine Lebenstüchtigkeit, die kein auch noch so hohes Einkommen zu vermitteln vermag. Gustav hatte schon recht, als er sagte: »Betteln ist schwerer als arbeiten.« Ich kann's jetzt, was kost' die Welt!

Über den Gartenzaun spricht mich ein Rentner auf meine Zweimeterlänge an. Er ist bei der Garde gewesen, erzählt er mir ungefragt, Hannoveraner Kavallerie, 1912, Lanzenexerzieren auf dem Kasernenhof. Meistens hat er daneben gestochen, weil die Pferde vor den mit alten Uniformen bekleideten Strohpuppen scheuten. Als später aus den Puppen Menschen wurden, hatten Pferde und Lanzen in den Schützengräben an der Somme und vor Verdun keinen Platz mehr. Nach einem Giftgasangriff lag der Kavallerist bis Kriegsende im Lazarett, blind, »aber mit einem EK, wie der Hitler«. Der Krieg scheint den Leuten von Munster nicht mehr aus den Köpfen gehen zu wollen.

Nach kurzer Nacht auf moosigem Waldboden endet der Munsteraner Sonntagsfrieden schon mit dem ersten Morgenlicht. Geweckt werden wir von einer Staffel Hubschrauber, die im Tiefflug über uns hinwegdröhnt. Kaum haben die Vögel ihre Stimmen wiedergefunden, da bringt sie der ferne Donner schwerer Geschütze erneut zum Schweigen. Maschinengewehre bellen in rhythmischen Abständen dazwischen. Dann wieder die Hubschrauber. Zwei Piloten in jeder Maschine, sie fliegen so dicht über die Wipfel, daß ich unter den weißen Helmen ihre roboterhaften Gesichter erkennen kann. Die gleichen Gesichter wie in Brokdorf, Grohnde, Gorleben, denke ich; wann fallen die Tränengasbomben, wann kommt die berittene Bereitschaftspolizei aus dem Unterholz, mit extra langen Knüppeln, oder übt sie noch auf dem alten Kasernenhof der Hannoveraner Kavallerie? Im Eilschritt nichts wie weg vom Kriegslärm. Es knallt aus allen Richtungen. Im Zweifel immer nach Süden. Nur gut, daß die Sonne so verläßlich jeden Morgen genau im Osten aufgeht. Seit Hamburg ist noch kaum eine Wolke am Himmel aufgetaucht. Im Laufe des Tages wird es dann aber immer schwieriger mit der Orientierung, weil ich nicht weiß, wie spät es ist. Wie schnell vergeht die Zeit beim Gehen, rennt sie, oder schleicht sie, oder trottet sie vor sich hin? Mir fehlt noch Erfahrung, ich bin da noch nicht bewandert genug. Wenn ich meine, daß nun Mittag sein könnte, mache ich Rast, lege mich in den Schatten eines Baums und lasse die Sonne genau durch zwei markante Astgabeln scheinen. Dann mache ich die Augen zu, träume ein wenig vor mich hin, und schon nach kurzer Zeit läßt sich ablesen, ob sie steigt oder den Zenit bereits überschritten hat, das heißt, ob es noch Vormittag oder schon Nachmittag ist. Früher war es Mittag, wenn ich Hunger bekam. Jetzt aber habe ich immer Hunger, Hunger ist mein ständiger Wegbegleiter geworden, er drückt im Magen wie ein schmachtendes Völlegefühl, er beschäftigt die Phantasie auf Schritt und Tritt, läßt im Heidekraut pralle Blaubeeren erscheinen und am Himmel gebratene Tauben. »Was würdest du jetzt zu einem Spanferkel am Spieß sagen«, frage ich

Feldmann mit Lust an dem Gedanken, »ich esse die krossen Schenkel und lasse dir viel Fleisch am Knochen; oder du fängst mir einen fetten Fasan, und wir machen halbe-halbe.« Aber Feldmann hat selbst gegen die flügellahmsten Enten, die er gelegentlich aus dem Schilf der kleinen Teiche am Wege hochstöbert, keine Chance.
Überraschend für mich ist, daß mich der Hunger nicht etwa lähmt oder schwächt, er treibt meinen Tritt wie eine Peitsche an. Die wunden Fersen, das Reißen in den Waden, die schweren Schultern – alle körperlichen Schmerzen werden fast betäubt von der Leere des Magens. Ähnlich der Quirligkeit nach einer schlaflosen Nacht, empfinde ich eine innere Überreiztheit, eine fast fiebrige Präsenz, die mir die Sinne schärft. Vor allem Farben wirken stärker auf mich, das Silberweiß und gelbliche Grün einer Birkenallee, der stufenlose Übergang vom hellen Rot bis zum verwitterten dunklen Braun, fast Schwarz der Ziegel eines alten Scheunendachs, das aschfahle Grau der sandigen Rübenäcker, die so sehr auf Regen warten – all das meine ich so farbig zu sehen, wie nur ein Blinder träumen kann oder einer, der per LSD auf dem Trip ist. Am 1. Mai 1971 spielte sich im Stadtpark von Bochum vor meinen Augen etwas ganz Ähnliches ab. Ich saß allein auf einer Bank und begeisterte mich an den Reflexionen des ruhrgebietsgrauen Himmels im Ententeich. Auf dem Wasser tanzte und schillerte es so leuchtend bunt, als seien meine Pupillen Kaleidoskope. »Vielfalt, Vielfalt«, hörte ich mich immer wieder sagen und gab mich ganz der Illusion hin, ich hätte die Schleusen meiner Sinne mit einem kleinen Stückchen Zucker weit aufgestoßen.
So etwa ist es auch jetzt wieder, und das nicht allein mit den Farben. Auch die Töne klingen anders, eindringlicher, prägnanter: das helle Sterbeglöckchen in einem Dorf weitab vom Weg, sein traurig-monotones Bimmeln, das mir der böige Wind mal bedrohlich, mal zaghaft heranweht, der Lerchentriller wie festgenagelt am Himmel, das knarrende Gegeneinander zweier sich

reibender Äste und dazwischen immer wieder und unüberhörbar die gnadenlos trommelnde Kriegsmaschine, die alle Nebentöne im Land begräbt.

Am stärksten aber weckt der Hunger die Nase, den Riecher für die gute Gelegenheit, die Witterung für alles, was der Magen vertragen kann: ein kleiner Gemüsegarten am Rande eines verschlafenen Dorfes. Die Johannisbeeren, noch winzig und giftgrün, die Erdbeeren erst in voller Blüte, von den Erbsen außer Holzstangen keine Spur. Schlechte Zeiten noch für ein vegetarisches Mahl. Trotzdem zieht es mich neugierig an den Zaun heran, und was lugt da auf einmal hinter dem Gerätehäuschen üppig und verheißungsvoll hervor? Eine frühreife Rhabarberstaude mit Blättern so groß wie Elefantenohren und Stangen so rot und reif, daß mir die süßesten Gedanken ihren stumpf-sauren Geschmack verzuckern. Das Mittagessen ist gefunden.

Vor einem einsam gelegenen Hof mit liebevoll restaurierter Fachwerkfassade brauche ich keinen besonderen Riecher, um meine Chance zu wittern. Harte Rockmusik dringt aus dem Wohnhaus, in dessen Türbalken ein Warner Thor Obernoh im Jahr 1752 einen schönen Spruch hat hineinschnitzen lassen: »Ach, bleib bei uns, Herr Jesu Christ / weil es nun Abend worden ist / dein göttlich Wort und helle Licht / lasz bei uns auslöschen nicht / dasz wir dein Wort und Sakrament / reinhalten bis ans ...« – und da hatte sich der Zimmermann wohl verrechnet, der Balken ist zu Ende, und das Wort »End« paßt nicht mehr hin.

In einigen Fenstern hängen getrocknete Blumensträuße, Jeans flattern an der Wäscheleine, auf der Außentreppe, die zum Eingang führt, liegt ein Steckenpferd. Neugierig folge ich der Musik, steige über die alte Steintreppe hinauf zu der halboffenen Tür und betrete ein chaotisches Museum. Ritterrüstungen, Säbel, steinerne Kanonenkugeln, leuchtende Naturkristalle und Fächer aus Fasanen- und Pfauenfedern stehen und liegen im geräumigen Flur herum, als sei dies die Garderobe eines Opernhauses, in dem heute abend der Lohengrin aufgeführt werden soll. Doch ich höre Rock. Ohne anzuklopfen, öffne ich eine Tür. An einem großen Holztisch sitzt junges Volk in blauen Landarbeiterhemden und selbstgestrickten Wollwesten um einen dampfenden Topf Pellkartoffeln. Ein Säugling bedient sich an der prallen Brust seiner Mutter. Warmes Dämmerlicht fällt durch die dicken Butzenscheiben, und wären da nicht der Eisschrank und die laute Musik, die Szene könnte aus längst vergangener Zeit stammen. Jemand stellt den Plattenspieler leise. »Wer kommt denn da?« fragte eine Kinderstimme in die eingetretene Stille. Ich nenne meinen Vornamen. »Setz dich erst mal, Michael«, sagt einer ganz selbstverständlich, »ich bin der Georg.« Er stellt mir die Tischrunde vor. Da sind Willi, Christian, Paule, Renate, Peter und der kleine Hans, alles muntere, offene Gesichter.

Die Pellkartoffeln und der Zwiebelquark gehen mir nur so runter. Seit Hamburg die erste warme Mahlzeit. Feldmanns Augen schmachten unter dem Tisch hervor. »Der kann nachher was kriegen«, sagt Georg, »wir haben selber Hunde.« Zum Nachtisch gibt's eingemachtes Obst und dann auch noch Kaffee. Fettlebe! Satt und zufrieden stecke ich mir eine Pfeife an. Die Seßhaftigkeit hat auch ihre angenehmen Seiten. Keine zehn Pferde bringen mich heute noch weiter, denke ich und strecke die Beine lang unter den Tisch. Bevor ich mich zu einer entsprechenden Frage aufraffen kann, sagt Willi mit Engelszunge: »Kannst bei uns ein paar Tage bleiben, wennde uns hilfst, Platz ist genug da.« Nichts täte ich lieber, meine Füße können eine Pause gut vertragen, und Feldmanns Pfoten wohl auch. Was immer Willi mit »uns helfen« gemeint hat, nach den mageren Tagen, die hinter mir liegen, bin ich gern bereit, für drei Mahlzeiten am Tag von morgens bis abends zu schuften.

Nachdem mein Hund eine große Portion »Pansen mit frischer Leber« verschlungen hat, zeigt mir Georg mein Quartier. Es ist nicht etwa die Scheune, auch nicht das alte Sofa auf dem Flur zwischen den Antiquitäten – es ist eine komfortable Wohnung im Gästehaus, mit Küche, Bad, gemütlicher Wohnstube und einem Schlafzimmer, in dem sich ein richtiges Bett befindet, ein Bett von französischen Dimensionen, will mir scheinen, so unvorstellbar weich, so breit, und zu allem auch noch frisch bezogen.

Drei Tage lang harke ich das Laub des vergangenen Herbstes zusammen. Daß es jetzt, mitten im Frühling, immer noch die Blumenbeete und den Rasen rund um die Hofgebäude bedeckt, läßt auf eine zwanglose Betriebsführung schließen. Kein Wunder, denn die jungen Leute hier sind keine Bauern, sondern Musiker, die mit ihrer Rockband »Feinbein« den Jugendlichen der Dörfer rundum an jedem Wochenende auf den Tanzdielen kräftig einheizen. Willi, ein ehemaliger Student der Kunstgeschichte aus Hamburg, spielt die Gitarre und singt dazu eigene Texte; Paul, nebenbei Kunstmaler, begleitet ihn auf der Hammondorgel; Christian ist Schlagzeuger und Georg der Bassist. Ihm, dem ehemaligen Antiquitätenhändler, gehört nicht nur das altertümliche Gerümpel im Flur, sondern der ganze Bauernhof, auf dem jedoch heute die Musik Vorrang hat vor allem anderen. Ihr wurde im Laufe der Jahre fast alles geopfert, was mit Landwirtschaft zu tun hat. Die Kühe, die Schafe, die Bienen sind abgeschafft, die Felder verpachtet, und in die eigenen Wälder gehen die Männer nur dann zum Ausholzen, »wenn wir Bock darauf haben«, also sehr selten. Das wenige Geld, das die »Oberoher« zum Leben brauchen, verdienen sie sich mit ihren Konzerten und einer Art alternativem Erholungsheim für genesende Drogenabhängige, ökologisch engagierte Jugendgruppen, Schulklassen und stadtmüde Freaks aus norddeutschen Großstädten, die mal ein paar Tage frische Luft brauchen. Ein Dutzend Ferienwohnungen, wie ich eine bezogen habe, steht ihnen zur Verfügung; dort können sie tun und lassen, was sie wollen, vorausgesetzt, das Mobiliar bleibt heil.

Neben mir wohnt ein junges Paar mit zwei kleinen Mädchen.

Etwas Trauriges geht von diesen Leuten aus, irgendein Schatten scheint über ihnen zu liegen. Trotz ihrer Jugend wirken sie verhärmt, fast leblos, ich spüre eine Bitterkeit, die mich besonders bei den Kindern befremdet. Aber auch ich bin diesen Menschen fremd. Obwohl wir unter einem Dach wohnen, gehen wir uns zunächst fast scheu aus dem Weg. Außer einem flüchtigen Gruß passiert nichts, und doch verbirgt sich hinter unserer Distanz ein starkes Interesse füreinander. Erst zwei Tage nach meiner Ankunft – ich stehe mit dem Rechen wieder zwischen meinen Laubbergen – kommt die junge Frau auf mich zu und fragt mich, »ob ich auch drücke«. Erschrocken schüttle ich den Kopf, mit Heroin hab' ich nichts zu tun, und da schwankt ihr Blick zwischen Enttäuschung und Erleichterung. »Ich auch nicht«, sagt sie mit unsicherer Stimme und fügt nach einer Pause hinzu: »Seit über zehn Wochen.« Eine zweimonatige Entziehungskur liegt gerade hinter ihr, in einer »Klapsmühle«, sechs Personen in einem Zimmer, darunter Epileptiker, Leute mit Hirntumoren und senile Greise. »Die Nächte waren das schlimmste«, erzählt das Mädchen, und hätte sie ihr Freund da nicht herausgeholt, sie wäre wohl selbst verrückt geworden. Entgiftet, immerhin, ist sie jetzt, zum erstenmal seit sechs Jahren, und die Landluft tut ihr gut. In Mannheim hat sie vor ihrer Einweisung ein Gramm Heroin pro Tag gebraucht, und die zweihundert Mark dafür mußte sie sich irgendwie beschaffen. Ihren Job als Sekretärin in einem Großraumbüro hatte sie schon lange aufgegeben, so blieb, wollte sie nicht klauen, nur Strich, »was hart ist mit zwei kleinen Kindern«. Jahrelang lebte sie ein Doppelleben. »Tagsüber war ich Hausfrau und Mutter, wurde sogar in den Beirat des Kindergartens gewählt«, und nachts hieß sie Nicole und schaffte an, »vor allem die Gastarbeiter standen auf mich«. In einer Szenekneipe lernte sie Jürgen kennen, ihren jetzigen Freund, und er half ihr beim Versuch, von der Spritze wegzukommen. »Clean« will sie jetzt bleiben, »wenigstens versuchen muß ich's, schon wegen der

Kinder«, eines ist fünf, das andere neun, vom Vater spricht sie nicht.

Ihr Freund versteht sie. Er selber war mal Fixer, und gemeinsam wollen sie sich nun stark machen gegen die Gefahr des Rückfalls, den Sog der Szene, sie wollen wieder arbeiten gehen, sich sogar einen »Trauschein holen«, als Einstiegsdroge quasi fürs bürgerliche Leben. Aber die Angst vor der Heimreise in wenigen Tagen ist groß. Die Frau fürchtet den Besuch von »alten Freunden, armen Schweinen wie ich eins war«, die ihr den ersten Schuß als Geschenk anbieten werden. Ob sie annehmen wird, frage ich nicht. Ich frage überhaupt nichts, sondern harke meine Blätter, während sie dasitzt auf einem Baumstumpf und es aus ihr herausplätschert, als rede sie vom Wetter. Wer ich bin, was ich tue, das will sie gar nicht wissen. Die Information, daß ich »nicht drücke«, genügt ihr, damit bin ich ein »Normaler«, einer vom anderen Lager, in das sie ja nun auch will, wenn auch mehr aus Verzweiflung als aus Überzeugung. »Stricken kann ich schon«, sagt sie mir stolz, »es beruhigt.«

Ich stelle sie mir vor, die beiden, in ihrer neuen Heimat im Frankfurter Westend, 14. Etage; nach acht Stunden Arbeitskampf hinter der Schreibmaschine und an der Werkbank setzen sie sich erschöpft und entleert vor den Fernseher, sie häkelt, er trinkt sein Bierchen, nach den »Tagesthemen« gehen sie ins Bett, Licht aus, vielleicht noch ein wenig Liebe, vielleicht auch nicht. Aber die Entfremdung wächst von Woche zu Woche, er kommt immer später nach Hause, meist ist er schon stark angetrunken, es gibt öfter Krach, die Kinder werden von scharfen Wortwechseln aus dem Schlaf gerissen, sie fragen: »Warum streitet ihr euch dauernd«, eines Tages wird einer der beiden ausziehen, die Kinder werden »gerecht geteilt«, die Kleine zu ihr, die Große zu ihm, und wenn alles Weitere unerwartet normal verläuft, und das heißt, wenn ein Rückfall in die Drogenszene auch jetzt noch vermieden werden kann, dann werden beide vielleicht einen neuen Partner finden, an dem sie sich wieder

festhalten können wie Schiffbrüchige an einer Planke, und alles wird von vorn beginnen.
Wie ein Film läuft das abgedroschene Klischee von der unheilbar-heilen Bürgerwelt vor mir ab, während mir Monika ihre Geschichte erzählt – eine Geschichte, die ja auch nur eine ganz normale Stereotype des Drogenlebens ist, hundertmal beschrieben, und doch einzigartig, fast unglaublich, wenn diese Frau sie mir schildert. Abends im Bett frage ich mich, ob mein Trip nicht auch zur Droge werden kann, von der ich eines Tages nicht mehr runterkomme. »Die Straße und das Meer geben keinen mehr her«, das war auch so ein Spruch von Gustav, dem Tippelbruder aus Paderborn, und der wußte, wovon er redete.
Eine Konfirmandenklasse aus Berlin trifft ein, fast alles frühreife Mädchen, die ihren vollbärtigen Pfarrer anhimmeln. Abends sitzen sie in der strohleeren Scheune, wo die »Feinbein«-Band ihre neuen Stücke einübt. Gespielt wird natürlich harter Rock, selbst komponiert, kein Mensch versteht, was Willi da Englisches singt, vor allem gegen das Schlagzeug hat seine Stimme keine Chance. Aber die Gesichter der Zuhörer glühen vor Begeisterung, einige Mädchen fangen an zu tanzen, der junge Pfarrer lächelt mild, es gibt eine Flasche Cola pro Person.
Länger als eine halbe Stunde halte ich den Lärm jetzt nicht aus. Die Musik scheint mir zu aufdringlich, die Menschen zu eng auf meiner Pelle, ich bekomme Platzangst. Du bist hier falsch, spüre ich, Hamburg hat dich wieder einmal eingeholt. Ich sehne mich nach dem Schweigen des Weges, das ich bisher noch nicht gefunden habe. Genug gegessen, genug geträumt im weichen Federbett – wenn man das alles wieder hat, wenn es schnell wieder zur Gewohnheit wird, dann besitzt es kaum noch einen Wert, und altes Laub ist auch keins mehr da. Zeit zum Weitergehen.
In aller Frühe breche ich auf, mit zugeheilten Füßen und wohlversorgt mit ein paar belegten Broten in der Jackentasche. Bereits hinter der ersten Kurve ist mir so, als sei ich schon immer

gegangen, als könnte ich gar nicht mehr anders. Der feine Heidesand knirscht vertraut unter meinen Sohlen. Die Sonne ist noch nicht heraus, über dem Wald am Horizont liegt ein grauer Morgendunst. Zum erstenmal sehe ich halbgeschlossene Löwenzahnblüten, die sich im Laufe des Morgens langsam öffnen. Ein Waldpfad führt dicht an einer schnurgeraden Bahnlinie nach Süden. »Feldmann, Fuß!« rufe ich aus Angst, der Hund könnte über die Gleise springen. Feldmann hört aufs Wort und geht mir nicht mehr von der Seite. Einige Tage schon wage ich es, ihn dort von der Leine zu lassen, wo nicht allzu dichter Verkehr herrscht. Das geht aber nur, wenn er mir in kritischen Situationen blind gehorcht. Zweimal gab es Hiebe mit dem Wanderstock – jetzt folgt er meinen Befehlen »Fuß«, »Platz« und »Voran«. Nur so können wir miteinander wandern, nur so kann jeder sein Tempo gehen, ohne daß einer den anderen behindert. Bis ich einen Acker überquert habe, hat Feldmann ihn längst mehrfach im Zickzack vermessen, bis ich am Bahndamm bin, ist Feldmann längst die Böschung hinauf. Also: »Feldmann, Fuß!«
Ein Zug schleicht sich wie eine Katze geduckt und lautlos heran, wird immer schneller, immer größer, und als er dann mit einem Satz da ist und an uns vorüberjagt, bebt der Boden, und für Sekunden stirbt alles Lebendige. Ich würde zu gern wissen, wohin die Reise geht, aber die weißen Schilder an den Waggons sind nicht zu entziffern. Aus einem Fenster sehe ich flüchtige Blicke. »Platz nehmen zum zweiten Mittagessen.«
Ich sitze im Speisewagen, bestelle vom Teuren das Teuerste, geht ja sowieso alles auf Spesen. Sollte heute Montag sein, lese ich den *Spiegel*, so wie der Herr am Nebentisch, ein junger Geschäftsmann in Schlips und Kragen. Ich trage wie immer Jeans und Rollkragenpullover, darin fühle ich mich sicher, weil ich nicht so genau einzuschätzen bin wie der da drüben. Unter Termindruck stehen wir wohl beide: heute nachmittag in Frankfurt, morgen weiter nach München, auf dem Rückweg in Köln beim Presseamt der Stadt die Unterlagen abholen, am Wochen-

ende schreiben. Der jugoslawische Ober bringt den Saftbraten. Beim Kaffee döse ich aus dem Fenster in die fliegende Landschaft. Irgendwann wird mein Blick für den Bruchteil einer Sekunde festgehalten von einem Mann, der da draußen mit Hund neben dem Bahndamm entlangläuft. Wenn mich nicht alles täuscht, habe ich auf seinem Rücken einen Rucksack und in seiner Hand einen großen Wanderstab gesehen. Wo der wohl hin will, denke ich und beneide ihn um die Zeit, die ich mir nicht zu nehmen wage ...

Der Zug ist an mir vorbei, seine roten Schlußlichter verengen sich zu einem winzigen Punkt. Heute abend sind die Reisenden vielleicht schon in München. Wie viele Wochen oder Monate werde ich brauchen bis dorthin? Wird es Sommer werden oder schon Herbst?

In Lachendorf gerate ich in einen Umzug des Schützenvereins. Das Kinderprinzenpaar wird mit großem Gefolge zu Kuchen und Limonade geführt. Die Feuerwehrkapelle spielt einen Marsch. Hinter dem schwankenden Fahnenträger mit grün-weißer Schärpe und glasigen Augen ziehen wir ins Festzelt, wo die Väter der Kinder am Biertisch gerade das »Panzerlied« grölen. Ein Feuerwehrhauptmann a. D. haut mir kumpelhaft auf die Schulter und lädt mich zu einem Pils ein. »Komm, Landser, trink einen mit.« Wieder muß ich mir Kriegsgeschichten anhören, diesmal von den »langen Märschen nach Moskau und zurück«. Auch von Bundespräsident Carstens ist die Rede, der wie ich durch diese Gegend gewandert sein soll, allerdings mit einem Troß von Fernsehleuten und Sicherheitsbeamten, doch ohne Hund. Beim Bauern Tewes hat er Rast gemacht und »ganz bescheiden« einen Tee getrunken. Daß »so ein hoher Herr durch unsere Gegend kommt«, und dann auch noch zu Fuß, scheint die alten Kämpfer nachhaltig beeindruckt zu haben.

Als der Bundespräsident bei seiner Antrittsrede im Bundestag verkündete, er wolle durch Deutschland wandern, da war ich sauer. Ich hatte absolut keine Lust, in seine Fußstapfen zu treten, ich wollte auf gar keinen Fall mit einem Trend, mit einer Wanderwelle identifiziert werden, und nun droht dieser Mensch, mir meine Tour zu vermasseln. Irgendwann machte ich mich dann frei von diesem Gedanken. Laß den seinen Weg gehen, sagte ich mir, ich geh' halt meinen, so klein ist die Bundesrepublik ja nicht, daß wir uns in die Quere kommen müssen. Aber wenn mir der Herr Bundespräsident dann doch auf die Füße tritt, so wie hier am Biertisch, wage ich nicht einmal, mich zu verteidigen, denn das könnte ja nach der faulen Ausrede eines Nachahmers klingen.

Mit dem dritten Bier verziehe ich mich in den Nebenraum, wo die Dorfkinder mehr beklommen als fröhlich auf ihren Stühlen herumrutschen, den Kuchen vor sich, die strengen Mütter im Rücken. Das Prinzenpaar am Kopfende der langen Festtafel ist so ergriffen von der eigenen Würde, daß es keinen Bissen von der Extratorte herunterbekommt.

Draußen ist Rummel mit einem Karussell, einer Schießbude und viel Zuckerwatte. »Bitte rechts fahren«, kommandiert die Kassiererin des Autoscooters über den Lautsprecher aus ihrem Campingwagen, aber die viel zu temperamentvollen Gastarbeiterjungen halten sich an keine Verkehrsregeln und rammen unverdrossen die Wagen der blonden Dorfmädchen. Im Abfallkorb neben der Würstchenbude findet Feldmann eine halbe Bockwurst. Ich will weiter, aber da kommen drei schöne, stolze Frauen, ich glaube, es sind Zigeunerinnen. Jede führt ein Kind an der Hand. In ihren knöchellangen, schwarzgepunkteten Kleidern, die krausen Haare bis an die Hüften, sehen sie aus wie Drillinge. Ernst und entschlossen gehen sie auf das Karussell zu. Sie haben sich wohl selber viel Mut zusprechen müssen, bevor sie es wagten, hier zu erscheinen. Unnahbar und steif stehen sie am Karussell im Gedränge. Ihre Kinder drehen sich stumm auf den hölzernen Pferden. Von allen Seiten werden die Fremdlinge mit verstohlenem Mißtrauen beobachtet, keiner wagt einen offenen Blick, und mir geht es nicht anders. Bevor die Leute mit

dem Holzsammeln für den Scheiterhaufen beginnen, mache ich mich davon.
Hinter Wienhausen bauen sich von Westen her die ersten Wolken auf, bis Ütze hat sich der Himmel langsam zugezogen, in Dollbergen fallen die ersten Tropfen auf meiner Reise. Vor diesem Augenblick graut mir seit Hamburg. Im Trockenen ist leicht vorankommen, wie aber ergeht es mir, wenn Nässe die Wege, die Schuhe und bald dann auch die Moral aufweicht? So konkret habe ich mir diese Frage bisher nicht gestellt, glaubte ich doch, mich auf Sonne, Mond und Sterne absolut verlassen zu können. Drum steckt das Regencape auch ganz tief unten im Rucksack. Nun muß es wohl oder übel heraus, und ich muß mich erstmals um ein Dach sorgen für die Nacht.
Scheunen gibt es in Dollbergen genug. Gleich beim ersten Bauernhof klopfe ich an die Tür. Ein altes Mütterchen öffnet. Ich sage: »Guten Abend, ich bin auf der Wanderschaft und wollte höflich fragen, ob ich in der Scheune schlafen darf.« Nach kurzem Stutzen schüttelt die Alte ihren kleinen, schrumpeligen Kopf und brummelt was von einer Base aus Nordfriesland, der »auch so Wandervolk« beim Rauchen die Scheune überm Kopf angezündet hat, »gleich nach dem zweiten Krieg«. Als ich vorgebe, Nichtraucher zu sein, winkt sie nur ungläubig ab: »Das sagen sie alle, und dann steckt doch die Pip im Büdel.« Überführt steuere ich den Nachbarhof an, wo mich ein feister Bursche vom hohen Traktor herunter abspeist: »Geh doch malochen, dann brauchst du keine Scheune.« Immerhin, vom Arbeitslager ist nicht die Rede.
Der Regen wird stärker. Dachrinnen beginnen zu lecken. Das stumpfe Pflaster fängt an zu glänzen. Vor einem kleinen Lebensmittelladen stelle ich mich kurz unter. Eine Frau kommt mit vollen Tüten aus dem Geschäft. Sie trägt nur ein dünnes Kleid, auch sie scheint das Wetter überrascht zu haben. Sie hat es eilig. Ich gehe auf sie zu und stelle meine Frage. Ihre Scheune ist leer, ohne Stroh, ohne Heu, antwortet sie mit ängstlich zum Himmel

gerichteten Augen. Ihr Mann hat die Landwirtschaft aufgegeben, er arbeitet in Peine in der Fabrik, und übrigens gibt es dort auch eine Jugendherberge. Danke für den Tip. Nach Peine sind es noch zwanzig Kilometer. Entmutigt gehe ich durch die Dorfstraße. Zwei Knaben folgen mir auf Fahrrädern in vorsichtiger Distanz. Beim nächsten Bauernhaus macht schon niemand mehr auf. Ein Fremder im Dorf, das spricht sich schnell herum. Was kommt denn der ausgerechnet zu uns? In der Scheune schlafen, wo gibt's denn heute noch so was? Ist der vielleicht ein Krimineller auf der Flucht? Rolläden runter! Feindseligkeit starrt aus jeder Hofeinfahrt. Mir fehlt der Mut weiterzufragen, die Angst vor neuen Zurückweisungen ist schon zu groß, mein Selbstvertrauen schwindet. Die Lage erscheint mir ausweglos. Das Regenwasser färbt Feldmann den Pelz dunkelbraun. Auch er hat Hunger, auch er ist hundemüde. Hat denn keiner ein Einsehen mit uns beiden? In einer solchen Situation hilft eigentlich nur noch der Gang zum Dorfpfarrer. Er muß uns doch helfen, schon von Amts wegen. Einen der Burschen, die immer noch hinter uns herschleichen wie Emils Detektive, frage ich, wo denn hier der Pastor wohnt. Moorblick 11, immer geradeaus, antwortet eine Stupsnase überraschend präzise, er ist wohl ein Konfirmand.

»Morgener«, steht da auf der Klingel eines häßlichen Neubaus. Gleich zweimal drücke ich den Knopf, Pfarrer Morgener soll wissen, die Sache ist dringend. Feldmann schnuppert am Briefschlitz. Beide lauschen wir in das Innere des Hauses. Alles bleibt still. Ist niemand zu Hause? Ich klingele noch einmal. Endlich eine Bewegung hinter den Glasbausteinen neben der Tür. Eine Hand greift zum Schloß, dreht den Schlüssel zweimal herum und verschwindet wieder. Ich bin platt, ich bin wütend, ich möchte ihn steinigen, diesen Pfarrer Morgener, nach gutem alttestamentarischen Brauch. »Klopfet an, so wird euch aufgetan«, spricht der Herr. Denkste! Zugesperrt hat er, im wahrsten Sinne des Wortes sich mir verschlossen, ohne auch nur zu fragen, was ich will. Verflucht sei er, der Teufel soll ihn holen, und mit ihm das ganze Dollbergen!

Wie ein Ausgestoßener stehle ich mich durch den Regen aus dem Dorf. Im letzten Abendlicht finde ich noch einen verwaisten Viehunterstand, der zwar höllisch stinkt, aber Schutz bietet gegen Nässe und Wind. Auf getrockneten Kuhfladen breite ich meinen Schlafsack aus. Feldmann rollt sich gleich auf meinem Fußende zusammen. Schwere Tropfen prasseln wie Kieselsteine auf das Dach. Hoffentlich hält es dicht. Vor dem Einschlafen erscheint mir die Wetterkarte der »Tagesschau« als Horrorgemälde: »Das Tief mit seinem Kern über der Biskaya bewegt sich nur langsam nach Norden und bleibt auch morgen für ganz Deutschland wetterbestimmend. Die Temperaturen fallen auf acht bis zehn Grad, in ungünstigen Lagen ist mit leichtem Nachtfrost zu rechnen. Mittlere Winde aus West bis Nordwest, an der See stürmisch auffrischend. Die weiteren Aussichten: für die Jahreszeit zu kühl.«

Irina Liebmann
März

1

März, Schwerin, Theater. In der Kantine schlechtes Licht, die Leute, die ich treffen wollte, haben schon nachmittags auf mich gewartet, sind gegangen, während ich am Bahnhof einer Frau begegnet bin, ein Jahr lang nicht gesehen, wir freuten uns und sind zusammen durch die Stadt gelaufen, am Teich vorbei durch Straßen, leere Räume, stehn immer noch so da, die Häuser, ruhig, gemütlich, sage ich, kaputt, sagt sie, hast du das schon vergessen, klopft an ein Fenster, alles leer dahinter und die Straße dunstig, März, paar Häuser weiter wiederum war auch alles genauso wie vor einem Jahr, ein Wohnzimmer, eine Kneipe, warm, und standen dann zu spät in der Kantine, Kantine wie vor einem Jahr, nur ist mein Stück längst abgesetzt, die Leute liefen raus, nach jeder Aufführung stand Johannes im Foyer, der Dramaturg, falls jemand von den letzten Zuschauern noch Fragen hätte, sein erster Satz jedesmal: Ich stehe zu dem Stück. Der ist nun schon gegangen, abgefahren, ein Schauspieler, der sich das Rückgrat hätte brechen können, damals, steht so wie damals schwitzend an den Stehbiertischen, winkt, ich umarme einen Regisseur, du bist ja doch hier, sagt der, was die alle reden, Kantine, sitzenbleiben, nicht mehr weggehen, aber je später um so greller wird alles weiß in den Gesichtern, eine Frau, die mir vor einem Jahr noch sehr viel jünger vorkam, will wissen, ob ich schon mal einfach so weggefahren bin, im Westen, und ob ichs mache und wohin und wann, ich sage Portugal, am Donnerstag, da sagt sie nichts, hätte ich lügen sollen, nein, sagt sie, nein, du schreibst das, und ich muß betrunken sein, ich sage: Ja, ich schreibe das, ich meine, ich verspreche dir, ich stelle euch an den Atlantik, und besoffen ist die auch, denn die sagt: Tu das.

2

März, ein Hotelzimmer in Lissabon, Tapeten grün, die Bettdecken orange, im Bett mir gegenüber meine Tochter, schläft, ich stelle euch an den Atlantik, denke ich, Schwerin und will das Bild von einem Zimmer in Schwerin in dieses Zimmer reinkriegen – zuerst eine Gardine, dünn, bewegt sich, es zieht vom Fenster, das zur Straße rausgeht, dann ein Schreibtisch, ich sitze auf einem Stuhl davor und lese, hinter mir ein Bett, von dort hört man es atmen, neben dem Bett ein Ofen, Wärme, die nach Holz und Eisen riecht, kommt aus dieser Ecke. Mehr ist nicht drin im Bild, nur die Gardine, der Schreibtisch, die Geräusche und Wärmewellen mit Geruch, man kann Passanten vor dem Fenster reden hören, fällt mir ein, wie hier, hier klingen Schritte vom Pflaster hoch und Stimmen, es ist Nachmittag, diese Fensterläden aus Holz lassen nur einen Streifen Licht auf unsre Taschen, Hosen, Schuhe fallen, wir sind drei Tage mit dem Zug gefahren, wir wollen schlafen. Aber irgendwie ist es jetzt angenehm, mit offenen Augen wach zu liegen und diese andre Ruhe aus dem andern Zimmer hierher zu holen.
Der da im Bett geatmet hat, war Johannes, ist irgendwann aufgestanden, aus dem Zimmer gegangen und mit zwei Bechern wiedergekommen. Bei Johannes wohnte ich, wenn ich in Schwerin war, er wußte auch, daß ich das Land verlassen wollte, war dagegen, wollte manchmal mit mir spazierengehen, zum See, wie schön der abends ist, mit Lichtern drauf, war aber matschig, der Weg im März, nasse Stiefel, ich will mit dir noch Schlittschuh fahrn auf diesem See, das sagte er, hier ändert sich doch nur das Wetter, sagte ich, und er: Du darfst nicht mutlos werden.

Wir hatten an dem Nachmittag viel Zeit, ich kippte eine Handvoll Ohrringe auf den Schreibtisch, welche soll ich heute abend tragen, er zeigte auf ovale, schwarze Steine, die Jascha mir zum halben Preis beinah geschenkt hat, wollte wissen, woher die sind, ich sagte, daß ich mal nach Italien fahren durfte, Rom, und auch zuerst nach Rom fahr, wenn ich raus darf, das will ich und das schaffe ich, er sagte: Ja. Du ja, die Künstler sowieso, und währenddessen schminkte ich mich vor seinen Augen und nahm die schwarzen Ohrringe nicht, fand sie zu ernst, das war die Nacht, in der du kommen wolltest, ich kannte dich noch nicht, ich dachte nur, du könntest mir gefallen, ich dachte, jetzt ist noch März und heute nacht ist schon April und mußte lachen, Johannes lachte auch, er sollte in der Nacht Geburtstag haben, ich klemmte mir was Blaues an die Ohren, wir gingen zum Theater rüber, nur ein paar Schritte übers Pflaster in der Kleinstadt, altes Pflaster unter den Laternen.
Vielleicht kann man aus unserm Fenster, immerhin sind wir im zweiten Stock und das Hotel steht hoch, wir sind bergauf gefahren mit der Taxe, vielleicht kann man das Meer sehn, dann brauchte man nur noch das Fenster aufzumachen und könnte alles zusammenschreiben, dazu die Nacht von damals, wie die weiterging.
Wie du tatsächlich gekommen bist, wie wir meine Sachen aus Johannes' Wohnung holen wollten, wie er alleine vor dem Fernsehapparat gesessen und nicht mit uns geredet hat, wie ich ihm zum Geburtstag gratulierte und er nur immer sagte: April – April, und ich dann schließlich die Tür zuschlug und alles gleich vergessen habe, deinetwegen, nie wieder in der Wohnung war, die gibts nicht mehr, Johannes ist krank geworden, hat die Wohnung längst getauscht, es wohnen andre Leute in dem Zimmer, aus dem wir nachts für immer, wir sind weggegangen, gelaufen, durch die leere Stadt, die Fachwerkstraßen, zum Teich, wo uns ein Mensch mit Kopfverband und einer Flasche Schnaps im Perlonbeutel entgegenkam, den wir um eine Ziga-

rette baten, worauf er uns die ganze Schachtel schenkte, den Schnaps auch teilen wollte und zu weinen anfing, weil er nichts hatte, wie er sagte, einundzwanzig Jahre alt und nichts, nur einen Ausreiseantrag, aber mich lassen sie nicht, das wiederholte er, mich lassen sie nicht, wie er auf einmal den Einfall hatte, sich umzubringen, die Wiese zum Wasser runterrannte, sich aber leicht wieder hochschieben ließ auf den Weg, umarmen und eine von den eigenen Juwelen, Schweinejuwel, anbieten ließ, beim Rauchen fragte, ob wir von diesem Satz mal was gehört hätten: *Rosa Luxemburg Freiheit ist immer die Freiheit des Andersdenkenden oder das: Deutscher Gruß!* Wie er sich danach jedesmal auf die Brust schlug mit der Faust, die Böschung runterrannte, wir hinterher, wie das so weiterging, bis du mich plötzlich, als wir gerade wieder alle oben standen, festgehalten hast, er ans Wasser lief, dort unten wartete, den weiß verbundenen Kopf gesenkt, der Perlonbeutel mit der Flasche hing tief neben den Hosenbeinen, wie er sich umdrehte, sah, daß wir uns umarmten, hochkam und uns von da an nachlief, immer rufend: Nehmt mich mit! Nehmt mich mit!

Mein Kind ist aufgewacht. Jetzt werden wir das Fenster öffnen, was sieht man – Fenster. Unten die Straße, eng, führt links und rechts bergab zu Treppen, Dächern, Kuppeln, liegt alles hell im Licht, nur für die Straße selbst steht die Sonne schon zu tief, was ist, fragt meine Tochter. Man kann die ganze Stadt sehn, sage ich.

3

Was willst du, vierzig Jahre Diktatur, Revolution und jetzt der Katzenjammer, das sagt Alberto nachts um zwölf, wir laufen mitten auf der Straße, das Pflaster abgetreten, glatt, die Straße steil, Alberto rechts von mir, im Samtjackett, ist klein, der Philosoph aus Portugal, links meine Tochter, sehr gerade, in Leder-

jacke und Palästinensertuch so wie sie immer demonstrieren geht, bleibt stehn, wir auch, das ist ein Platz hier, wo die Häuser einzeln, weiß, so ruhig dastehn unter den Laternen, dazwischen warme Luft, darüber Luft mit Sternen, bergunter kann man bis zum Wasser sehn, die Schiffe, sagt mein Kind, ja, sagt Alberto, Schiffe, sie fahren hier noch, aber es fährt kein Schiff mehr nach Madeira, man fliegt, jetzt sind sie abgeschnitten, natürlich nur die armen Leute, und so verschwinden wir wieder von der Welt, das redet er, wo wir gerade angekommen sind, wo uns der Platz gefällt, ja, sagt er, aber wenn wir weitergehen, hier die Häuser, alles fällt zusammen, und hat uns zum Hotel zurückgebracht, wir sehn ihm nach, er muß jetzt vorsichtig die Füße setzen, bergab, das glatte Pflaster unter unserm Fenster, ich finde es hier schön, sagt meine Tochter.
März, Lissabon, ans Meer gefahren, mein Kind hält seinen Kopf mit schwarzen Locken und rot gemalten Lippen grade vor der S-Bahn-Scheibe, vorbei an Häusern, Häusern, Häusern und an Palmen, staubig wie Schäferhunde, den Strand gesucht und einen Stand gefunden, wo Stalaktiten abgeschliffen an weißen Muscheln angebunden waren um zu klingen, daran gespielt, bis alle klingen, klangen vor einem leeren Strand, die Kleider zieht sie aus, geht als Figur im Badeanzug langsam dem Ozean entgegen, eine Hand so im Vorbeigehn naßgemacht, am Mund vorbeigewischt, soll keiner sehen, daß sie noch nie im Leben Salzwasser gekostet hat, ein Polizist ist ihretwegen vom Wege abgewichen in Gedanken, ist ein kleiner Junge, sie kommt zurück, zu kalt, das Wasser, und das ist nun das Letzte, daß die Bullen sogar noch am Atlantik stehen. Aber der steht da, sie und ich, sonst steht da keiner. Jetzt sieht er weg, als ob er hier nicht hingehört, kehrt um, na und, sagt sie, was geht er auch zur Polizei, nicht wahr, Alberto? Richtig, sagt Alberto, man muß es nicht, bestimmte Dinge tut man nicht, wir sind in einer Kneipe, dunkel, wo Wände einen Tisch vom andern trennen, man bringt uns eine Eisenpfanne voll Reis, mit Hummern und Langusten

drauf, ein kleiner Junge kommt mit Losen, er zieht den dicken, alten Alberto am Ärmel, kauf mir eins ab, sagt er, ich brauche Geld, legts auf den Tisch und geht zum Palmenwedel, den hat mein Kind in einem Park gefunden, zwei Meter lang so wie ein großer Pfeil, seit einer Stunde trägt sie ihn durch Portugal, der Junge streicht mit einem Finger rüber, wartet, während Alberto uns über die Teller weg zwei gelbe Blätter reicht, jedem sein Horoskop, der große Astrologe, was bist du eigentlich politisch, frage ich, na was schon, sagt er, Anarchist, ja was auch, sagt mein Kind, was sonst, ich bin vielleicht der letzte, sagt Alberto, hier in Portugal sind es wenige geworden, in Spanien auch, na wir sind viele, sagt meine Tochter und guckt, was dieser Junge mit dem Palmenwedel macht, was ist mit meiner Venus, fragt sie dann, im Löwen, sagt Alberto, das ist gut, das ist die Mutter, gib Geld her, sagt der Junge, her damit, ihr habt hier so viel Essen auf dem Tisch, Alberto zahlt, zahlt alles, es ist Nacht, wir laufen mitten auf der Straße, das Pflaster glatt, die Straße steil, vor uns mein Kind, den Palmenwedel auf der Schulter, bleibt stehen unter den Laternen, sieht zum Wasser runter, Lichter drauf, ich finde es hier schön, sagt sie, aber ich will hier keine Stadt verstehn, ich will ans Meer.

Ich will ans Meer, sagt sie; und eines Morgens stehen wir vor einem Fluß, da ist nur Schlamm drin, Männer graben, das ist die Ebbe, sagt mein Kind, was suchen die, und geht dann noch mal ins Hotel zurück, die Schuhe wechseln, Sandalen anziehn, denn wir sind im Süden, März, im Sommer und am Atlantik sind wir auch, man kann ihn sehen, den blauen Rand am Horizont, das Meer.

Am ersten Tag, statt in der weißen Stadt dem hellen Pflaster immer schön zu allen Kirchen hin zu folgen, verlaufen wir uns zwischen Wänden aus Lehm, dick sind die, oben abgerundet, blauer Himmel drüber, sonst nichts zu sehen, gar nichts, lange, nur einmal kommt uns hier ein schwarzer Mann entgegen, ernst, ernster Mund, geht so an uns vorbei, der Gang verzweigt sich

und wir gehen wie in ein Bild auf einen Hügel zu, hellgrün, so schräg im Licht mit dunkelgrünen Bäumen, zum Anfassen beinah, aber wo wir jetzt stehen, sind alle Lehmwände zerschlagen, Baugruben unter uns und eine Straße, Autos.
Das Meer war so wie Meer immer ist, nur diesmal Schlammfelder in einer Bucht davor, mit Krabben oder Hummern, Hunderte schwarze Spinnen, die erstarrten, wenn wir uns bewegten, sie sehen uns, sagte mein Kind, sie haben Angst, sie tun mir leid. Wir fragten uns am Meer, ob das noch der Atlantik war, oder bereits das Mittelmeer, ich hoffe, der Atlantik, sagte ich und dachte daran, was ich in Schwerin geredet hatte oder erzählte es sogar, am Meer sprachen wir von dem grünen Hügel, den wir am ersten Tag gesehen hatten, wir suchten ihn, liefen auf Autostraßen aus der Stadt, das waren früher Wege, andere gab es nicht, nur einmal einen Trampelpfad den Berg hoch zwischen Wiesen zu einem Brunnen, tief, daneben stand ein Apfelsinenbaum. Der Baum nicht größer als mein Kind, das pflückte zwei Apfelsinen, konnte sich lange nicht entschließen, sie zu essen, tat es doch und saß dann in der Sonne auf einem Stein, saß gerade, mit geschlossenen Augen und diesen großen, ovalen Silberstücken an den Ohren, sagte: Genauso habe ich mir den Süden vorgestellt.
Aber es ist nicht wirklich, sagte ich, es ist doch wie im Märchen. Und warum ist es dann nicht wirklich, sagte sie. Je höher wir den Berg hochstiegen, um so besser konnten wir den Fluß sehen, seine Mündung ins Meer und die Stadt, aus der wir gekommen waren, aber der Hügel, den wir suchten, war das nicht. Erst am letzten Tag, als wir den Fluß entlang an Baustellen vorbei aus der Stadt rausliefen, lag irgendwann der grüne Hügel einfach vor uns, die Erde auf diesem Berg war rot und trocken, die Blumen Lilien, die Bäume Feigenbäume, uns gegenüber ein Palast mit schwarzen Palmen, war aber nur die Rückseite eines Hauses, an dem wir oft vorbeigegangen waren, seine alte Seite, so wie wir hier auf einem Hügel aus einer andern Zeit in der Sonne saßen

und sahen auf den blauen Rand, das Meer, nicht abfahren, sagte meine Tochter.
Sie wollte bleiben, weil wir jetzt wußten, wie schön es hier ist, ich wollte weiterfahren, weil wir nicht wissen konnten wie schön es dort sein würde, in Evora, einer Stadt im Norden, ich habe gewonnen und noch in der gleichen Nacht standen wir in einer grauen Stadt im Regen, Stadt mit Mauer, auf die war man dort stolz, weil sie so vollständig und ganz besonders hoch war, und hatten es also geschafft, uns wieder hinter eine Wand zu bringen, kalt war es auch, eiskalt, mein Kind lief wütend vor mir her und erst, als es in einen Wachturm guckte, die standen überall, natürlich, und kreischend, krumm vor Lachen wieder rauskam, war es versöhnt, denn zugeschissen, hier wird sie zugeschissen, Alberto, wenigstens das war eine Nachricht, die die Reise lohnte. Alberto fassungslos, Evora, sagt er, ist ohne Frage die schönste Stadt von Portugal, na, nicht für uns, das sagt mein Kind, und überhaupt: SIE – und das soll ich sein – SIE hat uns aus der schönen Gegend weggebracht, und die andern, die gar nicht dürfen, die will sie dann da hinstellen, doch, doch, das hast du doch gesagt, daß du die aus Schwerin, aber doch nur im Text, im Text, im Kopf, ruft sie, im Kopf, und überhaupt: Ich möchte mich von niemandem an den Atlantik stellen lassen, auch von dir nicht.
Ja, sagt Alberto, der ja höflich ist, wir machen Fehler, gibst du mir bitte mal dein Horoskop zurück. Er hätte sich in einer Zahl geirrt, das neue sei sogar noch besser, die Venus jetzt im Wassermann, also nicht die Mutter.
Wir hatten noch einen Tag für Lissabon, für seine Burg, für die Feuer der kleinen Jungs dort oben, für die Kanonen, von der Burg aufs Meer gerichtet, auf die Bucht, das Ende von Europa. Für eine Stunde setzte ich mich in das Café Brasileira, ich wollte eigentlich auch mal alleine sein, es war ein bißchen grau dort, vom Zigarettendunst vielleicht, die Tür zur Straße offen, aber kaum verschwand die Sonne draußen, klebte die Front der

Häuser gegenüber wie eine Pappwand vor dem Türausschnitt, es wurde eng, und drinnen trug man lauter Beige und Grau und Dunkelblau, alle Frauen rauchten, alle ungeschminkt, sogar der Herr im Maßanzug wie aus der Requisite, war ungeschminkt und ernst, ernste Gesichter, eine Frau in Lederjacke las immer wieder denselben Brief, ein Mann im Trenchcoat schrieb sich etwas ins Notizbuch, und alle andern ebenfalls so mit sich selbst beschäftigt, in Gedanken oder müde, sie warten, dachte ich, sie warten, das kennen wir, einer stand an der Bar, der wie Johannes aussah, sie sind da, dachte ich, und was mein Kind nun dazu sagen würde, sie sind da, sind schon lange da, und daß man so was nun überhaupt nicht mehr laut sagen dürfte, und wir kriegen das nicht mehr auseinander und warum auch eigentlich.

Der einzige Portugiese, der von Lissabon bis Paris fuhr, war ein alter Mann, der sich in diesem Schnellzug, der wie ein Geschoß geformt war, vom Vordersitz zuerst mal sein Tablett herunterklappte und eine Flasche Wein raufstellte, Brot daneben und zwei Äpfel. Das war früh um sieben in Frankreich an der Grenzstation, weit vor mir saß mein Kind wieder mal grade mit den vielen Locken, wer hier in Frankreich zugestiegen war, der las die Morgenzeitung, 31. März, Bernard Blier gestorben, der Schauspieler, es war also noch März, ich mußte lachen, der Portugiese lachte auch und gab mir einen von den beiden Äpfeln, in Frankreich blühten, solange wir vorbeifuhren, die Bäume, den ganzen Tag, und nachts, April, stand meine Tochter müde, weiß im Gesicht, mit Palmenwedel im Licht der Scheinwerfer vom Bahnhof Nord, andauernd liefen Männer auf sie zu, und jeder fragte sie: Ist das eine Blume?

Guy de Maupassant
An einem Frühlingsabend

Jeanne sollte ihren Cousin Jacques heiraten. Sie kannten einander seit ihrer Kindheit, und die Liebe nahm zwischen ihnen nicht die zeremoniellen Formen an, die sie im allgemeinen in der Gesellschaft bewahrt. Sie waren miteinander aufgezogen worden, ohne sich darüber klar zu werden, daß sie einander liebten. Das junge Mädchen war ein wenig kokett, und so lockte sie den jungen Mann auf höchst unschuldige Art an; sie fand ihn nett, fand, er sei ein guter Kerl, und jedesmal, wenn sie ihn wiedersah, umarmte sie ihn herzlich, doch ohne Erschauern, ohne jenes Erschauern, das das Fleisch von den Fingerspitzen bis zu den Fußspitzen zu kräuseln scheint.
Er wiederum meinte einfach: sie ist herzig, meine kleine Cousine; und er dachte an sie mit jener instinktiven Neigung, die ein Mann immer für ein hübsches Mädchen empfindet. Weiter aber gingen seine Erwägungen nicht.
Doch dann hörte eines Tages Jeanne ihre Mutter zu ihrer Tante sagen – zu ihrer Tante Alberte, denn Tante Lison war eine alte Jungfer geblieben: »Ich versichere dir, daß sie sich im Nu lieben werden, die Kinder; das sieht man. Und was mich angeht – nun, Jacques ist unbedingt der Schwiegersohn, den ich mir erträumte!«
Und im Nu hatte Jeanne begonnen, ihren Cousin Jacques zu vergöttern. Sie war errötet, wenn sie ihn sah, ihre Hand hatte in der Hand des jungen Mannes gezittert, ihre Augen senkten sich, wenn sie seinem Blick begegnete, und sie zierte sich, bevor sie sich von ihm umarmen ließ. Und zwar so, daß er das alles bemerkte. Er hatte verstanden, und in einem Aufschwung, darin

ebensoviel befriedigte Eitelkeit wie echte Neigung waren, hatte er seine Cousine mit beiden Armen an sich gedrückt und ihr ins Ohr geflüstert: »Ich liebe dich! Ich liebe dich!«

Von diesem Tag an gab es nur ein ewiges Gurren, allerlei galante Aufmerksamkeiten, eine zur Schau getragene Verliebtheit, die dank der früheren Vertraulichkeit in keiner Weise peinlich und hemmend wirkte. Jacques umarmte seine Verlobte im Salon vor den drei alten Frauen, den drei Schwestern, seiner Mutter, Jeannes Mutter und seiner Tante Lison. Tagelang spazierte er mit ihr unbehütet durch den Wald, dem Ufer des Baches entlang, durch die feuchten Wiesen, wo das Gras mit Feldblumen besät war. Und sie erwarteten den Tag, der für ihre Verbindung bestimmt war, ohne allzu lebhafte Ungeduld, doch eingehüllt, geborgen in einer süßen Zärtlichkeit, genossen sie den köstlichen Reiz winziger Liebkosungen, der Finger, die einander preßten, leidenschaftlicher Blicke, die so lange dauerten, daß die Seelen zu verschmelzen schienen; und unklar gefoltert von dem noch nicht völlig erkannten Verlangen nach der Vereinigung, spürten sie gleichsam eine Unruhe auf ihren Lippen, die einander riefen und auf denen Sehnsucht, Verheißung zu locken schien.

Manchmal, wenn sie den ganzen Tag in dieser gewissermaßen gedämpften Leidenschaftlichkeit, in dieser platonischen Zärtlichkeit verbracht hatten, spürten sie abends eine Art Katzenjammer, und sie stießen, alle beide, tiefe Seufzer aus, ohne zu wissen, warum, ohne zu begreifen, Seufzer, geschwellt von Erwartung.

Die beiden Mütter und ihre Schwester, Tante Lison, beobachteten diese Liebe mit lächelnder Rührung. Vor allem Tante Lison war es, die beim Anblick der jungen Menschen zutiefst bewegt zu sein schien.

Sie war eine kleine Frau, die nur wenig sprach, sich stets zurückhielt, kaum einen Laut von sich gab, nur zu den Mahlzeitstunden erschien und dann sogleich wieder in ihr Zimmer hinaufging, wo sie ständig eingeschlossen lebte. Sie sah gütig und verwelkt aus, hatte einen sanften, traurigen Blick, und in der Familie zählte sie fast gar nicht.

Die beiden Schwestern, die Witwen waren, hatten einen Platz in der Gesellschaft eingenommen und sahen darum die dritte Schwester ein wenig als ein unbedeutendes Geschöpf an. Man behandelte sie mit einer selbstverständlichen Vertraulichkeit, dahinter sich eine gewisse, ein wenig verächtliche Gutmütigkeit gegenüber der alten Jungfer verbarg. Sie hatte Lise geheißen, war in der Zeit auf die Welt gekommen, da Béranger über Frankreich herrschte. Als man merkte, daß sie nicht heiratete, daß sie zweifellos nie heiraten würde, hatte man aus Lise Lison gemacht. Und heute war sie »Tante Lison«, eine nette, bescheidene alte Jungfer, furchtbar schüchtern selbst im Verkehr mit den Ihren, deren freundliche Gefühle sich aus Gewohnheit, Mitleid und wohlwollender Gleichgültigkeit mischten.

Die Kinder gingen nie hinauf, um sie in ihrem Zimmer zu besuchen. Nur das Dienstmädchen kam zu ihr. Man ließ sie holen, wenn man mit ihr sprechen wollte. Man wußte kaum, wo es lag, ihr Zimmer, dieses Zimmer, darin einsam ein ganzes armseliges Leben verstrich. Sie nahm keinen Platz ein. Wenn sie nicht da war, sprach man nie von ihr, dachte man nie an sie. Sie war eines jener farblosen Wesen, die selbst ihrer Familie unbekannt bleiben, gleichsam unerforscht, eines jener Wesen, die weder in das Dasein noch in die Gewohnheiten noch in die Liebe der Menschen einzudringen wissen, an deren Seite sie leben, und ihr Tod hinterläßt in einem Haus keine Lücke, keine Leere.

Sie ging immer mit kleinen, hastigen, stillen Schritten, verursachte nie ein Geräusch, stieß nie an etwas an, schien den Gegenständen die Eigenschaft mitzuteilen, völlig lautlos zu bleiben; ihre Hände waren wie aus einer Art Watte gemacht, so leicht und zart behandelten sie alles, was sie berührten.

Wenn man sagte »Tante Lison«, so weckten die beiden Wörter in keines Menschen Geist einen Gedanken. Es war, als hätte man gesagt: »Die Kaffeekanne« oder »die Zuckerdose«.
Die Hündin Loute hatte bestimmt eine viel ausgeprägtere Persönlichkeit; ununterbrochen liebkoste man sie, nannte sie: »Meine liebe Loute, meine schöne Loute, meine kleine Loute!« Und man würde sie unendlich lebhafter beweinen.
Die Hochzeit des jungen Paares sollte gegen Ende des Monats Mai stattfinden. Die beiden lebten Auge in Auge, Hand in Hand, Gedanken in Gedanken, Herz in Herz. Der Frühling, der sich in diesem Jahr Zeit ließ, gezaudert, unter den hellen Nachtfrösten und der kühlen Frische der Morgen geschlottert hatte, brach mit einem Mal durch.
Einige warme, ein wenig dunstige Tage hatten den ganzen Saft der Erde aufsteigen lassen, hatten wie mit einem Wunder die Blätter geöffnet und verbreiteten überall den guten, weichlichen Duft der Knospen und der ersten Blumen.
Dann, eines Nachmittags, hatte die siegreiche Sonne endlich den schwebenden Dunst getrocknet und sich strahlend über die ganze Ebene verbreitet. Ihre helle Heiterkeit hatte das Land erfüllt, war überall eingedrungen, in die Pflanzen, in die Tiere, in die Menschen. Die verliebten Vögel flatterten, schlugen mit den Flügeln, riefen einander. Jeanne und Jacques, bedrängt von einer köstlichen Seligkeit, doch scheuer als gewöhnlich, beunruhigt durch jenes neue Erschauern, das mit der Gärung der Wälder in sie einzog, waren den ganzen Tag, Seite an Seite, auf einer Bank vor dem Tor des Schlosses geblieben, wagten nicht mehr, allein zu wandern, und sahen mit zerstreuten Blicken dort unten auf dem Teich die großen Schwäne, die einander verfolgten.
Dann, als der Abend kam, war ihre Stimmung ruhiger, gelassener geworden, und nach dem Essen lehnten sie sich, in leisem Geplauder, aus dem offenen Fenster des Salons, während ihre Mütter in der runden Helle, die der Schirm der Lampe bildete,

Piquet spielten und Tante Lison für die Dorfarmen Strümpfe strickte.
Ein hoher Wald lehnte sich in der Ferne hinter dem Teich, und in dem noch spärlichen Blattwerk der mächtigen Bäume zeigte sich plötzlich der Mond. Er war nach und nach hinter den Zweigen aufgegangen, die sich von seinem Kreis abhoben, und auf seinem Anstieg am Himmel, inmitten der Sterne, die er verblassen ließ, hatte er begonnen, jenes schwermütige Licht über die Welt zu ergießen, in dem Wünsche und Träume schweben, jenes Licht, das den Schwärmern, den Dichtern, den Verliebten so teuer ist.
Zuerst hatten die jungen Leute nach ihm geblickt, dann, von der süßen Zärtlichkeit der Nacht durchtränkt, von dieser durchschimmernden Helle von Gras und Sträuchern, waren sie mit leisen Schritten hinausgegangen und wanderten jetzt über den weiten Rasen bis zu dem blinkenden Teich.
Als die beiden Mütter ihre vier Partien Piquet beendet hatten, waren sie nach und nach schläfrig geworden und hatten nicht übel Lust, zu Bett zu gehen.
»Wir müssen die Kinder rufen«, sagte die eine.
Die andere warf einen Blick nach dem blassen Horizont, wo zwei Schatten langsam hinglitten.
»Laß sie doch«, erwiderte sie. »Es ist so schön draußen. Lison wird auf sie warten; nicht wahr, Lison?«
Die alte Jungfer erhob ihre unruhigen Augen und sagte mit ihrer schüchternen Stimme:
»Ja, gewiß; ich warte auf sie.«
Und die beiden Schwestern verzogen sich in ihre Schlafzimmer. Da stand auch Tante Lison auf, ließ die begonnene Arbeit, ihre Wolle und die große Nadel auf der Armlehne liegen, trat ans Fenster, lehnte sich hinaus und schaute in die zauberhafte Nacht.
Die beiden Verliebten gingen auf und ab, über den Rasen, vom Teich bis zur Anfahrt, von der Anfahrt zum Teich. Sie preßten

ihre Finger ineinander und redeten nicht mehr, als wären sie aus sich selber herausgetreten, wären mit der sichtbaren Poesie eins geworden, die der Erde entströmte. Plötzlich bemerkte Jeanne im Rahmen des Fensters die Umrisse der alten Jungfer, die sich von der Helle der Lampe abzeichnete.

»Ach«, sagte sie. »Tante Lison sieht zu uns herüber.«

Jacques hob den Kopf.

»Ja«, sagte er. »Tante Lison sieht zu uns herüber.«

Und sie wanderten langsam weiter, träumten, liebten einander.

Doch der Tau bedeckte das Gras. Sie verspürten ein leises Frösteln in der abendlichen Frische.

»Gehen wir jetzt ins Haus«, sagte sie.

Und sie gingen hinein.

Als sie in den Salon traten, hatte Tante Lison sich wieder zu ihrer Strickerei gesetzt; sie hatte die Stirne über ihre Arbeit gebeugt, und ihre magern kleinen Finger zitterten, als wären sie sehr müde.

Jeanne näherte sich ihr.

»Tante, wir gehen jetzt schlafen!«

Die alte Jungfer wandte die Augen. Sie waren rot, als hätte sie geweint. Jacques und seine Braut achteten nicht darauf. Doch der junge Mann bemerkte, daß die dünnen Schuhe des jungen Mädchens durchnäßt waren. Plötzlich ergriff ihn eine Besorgnis, und er fragte:

»Hast du nicht kalt an deinen lieben kleinen Füßen?«

Und mit einemmal wurden die Finger der Tante von einem Zittern geschüttelt, so heftig, daß ihre Arbeit ihnen entglitt; der Wollknäuel rollte über das Parkett, und die alte Jungfer verbarg jäh das Gesicht in den Händen und begann krampfhaft zu schluchzen.

Die beiden jungen Menschen eilten zu ihr; Jeanne kniete nieder, breitete die Arme aus und fragte immer wieder erschüttert:

»Was hast du denn, Tante Lison? Was hast du denn, Tante Lison?«
Und da stammelte die arme Alte mit tränenfeuchter Stimme, den Körper von Kummer gekrümmt:
»Es ist ... es ist ..., als er dich gefragt hat, ob du nicht kalt hast ... an deinen lieben kleinen Füßen ... zu mir ... hat man nie ... nie ... solche Dinge gesagt ... zu mir ... nie ... nie!«

Peter Mayle
März

Der Mandelbaum stand kurz vor der Blüte. Die Tage wurden länger. Oft gingen sie mit großartigen Sonnenuntergängen am bauschig rosigen Himmel zu Ende. Die Jagdsaison war vorüber; die Jagdhunde und die Flinten waren für sechs Monate verschwunden. Die Weinberge waren wieder voller Leben, da die gut organisierten Winzer ihre Reben pflegten und ihre fauleren Nachbarn sich beeilten, das Schneiden zu besorgen, das sie im November versäumt hatten. Die Menschen der Provence grüßten den Frühling mit untypischer Agilität, als ob die Natur jedem Lebenskraft eingeimpft hätte.

Die Märkte änderten sich schlagartig. An den Ständen wurden die Fischereigeräte, die Patronengurte, wasserdichten Stiefel und langen Büchsen mit Stahlborsten für Amateurschornsteinfeger ersetzt durch Auslagen von ungetümartig wirkenden Akkerbaugeräten – Macheten und Instrumente zum Graben, Sensen und Hacken mit scharfen, gebogenen Zacken, Sprühausrüstungen, die Unkraut und Insekten den Tod garantieren, falls sie so tollkühn sein sollten, die Trauben zu gefährden. Blumen und Pflanzen und winzige Gemüse der Saison allerorten. Cafétische und -stühle schossen auf den Gehsteigen aus dem Boden. Da lag ein Sich-Regen und Planen in der Luft, und ein oder zwei Optimisten kauften bereits *espadrilles* von den bunten Ständen draußen vor den Schuhgeschäften.

Im Gegensatz zu diesem geschäftigen Treiben war die Arbeit am Haus zum Stillstand gekommen. Einem uralten Trieb des Frühlings folgend, waren die Handwerker auf Wanderschaft gezogen und hatten uns symbolisch Gipssäcke und Sandhaufen hinterlassen als Zeichen ihrer Absicht wiederzukommen – eines schönen Tages –, um zu beenden, was sie fast schon zu Ende gebracht hatten. Das Phänomen des verschwindenden Bauarbeiters ist weltweit bekannt, doch in der Provence hat es seine eigenen Spezialformen und Frustrationen – wie auch seine ganz klar umrissene Saison.

Dreimal jährlich – zu Ostern, im August und zu Weihnachten – flüchten die Eigentümer von Ferienhäusern aus Paris und Zürich und Düsseldorf und London, um für einige Tage oder Wochen einfachen Landlebens herunterzukommen. Und bevor sie kommen, denken sie jedesmal unweigerlich an irgendwas, das für den Erfolg ihrer Ferien essentiell ist: ein Paar Bidets von Courrèges, Unterwasserbeleuchtung für den Swimmingpool, eine neugeflieste Terrasse, ein neues Dach für die Unterkunft der Bediensteten. Wie könnten sie auch ihr rustikales Zwischenspiel ohne diese notwendigen Dinge genießen? In ihrer Panik rufen sie bei den Baufirmen und Handwerkern der Umgebung an. Erledigen Sie das – ja, es *muß* sein, *unbedingt* –, bevor wir eintreffen. Bei diesen dringenden Instruktionen ist das Einverständnis vorausgesetzt, daß mit großzügiger Bezahlung zu rechnen ist, falls die Arbeit sofort erledigt wird. Zeit ist alles; Geld spielt keine Rolle.

Die Versuchung ist zu groß. Das darf man nicht ignorieren. Jeder erinnert sich an den Regierungsantritt von Mitterrand; die Reichen zeigten finanzielle Lähmungserscheinungen und hockten auf ihrem Bargeld. Damals waren Bauaufträge in der Provence rar, und wer weiß, wann die schlechten Zeiten wiederkehren? Also werden die Aufträge angenommen, und weniger aufdringliche Kunden sehen sich plötzlich mit stillstehenden Betonmixern alleingelassen und vor allem mit unfertigen Räumen. Angesichts dieser Situation gibt es zwei Möglichkeiten, sich zu verhalten. Keine bringt sofortige Resultate, aber die eine reduziert die Frustration, die andere steigert sie noch.

Wir probierten es mit beiden. Zunächst gaben wir uns Mühe, in unserer Einstellung zur Zeit philosophischer zu werden, auf Verzögerungen um Tage und Wochen nach provenzalischer Art zu reagieren – also, uns über die Sonne zu freuen und nicht mehr wie Stadtmenschen zu denken. Ob in diesem Monat oder im nächsten – was soll's? Trinken wir einen *Pastis*. Entspannen! Ein bis zwei Wochen ging das ganz gut. Dann bemerkten wir, daß die Baumaterialien hinter dem Haus vom ersten Unkrautwuchs des Frühlings grünten. Wir beschlossen, unsere Taktik zu ändern und unserem kleinen und fundierten Team von Arbeitern feste Termine abzuringen. Wir fanden die Erfahrung sehr informativ.

Wir lernten, daß Zeit in der Provence ein dehnbarer Begriff ist, auch wenn die Angaben noch so klar und präzise sind. *Un petit quart d'heure* heißt: irgendwann im Laufe des Tages. *Demain* heißt: irgendwann diese Woche. Und *die* elastische Zeiteinheit überhaupt, *une quinzaine*, kann drei Wochen, zwei Monate oder nächstes Jahr bedeuten, aber nie und nimmer zwei Wochen. Wir lernten auch die Sprache der Hände deuten, die zu jeder Termindiskussion dazugehört. Wenn ein Provenzale einem in die Augen schaut und mitteilt, er werde am nächsten Dienstag an Ihre Tür pochen, um ganz bestimmt mit der Arbeit zu beginnen, dann sind seine Gesten entscheidend. Wenn die Hände ruhig sind oder er einem beruhigend auf den Arm klopft, kann man am Dienstag mit ihm rechnen. Wenn eine Hand in Hüfthöhe erhoben bleibt, den Handteller nach unten, und von einer Seite zur anderen schwenkt, kalkulieren Sie eine Verschiebung auf Mittwoch oder Donnerstag ein. Wenn das Schwenken in ein beunruhigtes Wackeln übergeht, spricht er in Wahrheit von nächster Woche oder weiß Gott wann, je nach Umständen, die sich seinem Einfluß entziehen. Diese unausgesprochenen Dementis, die instinktiv zu sein scheinen und daher mehr zu verstehen geben als Worte, werden gelegentlich durch das Zauberwort *normalement* unterstrichen – eine äußerst vielseitige Ausnahmeklausel, die einer Versicherungspolice würdig wäre.

Normalement – vorausgesetzt, daß es nicht regnet, daß der Lastwagen keinen Defekt hat, daß der Schwager den Werkzeugkasten nicht ausborgt – ist das Äquivalent des provenzalischen Bauunternehmers für das Kleingedruckte eines Kaufvertrages, und wir sollten ihm mit bodenlosem Mißtrauen zu begegnen lernen.
Trotz ihrer fröhlichen Verachtung für Pünktlichkeit und ihrer absoluten Weigerung, das Telefon zu gebrauchen, um mitzuteilen, daß sie nicht kommen oder wann sie nicht kommen, konnten wir ihnen nie lange böse sein. Sie waren immer entwaffnend gutgelaunt, und wenn sie einmal da waren, arbeiteten sie ausdauernd und hart und leisteten vorzügliche Arbeit. Schlußendlich lohnte es sich, auf sie zu warten. Also kehrten wir nach und nach wieder zur philosophischen Einstellung zurück und gewöhnten uns an den provenzalischen Zeitsinn. Von jetzt an, so sagten wir uns, wollen wir davon ausgehen, daß nichts geschieht, wenn wir damit rechnen; wir wollen uns mit der Tatsache begnügen, daß es überhaupt geschieht.
Faustin benahm sich seltsam. Seit zwei oder drei Tagen war er auf seinem Traktor auf und ab geratttert, mit einem Ungetüm im Schlepptau, das nach beiden Seiten Kunstdünger ausspuckte, während er zwischen den Rebstockreihen entlangfuhr. Er hielt immer wieder an, stieg vom Traktor, ging zu einem Feld herüber, das zur Zeit unbestellt und überwuchert lag – davor waren dort Melonen gewachsen. Er untersuchte das Feld vom einen Ende her, kletterte wieder auf seinen Traktor, sprühte noch ein paar Reben und lief zurück, um das andere Ende des Feldes zu untersuchen. Er schritt es ab. Er grübelte. Er kratzte sich am Kopf. Als er mittags heimfuhr, spazierte ich zu dem Feld hinüber, um zu sehen, was ihn dort so fasziniert haben mochte. Aber mir kam es vor wie alle anderen brachliegenden Melonenäcker – ein bißchen Unkraut, ein paar Fetzen von Plastik, das von den Streifen übriggeblieben war, die die Ernte des Vorjahres geschützt hatten: ein nichtssagender halber Morgen. Ich fragte

mich, ob Faustin dort wohl einen verborgenen Schatz vermutete, weil wir ganz in der Nähe unseres Hauses schon zwei goldene Napoléons ausgegraben hatten und er daraufhin gemeint hatte, wahrscheinlich wären da noch mehr zu finden. Aber Bauern verstecken ihre Schätze nicht in der Mitte eines bestellten Ackers, wenn sie unter Steinplatten oder in einem Brunnen viel sicherer gehortet werden können. Die Sache war merkwürdig.
An dem Abend kam er uns mit Henriette besuchen. Er wirkte ungewohnt herausgeputzt und geschäftsmännisch in seinen weißen Schuhen und im orangefarbenen Hemd und brachte uns Krüge mit hausgemachter Kaninchenpastete. Nach dem ersten halben Glas *Pastis* lehnte er sich vertraulich vor. Ob uns bekannt sei, daß der aus den Reben unserer Weinberge hergestellte Wein – Côte du Lubéron – demnächst als *appellation controlée* aufgewertet würde? Er lehnte sich zurück, nickte bedächtig und sagte *»eh oui«*, mehrmals, während wir die Mitteilung auf uns einwirken ließen. Es wäre doch klar, sagte Faustin, daß der Wein teurer und die Weinbergbesitzer mehr verdienen würden. Und – klar – je mehr Reben einer hätte, desto mehr wäre zu verdienen.
Dagegen gab es nichts einzuwenden. Faustin widmete sich also seinem zweiten *Pastis* – er hatte eine effiziente, unauffällige Art zu trinken und sein Glas stets rascher geleert, als ich erwartete – und trug seinen Vorschlag vor. Er hatte den Eindruck, daß unser Melonenfeld profitabler genutzt werden könnte. Er inhalierte etwas von dem *Pastis*, während Henriette ein Dokument aus ihrer Tasche hervorzog. Es handelte sich um ein *droit d'implantation*, das uns das Recht einräumte, Reben anzupflanzen, ein Privileg, das uns direkt von der Regierung zugebilligt wurde. Während wir uns das Papier ansahen, mokierte sich Faustin über die unsinnige Idee, weiterhin Melonen anzubauen – mit einer Bewegung seines Glases verwarf er die Melonen als zu anspruchsvoll, was den Zeitaufwand und Wasserkonsum betraf. Außerdem wären sie stets durch Angriffe wilder Eber bedroht,

die im Sommer von den Bergen herunterkämen. So hatte Faustins Bruder Jacky erst im vergangenen Jahr ein Drittel seiner Melonenernte verloren. Von Wildschweinen gefressen! Ein Gewinn, der im Bauch eines Schweins verschwunden war! Faustin schüttelte den Kopf bei dieser schmerzlichen Erinnerung und brauchte zur Wiederbelebung ein drittes, großes Glas *Pastis.* Zufällig, sagte er, habe er ein paar Berechnungen angestellt. Auf unserem Feld hätten anstelle der langweiligen Melonen 1300 neue Reben Platz. Meine Frau und ich sahen uns an. Wir schätzten Wein sehr, und Faustin mochten wir ebenfalls, und sein Herz schlug offenbar für Fortschritt und Expansion. Wir stimmten zu, daß zusätzliche Reben uns eine prima Idee erschienen, dachten aber weiter nicht darüber nach, als er gegangen war. Faustin ist ein Grübler, der nichts übereilt, und zudem tut sich in der Provence nie etwas auf die Schnelle. Er würde sich vielleicht im Frühjahr darauf an die Sache machen.
Um sieben Uhr am nächsten Morgen pflügte ein Traktor den Melonenacker um, und zwei Tage später traf der Pflanztrupp ein – fünf Männer, zwei Frauen und vier Hunde unter der Leitung des *chef des vignes*, Monsieur Beauchier, eines Mannes mit vierzig Jahren Erfahrung im Anbauen von Wein im Lubéron. Er führte den kleinen Pflug hinter dem Traktor höchstpersönlich, um sicherzustellen, daß die Furchen gerade und im rechten Abstand verliefen; auf und ab schleppte er sich in seinen Stoffstiefeln mit einem vor Konzentration entrückten Ledergesicht. Die Furchen wurden an beiden Enden mit Bambusstäben abgesteckt und durch Schnüre markiert. Das Feld war also geräumt und konnte zum Weinberg werden.
Die neuen Reben, groß wie mein Daumen und mit rotem Wachs betupft, wurden aus den Kleinlastern geladen, während Monsieur Beauchier die Pflanzgeräte überprüfte. Ich hatte angenommen, daß maschinell gepflanzt würde, doch alles, was ich an Maschinen sehen konnte, waren hohle Stahlstangen und ein großes Holzdreieck. Der Pflanztrupp versammelte sich. Jeder

erhielt seine Aufgabe zugewiesen, dann begab man sich akkurat in Formation.
Beauchier führte mit dem Holzdreieck, das er wie ein dreiseitiges Steuer benutzte, um Punkte in gleichem Abstand in den Erdboden einzumarkieren. Ihm folgten zwei Männer mit Stahlstäben, die sie in die Markierungen hineinstießen, um Löcher für die Reben zu machen, die von der Nachhut eingesetzt und gefestigt wurden. Die zwei Frauen – Faustins Frau und Tochter – lieferten Reben, Ratschläge und Modekommentare zu den verschiedenen Hüten, die die Männer trugen, besonders zu Faustins neuer, ein wenig fescher Yachtmütze. Die Hunde freuten sich ihres Lebens, indem sie allen in den Weg kamen, Tritten auswichen und sich in den Schnüren verfingen.
Mit fortschreitendem Tage wuchs der Abstand zwischen den Pflanzern. Beauchier war dem letzten oft zweihundert Meter voraus. Die Unterhaltung behinderten solche Entfernungen aber nicht. Es scheint zum Ritual zu gehören, daß längere Diskussionen immer zwischen den beiden Menschen geführt werden, die am weitesten auseinander sind, während die Truppmitglieder dazwischen auf die Hunde fluchen und darüber ratschlagen, wie gerade nun die Schnüre sind oder nicht sind. Und so schritt die lautstarke Prozession voran. Immer feldauf – feldab, bis in den vollen Nachmittag, als Henriette zwei große Körbe brachte und die Arbeit für eine provenzalische Variante der Kaffeepause unterbrochen wurde.
Der Trupp setzte sich auf eine Grasböschung oberhalb der Reben. Es war wie eine Szene aus Cartier-Bressons Skizzenheft. Man attackierte den Inhalt der Körbe. Es gab vier Liter Wein und einen enormen Haufen von gezuckerten Scheiben gebratenen Brots, die *tranches dorées* genannt werden – dunkelgoldfarbig, knackig und köstlich. Großvater André traf ein, um die geleistete Arbeit zu begutachten, und wir sahen ihn mit seinem Stock kritisch in die Erde pieksen und mit dem Kopf nicken. Er kam auf ein Glas Wein herüber und setzte sich in die Sonne wie

ein gutmütiger alter Eidechserich, der mit dem Ende seines erdigen Stocks einem Hund den Bauch kraulte und Henriette fragte, was es zum Abendessen gäbe. Er wollte früh essen, damit er sich *Santa Barbara* ansehen konnte, seine Lieblingsschnulzenserie im Fernsehen. Der Wein war ausgetrunken. Die Männer reckten sich, wischten sich die Krümel vom Mund und machten sich wieder an die Arbeit. Am frühen Abend war alles getan, und das ruppige alte Melonenfeld war nicht wiederzuerkennen. Die winzigen Pünktchen von neuen Reben waren gegen die untergehende Sonne gerade noch erkennbar. Der Trupp sammelte sich in unserem Hof, um sich die Rücken zu entspannen und *Pastis* zu konsumieren, und ich nahm Faustin beiseite, um ihn wegen der Bezahlung zu fragen. Wir hatten den Traktor drei Tage lang gebraucht, dazu Dutzende von Arbeitsstunden. Was schuldeten wir ihnen? Faustin war offenbar so begierig, es mir zu erklären, daß er sogar sein Glas absetzen mußte. Wir würden für die Reben zahlen, erklärte er mir, alles andere übernehme das System, nach dem das Tal bewirtschaftet wurde, wonach bei einer größeren Neupflanzung jeder seine Zeit umsonst beisteuerte. Dabei kämen zu guter Letzt alle auf ihre Kosten, sagte er, und es erspare Papierkram und mühsames Verhandeln mit *les fiscs* wegen der Steuern. Er lächelte und tippte sich mit dem Finger an die Nasenwand, und dann fragte er, als ob es sich um eine Kleinigkeit handelte, die eigentlich gar nicht erwähnenswert wäre, ob wir vielleicht gern 250 Spargelpflanzen gesetzt bekämen, da der Traktor und die Leute nun schon mal da seien. Das wurde dann gleich am nächsten Tag besorgt. Soviel zu unserer Theorie, daß in der Provence nichts auf die Schnelle passieren kann.

Der Lubéron klang im Frühling völlig anders. Vögel, die den ganzen Winter über verborgen gewesen waren, kamen aus ihren Verstecken, weil die Jäger verschwunden waren, und statt der Schüsse war nun ihr Zwitschern zu hören. Das einzige störende

Geräusch, das sich auf dem Weg zur Massotschen Residenz vernehmen ließ, war ein wütendes Hämmern, und ich fragte mich, ob er sich entschlossen hatte, in Erwartung der kommenden Touristensaison ein Schild *»Zu verkaufen«* anzunageln.
Ich fand ihn auf der Fahrspur jenseits des Hauses in Betrachtung eines 1,80 Meter hohen Pfahls, den er am Rande einer Lichtung in die Erde getrieben hatte. An der Spitze des Pfahls hatte er ein rostiges Stück Blech geschlagen, darauf stand in weißer Farbe nur ein wütendes Wort: *»Privé!«* Drei weitere Pfähle und Schilder lagen noch am Weg, neben einem Haufen Steinen. Massot hatte offensichtlich die Absicht, die Lichtung zu verbarrikadieren. Er grunzte ein »Guten Morgen«, hob den nächsten Pfahl auf und schlug ihn in den Boden, als ob er soeben seine Mutter beleidigt hätte.
Ich wollte wissen, was er da täte.
»Die Deutschen fernhalten«, sagte er und begann Felssteine in den groben Kordon zwischen den Pfählen zu rollen.
Das Stück Land, das er abriegelte, lag in einiger Entfernung zu seinem Haus auf der Waldseite des Pfads. Es konnte unmöglich ihm gehören, und ich erklärte ihm, meiner Meinung nach gehöre das Land zum Nationalpark.
»So ist es«, antwortete er, »aber ich bin Franzose. Es gehört mir also mehr als den Deutschen.« Er rollte einen weiteren Felsbrocken. »Jeden Sommer kommen sie hierher, errichten ihre Zelte und hinterlassen *merde* im ganzen Wald.«
Er reckte sich und steckte sich eine Zigarette an. Die leere Schachtel warf er in den Wald. Ich fragte ihn, ob er daran gedacht hätte, daß ein Deutscher vielleicht sein Haus kaufen könne.
»Deutsche, die zelten, kaufen nichts außer Brot«, sagte er mit einem Ausdruck der Verachtung. »Sie sollten mal deren Autos sehen – vollgestopft mit deutschen Würsten, deutschem Bier, Dosen von Sauerkraut. Die bringen alles mit. Geizig? Richtige *pisses-vinaigres* sind das.«
In seiner neuen Rolle als Landschaftsschützer und Autorität für

die ökonomischen Aspekte des Tourismus erläuterte Massot anschließend das Problem des provenzalischen Bauern. Er gab zu, daß Touristen – sogar deutsche – Geld in die Gegend bringen und daß Leute, die Häuser kaufen, den örtlichen Bauunternehmern Arbeit verschaffen. Aber was haben sie mit den Bodenpreisen gemacht! Es war ein Skandal. Kein Bauer konnte soviel bezahlen. Wir mieden es sorgsam, über Massots eigene Bemühungen in Sachen Bodenspekulation zu sprechen. Er seufzte tief über die ganze Ungerechtigkeit. Dann besserte sich seine Laune, und er erzählte mir die Geschichte von einem Hauskauf, der zu seiner vollen Zufriedenheit geendet hatte.

Da gab es einen Bauern, der hatte jahrelang seines Nachbarn Haus begehrt; nicht wegen des Hauses, das eher eine Ruine war, sondern wegen des Lands, das dazugehörte. Er bot an, das Anwesen zu kaufen, aber sein Nachbar, der das starke Ansteigen der Grundstückspreise nutzte, nahm ein höheres Angebot an – von einem Pariser.

Während des Winters investierte der Pariser Millionen von Francs, um das Haus zu renovieren und einen Swimmingpool zu installieren. Schließlich waren die Arbeiten abgeschlossen, und der Pariser kam mit seinen schicken Freunden zum langen Wochenende um den Ersten Mai herunter. Alle sind von dem Haus begeistert und amüsieren sich über den komischen alten Bauern, der nebenan wohnt, vor allem über seine Gewohnheit, abends um acht Uhr schlafen zu gehen.

Um vier Uhr in der Frühe werden die Pariser geweckt von Charlemagne, dem großen, lauten Hahn des Bauern, der zwei Stunden lang pausenlos kräht. Der Pariser beschwert sich beim Bauern. Der Bauer zuckt die Achseln. Man ist hier auf dem Land. Hähne müssen krähen. Das ist ganz normal.

Am nächsten Morgen, und auch am Morgen darauf, ist Charlemagne wieder früh um vier wach und kräht. Das verdirbt die gute Laune, und die Gäste kehren früher nach Paris zurück, um Schlaf nachzuholen. Der Pariser beschwert sich noch einmal beim Bau-

ern, und der Bauer zuckt erneut mit den Schultern. Die Parteien trennen sich feindlich.
Im August kommt der Pariser zurück. Das Haus ist voller Gäste. Charlemagne weckt sie jeden Morgen pünktlich um vier. Bemühungen um ein Nachmittagsnickerchen werden vom Bauern vereitelt, der an seinem Haus zu arbeiten hat – mit einem Schlaghammer und einem lauten Betonmischer. Der Pariser besteht darauf, daß der Bauer seinen Hahn zum Schweigen bringt. Der Bauer weigert sich. Nach mehreren hitzigen Auseinandersetzungen bringt der Pariser den Bauern vor Gericht, um eine Verfügung gegen das laute Krähen des Hahns zu erwirken. Das Urteil ergeht zugunsten des Bauern, und der Hahn setzt seine morgendlichen Serenaden fort.
Der Besuch des Hauses wird am Ende so unerträglich, daß der Pariser es zum Verkauf anbietet. Dem Bauern, der einen Freund als Strohmann vorschickt, gelingt es, den größten Teil des Grunds zu erwerben.
Am Sonntag, nachdem der Kauf über die Bühne ist, feiern der Bauer und sein Freund mit einem riesigen Mittagessen. Als Hauptgericht gibt es Charlemagne, der zu einem köstlichen *coq au vin* geworden ist.
Das sei eine feine Geschichte, meinte Massot – Niederlage für den Pariser, Sieg und mehr Land für den Bauern, ein gutes Mittagessen, da fehle nichts. Ich fragte ihn, ob sie sich wirklich so zugetragen hätte, und er sah mich von der Seite her an und saugte am fransigen Ende seines Schnauzers. »Es zahlt sich nicht aus, einen Bauern zu ärgern.« Mehr sagte er nicht, und ich überlegte: Wenn ich ein deutscher Zelttourist wäre, würde ich es in diesem Sommer lieber mit Spanien versuchen.

Da das Wetter mild blieb, gab es mit jedem Tag neue Zeichen von Wachstum und Grün, und eine der besonders grünen Flächen war der Swimmingpool, der nun giftgrün im Sonnenlicht lag. Es war an der Zeit, Bernard *le pisciniste* mit seinem Algenbekämpfungsgerät herbeizurufen, bevor das Pflanzenleben aus der Tiefe nach oben und durch die Tür ins Haus wuchern würde.

So ein Auftrag wird in der Provence nie einfach mit einem Telefonanruf und fernmündlicher Absprache geregelt. Vielmehr ist ein vorhergehender Inspektionsbesuch erforderlich – das Problem muß abgeschritten werden, es bedarf eines Kopfnickens, man trinkt ein Gläschen oder auch zwei und verabredet sich für ein zweites Mal. Es handelt sich um eine Art Aufwärmübung, auf die nur in wirklichen Notfällen verzichtet wird.

Am Abend, als Bernard eintraf, um sich den Pool anzusehen, schrubbte ich eben die Grüngirlande ab, die sich just über dem Wasserspiegel gebildet hatte, und er sah mir ein paar Augenblicke zu, bevor er sich auf seinen Hacken niederließ und mir mit einem Finger unter der Nase herumfuchtelte. Ich hatte irgendwie eine Ahnung, was sein erstes Wort sein würde. »*Non*«, sagte er, »Sie dürfen nicht schrubben. Sie müssen es behandeln. Ich werde ein Produkt bringen.« Wir überließen den grünen Pelz sich selbst und begaben uns zu einem Gläschen ins Haus. Bernard erläuterte, warum es ihm nicht möglich gewesen war, früher zu kommen. Er hatte unter Zahnweh gelitten, aber in der näheren Umgebung keinen Zahnarzt finden können, der bereit gewesen wäre, ihn zu behandeln, und zwar wegen des seltsamen Reflexes, unter dem er litt: Er biß Zahnärzte. Er könne sich nicht zurückhalten. Es sei ein unheilbarer Reflex. In dem Moment, da er einen forschenden Finger in seinem Mund fühlt – *tak!* –, beißt er zu. Er hatte den einzigen Zahnarzt in Bonnieux und vier Zahnärzte in Cavaillon schon einmal gebissen und nach Avignon fahren müssen, wo er in Dentistenkreisen unbekannt war. Glücklicherweise hatte er einen Zahnarzt gefunden, der sich zu wehren wußte und Bernard für die Dauer der Behandlung mit Anästhesie völlig lahmgelegt hatte. Der Zahnarzt hatte ihm hinterher erklärt, er hätte ein Gebiß aus dem 18. Jahrhundert.

18. Jahrhundert hin oder her – die Zähne schienen äußerst weiß und gesund im Farbkontrast zu dem schwarzen Bart, während

Bernard lachte und redete. Er war ein Mann mit großem Charme und, obwohl er in der Provence geboren war, überhaupt kein ländlicher Einfaltspinsel. Er trank Scotch, je älter, desto besser, lieber als *Pastis*, und hatte ein Mädchen aus Paris geheiratet, das, wie wir vermuteten, wahrscheinlich für seine Garderobe mitverantwortlich war. Stoffstiefel und alte Blauhosen und ausgefranste, ausgeblichene Hemden, wie wir sie gewohnt waren – das war nichts für ihn. Bernard war modisch gekleidet von seinen weichen Lederschuhen bis zu seiner Riesenauswahl an Designer-Sonnenbrillen. Wir fragten uns, in welchem Aufzug er wohl zum Chloren und Bassinsäubern erscheinen würde. Beides war erforderlich, bevor das Becken wieder menschlichem Gebrauch zugeführt werden konnte.

Der Tag des Frühjahrsputzes rückte heran, und Bernard kam mit Sonnenbrille in grauen Flanellhosen und Blazer die Treppe hoch und wirbelte mit einem Regenschirm herum für den Fall, daß der Regen, den die Wettervorhersage angesagt hatte, unsere Gegend tatsächlich erreichen sollte. Ihm folgte mit einiger Mühe – und lüftete somit das Geheimnis von Bernards dauernder Eleganz – ein kleiner, schruppiger Mann, gebückt unter der Last von Töpfen mit Chlor, Bürsten und einer Saugpumpe. Es war Gaston, der die eigentliche Arbeit verrichten würde – unter der Aufsicht von Bernard. Am späteren Morgen ging ich hinaus, um nachzusehen, wie die Arbeit vorankam. Ein feiner Nieselregen hatte eingesetzt. Der durchnäßte Gaston rackerte sich mit der Saugpumpe ab, während Bernard, den Blazer unterm Regenschirm nonchalant über die Schultern gehängt, die Operation vom Trockenen aus dirigierte. Das ist ein Mann, dachte ich, der etwas vom Delegieren versteht. Wenn irgendwer wüßte, wie wir den Steintisch in den Hof bekamen, dann Bernard. Ich rief ihn von seinen Pflichten am Rand des Schwimmbeckens fort. Wir gingen die Lage studieren.

Mit der Unkrautgarnierung sah der Tisch größer, schwerer und dauerhafter als als je zuvor aus, aber das raubte Bernard nicht den

Mut. »*C'est pas méchant*«, meinte er. »Ich kenn jemand, der kriegt das in einer halben Stunde hin.« Ich stellte mir einen schweißtriefenden Riesen vor, der nach Wettkämpfen und Tauziehen mit Pferdegespannen zur Abwechslung die großen Steinplatten hievte, aber es war viel prosaischer. Bernards Mann hatte soeben eine Maschine angeschafft, *un bob*, die Miniaturausführung eines Gabelstaplers und schmal genug, um die Eingangstür zum Hofe passieren zu können. *Voilà!*

Der Besitzer von *le bob* wurde angerufen und traf innerhalb einer halben Stunde ein und war darauf erpicht, seine neue Maschine in aktiven Dienst zu stellen. Er maß die Breite der Toreinfahrt und schätzte das Gewicht des Tisches. Kein Problem: *le bob* würde es schaffen. Hier und da wäre eine kleine Adjustierung erforderlich, aber das könne ein Maurer besorgen. Man müsse nur den Fenstersturz über dem Torbogen entfernen – nur für fünf Minuten, der nötigen Höhe wegen, damit der Transport darunter durchkam. Ich schaute zum Fensterputz empor. Es war ein weiteres Stück Stein, über einen Meter breit, mehr als zwanzig Zentimeter dick und tief in die Seitenwand des Hauses eingelassen. Es hätte eine größere Demolierung bedeutet – soviel war selbst meinen Laienaugen ersichtlich. Der Tisch blieb, wo er war.

Das verdammte Ding war zum täglichen Frust geworden. Da waren wir nun im warmen Klima, und die Jahreszeit, da man im Freien essen konnte, stand unmittelbar bevor – all die Tage, von denen wir im fernen England und den ganzen Winter über geträumt hatten –, und wir hatte nirgends die Möglichkeit, eine Schüssel mit Oliven hinzustellen, ganz zu schweigen von einem Essen mit fünf Gängen. Wir dachten ernsthaft daran, Pierrot im Steinbruch anzurufen und ihn zu bitten, uns mit der Rugbymannschaft in Carcassone bekannt zu machen, aber dann schaltete sich die Vorsehung ein – mit quietschenden Bremsen und einem verstaubten Cockerspaniel.

Didier hatte an seinem Haus auf der anderen Seite von Saint-

Rémy zu tun gehabt und war von einem uniformierten Gendarm angesprochen worden. Ob, so wollte der Gendarm wissen, wohl irgendwo Interesse bestünde an einer Ladung von verwitterten Steinen, alten, überwachsenen Steinen, die einer Mauer sofort ein gewisses Alter geben würde? Nun fügte es der Zufall, daß eine der Arbeiten auf der langen Auftragsliste Didiers im Errichten von eben so einer Mauer vor unserem Haus bestand, und deshalb hatte er gleich an uns denken müssen. Der Arm des Gesetzes wünschte *au noir* bezahlt zu werden, aber Steine dieser Art seien gar nicht so leicht zu finden. Ob wir sie haben wollten? Wir hätten mit dem größten Vergnügen sogar eine halbe Tonne Vogelkot genommen, nur um Didier und seine Gefolgschaft wieder herzubekommen. An die hatten wir als Träger für unseren Tisch oft gedacht; sie schien wie ein Wink des Himmels. Doch, die Steine nähmen wir, und ob er uns bei diesem Tisch dort eine Hand reichen könnte? Er warf einen Blick darauf und grinste. »Vierzehn Hände«, sagte er. »Ich komme am Samstag mit zwei Männern, wenn ich die Steine bringe. Die übrigen müssen Sie auftreiben.« Abgemacht – endlich würden wir unseren Tisch haben. Meine Frau begann unsere erste Freiluftmahlzeit des Jahres zu planen.

Wir lockten drei mehr oder weniger körperlich tüchtige junge Männer mit dem Versprechen von Speis und Trank herbei, und als Didier mit seinen Assistenten eintraf, nahmen wir zu siebt unsere Positionen rund um den Tisch ein, um mit dem Ritual des In-die-Hände-Spuckens anzufangen und zu überlegen, wie wir die Fünfzehn-Meter-Strecke angehen sollten. In solchen Situationen ist jeder Franzose ein Fachmann, und so gab es verschiedene Theorien: Der Tisch sollte auf Pfählen gerollt werden; nein, er sollte auf einer Holzdrehscheibe gerollt werden; Unsinn, für das große Stück Weg konnte er vom Laster gehoben werden. Didier ließ jeden ausreden, und dann befahl er uns, zwei Männern auf jeder Seite, den Tisch anzuheben; er selbst übernahm die vierte Seite allein. Mit einem zögerlich saugenden

Geräusch löste der Stein sich vom Boden, und wir taumelten die ersten fünf Meter vorwärts. Die Adern traten von der Anstrengung hervor. Didier gab ununterbrochen Anweisungen. Weitere fünf Meter, dann mußten wir den Stein drehen, damit er durch die Toreinfahrt paßte.
Das Gewicht war brutal. Wir waren bereits ins Schwitzen gekommen. Wir litten, und wenigstens einer von uns dachte, er wäre für solche Arbeiten langsam wohl doch ein bißchen zu alt. Aber dann ruhte der Tisch auf der Seite, um behutsamst in den Hof vorgerückt zu werden.
»Jetzt«, sagte Didier, »wird es lustig.« Es gab auf beiden Seiten des Tisches nur Platz für zwei Männer, und sie mußten das Gewicht halten, während die anderen schoben und zogen. Zwei riesige Schweißgurte wurden unter dem Tisch durchgezogen, und wieder wurde in die Hände gespuckt. Meine Frau verschwand im Inneren des Hauses. Sie brachte es nicht übers Herz mitanzusehen, wie Füße zermanscht wurden und vier Männer gleichzeitig einen Leistenbruch bekamen. »Macht, was ihr wollt«, sagte Didier, »nur loslassen dürft ihr nicht. *Allez!*« Und mit Flüchen und weißen Knöcheln und im Grunzchor, der einem Elefantenweib in den Wehen Ehre gemacht hätte, kriegten wir den Tisch schließlich durchs Tor und in den Hof
Wir verglichen unsere Wunden und Verrenkungen, bevor wir den Sockel aufstellten – eine relativ unbedeutende Konstruktion mit einem Gewicht von drei Zentnern – und ihn mit Beton überzogen. Ein letztes Anheben, und die Platte saß, aber Didier war nicht zufrieden – sie saß nicht auf den Millimeter genau in der Mitte. Eric, der Hauptassistent, mußte auf allen vieren unter dem Tisch knien. Er trug das Hauptgewicht auf seinem Rücken, während die Platte genau in die Mitte gerückt wurde, und ich überlegte nur, ob ein Tod durch Zermalmen auf meinem Anwesen von der Versicherung gedeckt wurde. Zu meiner Erleichterung kam Eric ohne sichtliche Verletzungen wieder nach oben, obwohl, wie Didier fröhlich bemerkte, es die inneren Verletzun-

gen sind, die einen Mann seiner Art von der Arbeit fernhalten. Ich hoffte, er scherzte.

Bier machte die Runde. Der Tisch wurde bewundert. Er sah ganz genau so aus, wie wir ihn uns an jenem Februarmittag vorgestellt hatten, als wir seine Umrisse in den Schnee gezeichnet hatten. Er hatte die richtige Größe und paßte zum Stein der Hofmauer. Die Schweißflecken und Blutspuren würden rasch trocknen – und dann konnte das Essen aufgetragen werden.

In unsere freudige Erwartung der Mahlzeiten draußen im Freien mischte sich nur ein leises Bedauern. Es war just das Ende der Saison für jenen häßlichen, aber köstlichen Pilz, der beinahe in Gold aufgewogen zu werden verdient – den frischen Trüffel aus dem Vaucluse.

Den Trüffel umgibt eine Geheimwelt. Fremde können von ihr einen flüchtigen Eindruck gewinnen, indem sie eins der Dörfer in der Umgebung von Carpentras aufsuchen. Die Cafés dort machen rasche Umsätze mit Frühstücksschwenkern von *marc* und Calvados, und ein unbekanntes Gesicht in der Tür bringt die Gespräche im Flüsterton fast schlagartig zum Stocken. Draußen stehen Männer dichtgedrängt und voll konzentriert beieinander, mustern, schnüffeln und wiegen warzige, verkrustete, erdbedeckte Stücke, die mit Ehrfurcht und Sorgfalt gehalten werden. Geld wechselt die Hände – fette, schmuddlige Packen von Scheinen, Ein-, Zwei- und Fünfhundertfrancscheinen, die mit vielerlei Daumenlecken doppelt nachgezählt werden. Die Aufmerksamkeit Außenstehender ist unerwünscht.

Dieser inoffizielle Markt ist ein Frühstadium in jenem Prozeß, der auf den Tischen von Drei-Sterne-Restaurants und auf den Ladentheken von ruinös teuren Pariser Delikatessengeschäften wie Fauchon und Hédiard endet. Doch selbst inmitten von Nirgendwo, wo man direkt von Männern mit Dreck unter den Fingernägeln und einem Mundgeruch nach Knoblauch, mit verbeulten, altersschwachen Autos, mit alten Körben und Plastiktüten statt der smarten Attachéköfferchen kauft – selbst hier sind die Preise, wie es so schön heißt, *très sérieux*. Trüffel werden nach Gewicht verkauft. Maßeinheit ist das Kilo. Nach dem Stand von 1987 kostete ein Kilo Trüffel auf dem Dorfmarkt mindestens 2000 Francs; gezahlt wird bar. Schecks werden nicht akzeptiert. Quittungen gibt es nicht, weil der *truffiste* nicht scharf darauf ist, bei dem verrückten Spiel mitzumachen, das unter dem Begriff Einkommenssteuer von der Regierung veranstaltet wird.

Der Basispreis beläuft sich also auf 2000 Francs das Kilo. Mit ein bißchen Massage durch verschiedene Mittelsmänner steigt der Preis wahrscheinlich aufs Doppelte, bis die Trüffel ihre ideale Heimat in den Küchen von Bocuse oder Troigros erreichen. Bei Fauchon könnte er leicht auf 5000 Francs gestiegen sein, aber dort akzeptiert man immerhin Schecks.

Es gibt zwei Gründe, warum solch absurde Preise noch immer gezahlt werden und weiterhin steigen – der erste, klar, ist der, daß nichts auf Erden so gut riecht oder schmeckt wie frische Trüffel. Der zweite ist der, daß es den Franzosen allen Anstrengungen und Geistesblitzen zum Trotz, die sie diesem Problem gewidmet haben, nicht gelungen ist, Trüffel anzubauen. Sie geben nicht auf. Es ist nicht ungewöhnlich, im Vaucluse auf Felder zu stoßen, wo neben Schildern mit der Warnung *Zutritt verboten* Trüffeleichen gepflanzt worden sind. Doch die Vermehrung von Trüffeln scheint eine risikoreiche Sache, auf die sich nur die Natur versteht – die damit zur Rarität und zum hohen Preis das Ihre beisteuert. Menschliche Versuche, Trüffel zu züchten, haben nicht viel gebracht. Deshalb gibt es vorläufig nur eine Möglichkeit, Trüffel zu genießen, ohne dafür ein kleines Vermögen auszugeben: Man muß selbst welche finden.

Wir waren glücklich, einen Experten gewissermaßen als Dauergast bei uns zu haben und von ihm eine kostenlose Einführung zu bekommen. Ramon der Gipser kannte sich aus. Er hatte über die Jahre alles ausprobiert und gab zu, bescheidene Erfolge erzielt zu haben. Er war großzügig mit seinem Rat, und während er seinen Gips glattstrich und sein Bier trank, sagte er uns genau, was wir zu tun hätten. (Er sagte uns allerdings nicht, *wo* wir suchen müßten, aber das hätte uns kein Trüffelkenner verraten.) Es kommt alles nur, so erklärte er, auf den richtigen Moment, auf Kenntnis und Geduld an, sowie auf ein Schwein oder einen abgerichteten Hund oder einen Stock. Trüffel wachsen einige Zentimeter unter der Erde an den Wurzeln bestimmter Eichen oder Haselnußbäume. Während der Saison von November bis März kann man sie mit der Nase aufspüren, vorausgesetzt, man hat das richtige Modell. Der optimale Trüffeldetektor ist das Schwein mit seiner angeborenen Liebe für den Geschmack von Trüffeln. Der Geruchssinn von Schweinen ist in diesem Punkt dem des Hundes überlegen. Da gibt es allerdings ein Problem: Das Schwein gibt sich im Erfolgsfall nicht damit zufrieden, mit dem Schwanz zu wedeln. Es will die Trüffel auch fressen. Es ist absolut wild darauf, sie zu fressen. Und, wie Ramon erklärte, mit einem Schwein am Rande gastronomischer Ekstase ist nicht zu reden. Es läßt sich nicht leicht ablenken, und es ist auch nicht von einer Größe, daß man es mit der einen Hand fernhalten kann, während man die Trüffel mit der anderen vor ihm in Sicherheit bringt. Da steht es nun, fest entschlossen, mit den Maßen eines Minitraktors, und weigert sich, von den Trüffeln zu lassen. Angesichts dieses elementaren Strukturfehlers überraschte uns Ramons Mitteilung nicht, der leichter gebaute und folgsamere Hund erfreue sich bei der Trüffelsuche wachsender Beliebtheit.

Im Unterschied zu Schweinen graben Hunde nicht instinktiv nach Trüffeln. Sie müssen dazu trainiert werden. Ramon bevorzugte die Würstchenmethode. Man nimmt ein Stück Wurst und reibt es mit einem Trüffel oder tunkt es in Trüffelsaft, damit der Hund den Trüffelgeruch mit dem Geschmack himmlischer Freßfreuden verbindet. Schritt für Schritt – oder, wenn der Hund intelligent und ein Gourmet ist, in großen Sätzen – wird der Hund Ihre Begeisterung für Trüffel teilen und zu Feldstudien bereit sein. Wenn das Training gründlich gewesen ist, Ihr Hund für solche Arbeit das richtige Temperament mitbringt und Sie wissen, wo man zu suchen hat, so könnten Sie Glück haben und sich in Gesellschaft eines *chien truffier* finden, der Ihnen den Weg zum vergrabenen Schatz weist. Und in dem Moment, wenn er zu graben beginnt, bestechen Sie ihn mit einem Stück trüffelbestrichener Wurst, um selbst freizulegen, was sich hoffentlich als ein Klumpen des schwarzen Goldes erweist.

Ramon hatte sich persönlich für eine andere Methode entschieden, nämlich für die Stocktechnik, die er uns vorführte, indem er auf Zehenspitzen, einen imaginären Stab vor sich her tragend, die Küche durchschritt. Und auch dabei muß man natürlich wissen, wo man zu suchen hat, aber außerdem die richtige Witterung abwarten. Wenn die Sonne auf die Wurzeln einer wahrscheinlich richtigen Eiche scheint, nähern Sie sich behutsam. Sie stochern sanft am Fuß des Baums herum. Falls eine aufgescheuchte Fliege senkrecht aufsteigen sollte, so markieren Sie den Fleck und beginnen zu graben. Sie haben eventuell eine Angehörige jener Fliegenfamilie erschreckt, die genetisch programmiert ist, ihre Eier auf den Trüffel zu legen. (Womit sie zweifellos ein gewisses *je ne sais quoi* an Geschmacksqualität beisteuert.) Viele Bauern im Vaucluse haben diese Technik gewählt, weil das Herumwandern mit einem Stock weniger auffallend ist, als mit einem Schwein herumzulaufen; so können sie ihre Tätigkeit leichter geheimhalten. Trüffeljäger möchten ihre Quellen gern schützen.

So zufällig und unvorhersehbar das Auffinden von Trüffeln auch sein mag – es scheint eine ehrliche und geradlinige Angelegenheit zu sein, im Vergleich mit der Gaunerei, die beim Verkauf und Vertrieb der Trüffel vorherrscht. Ramon weihte uns mit häufigem Augenzwinkern und mancherlei Rippenstößen in die gängigsten trüben Geschäftsmethoden ein. Natürlich ist in Frankreich alles eßbar. Doch gewisse Gegenden haben den Ruf, beste Qualität hervorzubringen – die besten Oliven kommen aus

Nyons, der beste Senf aus Dijon, die besten Melonen aus Cavaillon, die beste Sahne aus der Normandie. Die besten Trüffel kommen nach allgemeiner Übereinstimmung aus dem Périgord. Für die zahlt man natürlich mehr. Wie wollen Sie aber wissen, daß die Trüffel, die Sie in Cahors kaufen, in Wirklichkeit nicht ein paar hundert Kilometer weiter weg im Vaucluse gefunden wurden? Entweder Sie *wissen* es und vertrauen Ihrem Lieferanten, oder Sie können da keineswegs sicher sein. Ramons Insiderinformationen liefen darauf hinaus, daß fünfzig Prozent der Trüffel, die im Périgord verkauft werden, anderswo ausgegraben werden und anschließend »adoptiert« worden sind.

Dann gibt es die komische Sache mit den Trüffeln, die auf irgendeine Weise zwischen dem Verlassen des Erdbodens und der Ankunft auf der Waage an Gewicht zulegen. Es könnte sein, daß sie mit einer Extraschicht Erde als Geschenkpackung eingewickelt worden sind. Andererseits ist es möglich, daß eine viel schwerere Substanz ihren Weg ins Innere der Trüffel gefunden hat – unsichtbar, bis Ihr Messer auf ein Stückchen Metall stößt. *Ils sont vilains, ces types!* Selbst wenn Sie bereit sein sollten, auf das Aroma frischer Trüffel zu verzichten und Trüffel in der Dose kaufen – selbst dann können Sie nicht absolut sicher sein. Es gibt da Gerüchte. Es hat Hinweise gegeben, daß gewisse französische Döschen in Wirklichkeit italienische oder spanische Trüffel enthalten. (Was, wenn es stimmt, eine der gewinnträchtigsten und am wenigsten propagierten Kooperationen innerhalb des Gemeinsamen Marktes sein dürfte.)

Und doch, trotz all des Flüsterns über Tricks und Preise, die Jahr für Jahr lächerlicher werden, folgen die Franzosen ihren Nasen und greifen in die Taschen, und wir taten es auch, als wir hörten, daß die letzten Trüffel der Saison in einem unserer Lieblingsrestaurants der Umgebung serviert wurden. *Chez Michel* ist die Dorfbar von Cabrières und das Hauptquartier des Clubs der *Boules*-Spieler und ohne die Art von Mobiliar oder steife Förmlichkeit, die bei den Prüfern des Guide Michelin große Aufmerksamkeit erregen könnte. Vorn spielen alte Männer mit Karten; die Gäste des Restaurants essen vorzüglich im hinteren Raum. Der Chef kocht selbst. Madame, seine Frau, nimmt die Bestellungen entgegen. Familienmitglieder helfen an den Tischen und in der Küche. Es ist der Typ des gemütlichen Bistros nebenan, ohne offenkundige Absicht, das kulinarische Karussell mitzumachen, das begabte Köche in Markenzeichen und angenehme Restaurants in Tempel von Spesenrittern verwandelt.

Madame wies uns einen Tisch zu und brachte uns zu trinken, und wir erkundigten uns nach den Trüffeln. Sie rollte mit den Augen und verzog fast schmerzhaft das Gesicht. Einen Augenblick lang glaubten wir schon, sie seien ausgegangen. Es handelte sich aber nur um ihre Reaktion über die Unfairneß des Lebens, die sie uns anschließend erklärte.

Ihr Mann Michel liebt das Kochen mit frischen Trüffeln. Er hat seine Lieferanten, und er zahlt, wie jedermann zahlen muß, bar auf die Hand, ohne dafür eine Quittung zu bekommen. Für ihn ist das ein wesentlicher und legitimer Kostenfaktor, den er aber nicht gegen die Einnahmen verrechnen kann, weil es keinen Papierbeleg gibt, der die Ausgaben dokumentiert. Außerdem weigert er sich, selbst bei Speisen, die mit Trüffeln gespickt sind, die Preise über ein Niveau anzuheben, das seine regulären Kunden beleidigen würde. (Im Winter hat er nur örtliche Kundschaft, die sparsam mit ihrem Geld umgeht; die großen Spendierer kommen meist nicht vor Ostern in die Gegend.)

Das war das Problem, und Madame tat, was sie konnte, es philosophisch hinzunehmen, als sie uns eine Kupferkanne zeigte, die steuerlich unverrechenbare Trüffel im Wert von einigen tausend Francs enthielt. Wir wollten wissen, warum Michel das machte, und sie gab die klassische Antwort: Schultern und Brauen zogen sich gleichzeitig hoch, die Ecken des Mundes fielen herab. »*Pour faire plaisir*«, sagte sie.

Wir aßen Omelettes. Sie waren saftig, fett und schaumig, mit einem winzigen, tiefschwarzen Korn Trüffel in jedem Bissen –

ein letzter reicher Geschmack von Winter. Wir wischten unsere Teller mit Brot aus und versuchten zu raten, was so ein Traum wohl in London kosten würde; wir kamen zu dem Schluß, daß wir soeben ein Vermögen verzehrt hatten. Ein Vergleich mit Londoner Preisen ist eine sichere Methode, um in der Provence jede Extravaganz rechtfertigen zu können.
Michel kam aus der Küche, um die Runde zu machen, und bemerkte unsere Teller – sauber wie abgenagte Knochen. »Waren sie gut, die Trüffel?« Besser als gut, sagten wir. Er berichtete, der Händler, der sie ihm verkauft hatte – einer der alten Gauner des Geschäfts –, sei eben erst ausgeraubt worden. Der Einbrecher hatte einen Pappkarton mitgehen lassen, der mit Bargeld vollgestopft war, alles in allem über 100 000 Francs. Der Händler hätte es aber nicht gewagt, den Verlust zu melden, aus Angst, daß es zu unangenehmen Fragen kommen könnte, woher er denn das Geld gehabt hätte. Jetzt beklage der Mann seine Armut. Und im nächsten Jahr würden die Trüffel noch teurer. *C'est la vie.*
Wir kamen nach Hause und hörten das Telefon klingeln. Das ist ein Geräusch, das uns beiden zuwider ist. Es verursacht stets ein gewisses Wetteifern darin, wer von uns beiden es schafft, nicht antworten zu müssen. Wir sind, was Telefonanrufe betrifft, zutiefst mißtrauisch; sie kommen irgendwie immer im falschen Moment, und sie kommen zu plötzlich und schleudern einen in ein Gespräch, auf das man nicht vorbereitet ist. Briefe sind dagegen ein reines Vergnügen; nicht zuletzt deswegen, weil sie einem Zeit lassen, über die Antwort nachzudenken. Aber die Leute schreiben keine Briefe mehr. Sie sind zu beschäftigt, sie haben es eilig, oder aber – und damit verunglimpfen sie einen Dienstleistungsbetrieb, dem es doch immerhin gelingt, *Rechnungen* zuzustellen – sie mißtrauen der Post. Wir haben gelernt, dem Telefon nicht zu trauen, und ich nahm den Hörer ab, als müßte ich einen längst toten Fisch anfassen.
»Wie ist das Wetter?« fragte eine Stimme, die ich nicht erkannte.

Ich sagte, das Wetter sei schön. Das muß den Ausschlag gegeben haben, weil der Anrufer sich daraufhin als Tony vorstellte. Er war kein Freund von uns, nicht einmal der Freund eines Freundes, sondern bloß ein Bekannter eines Bekannten. »Suche da unten nach'm Haus«, sagte Tony mit der bellenden Zeit-ist-Geld-Stimme, die Manager annehmen, wenn sie über Autotelefon mit ihrer Frau sprechen. »Dachte, Sie könnten helfen. Will vor dem Osterverkehr unten sein. Bevor die Franzis die Preise hochtreiben.«

Ich bot an, ihm die Namen von Grundstücksmaklern zu besorgen. »Kleines Problem«, sagte er. »Kann kein Französisch. Reicht nur für Restaurants. Mehr nicht.« Ich bot an, ihm den Namen eines zweisprachigen Maklers zu liefern, aber damit war es auch nicht getan. »Will nicht an einen Makler gebunden sein. Strategisch unklug. Kein Verhandlungsspielraum.«

Wir hatten im Gespräch den Punkt erreicht, wo ich – erwartungsgemäß – meine persönlichen Dienste anbiete oder aber die aufknospende Beziehung abbreche, bevor sie sich entfalten könnte. Die Chance hatte ich nicht.

»Muß aufhören. Keine Zeit. Holen wir nach, wenn ich nächste Woche unten bin.« Und dann diese entsetzlichen Worte, die jeder Hoffnung ein Ende bereiteten. »Keine Sorge. Hab Ihre Adresse. Werde Sie finden.«

Die Leitung war tot.

Garrison Keillor
Frühling

Zu Mariä Lichtmeß beginnt der von Knutes Söhnen veranstaltete Eisschmelze-Wettbewerb. Sie ziehen Mr. Berges braunen Ford, Baujahr '49, etwa vierzig Meter auf den zugefrorenen See hinaus, befestigen eine lange Kette an der Hinterachse und warten auf den Frühling. Mit diesem Wagen fuhr Mr. Berge eines warmen Märztages zu seiner Fischerhütte aufs Eis hinaus, um die Netze einzuholen; er hatte vollkommen vergessen, daß er die Hütte schon drei Wochen zuvor an Land gebracht hatte, weil das Eis zu schmelzen begann. Mittlerweile war die Eisschicht noch dünner geworden, lag jedoch unter frisch gefallenem Schnee versteckt. Etwa hundert Meter vom Ufer rollte das Auto plötzlich langsamer, und als Mr. Berge Gas gab, starb der Motor ab, und der Wagen sank um dreißig Zentimeter, so als wären alle vier Reifen gleichzeitig geplatzt. Da sich die Türen nicht mehr öffnen ließen, kroch er durch das Fenster hinaus und kletterte aufs Dach. Seine Hilferufe mobilisierten die Helfer von der Freiwilligen Feuerwehr, die seinem Hund Mike das eine Ende eines langen Seils ans Halsband knüpften und ihn zu Herrchen hinausschickten. Dann zogen sie Hund und Herrchen durch den Schneematsch ans rettende Ufer. Der Wagen sank wenige Tage später auf Grund. Im Sommer wurde er zwar an einer Kette aus dem zwei Meter tiefen Wasser gezogen, aber Mr. Berge, der damals, auf dem Dach liegend, die unwahrscheinlichsten Gelübde abgelegt hatte, stiftete ihn Knutes Söhnen, und seither wird der Untergang des alten Ford zu wohltätigen Zwecken alljährlich wiederholt. Auf Tag und Stunde seines Untergangs werden Wetten abgeschlossen, die Wettgebühr beträgt einen Dollar. Der Gewinner erhält ein Boot, und die Einnahmen fließen in den Stipendienfonds von Knutes Söhnen, der Vorzugsschülern die Möglichkeit geben soll, ein College zu besuchen und klüger zu werden als Mr. Berge, der wie jeder, dem in einer Kleinstadt jemals eine Dummheit unterlaufen ist, daran auf Schritt und Tritt erinnert wird. »Also dann, gute Nacht«, sagt er, wenn er das Sidetrack Tap verläßt. »Gute Nacht«, sagen die anderen. »Geh nur schön nach Hause, ohne unterwegs irgendwo hängenzubleiben. Und komm ja dem Eis nicht zu nahe.«

Die erste Aprilwoche ist ein ziemlich sicherer Tip, obwohl der Wagen manchmal auch schon Ende März oder erst in der dritten Aprilwoche gesunken ist. Und einmal ging er überhaupt nicht unter. In dem Jahr hatten sie ihn genau über dem letzten Ausläufer der langen Sandbank abgestellt, die schon so manchen Angelausflug unsanft beendete, noch ehe er begonnen hatte. Dort also lag der Ford in zehn Zentimeter Wassertiefe wie eine große Boje, und in den Stipendienfonds flossen Hunderte von Dollars.

Im April lösen sich riesige Eiszapfen von den Dachrinnen und krachen zu Boden. Das nackte Pflaster kommt wieder zum Vorschein, und Duane kann seinen Hinterreifen endlich wieder dieses Quietschen entlocken, nach dem seine Ohren sich den ganzen Winter über gesehnt haben. Die Vögel kommen wieder: der Sumpfhordenvogel (»o-ka-liiii«), das Rotkehlchen (»tiri, tiri, tirili«), der Regenpfeifer (»killdier, killdier«) und der norwegische Kleiber (»Kann sein, kann sein, vielleicht«), ein braungrauer Vogel mit einem weißen Fleck auf der Brust, der in Scheunen lebt und sich von Kaffeesatz ernährt. Er war auch im Winter da. »Kann sein«, ist sein Frühlingsruf. Im Winter ruft er »Weiß nit, weiß nit, wer weiß?«

Wer weiß? Manchmal gibt es Ende April, ja sogar im Mai noch einen richtigen Blizzard. So lästig und entmutigend das auch sein mag, aber das ist eben Minnesota. »Frühling? Ach Quatsch«, sagen manche Leute auch dann noch, wenn schon der Schnee zu schmelzen beginnt. Die Gärten sehen aus, als hätten sich Riesenbisons darin gewälzt, und diese Riesenhaufen da – nein, das können keine Hunde gewesen sein, das müssen Bisons gewesen sein. Es war aber doch ein Hund, der den Mülleimer umgeleert hat, um ihn nach Freßbarem zu inspizieren, und offenbar weder auf Orangenschalen noch auf Kaffeesatz, noch auf welken Salat, noch auf verschimmelten Kuchen, noch auf verfaulte Kartoffeln Lust hatte.

Es ist schon so warm, aber trotzdem muß man sich immer noch warm anziehen. Erkältungen haben jetzt Hochsaison. Mein Anorak ist ein Erbstück von Mr. Hoglund, der 1947 gestorben ist – ich trage also die Jacke eines Toten. Während der Pause wird uns allen heiß, so daß sich am Rand des Spielplatzes bald ein ganzer Haufen von Anoraks türmt.

Von der Landstraße aus sieht man, daß die norwegischen Junggesellenfarmer ihre Leintücher zum Lüften hinausgehängt haben. »Wenn einmal einem Junggesellenfarmer sein eigener Geruch auffällt, dann weiß man, der Winter ist vorüber«, sagt Clarence. Barney hat seine Leintücher für fünfundzwanzig Cents auf dem lutherischen Wohltätigkeitsbasar erworben, dem Irene Bunsen sie gestiftet hatte, weil Clint behauptete, er bekäme nachts Kopfschmerzen davon. Es sind hawaiische Leintücher mit großen Klecksen in tropischen Farben. Träfe man Barney auf der Straße und versuchte zu erraten, auf was für Leintüchern er schläft, wären hawaiische wohl das letzte, worauf man tippen würde. Als ich seine Laken zum erstenmal im Wind flattern sah, war ich vier Jahre alt. Ich wollte unbedingt hin, weil ich dachte, dort sei ein Rummelplatz. In ein paar Wochen allerdings wird der Rummel dort wirklich losgehen, wenn die Junggesellen ihre Ackergäule einspannen und zum Pflügen ausziehen. Hoppauf, los geht's. Die Pflugschar gräbt sich tief in die Scholle und setzt den Duft fruchtbarer schwarzer Erde frei.

Schon in der ersten Aprilwoche mit der Feldarbeit anzufangen ist verdammt früh. Roger Hedlund, mit dem ich zur Schule gegangen bin und der sich seither fast nicht verändert hat – noch immer dieselbe Bürstenfrisur und derselbe ruhige Blick wie damals, als er in letzter Sekunde zwei Freiwürfe vergab, was die Leonards den Sieg bei der Bezirksmeisterschaft 1958 kostete –, fuhr im ersten Jahr, nachdem ihm sein Vater Ivan endlich doch den Hof übergeben hatte, sehr früh aufs Feld hinaus und geriet dabei zu nahe an den Waldrand, wo noch Schnee lag. Sein Traktor blieb stecken, und Rogers Versuche, ihn wieder loszueisen, führten dazu, daß er sich bis zur Radachse in den aufgeweichten Lehmboden bohrte. Um ihn herauszuziehen, mußten drei Nachbarn mit drei Traktoren anrücken. Die Furchen sind noch heute, ein Jahrzehnt danach, zu erkennen, ein Schützengraben aus einer historischen Schlacht. Archäologen würden bei ihren Grabungsarbeiten auf die Holzbretter stoßen, die zur Bergung verwendet wurden.
Peinlich, im eigenen Acker steckenzubleiben, und um diese Jahreszeit wird Roger im Chatterbox-Café wieder einmal damit aufgezogen. »Tja, heute könnte Roger ja vielleicht schon mit seinen Ausgrabungsarbeiten beginnen.« – »Ja, Roger sät tief.« Sie setzen ihm besonders hart zu, weil Roger besonders schwer in Harnisch zu bringen ist. Er ist die Ruhe selbst. Diese Freude wird er ihnen bestimmt nicht machen. Er geht nicht aus sich heraus, genau wie sein Vater Ivan, der vor vielen Jahren seinen alten Kuhstall in die Luft sprengte, weil er einen neuen gebaut hatte, aber – kein Wunder, bei der Ladung Dynamit – in seinem Haus gingen dabei alle Fensterscheiben in Scherben, und über das halbe Land ging ein Trümmerregen nieder. Noch nach Jahren fanden die Leute Überreste dieses alten Kuhstalls. Und manche brachten ihm die Fundstücke zurück. »Da hast du, Ivan, ich glaube, das gehört dir.«
Fehler bleiben bei uns in Lake Wobegon unvergessen. Ich kann mich an diese zwei Freiwürfe noch so genau erinnern, als hätte

er sie gestern erst vergeben. Es war im März 1958. Er hat nicht geweint, nicht geflucht, nicht einmal die Augen niedergeschlagen. Seelenruhig ging er für die letzte halbe Spielsekunde wieder in Verteidigungsposition, während der Mann, den er decken sollte, schon den Ball ins Publikum warf. Wir waren am Boden zerstört, die Tränen stiegen uns in die Augen, nur Roger sah drein wie – nun, eben wie Roger. Er schien überrascht zu sein. daß das Spiel aus war. Er war bereit, noch vier Halbzeiten weiterzuspielen.

Bei diesem Match gegen Bowlus waren wir die absoluten Favoriten; die gegnerische Mannschaft war überhaupt nicht ernst zu nehmen, ein wahrer Witz, drum gingen die meisten von uns gar nicht hin, sondern freuten sich auf die Endrunde und ein Wochenende im Curtis Hotel. Aber unsere Burschen standen bloß auf dem Spielfeld herum, verloren den Ball an den Gegner und trafen daneben; als Roger mit den zwei Freiwürfen an der Reihe war, lagen die Leonards 51 zu 50 im Rückstand. Sein erster Wurf traf den Korbrand, der zweite ging ganz daneben.

Darum denken jetzt, wenn er seine Kappe aufsetzt, den letzten Schluck Kaffee austrinkt, aufsteht, sich umdreht und die zusammengeknüllte Papierserviette in den sechs Meter entfernten Papierkorb wirft, alle am Tisch das gleiche. Sie sprechen's nicht aus, aber sie denken es sich.

Am ersten wirklich warmen Tag kann man vor dem Kirchgang im Pyjama auf der Hintertreppe sitzen, seinen Morgenkaffee trinken und den Garten betrachten, der noch vor einer Woche so ausgesehen hat, daß man dort nicht einmal hätte begraben werden wollen; aber jetzt, wo die Tulpen zu treiben beginnen ein zarter grüner Hauch über den Fliederbüschen liegt, erkennt der Betrachter, daß das nicht der Mond ist, sondern der Planet Erde, so benannt nach dieser Mischung aus feingemahlenem Gestein und Mikroorganismen, die mit Hilfe von Sonnenlicht und Feuchtigkeit pflanzliches Leben hervorbringt, das zur Existenzgrundlage höherer Lebensformen wie zum Beispiel Katholiken oder Lutheranern werden kann. Aus den offenen Fenstern der Schule dringen leise Gesprächsfetzen und Chormusik. Man hört einen Traktor brummen und das erste *plopp* eines Baseballs, der auf einen Handschuh trifft. Hier und da auch das Anreißen eines Streichholzes, wenn jemand, der gelobt hat, in der Fastenzeit auf seine Lucky Strikes zu verzichten, sich eine anraucht. Das Streichholz flammt auf, der Glimmstengel glost, und der köstliche Rauch strömt in den leidenden Körper des armen Mannes ein, der seufzend vor Wonne eine Wolke ausatmet. Nachdem er die Zigarette zu Ende geraucht hat, bedenkt er sich selbst mit einem fürchterlichen Schimpfwort.

Am ersten wirklich warmen Sonntag ist die Kirche sehr schwach besucht, denn wenn Gott allgegenwärtig ist, sagen sich die Gläubigen, können wir Ihn ja an jedem beliebigen Ort verehren – »der protestantische Trugschluß«, wie Pater Emil das nennt. Er macht nach der Messe einen kleinen Rundgang und ertappt dabei einige Schwänzer, die so andächtig ihren Garten umgraben, daß sie ihn gar nicht kommen gesehen haben*. »Ach! Pater Emil! Du meine Güte! Ich hab Sie gar nicht gesehen! Guten Morgen.«

* Die puritanischen Gesetzeshüter betrachteten die Sonntagsarbeit einstmals mit sehr scheelem Blick, ebenso wie laute Freizeitbeschäftigungen, unziemliche Kleidung und »jegliches Verhalten, das mit wahrer Gottesfurcht unvereinbar ist«, und das tun sie heute noch, wenn auch nur noch im geheimen, in einem Kapitel der alten Verhaltensmaßregeln, das seit vielen Jahren niemand mehr gelesen hat. Und dennoch hatten die Leute erst kürzlich – nämlich im vergangenen Sommer, als Corinne Ingqvist über das Wochenende nach Hause kam und in ihrem roten Badeanzug, an den Kirchgängern vorbei, die vier Häuserblocks zum See hinunterspazierte – das Gefühl, daß da irgend etwas entschieden nicht in Ordnung war. Es ging ihnen nicht aus dem Sinn. Corinne ist zwar Pastor Ingqvists Cousine, eine entfernte Verwandte, aber dieses rote Signal auf dem Kirchweg brachte Unruhe in einen friedlichen Sonntagmorgen. Man betete, sie möge die Stadt wieder verlassen, was sie am Montag dann auch tat.

»Ja, es ist ja fast schon Nachmittag. Komisch, wie rasch so ein Vormittag vergeht, nicht wahr?«

»Ja, da haben Sie recht, Pater. Da haben Sie wirklich recht.«

»So ein schöner Tag. Es wäre geradezu eine Schande, an einem Tag wie heute in einem geschlossenen Raum sitzen zu müssen, nicht wahr?«

»Ja, ja, das ist schon wahr, Pater. Da haben Sie nicht ganz unrecht.«

Mrs. Schwab verbringt den Sonntagmorgen in ihrem Garten und stutzt ihre vielbewunderten Pfingstrosenstöcke zurecht, die gefüllten Weißen Riesen, die sie letztes Jahr gepflanzt hat. Doch bei den weißen läßt sie es nicht bewenden, sie expandiert weiter nach Westen bis zur Wäscheleine, wo sie ein nierenförmiges Beet anlegt, das mit gelben und roten bepflanzt werden soll. Für zarte Blümchen hat sie nichts übrig, ihre Favoriten sind von der Sorte, wie man sie in den Shows aus Las Vegas sieht. Tigerlilien, Papageientulpen, Astern und Dahlien. Hochgezüchtete Blumen, die unter der Last ihrer märchenhaften Köpfe beinahe zusammenbrechen und bei deren Anblick man fast glaubt, das Casa-Loma-Orchester spielen zu hören. Der Gartentrend in Lake Wobegon geht zwar in Richtung Mehrzweckgarten, aber Mrs. Schwab erhält die alte Ziergartentradition aufrecht. In ihrem Garten würde man genausowenig Ball spielen wollen wie in ihrem Wohnzimmer. Erstens steht zuviel dort herum, und zweitens hätte niemand Lust, einen Rasen zu betreten, der so sorgfältig geschnitten, gejätet, geschniegelt und gekämmt ist. Das ist Mr. Schwabs Aufgabe. Er hat schon gemäht und gerecht und auf kahlen Stellen neu gesät. Das Vogelbad ist mit frischem Wasser gefüllt. Die zwei gußeisernen Liegestühle mit der muschelförmigen Rückenlehne, die einem das Lümmeln abgewöhnt, stehen schon draußen. Die schräg verlegten Ziegelsteine, mit denen die Blumenbeete abgegrenzt sind, hat er ausgewechselt und neu verlegt. Der Heiligen Jungfrau, die auf ihrem Steinsockel unter dem Porzellandach sitzt, hat er das Plastikzelt bereits abgenommen und den Schrein gereinigt. Bald werden Mrs. Schwabs Blumen aufblühen, und dann werden sich die Eheleute hinaussetzen und die Brise genießen, die ihnen exotische Düfte zuträgt – sie in ihrem gelben Pfingstrosenkleid, er in seinem Südseehemd. Er wird, ein weißes Taschentuch auf dem kahlen Schädel, über einer Fußballmatchübertragung einnicken, sie über einem *Reader's-Digest-Sammelband* – und beide werden hin und wieder plötzlich hochfahren, um den Garten zu inspizieren. Ist irgend etwas in Unordnung geraten? Liegt da nicht ein welkes Blatt, ein Stein, ein dürrer Zweig auf dem Rasen? Bewegt sich dort zwischen den Blumen nicht ein mörderischer Pflanzenschädling – müssen sie nicht die Gartenbombe holen und ihm das Handwerk legen? Nein, es ist Gott sei Dank nur ein Schmetterling, der die Blüten umflattert. Alles in schönster Ordnung. Es ist der Garten Eden, den sie mit ihrer Hände Arbeit geschaffen haben, ihr Herzenswunsch, der Garten der Liebe.

Krokusse und Tulpen und um den 17. Mai, den *Syttende Mai*, überall diese zarten blau-gelben Blümchen, die sie »Norwegian Incarnation« nennen, und mitten drin Elmer, der schlafend in seiner Hängematte liegt wie eine dicke, fette Schmetterlingspuppe kurz vor dem Ausschlüpfen. Während er friedlich schnarcht, sind andere Leute emsig bei der Gartenarbeit, gleich gegenüber zum Beispiel Pastor Ingqvist, der wünschte, er hätte seinen schlafenden Rasen schlafen lassen. Solange er vom Schnee zusammengedrückt war, sah er ja noch einigermaßen rasenartig aus, aber beim Aufharken hat sich gezeigt, daß Vogelknöterich und Ackerquecke das feine Rispengras schon fast ganz überwuchert haben und daher dringendst ernste Maßnahmen ergriffen werden müßten. Doch der Kirchenausschuß, der für den Pfarrhof und die Wiese davor zuständig ist, setzt sich leider aus Landwirten zusammen, die Rasenprobleme alle so wenig ernst nehmen wie Mr. Tollerud, der neulich sagte: »Da gibt's nur eines: Spritzen«, obwohl von einem Rasen in diesem Zustand nach dem Einsatz eines Unkrautvertilgungsmittels natürlich überhaupt nichts mehr übrigbliebe. Pastor Ingqvist selbst würde das Rasenproblem auch gern weniger ernst nehmen, aber er wohnt in nächster Nachbarschaft von Pfarrkindern, deren Rasen kurz getrimmt, unkrautfrei und saftig grün sind und die er immer wieder auf Knien die Unkrautinvasion aus dem Garten ihres Seelenhirten bekämpfen sieht. In ihren Augen glaubt er den Vorwurf zu lesen, daß er seinem Rasen nicht genug Gutes tue. Elmer dagegen, der sanft im Winde schaukelnd vor sich hin sägt, hat zwar keinen rekordverdächtigen, aber doch einen recht ansehnlichen Rasen, gegen den nichts einzuwenden ist. Im Frühjahr streut er eine Handvoll Grassamen aus, und schon schießen die Halme senkrecht in die Höhe. Mrs. Elmer geht, mit Spaten und Schere bewaffnet, wie der Vierte Musketier auf ihre Blumen und Sträucher los, sticht und zwickt wild um sich, und ihre Pflanzen richten sich auf und wachsen und blühen für sie wie verrückt.

Einen Häuserblock weiter, in der Lilac Street, harkt Ella Anderson ihre Blumenbeete. Zum erstenmal seit Thanksgiving hat sie sich heute ins Freie gewagt. Mit ihrer kranken Hüfte wäre sie auf dem Eis verloren gewesen, aber nach vier Monaten Zimmerhaft ist ihre Arthritis jetzt so schlimm geworden, daß sie wohl eine neue Technik des Arbeitens im Stehen wird erlernen müssen.

Eine schreckliche Vorstellung, auf dem Boden zu hocken, unfähig aufzustehen, und *Hilfe, Hilfe* schreiend warten zu müssen, bis jemand vorbeikommt. Entsetzlich. Wäre Henry in der Nähe, könnte sie einfach sagen: »Ach, du lieber Himmel, mir sind die Beine eingeschlafen. Hilf uns doch bitte auf, Liebling« und einen kleinen Scherz daraus machen. Aber Henry ist im Haus drin, Meilen und Jahre von ihr entfernt. Und würde sie jemand um Hilfe bitten, den sie kaum kennt, so wäre das ein Notfall; Charlotte würde davon erfahren und sofort den Familienrat einberufen. »So kann das nicht mehr weitergehen, Mutter. Es ist höchste Zeit, daß wir uns für dich und Vater etwas einfallen lassen. Der Gedanke, daß ihr völlig allein hier lebt, macht mich ganz krank.« Bloß keinen Familienrat, denkt Ella, obwohl sie gerne mehr Besuch hätte. Meistens ist sie ganz allein mit Henry, dessen Verstand kommt und geht. Nicht daß sie sich darüber beklagen wollte, nein, je weiter er sich im Geist entfernt, desto näher muß sie am Ball bleiben. Von einem Augenblick zum anderen kann er sich einbilden, wieder im Burlington Zephyr auf der Strecke Chicago-St. Paul unterwegs zu sein, und sie fragen: »Wo sind wir denn jetzt?« Dann muß sie blitzschnell schalten und ihm beschreiben, was es draußen vor dem Fenster zu sehen gibt. Sie darf aber nicht einfach sagen: »Ach, Getreidefelder. Der Fluß. Mir scheint, wir nähern uns einer Stadt.« Nein, er will ganz genau wissen, was für ein Getreide und welche Stadt, denn wenn er auch nicht mehr ganz da ist, die alte Zephyr-Strecke kennt er wie seine Westentasche, und wenn sie eine Haltestelle vergißt und sagt: »Jetzt kommen wir nach Pepin, Liebling«, dann wird er sagen: »Soll das etwa heißen, daß du mir nichts gesagt hast, als wir durch Fountain City gefahren sind? Du solltest mich doch wecken!«

»Ach, entschuldige, Liebling. Diese Station ist ja erst Fountain City.«

»Ach so. Hätte es eigentlich selbst erkennen müssen. Fountain City. Reizende kleine Stadt. Ein Cousin von mir lebt hier, den sollte ich auch wieder mal besuchen.«

Dieser Cousin starb in St. Mihiel, südlich von Verdun, in General Pershings Armee. In seinen lichten Momenten erwähnt Henry ihn nie, doch wenn er abwesend ist, dann ist plötzlich Frank da – er ist zwanzig, verkauft Schuhe und macht den Frauen von Fountain City den Hof. Henry muß also achtzehn sein, und das heißt, daß er sie noch gar nicht kennengelernt hat und die Frau, die im Zug neben ihm sitzt und die er »Liebling« nennt, eine andere sein muß – wer mag es wohl sein? Da gehört schon allerhand Geistesgegenwart dazu, um die Dinge nicht durcheinanderzubringen. Und wieder sieht sie zum Fenster hinaus und sagt: »Wir fahren gerade an einer kleinen Farm vorüber, Liebling, sieht aus wie ein Milchwirtschaftsbetrieb, mit schönen blonden Guernsey-Rindern; und jetzt überholen wir einen Lastwagen oben auf der Landstraße, mit zwei Jungen und einem Collie auf dem Rücksitz; und jetzt sind wir in einem engen Tal, und hoch über uns kreisen zwei Falken.«

Ella ist die einzige, die Henry diese Bahnfahrt bieten kann. Wäre Charlotte hier und er würde sie fragen, welches denn die nächste Station sei, so wäre das ein Notfall. Charlotte würde einen Anfall bekommen und einen Arzt rufen. Für Ella ist Charlottes Glaube an die Ärzte eine ebensolche Einbildung wie Henrys Bahnfahrten.

Charlotte ist dreiundfünfzig und übergewichtig; darin schlägt sie den Frauen aus Henrys Verwandtschaft nach, die alle in mittlerem Alter wie die Klöße auseinandergingen, aber Charlotte fühlt sich nicht wie ein Kloß, sie ist ganz krank vor Sorge um ihre Gesundheit. Um einen neuen Spezialisten zu konsultieren, von dem sie irgendwo gehört hat, würde sie hundert Meilen weit fahren und sich unterwegs pausenlos die lange Liste ihrer Symptome vorsagen, die so unabänderlich ist wie die Fahrtroute des Zephyr. Ella kennt sie so genau, wie sie weiß, daß auf Pepin Fountain City folgt: ständige Müdigkeit, Schwindelanfälle, Brechreiz, Blähungen, Rückenschmerzen, Kopfschmerzen, Krämpfe, Verstopfung, belegte Zunge, Kurzatmigkeit, Durchblutungsstörungen in den Beinen, *hier* und *hier* etwas, das sich wie ein Knoten anfühlt. »Wenn ich wüßte, was mir alles fehlt, wäre ich am nächsten Morgen tot«, denkt Ella. Statt dessen steht sie am nächsten Morgen mit Hilfe einer neuen Technik auf: sie setzt sich an die Bettkante, läßt sich nach vorne fallen und greift dabei nach der Frisierkommode, an der sie sich hochzieht. Vor gut sechzig Jahren ist sie auf Bäume geklettert. Was sie jetzt hier tut, ist spannender.

Sie würde sich wünschen, daß mehr Leute sie besuchen kommen, um sich mit ihr zu unterhalten und ihr Verschiedenes zu erzählen, so wie sie Henry erzählt, was draußen vor dem Fenster los ist. Sein Fenster ins Jahr 1918 steht weit offen, während ihres in den Mai 1984 offenbar klemmt und sie daher ein wenig Hilfe braucht, um es aufzustoßen. Also hat sie mit dickem Filzstift große Buchstaben auf ein Pappkartonschild gemalt, es an einen Pflock genagelt und den Pflock vor dem Haus ins Blumenbeet gerammt: BESUCHER HERZLICH WILLKOMMEN, GRATISKAFFEE. TRETEN SIE EIN.

Als Charlotte durch ihre Freundin Mrs. Magnusson davon erfuhr, bekam sie einen Anfall. In Tränen aufgelöst rief sie ihre Mutter an und schluchzte: »Ich besuche euch doch. Ich komme doch, sooft ich kann. Was soll ich denn noch tun? Wie kannst du mir nur so etwas antun? Hättest du mir das nicht vorher sagen können? Siehst du denn nicht, wie dumm ich jetzt dastehe? Ich bitte dich, nimm dieses Schild wieder ab. Bitte!«

Die arme Charlotte, sie nimmt alles so persönlich. Sie wohnt in einer Wohnwagenkolonie in der Nähe von St. Cloud. (»Das ist keine *Wohnwagenkolonie*, Mutter. Das sind mobile *Häuser*. Du würdest dich darin sicher auch wohl fühlen.«) Sie und ihr Mann, Roy. Charlotte hatte 1956 eine Fehlgeburt, und die beiden haben keine Kinder. Roy fiel vor zehn Jahren von einem Gerüst und hat seither nicht mehr gearbeitet. Charlotte arbeitet als Sekretärin in einem Krankenhaus. Keiner nimmt dort Rücksicht auf sie, alle behandeln sie wie den letzten Dreck, und das seit fast fünfundzwanzig Jahren. Wenn Ellas Telefon um siebzehn Uhr dreißig klingelt, läßt sie es manchmal klingeln, bis es von selbst aufhört, weil sie weiß, daß es Charlotte ist, die ihr von den neuesten furchtbaren Dingen erzählen will, die man ihr im Büro wieder angetan hat. Insbesondere die Büroleiterin, Bernetta Grinell – einunddreißig, blendende Figur, aber strohdumm – hat es seit Jahren auf Charlotte abgesehen. Bernetta schläft mit einem der Ärzte. Charlotte weiß, was gespielt wird, und Bernetta weiß, daß sie es weiß. Ein klarer Fall: Bernetta schiebt alle Arbeit auf Charlottes Schreibtisch ab, nimmt ihre Verdienste aber für sich in Anspruch. Die Frau geht über Leichen. Sie macht zwei Stunden Mittagspause und stiehlt Kleingeld aus der Handkassa. Bei den Ärzten macht sie Charlotte schlecht, so daß Charlotte seit Jahren keine anständige Gehaltserhöhung mehr bekommen hat. Es ist schrecklich.

»Du solltest kündigen, Kind«, hat Ella ihr unzählige Male geraten. »Ach ja. Natürlich. Kündigen. Das sagt sich so leicht«, antwortete Charlotte. »Verstehst du denn nicht? Genau dazu will sie mich ja bringen. Aber diesen Gefallen werde ich ihr ganz bestimmt nicht machen.«

Charlotte bleibt vor nichts verschont. Freche Jungen werfen Toilettenpapier in ihren kleinen Garten. Warum nur? Die Hunde der Nachbarn belästigen sie. Der Verwalter der Wohnwagenkolonie weigert sich einzuschreiten. Er ist ein dummer Nichtsnutz, der den ganzen Tag in seinem Büro sitzt und Bier trinkt. Sie hat richtig Angst vor ihm. Er hat sie schon bedroht. Und dann Clifford, ihr Friseur. Sie sagt ihm, was sie haben will, und er macht genau das Gegenteil. Sie sieht zum Fürchten aus. Sie kann danach vor keinen Spiegel treten, sonst würde sie der Schlag treffen. Da sie ohnehin an Bluthochdruck leidet, könnte jeder einzelne von ihnen, die Nachbarn, Clifford oder Bernetta, sie eines Tages ins Grab bringen. Sie hat schon mit dem Pfarrer über ihre Probleme gesprochen, aber der ist ja auch zu nichts zu gebrauchen. Steckt den ganzen Tag die Nase in ein Buch, hält sich für besser als alle anderen, und wenn sie ihm ihre Sorgen erzählt, sitzt er bloß da und grinst sie an. Grinst! Obwohl er doch dazu da wäre, ihr zu helfen und sie zu trösten! Aber nein, er sitzt da und *grinst!* Wenn sie ihn das nächste Mal sieht, wird sie ihm ins Gesicht schlagen.

»Ich werde alt«, hat sie neulich am Telefon zu Ella gesagt. »Jetzt bin ich schon so alt, und was habe ich aus meinem Leben gemacht? Nichts.« Als Siebzehnjährige hatte Charlotte mit einem Aufsatz zum Thema »Schönes Amerika« den Wettbewerb des Amerikanischen Frontkämpferverbandes gewonnen und 15

Dollar dafür bekommen. Jetzt, viele Jahre später, beginnt ihr dieser Erfolg wieder im Kopf herumzuspuken. »Ich hätte Schriftstellerin werden sollen«, meint sie. »Ich weiß nicht, warum ich keine geworden bin. Ich hätte wahrscheinlich mehr Unterstützung und Förderung gebraucht.« Charlotte liest zwei bis drei Romane in der Woche und ist überzeugt, sie könnte weit bessere schreiben, wenn sie die Zeit dazu hätte. Sie hat gute Einfälle, aber Einfälle allein sind natürlich nicht genug. Man braucht auch Protektion. Das weiß sie nur zu gut. Sie ist ja nicht von gestern.

Eines Abends saß sie an Ellas Küchentisch und schnitt Gurken. Plötzlich legte sie das Messer weg und sagte: »Ich weiß nicht, was ich machen soll, wenn du einmal nicht mehr bist«, und begann bitterlich zu weinen. Ella versuchte sie zu trösten. »Mach dir keine Sorgen, ich fühl mich noch ganz gesund«, sagte sie. Ella selbst denkt nicht so oft an den Tod. Weniger oft als noch vor dreißig Jahren. Sie denkt an Besucher. Einsamkeit ist eine Tragödie. Wenn man einsam ist, macht man aus jedem Wehwehchen ein Drama, denkt sie, obwohl ihre eigenen Wehwehchen in dem Alter doch ganz normal sind und ihr noch normaler erscheinen würden, wenn hin und wieder normale Menschen sie besuchen kämen. Nur nicht Leute wie Charlotte. Charlotte ist ein Ereignis.

Frühling. Ich bin zwölf und habe es langsam satt, daß immer Jim die Spielregeln festsetzt – er spielt, wen er will, und wir müssen Custer, das FBI oder die Russen spielen und langsam bis fünfzig zählen, wenn wir erschossen werden, während er einfach sagt: »War nur ein Streifschuß!« und uns zwingt, ihm das zu glauben. Also geh ich lieber allein meiner Wege. Carl Krebsbach und seine Freunde sind in der Garage, ich sehe sie von der Schaukel aus, wenn ich die Straße hinunterschaue – sechs Burschen, die Carl dabei zusehen, wie er die Roststellen am Kotflügel seines tollen roten Chevrolet Baujahr '48 mit Sandpapier bearbeitet.

Wie fein, wenn sie mich auch sehen und »Komm doch her!« rufen würden, aber das tun sie natürlich nicht, weil sie schon älter sind und ihre eigenen Spielregeln haben. Also geh ich einfach hinüber. Schleiche die Straße hinunter, stelle mich hinter die Mülltonnen und horche – Harold Diener sagt gerade: »Dieses Arschloch!«, und alle lachen. Ich sag es mir ein paarmal vor, um die richtige Betonung rauszukriegen, dann schiebe ich mich langsam um die Ecke, schlüpfe in die Garage und stelle mich neben die hintere Stoßstange, als wäre ich schon seit Stunden da. Obwohl ich mich bemühe, so wenig aufzufallen wie ein Baum oder ein Hund, erspäht mich Harold sofort. »Was machst denn du hier?« fragt er. Ich sage, ich wollte bloß sehen, was sie hier machen. »So, jetzt hast du's gesehen. Hau ab.« Eigentlich würde ich lieber noch ein bißchen bleiben, drum frage ich Carl, ob ich was helfen kann. Und das Wunder geschieht, er drückt mir ein Stück Sandpapier in die Hand. »Wenn du den Lack zerkratzt, reißt er dir den Arm aus«, sagt Harold. Ich schmirgle den kleinen braunen Fleck weg, und die Zuschauer unterhalten sich weiter über einen Lehrer, der Junior für eine Inhaltsangabe, die er vom Buchumschlag abgeschrieben hatte, ein Ungenügend gab. Darüber kommen sie auf das viele Geld zu sprechen, das sie verdienen werden, wenn sie endlich die verdammte Schule hinter sich haben, und auf Minneapolis, wo George einen Typen kennt, der bei Ford arbeitet, aber einen Cadillac fährt (»Er kümmert sich nicht drum, was die dort dazu sagen!«), eine Luxuskutsche, die auf dem Armaturenbrett einen Bierzapfhahn hat und einen Vordersitz, der sich auf Knopfdruck, elektrisch, zu einem Bett umklappen läßt, was uns alle schwer beeindruckt, nur Harold nicht. Er glotzt mich noch immer an. Ich bin ihm ein Dorn im Auge. Ich versuche, mich unsichtbar zu machen, nur ein tüchtiger kleiner Helfer zu sein, aber ich spüre, wie seine Blicke mich durchbohren. Dann sagt er, er weiß zwar nicht, wie die *anderen* darüber denken, aber *er* hat jedenfalls das Gefühl, daß niemand in den Autoclub aufgenommen werden kann, der nicht die

Mutprobe bestanden hat – da könnte ja sonst jeder kommen. Und dann fragt er mich: »Du weißt doch, was ein Reifenrennen ist, oder?« Ehrlich gesagt weiß ich das nicht und will's auch gar nicht wissen, aber er und Junior und George finden das eine Bombenidee. Sie holen einen Reifen, Harold packt mich am Arm, und wir marschieren in Richtung Schule. Ich könnte ja um Hilfe rufen, dann würde er mich wahrscheinlich loslassen, aber ich habe beschlossen, ihnen zu beweisen, daß ich alles durchstehe, was es auch sei, und bleibe auch dabei, als wir die Schlittenbahn hinter der Schule erklimmen und mir zu dämmern beginnt, worum es geht. Und ich habe mich nicht getäuscht. Sie halten den Reifen fest, und ich muß mich zusammengekauert hineinsetzen und den Hügel hinunterrollen. Ich hasse sie alle. Ich hasse sie so sehr, daß ich sage: »Ach, das ist ja gar nichts. Das hab ich doch schon gemacht.« Ich versuche, es auch mir selbst einzureden, und krieche in den Reifen Ein kräftiger Stoß, und ich beginne zu rollen, immer schneller und schneller – ich schließe die Augen – in weiter Ferne höre ich sie schreien – der Reifen springt auf und nieder. Himmel und Erde brausen vorüber, ich bin so schwindlig, mir ist so schlecht – und jetzt bin ich auf der Wiese, es zischt, dann prallt der Reifen so hart gegen einen Baum, daß mir alles weh tut, fällt um, *und ich klettere heraus und sitze im Gras, als ob nichts geschehen wäre.* Mir verschwimmt alles vor den Augen, aber ich blicke mich um, als wollte ich das zarte Frühlingsgrün der Blätter bewundern. Als mein Kopf wieder soweit klar ist, daß ich die Blätter überhaupt erkennen kann, stehe ich auf, lasse den Reifen liegen und gehe zur Garage zurück, wo Carl immer noch beim Schmirgeln ist. Er sieht mich an. »Diese Arschlöcher«, sage ich.

Jedes Frühjahr, wenn der Wagen untergeht, singen Knutes Söhne –

Klopft den Teppich, putzt das Klo.
Zeit ist's dafür sowieso.

– und gehen daran, ihr Vereinslokal zu putzen, ein geheiligtes Ritual, dessen Heiligkeit sich allerdings mehr auf die Handlung selbst als auf deren Ergebnis bezieht. Es beginnt zu Mittag mit dem Ordnungsruf und der zeremoniellen Eimerausgabe, dann folgt die Inbetriebnahme des altehrwürdigen Staubsaugers, dann die Beseitigung der verstorbenen Pflanzen und ein symbolisches Schwingen des Bruderschaftsstaubtuches, und schon ist es Zeit für den feierlichen Ausschank der goldenen Essenz des geheiligten Hopfens. »Es riecht dort drin, als hätten sie eine Leiche unter dem Fußboden«, sagt meine Mutter, die nie drin war, aber für solche Dinge eine Nase hat. Die meisten Knutes rauchen, und im April beginnt das sogar ihnen selbst aufzufallen, sogar Elmer, der täglich drei Päckchen raucht. Einmal wurde Elmer mitten in der Nacht durch Rauchgeruch geweckt, aber dann stellte sich heraus, daß es von ihm selbst kam. Seither raucht er nur noch drei Päckchen statt vier.

Vor langer Zeit gründeten die Knutes eine Geheimgesellschaft namens Nogebow Ekal, die es sich zum Ziel setzte, ganz im geheimen, aus reiner Freude am Helfen, gute Taten zu vollbringen und dafür weder Dank noch Anerkennung entgegenzunehmen,* ein Grundsatz, auf den alle neu eintretenden Knutes streng geheim vereidigt werden. »Glaub mir, hätten sie jemals Gutes getan, so hätte sich das herumgesprochen«, sagt Mutter. Ihre Skepsis wird auch von anderen geteilt. Das Geheimnis der Nogebow Ekal, ähnlich wie das Geheimnis des Knute-Spezialkaffees, gehört zu jenen Geheimnissen, die eigentlich niemand

* »Teilen wir unser Hab und Gut? Na und ob!
Unterstützen wir jeden in Krankheit und Not?
Sind wir großzügig und freundlich? Das kann man wohl sagen!
Sind wir christliche Gentlemen? Jawohl! Gar keine Frage!«
Knutes Söhne – Liederbuch, Nr. 42

lüften möchte. Das Vereinslokal ist ein viereckiger, niedriger Ziegelbau mit Gesimsen und Eckpfeilern aus Sandstein (1907). An der Südwestecke steht ein Gerüst. Dort ist das Fundament abgebröckelt und 1948 ganz entfernt worden, um Platz für ein neues zu schaffen. Das Gerüst ist eine Überbrückungsmaßnahme, bis sich die Knutes endgültig entschieden haben, wie sie die Sache angehen wollen.

Die Winterfenster werden im April abgenommen – an einem Tag, den keiner kennt, ehe er angebrochen ist, am ersten Samstag, an dem die Menschen das Gefühl haben, dem Ersticken nahe zu sein. Die Angst vor Zugluft legt sich nur zögernd, aber schließlich werden die wuchtigen Winterfenster doch abmontiert und die Fenster weit aufgemacht. Die frische Brise, die hereinweht, macht den Insassen erst bewußt, wie schlecht und abgestanden die alte Luft war, sie registrieren auf einmal den muffigen Teppich, den Modergeruch und den Winterstaub, der über allem liegt, die allgemeine Fäulnis, von der nach dem langen kalten Winter das ganze Haus überzogen ist wie ein Stück Fleisch, das sechs Monate lang in einem verschlossenen Behälter im Kühlschrank gelegen hat – und damit sind wir beim Thema Frühjahrsputz.

Eines schönen Samstagmorgens schlug Diane die Augen auf und spürte einen unangenehmen Geruch unter der Bettdecke hervordringen. Das tat Ed ihr in letzter Zeit öfter an. Sie schlug die Decke zurück, so daß der Gestank wie eine schwarze Wolke ins Zimmer entwich, dann bemerkte sie, wie schmutzig die Fensterscheiben waren und daß es schon fast neun Uhr war. Neun Uhr! In der Küche unten hörte sie die Kinder rumoren. Eines sagte gerade: »Du Quatschkopf!«, dann war ein klatschendes Geräusch zu hören, eine Cornflakes-Schachtel fiel zu Boden, und ein Geruch nach Hot dogs und so etwas wie verkohlten Marshmallows stieg ihr in die Nase.

Obwohl sie alles andere als eine perfekte Hausfrau war, hatte

Diane plötzlich das Gefühl, daß es nicht mehr so weitergehen konnte: noch einen Schritt weiter, und ihre Familie würde in den Abgrund schlittern, in einer Sperrholzkiste auf der städtischen Müllhalde wohnen, auf weggeworfenen Matratzen schlafen und aus großen Plastiktüten essen.
Statt wie gewohnt ein Bad zu nehmen, duschte sie nur in aller Eile, schlüpfte in Jeans und Sweatshirt, riß Ed die Decke weg – »Raus aus der Falle«, sagte sie; »W-was?«, sagte er – und eilte in die Küche. Natürlich waren es Marshmallows. Klein Eddie briet sie zusammen mit zwei Wiener Würstchen. Beth setzte zu einer Erklärung an, daß es nicht ihre Schuld sei und daß Paul gemeine Sachen zu ihr gesagt habe, doch mit drohend erhobenem Zeigefinger schnitt Diane ihrer Tochter das Wort ab. »Hinauf mit dir. Du ziehst die Betten ab, rollst die Teppiche zusammen und nimmst die Gardinen ab. Dann bringst du mir das alles hierher. In fünf Minuten. Marsch.« Dann fing sie Paul ab, der sich eben aus dem Staub machen wollte. »Du holst den Besen, einen Eimer und den Scheuerlappen. Ich werde dir zeigen, wie man Böden schrubbt. Los. Und zwar sofort.« Der kleine Junge am Herd blickte auf seine Wiener Würstchen; seine Unterlippe zuckte, und eine Träne kullerte ihm über die Backe. Sie setzte Kaffeewasser auf. Sie steckte zwei Brotscheiben in den Toaster. Sie fischte die Würstchen aus der Pfanne, kratzte die verkohlten Marshmallows ab und machte ihm sein Lieblingssandwich, mit Würstchen, Ketchup und frischen Marshmallows. »Wenn du fertiggegessen hast, dann verzieh dich zur Oma rüber«, sagte sie. »Hier wird heute gearbeitet.«
Als Ed auftauchte, hatte sie bereits das Geschirr gespült und abgetrocknet, eine Ladung Gardinen in die Waschmaschine gesteckt und den Küchenboden aufgewaschen. Sie goß ihm eine Tasse Kaffee ein und hielt ihm eine Liste unter die Nase, die unter anderem Aufträge wie Winterfenster abmontieren, Matratzen & Teppiche hinaustragen, Keller & Garage, Rasen harken usw. umfaßte. »Wieso denn plötzlich diese Hektik?« fragte er.

Das brauchte er nicht zweimal zu fragen. Ihre ausführliche, ätzende Rede zum Thema »Irgendwann einmal hat man's satt, in einem Schweinestall zu leben« war bereits fix und fertig. Sie war ihm weit voraus. Während sie in der Küche hin und her flitzte, die Sachen in die Schränke knallte und mit nichts Gutes verheißender Energie den Boden aufwusch, hatte sie sich schon lange, bevor er auftauchte, mit ihm unterhalten und war inzwischen ordentlich in Fahrt gekommen.

– »Ich kann diese Unordnung nicht mehr mit ansehen.« *Päng.* »Überall läßt du deine Sachen rumliegen – Socken, Handtücher, Zeitungen, schmutzige Teller, wohin man schaut.« *Rrrums.* »Mir reicht's. Ich bin ja nicht deine Mutter.« *Bumm.*

– »Ich habe es satt, mich jedesmal schämen zu müssen, wenn wer kommt. Es leben nämlich nicht alle Leute wie die Schweine. Nicht jeder suhlt sich so gern im Dreck!« *Schwupp.* »Hier kann man ja nicht mehr leben!«

– »Ich habe es satt, alles selber machen zu müssen.« *Schwupp.* »Das unbezahlte Hausmädchen für euch zu spielen.« Schwupp.

– »Heute wird hier saubergemacht! Wir werden endlich anfangen, zur Abwechslung einmal wie anständige Menschen zu leben!« *Klatsch. Päng!* »Sonst kannst du dir jemand anderen suchen, der dir den Haushalt führt.« *Bumm.*

Den ganzen Vormittag hielt sie sie in Trab wie ein Schäferhund seine Herde. Ed schleppte die Winterfenster in die Garage, wusch die Fensterstöcke, hängte die Innenfenster aus, putzte sie und hängte sie wieder ein, die beiden Kinder trugen die Teppiche ins Freie, hängten sie über die Wäscheleine, fegten und wischten Staub. Sie selbst schrubbte Fußböden und Wände, und sobald sie bemerkte, daß in den anderen Sektoren die Arbeit erlahmte, war sie schon zur Stelle, um ihnen Beine zu machen. Wie ein Fußballtrainer klatschte sie in die Hände. »Los, los! Keine Müdigkeit vorschützen, weitermachen!« Zu Mittag gab es Erdnußbuttersandwiches, die im Stehen gegessen wurden. Die Kinder starrten sie fassungslos an.

Waschmaschine und Wäschetrockner kamen den ganzen Tag nicht zur Ruhe. Sie stopfte Bettvorleger, Gardinen, Wohnzimmervorhänge, Zierdeckchen, Sofaschoner, den Sofaüberwurf und die Polsterüberzüge hinein, das Spitzentischtuch, die Bettlaken und Tagesdecken und hinterher noch die reguläre Wäsche. Inzwischen bohnerte sie die Fußböden und putzte das Badezimmer. Beth wurde mit Möbelpolieren beschäftigt und Paul hinausgeschickt, um seinem Vater zu helfen, aber die Kinder begannen allmählich nachzulassen und versuchten sich zu drücken – sie ertappte Beth beim Lesen, und als Paul, den sie in den Keller geschickt hatte, einen Spachtel zu holen, nicht wieder zum Vorschein kam, fand sie ihn nach längerem Suchen hinter dem Ofen, wo er es sich auf einem Plastikliegestuhl bequem gemacht hatte, offenbar um den Spachtel telepathisch zu orten. »Was ist los mit dir?« brüllte sie ihn an. Der Junge sah sie an, verwirrt, müde und den Tränen nahe. »Ich weiß nicht, wo er ist«, bekannte er. »Warum bist du denn so böse auf mich? Die ganze Zeit brüllst du mich an. Woher soll ich denn wissen, wie man Böden reinigt!«

»Dann hilf mir beim Teppichklopfen«, sagte sie. Mißmutig trottete er hinter ihr her in den Garten, wo Ed die Teppiche alle auf einen Haufen geworfen hatte. Sie hängten sie über die Wäscheleine, dann holte sie eine lange Holzleiste aus der Garage, brach sie über das Knie in zwei Stücke und reichte das eine dem Jungen. »Los geht's«, sagte sie.

Er versetzte dem Teppich zwei leichte Schläge, zwei kleine Staubwölkchen stiegen auf. »Nicht so«, sagte sie und begann auf den Teppich einzudreschen, daß der Staub in alle Richtungen stob. Verblüfft sah er ihr zu. Diane ist ein zartes Persönchen, aber sie ging auf den Teppich los, als wäre er die Ursache aller Übel. In diesem Teppich steckten nicht nur Schmutz und Staub, sondern auch Ignoranz, Trägheit, Charakterlosigkeit, mangelnder Ehrgeiz, alles, was faul, leblos und geisttötend ist. Sie schlug auf ihn ein wie verrückt und nahm sich dann den nächsten vor,

sie schlug im Namen Christi und aller Apostel, zum Gedenken an Generationen von Frauen, die ihr Leben dem Schrubben, Scheuern und Reinigen der Welt widmeten – heldenhafte Frauen, die den Kampf gegen Schmutz und Untätigkeit aufnahmen, den Kampf gegen all diese liederlichen, unverschämten, fußfaulen, kraftlosen, schlappschwänzigen, unwilligen, trägen, müden, schwerfälligen und langweiligen Faulenzer, Müßiggänger, Tagediebe, Nichtsnutze und Faulpelze, die sich nur zu gerne mit Schmutz und Dreck abfinden. Mit voller Wucht schlug sie auf die Teppiche ein, klopfte erst die eine und dann die andere Seite, bis schließlich auch der Junge Feuer fing. Er holte weit aus, schlug fest zu – »Du mußt mit der flachen Seite schlagen! Nicht mit der Spitze!« rief sie. Jeder Schlag erzeugte ein sattes, klatschendes Geräusch, und sie wunderte sich, wieviel Staub in diesen Teppichen steckte, die sie doch jahrein, jahraus vertrauensvoll gesaugt hatte, aber selbst beim zehnten, zwanzigsten, dreißigsten, vierzigsten Hieb stieg immer noch Staub auf, es war fast kein Ende abzusehen.
»So«, sagte sie schließlich. »Das hast du gut gemacht. Du bist ein guter Teppichklopfer.« Sie holte tief Luft, dann trugen sie die Teppiche ins Haus zurück.
Drinnen roch es nach dem Zitronenduft der Möbelpolitur und nach Bohnerwachs; unter dieser Oberfläche aber lag ein Geruch nach frischer Luft, Frühlingsknospen und zartem Grün und noch tiefer darunter ein anderer, ebenso schlichter wie köstlicher Geruch, der Duft der Sauberkeit. Es roch nicht nach Seife oder Waschpulver, sondern einfach nach *Sauberkeit.*
Als Diane, die Nase noch voller Staub, hereinkam, schlug ihr dieser Duft entgegen. Sie blieb mitten im Zimmer stehen und atmete ihn in tiefen Zügen ein. Ed harkte draußen gerade den Rasen; daher kam der Geruch nach frischem Grün. Durch das Fenster rief sie ihm zu: »Komm, mal rein, Ed, und riech unser Haus!«

Frühling. Mrs. Hoglund öffnet die Fenster ihres kleinen grünen Hauses, und man hört, wie weit es die Herbstsaat ihrer Klavierschüler inzwischen gebracht hat. Im Eiltempo hat sie sie durch die mühselige EGHDF-FACE-Anfangsphase hindurchgejagt und sie über Bachs zweistimmige Fantasien bis zum »Heiderösleinr« und Ostroushkos »Zigeunerlied« geführt, das tanzende Zigeunermädchen heraufbeschwören soll, die vom Holzsammeln ins Dorf zurückkehren. Schwer vorzustellen, wie jemand mit einem Bündel Brennholz auf der Schulter tanzt, und auch nicht leicht zu spielen, mit den vielen Viertelnoten für die linke Hand. »Nicht so schleppend, Curtis. Ein bißchen flotter. Es soll doch fröhlich klingen. Schlag nicht bloß Töne an. Mach Musik. Und jetzt, eins, zwei, drei – vier, fünf, sechs.« Und Curtis' Musik begleitet einen noch bis zum nächsten Häuserblock.

Im Frühling zeigte der Tacho unseres guten alten Fairlane 99999,2 Meilen an. Da er das erste Auto war, das Dad neu gekauft hatte, gehörten all diese Meilen uns, enthielten unsere eigene Geschichte, vor allem die herrlichen Augenblicke, wenn er sagte: »Steigt ein. Wir machen einen kleinen Ausflug.« Dann brach der unternehmungslustige Pernell in ihm durch. Sein Großonkel Pernell war einer der ersten Autobesitzer gewesen und hatte es, ohne zu wissen wohin, immer so eilig, daß er oft über die Straße hinausschoß und im Graben landete – worauf er das Lenkrad herumriß und *brr!* rief. Dad liebte es, sich einfach ins Auto zu setzen und irgendwohin zu fahren, eine seiner wenigen unvernünftigen Eigenschaften. Gewöhnlich überlegte er erst unterwegs, wohin die Fahrt gehen sollte, und meist fuhren wir dann jemand besuchen, der möglichst weit von uns wohnte. Aber wir durften nie lange bleiben. »Wir müssen fahren«, sagte er schon nach der ersten Tasse Kaffee. Auf Urlaubsreisen pflegte er Reptilienzoos oder andere Sehenswürdigkeiten geflissentlich zu übersehen, obwohl wir ihn alle darauf aufmerksam machten; er wollte weiterkommen. Ein Urlaubstag, an dem er nicht mindestens sechshundert Meilen auf den Tacho bekam, war für ihn ein verlorener Tag. Als er daher mit diesem historischen Tachometerstand, der den unmittelbar bevorstehenden Beginn eines neuen Lebensabschnitts anzeigte, vom Einkaufen zurückkam, sagte er: »Steigt ein.« Wir stiegen alle ein und fuhren in Richtung See, und unser aller Augen waren auf den Tachometer geheftet. Es war ein herrlicher Tag, schön wie auf einer Ansichtskarte: Ein Boot schaukelte auf dem See, im Boot stand ein Mann, der gerade den Anker einholte; zwei Falken segelten ohne einen Flügelschlag im Wind, zwei dunkle, unbewegte Punkte, die sich gegen die ostwärts ziehenden Wolken abhoben. Und dort, sieh mal einer an! – das war doch Mr. Hanson auf seinem großen Zugpferd Scout. Der Diakon der Lutherischen Kirche ritt ohne Sattel und grub Scout die Absätze in die Flanken, um ihn ein wenig anzutreiben, doch das arme Tier ist so sehr an den Pflug gewöhnt, daß ihm das Laufen nicht geheuer ist – es bockt ein bißchen, der Diakon verliert den Halt, kippt nach vorne und kann sich gerade noch an Scouts Hals festklammern. Dad fuhr im Schrittempo, um dieses Schauspiel nicht zu versäumen, und als wir wieder auf den Tachometer schauten, zeigte er (natürlich) 00000,1, und wir hatten unser eigentliches Ziel verpaßt. Dad meinte, er könnte mit blockierten Hinterrädern rückwärts fahren, bis der Tachometer wieder auf Null sei, und dann einen neuerlichen Versuch unternehmen, aber statt dessen setzten wir uns zum Abendessen. Wir machten das Eßzimmerfenster und die Haustür weit auf, um einen kühlen Durchzug zu erzeugen. Es war Samstag. Das Zimmer roch nach Gras, Hamburgers und Möbelpolitur.

Ein anderer Frühling, viele Jahre später, ein anderer Fairlane, aber die gleiche Möbelpolitur und ähnliche Hamburgers: der Samstagabend vor dem großen Schulball und ich im weißen Smoking. Wir halten Tanzen zwar für etwas Böses – sein einziger Sinn und Zweck ist die Erregung der Fleischeslust –, aber ich habe gar nicht die Absicht zu tanzen, wie ich meiner Mutter wohl fünfzigmal versichert habe, und sie braucht mich ja nur anzusehen, um sich zu überzeugen, daß ich wahrscheinlich kein Mädchen so sehr erregen kann, wie sie sich das vielleicht wünschen würde – und so habe ich die Erlaubnis bekommen, das Auto zu benutzen. Ich nahm ein heißes Bad (bis mich die Fleischeslust überkam), suchte mein Gesicht nach schrecklichen Makeln ab, zog meine nagelneuen, noch in Plastik verpackten Kleider an – Unterwäsche, schwarze Socken, das Hemd, den geliehenen Anzug – und ging in dem Gefühl, der Ehrengast einer Live-Show zu sein, ins Eßzimmer, um mich begutachten zu lassen. Meine Schwester hob den Kopf und lachte. Dad sah nur kurz auf, durch meinen erwartungsvollen Gesichtsausdruck offenbar etwas in Verlegenheit gebracht. Nur Mutter musterte mich gründlich. Sie stand auf, strich mir eine Haarsträhne aus der Stirn, rückte die Fliege zurecht, knöpfte die Manschetten zu, zupfte an den Rockaufschlägen, ging um mich herum und riß einen losen Faden ab. »Du siehst sehr nett aus«, sagte sie. Sie zog ein Taschentuch heraus. »Brauchst du das?« fragte sie. Nein, ich hatte schon zwei. Dann entdeckte sie ein mikroskopisch kleines Stäubchen auf meiner Schulter, das sie mit dem Taschentuch wegfegte, und dann irgend etwas über meiner linken Augenbraue – und automatisch, aus reiner Gewohnheit, spuckte sie ins Taschentuch und rieb mir über die Stirn. *Mutters Spucke.* Unser Weihwasser, das stärkste Reinigungsmittel der Welt.

Die Stelle brannte den ganzen Abend. Ich rieb ständig dran herum.

Natürlich wußte ich, daß unser Turnsaal nicht aussehen konnte wie das Herrenhaus der Donelsons in *Der letzte Tanz auf der alten Plantage,* wo die Familie den Frühlingskotillon veranstaltete, obwohl man das Jahr 1861 schreibt und der Schatten des Krieges über Charleston fällt, doch mir gefiel das Buch wegen seines anmutigen Stils, und ich konnte mich leicht damit identifizieren.

»Ach, Papa«, seufzte Emily, und in ihren braunen Augen schimmerten Tränen, »ist es nicht beinahe ein Verbrechen zu tanzen, während draußen

Menschen sterben?« – »Liebling«, antwortete er zärtlich, »wir müssen diesen Kotillon tanzen, damit diese tapferen Männer etwas haben, wofür zu sterben sich lohnt.« Der Turnsaal blieb der Turnsaal, trotz der Tischchen und Fliedergestecke. Und der Wassertrog in der Mitte der Tanzfläche war, obwohl kunstvoll als Brunnen dekoriert, eben ein Wassertrog. Aber die schummrige Beleuchtung glich der in jener Nacht auf Swancroft. *Er zog sie an sich, näherte ihr sein jugendliches und doch vom harten Soldatenleben bereits gezeichnetes Gesicht und küßte sie. »Ach, Randolph«, schluchzte sie. »Ich habe ja nichts von Ihren Gefühlen geahnt!« – »Miss Emily«, sagte er zärtlich, »übers Jahr liege ich vielleicht schon tödlich verwundet auf irgendeinem fernen Schlachtfeld. Und wenn ich sterbe, wird mir nur die Erinnerung an diesen Augenblick bleiben.«* Von dem Schulball erwartete ich mir zwar keine solche Gefühlstiefe, aber irgendwie fühlte ich doch meine Jugend dahinschwinden und eine Tragödie herannahen, und ich hoffte, daß es Donna ähnlich erginge und sie begreifen würde, wie rasch diese Sternstunde vorüberging, und daß uns nicht mehr viel Zeit blieb, einander unsere Liebe zu gestehen – die ihrerseits allerdings im Moment nicht sehr leidenschaftlich zu sein schien, denn sie tanzte mit Roger Hedlund. Ich stand auf Beobachtungsposten neben der Bowleschüssel, einem mit blauem Kreppapier umwickelten Edelstahltopf aus der Kantine, und hielt mit eleganter Handbewegung mein Cocktailglas hoch.

»Hallo, Sch-Sch-Schlaukopf, was is 'n los? Ist dein *Hund* abgekratzt?« Es war John Potvin. Er schlug mir kräftig auf die Schulter.

»Du bist ein Rüpel. Weißt du das?«

»Sei doch nicht so negativ«, sagte er, zog eine kleine Flasche aus seiner Brusttasche und goß eine glasklare Flüssigkeit in mein Punschglas. »Wodka«, sagte er. »Was is 'n los? Bist du Antialkoholiker?« Also trank ich. Es hob mein Selbstbewußtsein, und ich trank noch einen Schluck, um den Glanz des Augenblicks noch zu steigern, und dann fiel ein Tropfen auf mein weißes Jackett, wo er sich sofort ausbreitete wie die Wellen um einen ins Wasser

geworfenen Stein, und ich verspürte plötzlich das Bedürfnis nach frischer Luft. Wir gingen hinaus auf den Parkplatz, wo ich noch einen Schluck machte, und dann verblich der Glanz des Augenblicks und verwandelte sich in Einsamkeit.
Am nächsten Tag erklärte sie mir, sie *gehe* nicht mit Roger, sie habe nur mit ihm *getanzt.* Mit irgend jemand habe sie ja wohl tanzen müssen, nicht wahr? Ich könnte doch nicht erwarten, daß sie auf einen Ball gehe, um dort herumzusitzen, nicht wahr?
Randolph verlor ein Bein in Chickahominy, und als er nach Charleston zurückkam, war der Kotillon 1862 schon vorbei. *»Ich hoffe, es war ein rauschendes Fest und Sie waren die Ballkönigin«, sagte er und lehnte sich an die weiße Säule. »Ach, Randolph«, antwortete sie leise, »der Abend war leer ohne Sie. Ich wurde zum Tanzen aufgefordert, doch mir war nicht nach Tanzen zumute. Ich habe den ganzen Abend hier auf dieser Treppe verbracht, sehnsüchtig die Straße hinuntergesehen und auf Sie gewartet.«*

»Immer wollte ich euch auf eine Europareise einladen und hab es dann doch nie getan«, sagte Charlotte. »Ich wollte euch auf eine romantische Kreuzfahrt schicken, dich und Daddy. Auf die Bermudas, nach Buenos Aires. Oder nach China. Ja, China wäre nicht schlecht. Nicht wahr? Und jetzt ist es zu spät.« Charlotte sah so traurig drein, und Ella beeilte sich zu sagen, daß sie dazu nie die geringste Lust gehabt hätte, worauf Charlotte zornig wurde. »Soll das etwa heißen, daß ich all die Jahre einem Hirngespinst nachgehangen bin?« fragte sie.
»Es war eine nette Idee«, sagte Ella. »Und das ist es doch, was zählt.«
»Es ist die größte Enttäuschung meines Lebens, daß ich euch nie auf Reisen geschickt habe.«
»Ach, komm. Ich bin doch sehr zufrieden. Der Wandervogel in der Familie war mein Bruder. Den brauchte man nicht erst auf Reisen zu schicken, er war schon wieder fort, bevor man überhaupt gemerkt hatte, daß er zurückgekommen war.«

Ihr Bruder Spark war ein Pionier der wobegonischen Luftfahrt gewesen. Mit neunzehn flog er nach St. Louis und zurück. 1925, nach seinem Dienst bei der Luftwaffe, kaufte er sich eine Curtis-Ingham, flog ohne Zwischenlandung von Atlanta bis zur Farm seiner Familie, machte im Bohnenfeld eine Bruchlandung und ging nach Hause, wo er siebenundzwanzig Stunden durchschlief, während die Nachbarn zusammenliefen, um seine Uniform zu bestaunen. Er war groß, gertenschlank, stark wie ein Pferd, hatte einen buschigen Schnurrbart, eine Narbe auf der Wange und immer ein weißes Halstuch. Er war nicht nonstop geflogen, weil er es so eilig hatte, nach Hause zu kommen, sondern weil ihm einfach eine Nonstopnatur angeboren war. Schon am Tag nach der Landung wollte er wieder abfliegen, aber bei der Bruchlandung war die Maschine beschädigt worden, und seine Mutter brach in Tränen aus, wenn er vom Fliegen bloß sprach. Also ließ er sich ein Jahr lang als Farmer nieder, was ihm zutiefst zuwider war, doch im Herbst, sobald die Bohnenernte eingebracht und das Feld somit zum Start frei war, warf er seine Ingham an und erhob sich dröhnend in die Lüfte. Er flog nach Brasilien, er flog zum Nordpol. Fünf Jahre später wurde er bei einem Flug über North Dakota als vermißt gemeldet. Seine Mutter horchte abends auf das Geräusch seiner Maschine. Man hat nie wieder eine Spur von ihm gefunden. Jahre später ließ Ella seinen Namen auf dem Grabstein ihrer Eltern eingravieren.

Der Abschlußjahrgang 1960 hatte durch zweijähriges Autowaschen und dergleichen 322.65 Dollar gespart, ein Betrag, den wir im letzten Schuljahr dank der lukrativen Popcorn- und Eisverkaufskonzession bei Football- und Basketballspielen verdoppeln konnten. Man schlug uns vor, das Geld dem Jugendrotkreuz zu stiften. Im Jahr vorher hatte die Rotkreuzspendenaktion 34 Dollar erbracht, ein Skandal, und deshalb wurden wir bei unserem Klassentreffen im September Vorsitzender James Tollefson von unserer Vorgesetzten Miss Falconer aufgerufen, die Einnahmen aus der Konzession einem guten Zweck zuzuführen. Das Rote Kreuz, erinnerte sie uns, ist immer da, wenn man es braucht, allzeit bereit, bei Hochwasser, Feuer, Erdbeben, Hungersnot und Seuchen Hilfe zu leisten. Viel kleinere Schulen als unsere sammelten jährlich Hunderte Dollars. »Ich habe das Gefühl, ihr seid reif genug, um auch einmal an jene zu denken, die vom Glück weniger begünstigt sind als wir«, sagte sie. Donna Anderson, die Präsidentin des J. R. K., sagte: »Ich glaube, wir könnten mit diesem Geld gar nichts Besseres tun, und es wäre auch, glaube ich, ein großartiges Beispiel für andere Kinder.« Wir lehnten den Vorschlag mit 69 zu 7 Stimmen ab. Darüber ärgerte sie sich so sehr, daß sie sich im Mädchenwaschraum einsperrte. Schließlich war es ja unser Geld, wir konnten selbst bestimmen, wofür wir es ausgeben wollten, und mit Wohltätigkeit hatten wir nichts im Sinn. Wir wollten selber etwas davon haben. Russell schlug vor, ein großes Klassengelage zu veranstalten. »Warum nicht?« fragte er. »Es ist ja unser Geld.« Aber wir waren, wie Donna sich ausdrückte, »eine Klasse mit höheren Idealen«. Das Rote Kreuz gehörte zwar nicht zu unseren Idealen, aber Orgien auch nicht. Die meisten stimmten Donna Bunsen bei, die meinte: »Ich finde, wir sollten mit unserem Geld ein Geschenk für die Schule kaufen, irgend etwas, das später einmal an uns erinnern wird.«

Es war zwar erst September, acht Monate lagen noch vor uns, aber schon jetzt bedrückten uns nostalgische Gefühle und die Vorahnung, daß wir draußen, im wirklichen Leben, nichts Besonderes mehr sein würden. Hier, in diesem stillen kleinen Ententeich, ermutigt von schwärmerischen Lehrern, fühlten wir uns doch *einigermaßen* erwählt und hervorgehoben, aber nach der Schulzeit würden wir in der gesichtslosen Masse untergehen und Erwachsene wie alle anderen werden – alt, ein bißchen müde und enttäuscht –, und wahrscheinlich wird alles schiefgehen: Das College wird zu schwierig sein und uns durchfallen lassen; die Armee wird uns als Feiglinge entlarven; unsere Ehe wird scheitern und die Liebe erkalten. So oder anders werden wir, wie so viele vor uns, früher oder später Schimpf und Schande auf uns laden. Als daher Donna Bunsen sagte: »Ich finde, unser Klassengeschenk sollte etwas Besonderes sein, etwas, auf das wir alle stolz sein können«, hatte sie völlig recht, und sie brauchte gar nicht hinzuzufügen: »Vielleicht wird es eines der letzten Dinge im Leben sein, die uns noch gelingen« – das war uns allen klar. Unsere Vorgänger hatten sich mit ihren Klassengeschenken kein besonderes Denkmal gesetzt. Das Porträt von Henry Ford, gestiftet vom Jahrgang 1920, ehrte einen Mann, an dem niemand etwas lag; die Siegespokalvitrine von 1928 war eher peinlich (da halb leer), und der marmorne Springbrunnen, ein Gruß aus dem Jahre 1931, war reine Geldverschwendung. Der goldene Festsaalvorhang aus dem Jahr 1951 war scheußlich und der Globus in der Bibliothek mehr oder minder unverwendbar. Dieses Geschenk des Jahrgangs 1917 stellte eine Welt dar, die es nicht mehr gab. Eine Shakespeare-Gipsbüste war das Vermächtnis des Jahrgangs 1947, an sich keine schlechte Idee, aber nachfolgende Generationen waren mit Buntstiften darübergegangen, bis der große Dichter aussah wie eine alte Bardame.

Nachdem wir die vom Glück weniger Begünstigten niedergestimmt hatten, bat Vorsitzender Tollefson die Versammlung um Alternativvorschläge und konnte folgendes notieren: (1) ein buntes Glasfenster, (2) ein Klavier, (3) ein Kochkurs für Clara, die Köchin (haha), (4) eine Uhr, (5) ein Gedenkpokal. Jeder dieser Vorschläge fand einige Anhänger, während der Rest von uns stöhnte. Wir hatten uns etwas völlig anderes vorgestellt!

Als sich Marjorie erhob, dachte ich schon, sie würde eine Spende für die Missionen vorschlagen, das hätte ihr ganz ähnlich gesehen. Doch nein, sie fixierte uns mit ihren großen, wäßriggrünen Augen und sagte: »Ich finde, wir sollten unseren Lehrern irgendwie Anerkennung zollen. Wir verdanken ihnen so viel, und wenn wir später einmal zurückschauen, werden wir uns daran erinnern. Deshalb finde ich, das Geschenk sollte ein Dank an unsere

Lehrer sein.« Ich konnte Miss Falconer nicht sehen, weil sie ganz hinten saß, aber vermutlich strahlte sie Marjorie an wie ein Leuchtturm. »Mein Vorschlag wäre deshalb ein Ölgemälde von einer Lehrkraft, die besonders wichtig für uns war, und ich schlage dafür Miss Falconer vor.«

Als sie sich setzte, herrschte rundum nachdenkliches Schweigen. Vorsitzender Tollefson schrieb »Ölgemälde, Miss Falconer« an die Tafel. Dann hörte man Miss Falconers Kette klimpern, und sie selbst stand auf. »Ach, meine liebe Marjorie«, sagte sie schniefend. »Ich habe mich, glaube ich, noch nie zuvor so geehrt gefühlt – deine Idee allein ist schon eine Ehre für mich. Aber ich kann nicht zulassen, daß ihr diesen Vorschlag annehmt, und das sage ich aus tiefster Überzeugung: Es gibt so viele Lehrer, so viele gute Lehrer, die dieser Ehre viel würdiger wären als ich – für mich ist allein die Tatsache, daß es mir vergönnt war, mit so großartigen jungen Menschen wie euch zu arbeiten – nicht nur als Lehrerin, sondern, wie ich hoffe, auch als Freundin –, schon Belohnung genug.«

Dann unterstützte auch Donna Anderson den Vorschlag. Fern Shoenecker forderte eine Abstimmung und sprach sich gegen weitere Alternativvorschläge aus. James wußte nicht recht, ob das den parlamentarischen Regeln entsprach. »Abstimmen!« rief eine Schar Mädchen. »Wir leben in einer Demokratie!« Eva Wirtz zog ihren Kläviervorschlag zurück und war nun auch für das Ölgemälde. Die Mehrzahl der Mädchen applaudierte; die Stimmung schlug eindeutig zugunsten von Miss Falconer in Öl um. Sie bot uns an, den Raum zu verlassen, falls uns das lieber wäre. »Nein! Sie können ruhig dableiben«, riefen die Mädchen. Ich sah Lance an, und er sah mich an. Es drehte uns den Magen um. »Sag doch was«, flüsterte er. Mir fiel dazu nichts ein. Das konnte doch nur ein Witz sein. Wir hatten doch alle Miss Falconer gehabt und wußten, wie sie war. Auf Jungen hatte sie es abgesehen. Beim Chorgesang pickte sie jedesmal mit tödlicher Sicherheit denjenigen heraus, der seinen Part nicht gelernt hatte – sie witterte Angst wie ein Tier –, ließ ihn aufstehen und minutenlang in Grund und Boden versinken. Grausige Vorstellung, daß wir sie jetzt in einem Kunstwerk verewigen sollten, bei dessen Anblick uns noch viele Jahre später das alles wieder hochkommen würde. Miss Falconer war der letzte Mensch, von dem ich mir ein Porträt gewünscht hätte, egal ob in Öl, Fingerfarben oder sonst etwas. Ihr ganz allein war es gelungen, mir die Freude am Chorsingen zu vermiesen. Ja, sie hätte mir beinahe die ganze Musik vermiest.

Der erste Chor, den ich hörte, war der Lutherische. Tante Flos Haus stand genau gegenüber der Lutherischen Kirche, und Sonntag morgens, wenn wir Heiligen Brüder dort auf den Küchenstühlen saßen und eine Melodie zirpten, die von den Hühnern, Enten und Gänsen der Umgebung aufgenommen wurde, hörten wir die Lutheraner ihre Prozessionshymne anstimmen, so lautstark und geschlossen wie eine Rudermannschaft, die sich in die Riemen legt. Ich wußte, wie ketzerisch ihre Lehre und wie wenig einwandfrei ihr Lebenswandel war, daß sie Bier tranken, rauchten und sogar tanzen gingen, aber wenn ich sie singen hörte, dann sah ich die Chorsänger sich in ihren prachtvollen Gewändern aus gesponnenem Gold einen Weg durch die stehende Gemeinde bahnen und beneidete sie um den Reichtum, die Fülle und die Schönheit ihrer Lieder.

Einen Häuserblock weiter stand die Kirche Unserer Lieben Frau von der Unaufhörlichen Verantwortung, und wenn die Lutheraner eine Atempause machten, konnte ich Bruchstücke der Messe hören und Pater Emils Stimme, die in lateinischer Sprache an- und abschwoll – diese mysteriösen Katholiken! Im Frühling, wenn alle Fenster offenstanden und die Vögel zwitscherten, lagen die beiden Chöre in einem wundervollen Wettstreit der Frömmigkeit miteinander, und ich wünschte, ich hätte mit einem von ihnen mitmarschieren können.

Ein warmer Montagmorgen im April – der erste des Jahres, und plötzlich ist es Frühling. Unten pfeift Großmutter leise vor sich hin, und Mutter singt über das Treppengeländer unsere Namen. Ich singe zurück: »Ich habe keine Socken. Wo ist denn bloß mein Hemd? Sie läßt mich nicht ins Bad rein.« Aber es ist tatsächlich Frühling und warm draußen; zum Frühstück betteln wir um den Luxus eines kalten Müslis statt der ewigen Hafergrütze, Mutters Seelennahrung, und ich versuche, nur in der Jacke und ohne Schal aus dem Haus zu kommen, was mir heute sogar gelingt, obwohl Mutter singt: »Das wird dir noch leid tun. Du wirst dich verkühlen. Und gib dann nicht mir die Schuld.« Rasch sause ich zur Tür hinaus, bevor sie es sich anders überlegt, und bin mitten im Frühling. Gestern war es noch bedeckt, trüb, kalt und still (vielleicht hatte ich auch bloß Wachs in den Ohren), aber heute morgen sind die Vögel in hellen Scharen eingefallen, ein ganzes Volk von Rotkehlchen, Wachteln und Lerchen, das aus allen Bäumen und Sträuchern auf meinem Schulweg hervorträllert, Tausende helle Töne, die durch die Luft tanzen wie Lichtreflexe auf dem Wasser. Sie branden gegen diese trostlose, im Schlamm versinkende Stadt, gegen das braune Gras, auf dem die Hunde ihre Spuren hinterlassen haben, und gegen die letzten hartnäckigen Schneeflecken im Wald – und vom Hügel herab kommen mir zwischen den kahlen Alleebäumen Trios, Duos und Quartette von Kindern entgegen, die einen singend, die anderen die Sänger puffend und tretend.

Gloria, wie herrlich, die Schule steht in Brand.
Wir quälen unsre Lehrer, sind außer Rand und Band,
Und stellen den Direktor einfach an die Wand.
Glory, glory, halleluja.
Der Wahrheit Preis und Ehr!
Frau Lehrer schlug mir auf die Finger,
Da haute ich ihr eine Birne,
eine faule, an die Stirne,
jetzt kommt sie nimmermehr.

Und dann, in der Klasse, stehen wir an unseren Pulten und singen aus voller Kehle: »Kein schöner Land in dieser Zeit als nur das unsre weit und breit, wo wir uns finden wohl unter Linden zur Frühlingszeit.« Erst als wir uns setzen und Mrs. Swenson sagt: »Nehmt ein sauberes Blatt und schreibt die Zahlen eins bis fünfzehn darauf«, fällt mir plötzlich wieder ein, was mir heute so im Magen liegt. Es ist nicht dieser Test – Zeitgeschichte ist mein Lieblingsfach. Nein, am Montag steht Chorgesang auf dem Stundenplan, und wir werden heute wieder alle in den Speisesaal gehen müssen, wo Miss Falconer uns die drei Lieder eindrillen wird, die sie uns schon seit Januar für das Bezirkschorsingen im Mai einzudrillen versucht und die wir letzten Montag noch schlechter gesungen haben als am Anfang, am allerschlechtesten wir Tenöre.

Miss Falconer ist eine elegante Dame, beinahe eine Herzogin im Vergleich zu unseren Müttern – sie trägt echten Schmuck, Schneiderkostüme, Bleistiftabsätze und weiße Rüschenblusen, und ihre mit kostbaren Edelsteinen besetzten Brillen hängen an einer Perlenkette um ihren Hals. Sie ist so schön wie ein Fotomodell aus einem Modeheft, und wenn sie mich ansieht, muß ich die Augen niederschlagen. »Sieh mich an!« bellt sie. »Wie willst du denn im Takt singen, wenn du mich nicht ansiehst? Ich stehe hier, um euch zu dirigieren.«

Mit dem Takt haben wir Tenöre nicht so große Schwierigkeiten wie mit den Noten. Wir sind immer ein bißchen hintennach, weil jeder darauf wartet, daß sein Nachbar den Ton anstimmt und er ihn dann nur nachsingen muß. Und für den Fall, daß es der falsche Ton war, singen wir nur ganz leise. »Ich kann die Tenöre nicht hören«, hat sie Hunderte Male gesagt. »Seht mich an. Schaut auf meine Hände. Und –« Und wir singen noch falscher, so falsch, daß sie uns unterbricht und stöhnend sagt: »So schwer kann das doch nicht sein, Kinder.«

Es ist schwer. Sie hat drei schwierige Lieder ausländischer Komponisten ausgesucht. »Serenade« von DesCanzi, »O großer Pa-

payabaum« von Del Monte und »April ist es im Antlitz meiner Liebsten« von Morley. »April ist es im Antlitz meiner Liebsten / Und in ihren Augen wohnt der Juli / An ihrem Busen lieget der September / In ihrem Herz jedoch herrscht eisiger Dezember.« Wenn ich von ihrem Busen singe, sehe ich Miss Falconer in Unterwäsche vor mir, mit Blättern zwischen den Brüsten. Manche Tenöre können diese Stelle überhaupt nicht ohne Schnauben und Prusten singen, seit Bill Swenson einmal gesungen hat: »An ihrem Busen liegt Bill Swenson.«

»Vielleicht«, meinte Mrs. Swenson einmal, »vielleicht würde mehr dabei herauskommen, wenn man sie etwas wie ›Im Tal des Roten Flusses‹ singen ließe.«

Miss Falconer warf ihr einen vernichtenden Blick zu. »Ich denke nicht daran, sie wie kleine Kinder zu behandeln«, sagte sie. »Sie müssen eben einmal lernen, daß Musik etwas ist, das sehr viel Mühe und Einsatz erfordert. Man kann schließlich nicht sein Leben lang Cowboylieder singen. Hört euch das mal an.« Sie legte eine Platte auf, auf der ein englischer Knabenchor »April ist es im Antlitz meiner Liebsten« sang. »Diese Jungen sind gleich alt oder sogar jünger als ihr«, sagte sie und spielte uns die Platte ein zweites Mal vor. Wir verachteten sie, diese kleinen Ekel, sie und ihre hellen Stimmchen. Aber Miss Falconer gab nicht auf. »Es heißt April! April! Nicht Aprül!« rief sie. »Macht den Mund auf. Seht mich an. Denkt doch an das, was ihr singt. Und –«

Und – wir sangen ganz leise, warteten, daß der Nachbar den richtigen Ton anstimmte, und dachten an Busen. Jetzt ist wieder Montag und »April ist es im Antlitz meiner Liebsten«. Ich sitze neben Jerry Swedeen, als viertletzter in der Reihe der Tenöre, und starre auf Donna Bunsens Nacken, während Miss Falconer mit dem Bleistift auf das Notenpult klopft. »Tenöre«, sagt sie, »ihr werdet mir jetzt jeder einzeln vorsingen, damit ich weiß, was ihr könnt. Jeder singt allein.«

Jeder allein. Das ist der Tod. Mir ist das Herz stehengeblieben.

Nein, ist es nicht – es schlägt wie wild. Mein Gesicht glüht. Die Mädchen stoßen einander an, flüstern und grinsen schadenfroh zu uns herüber.
»James«, ruft sie. James steht auf. Er kann seinen Part immer. Er lernt Klavier und ist dadurch natürlich im Vorteil. »Sehr gut. Danke. Bill –« Bill hat das Lied jetzt von James gelernt. »Sehr schön. Jerry?«
Dank James und Bill hätte ich das Lied schon fast gekonnt, aber Jerry macht alles wieder zunichte. Er singt, daß einem die Ohren krachen. Miss Falconer befiehlt ihm, sich zu setzen. »Ihr Mädchen – ich höre euch flüstern. Du kannst dich setzen, Jerry. Gary?«
»Ich fühle mich nicht ganz wohl, Miss Falconer.«
»Wenn du gesund genug bist, um zur Schule zu gehen, dann kannst du auch singen.«
»Ich glaube nicht. Ich fühle mich wirklich nicht wohl.« Das ist die reine Wahrheit. Ich fühle mich elend. Zu Mittag gab es Brote, belegt mich etwas Gelblichem – Hühnchen in Aspik mit grünen Bohnen, Mayonnaise und gestoßenen Walnüssen –, ich glaube allen Ernstes, wenn ich jetzt aufstehen und vor allen singen müßte, dann würde dieses ganze Mittagessen –
»Fang an«, sagt sie.
Ich stehe auf. Eine Minute lang studiere ich die Noten, als ob – als ob sie mir in den Mund springen würden, wenn ich sie nur intensiv genug fixiere.
»April ist es im Antlitz meiner Liebsten/und in ihren Augen wohnt der Juli«, murmle ich, und dann, bei dem Gedanken daran, was jetzt kommt, versagt mir die Stimme ihren Dienst. Die Mädchen kichern. Miss Falconer sieht mich nicht einmal an. »Das reicht!« bellt sie.
Beschämt komme ich heim und verdrücke mich in den Garten. Ich bin nicht sehr hungrig, danke. Hackbraten, nein danke.
Ich spüle mit meiner älteren Schwester das Geschirr. Sie singt ein Lied, das wir immer beim Geschirrspülen singen, aber mir

ist heute nicht nach Singen zumute, also singt sie es mit meiner Mutter.

Sag mir, wer den Efeu ranken hieß,
Sag, mir, wer die Sterne leuchten ließ.
Sag mir, wer das Blau in den Himmel schrieb,
Dann sag ich dir, warum ich dich lieb.

Weil Gott die Sterne leuchten ließ,
Weil Gott den Efeu ranken hieß,
Weil Gott das Blau in den Himmel schrieb,
Weil Gott dich schuf, drum hab ich dich lieb.

Ich gehe in mein Zimmer, lasse mich bäuchlings aufs Bett fallen und frage mich, warum Gott mein Leben so kompliziert gemacht hat. Es ist mein größter Wunsch zu singen – ich möchte ein berühmter Sänger sein, wie Elvis, Ezio Pinza oder George Beverly Shea, möchte im Scheinwerferlicht auf der Bühne stehen – und wenn ich den Mund aufmache, soll meine großartige Stimme erschallen, die die Zuhörer schwach werden läßt, weil sie aus ihr heraushören, daß das Leben nicht schrecklich ist, sondern unwahrscheinlich schön. Aber wenn ich den Mund aufmache, kommt bloß leises Entengequake heraus, schreckliche Töne, ein Brummen und Winseln. Mein Herz strömt über von Gefühlen, aber singen kann ich nicht die Bohne.
Wie schon so oft, versuche ich mich wieder aufzurichten, indem ich eine Platte auflege und mir einbilde, der Sänger zu sein. Mein Onkel Tommy, der in Minnesota auf der Universität war und es zu etwas gebracht hat, hat mir eine Erinnerungsplatte geschickt, auf der der Universitätschor und Mr. Roy Schuessler, Bariton, »Heil dir, Minnesota« singen. Ich suche also die Platte heraus und stelle mir vor, daß Heldengedenktag ist und sechzigtausend Leute ins Memorial Stadion gekommen sind, um die Toten zu ehren und mich, Roy Schuessler, und den Chor die Landeshymne singen zu hören. Unter den Anwesenden sind der Gouver-

neur, Bürgermeister und geistliche Würdenträger, und fünftausend Pfadfinder haben mit amerikanischen Flaggen in der Hand Aufstellung genommen; meine Familie ist eigens aus diesem Anlaß aus Lake Wobegon angereist, und nach der Vorstellung werden wir in ein schickes Restaurant gehen und Sirloin-Steaks mit Pommes frites essen.
Und nun ist der große Augenblick gekommen. Sechzigtausend Menschen erheben sich, und im ganzen Stadion wird es mäuschenstill, während ich die Platte auf den Plattenteller lege und dann hocherhobenen Hauptes, mit ausgebreiteten Armen am Fußende des Bettes stehe, vor mir die Wand, diese unübersehbare Wand von Gesichtern, die alle auf mich gerichtet sind.
Gerade als die erste Zeile über meine Lippen kommt, betritt Mutter mit einem Armvoll Wäsche das Zimmer – geht zwischen mir und dem Chor zur Kommode und legt die Socken in die oberste Lade. Der Gouverneur, die Sechzigtausend verblassen – das Lied geht weiter.
»Was machst du denn da?« fragt sie.
»Ich übe«, sage ich. »Für Chorgesang.«

Miss Falconers Porträt wurde für 400 Dollar von einer Kunststudentin gemalt, aber nach dem zu schließen, wie es aussah, scheinen sich die beiden Frauen nicht allzu gut vertragen zu haben. Die Künstlerin hatte von ihrem Modell offenbar einen ähnlichen Eindruck wie wir: Die Dargestellte, die einen Bleistift gegen den Betrachter richtet, sieht nicht nur ziemlich finster drein, sondern hat außerdem ein gerötetes Gesicht und schielt ein ganz klein wenig. Auf ihrer Oberlippe ist, kaum merklich, der Anflug eines Schnurrbarts zu erkennen.
Das Bild wurde am letzten Schultag des Jahres 1960 bei einer Schulversammlung enthüllt, doch obwohl Miss Falconer es schon gesehen hatte und obwohl sie das nicht gut laut sagen konnte, fand sie es grauenvoll. Sie fand es so grauenvoll, daß sie, wenn sie es anschaute, genauso aussah wie auf dem Bild: gereizt.

Als besondere Überraschung standen wir ehemaligen Tenöre auf und sangen »Im Tal des Roten Flusses«, gar nicht bedenkend, daß es nicht eben zu ihren Lieblingsliedern zählte. »Komm und setz dich neben mich, wenn du mich liebst, und laß dir mit dem Abschiednehmen Zeit«, sangen wir traurig und ahnungsvoll, dann gingen wir zum Bus, fuhren nach St. Cloud und gaben den Rest unseres Geldes für ein Klassenessen aus, bei dem wir einander versprachen, den Kontakt nicht abreißen zu lassen und für immer Freunde zu bleiben.

Henry Miller
Der dritte oder vierte Frühlingstag

Warm pissen und kalt trinken, wie Trimalchio sagt, weil unsere Mutter, die Erde, in der Mitte ist, rund, rundlich wie ein Ei, und alle guten Sachen in sich hat, gleich einer Honigwabe.

Das Haus, in dem ich die wichtigsten Jahre meines Lebens verbracht habe, hatte nur drei Zimmer. Eines war das Zimmer, in dem mein Großvater starb. Bei der Beerdigung empfand meine Mutter einen so heftigen Kummer, daß sie meinen Großvater fast aus dem Sarg zerrte. Er sah lächerlich aus, mein Großvater, wie er mit den Tränen seiner Tochter weinte. Er sah aus, als weine er über sein eigenes Leichenbegängnis.
In einem anderen Zimmer gebar meine Tante Zwillinge. Als ich hörte, daß es Zwillinge waren, obgleich sie doch so mager und dürr war, fragte ich mich: Warum Zwillinge? Warum nicht Drillinge? Warum nicht Vierlinge? Warum überhaupt aufhören? So mager und abgezehrt war sie, und das Zimmer so klein – mit grünen Wänden und einem schmutzigen, eisernen Ausguß in der Ecke. Und doch war es das einzige Zimmer im Haus, in dem Zwillinge zur Welt kommen konnten – oder Drillinge oder Esel. Das dritte Zimmer war eine Kammer, wo ich mir die Masern holte, die Windpocken, Scharlach, Diphtherie und so weiter, alle die lieblichen Kinderkrankheiten, welche die Zeit so schön lang machen in ewigdauernder Seligkeit und Angst, besonders wenn die Vorsehung für ein Gitterfenster über dem Bett gesorgt hat, an dem sich Menschenfresser hochziehen, und für Schweißtrop-

fen so dick wie Karbunkel, Schweiß, der dahinströmt wie ein reißender Fluß, üppig wuchernde Schweißperlen, als wenn immer tropischer Frühling wäre, mit Händen, dick wie Lendenfilets, und Füßen, schwerer als Blei oder leichter als Schnee, Füße und Hände getrennt durch Zeitozeane oder unberechenbare Lichtbreitengrade, der kleine Gehirnpickel in der Masse verborgen wie ein Sandkorn, während die Zehennägel selig unter den Ruinen Athens vermodern. In diesem Zimmer habe ich nur fade Redensarten gehört. Bei jeder neuen liebenswerten Krankheit wurden meine Eltern immer idiotischer. (»Denk dir nur, als du ein ganz kleines Kindchen warst, habe ich dich zu dem Ausguß getragen und zu dir gesagt: Du willst doch jetzt sicher nicht mehr aus der Flasche trinken, mein Liebling, nicht wahr? Da hast du nein gesagt, und da habe ich die Flasche im Ausguß zerschlagen.«) In dieses Zimmer trat mit Engelsschritten (»mit Engelsschritten«, sagte General Smerdiakow) Fräulein Sonowska, eine Jungfrau unbestimmten Alters in einem grün-schwarzen Kleid. Sie führte den Geruch alten Käses mit sich – ihr Geschlecht war unter dem Kleid ranzig geworden. Aber Fräulein Sonowska brachte auch die bei der Plünderung Jerusalems angefallene Beute mit, vor allem die Nägel, die Christi Hände so durchbohrten, daß die Löcher nie wieder verschwanden. Nach den Kreuzzügen der Schwarze Tod, nach Kolumbus die Syphilis, nach Fräulein Sonowska die Schizophrenie.

Schizophrenie! Niemand denkt sich mehr, wie wunderbar es ist, daß die ganze Welt krank ist. Man hat keinen Vergleichspunkt, keinen Gesundheitsmaßstab mehr. Gott könnte auch der Typhus sein. Nichts Absolutes mehr. Nur Lichtjahre verzögerten Fortschritts. Wenn ich an all die Jahrhunderte denke, in denen Europa sich mit dem Schwarzen Tod herumgeschlagen hat, begreife ich, wie herrlich das Leben sein kann, wenn wir nur an der richtigen Stelle gebissen werden. Tanz und Fieber inmitten jenes Verderbens! So ekstatisch wird Europa vielleicht nie wieder tanzen. Und erst die Syphilis! Das Erscheinen der Syphilis!

Wie ein Morgenstern ging sie auf, der über dem Saum der Welt hängt.
Im Jahre 1927 saß ich in der Bronx und hörte einem Mann zu, der aus dem Tagebuch eines Rauschgiftsüchtigen vorlas. Der Mann brachte kaum ein Wort heraus, so lachte er. Zwei gänzlich verschiedene Phänomene: ein Mann, der in Luminal liegt, so gestreckt, daß seine Füße zum Fenster herausragen, während sein Oberkörper in Ekstase ist, und der andere (der derselbe Mensch ist) sitzt in der Bronx und hält sich vor Lachen den Bauch, weil er nicht begreift.
Ah, der große Stern der Syphilis ist im Untergehen. Schlechte Sicht: Wetterbericht für die Bronx, für Amerika, für die ganze moderne Welt. Schlechte Sicht, begleitet von Lachstürmen. Keine neuen Sterne am Horizont. Katastrophen – nichts als Katastrophen.
Ich denke an jene kommende Zeit, wenn Gott wiedergeboren wird, wenn die Menschen für Gott kämpfen und töten werden, wie sie jetzt und noch lange um Nahrung kämpfen. Ich denke an diese zukünftige Zeit, wenn die Arbeit vergessen sein wird und die Bücher den ihnen zukommenden Platz im Leben einnehmen, wo es dann vielleicht keine Bücher mehr geben wird, sondern nur ein großes Buch – eine Bibel. Für mich ist das Buch der Mensch, und mein Buch ist der Mensch, der ich bin, der verstörte, nachlässige, unbesonnene, wollüstige, obszöne, lärmende, nachdenkliche, gewissenhafte, lügnerische, teuflisch aufrichtige Mensch, der ich bin. Ich glaube, daß ich in jener kommenden Zeit nicht übersehen werde. Dann wird meine Geschichte wichtig werden, und die Narbe, die ich im Gesicht der Welt zurücklasse, wird dann ihren Sinn erhalten. Ich kann nicht vergessen, daß ich Geschichte mache, eine Geschichte ganz auf der Seite, die wie ein venerisches Geschwür die andere sinnlose Geschichte wegfressen wird. Ich betrachte mich nicht als Buch, als Schallplatte, als Dokument, sondern als eine Geschichte unserer Zeit – *aller* Zeiten. Wenn ich unglücklich in

Amerika war, wenn ich mich nach mehr Raum, mehr Abenteuern, mehr Ausdrucksfreiheit sehnte, so deshalb, weil ich diese Dinge brauchte. Ich bin Amerika dankbar, daß es mir meine Bedürfnisse zum Bewußtsein gebracht hat. Ich habe dort meine Strafe abgebüßt. Gegenwärtig habe ich keine Bedürfnisse, ich bin ein Mensch ohne Vergangenheit und ohne Zukunft. *Ich bin* – das ist alles. Ich pfeife auf das, was euch gefällt oder nicht gefällt. Es macht mir wenig aus, ob ihr überzeugt oder nicht überzeugt seid, daß das, was ich sage, so ist oder nicht so ist. Es ist mir vollständig gleichgültig, ob ihr mich gegenwärtig fallenlaßt. Ich bin kein Zerstäubungsapparat, aus dem ihr ein dünnes Hoffnungsstäubchen herausdrücken könnt. Ich sehe, wie Amerika Unheil ausstreut. Ich sehe Amerika als schwarzen Fluch über der Welt. Ich sehe, wie sich eine lange Nacht über die Welt niedersenkt, und wie dieser Pilz, der sie vergiftet hat, an den Wurzeln abstirbt.

Und so schreibe ich mit einer Vorahnung des Endes – ob es nun morgen oder erst in dreihundert Jahren eintritt – fieberhaft dieses Buch. So kommt es auch, daß ich meine Gedanken dann und wann stoßweise ausspucke, daß ich die Flamme immer wieder anzünden muß, nicht allein mit Mut, sondern auch mit Verzweiflung – weil es keinen gibt, der diese Dinge für mich sagen könnte. Ich schwanke und taste, mein Suchen nach allen möglichen Ausdrucksmitteln ist so etwas wie göttliches Stottern. *Ich bin von dem prächtigen Zusammenbruch der Welt geblendet.*

Jeden Abend nach dem Essen bringe ich den Abfall in den Hof. Wenn ich wieder nach oben komme, bleibe ich mit leerem Eimer an dem Treppenfenster stehen und schaue mir Sacré Cœur an, hoch auf dem Montmartrehügel gelegen. Jeden Abend, wenn ich den Abfall nach unten bringe, stelle ich mir vor, wie ich selbst in blendender Weiße auf einem hohen Hügel stehe. Kein heiliges Herz inspiriert mich, ebensowenig denke ich an Christus. Ich denke an etwas Besseres als Christus, an etwas Größeres als ein Herz, an etwas, was noch über Gott den

Allmächtigen geht – *an mich selbst. Ich bin ein Mensch.* Das scheint mir genug.
Ich bin ein Gottmensch und ein Teufelsmensch. Jedem, was ihm gebührt. Nichts Ewiges, nichts Absolutes. Vor mir immer das Bild des Körpers, unser dreieiniger Gott, *Penis* und *Hoden.* Auf der Rechten Gott Vater, auf der Linken und ein wenig tiefer Gott Sohn, inmitten und über ihnen der Heilige Geist. Nie kann ich vergessen, daß diese heilige Dreieinigkeit Menschenwerk ist, daß sie unendlichen Veränderungen unterliegt – aber so lange wir mit Armen und Beinen aus der Gebärmutter kommen, so lange Sterne über uns sind, uns rasend zu machen, und Gras unter unseren Füßen wächst, um die Wunder in uns mit weichem Polster zu empfangen, so lange wird dieser Körper zu allen Melodien tanzen, die wir pfeifen mögen.
Es ist heute der dritte oder vierte Frühlingstag, und ich sitze im vollen Sonnenschein an der Place Clichy. Heute, wo ich so in der Sonne sitze, sage ich euch, daß es einen Dreck ausmacht, ob die Welt vor die Hunde geht oder nicht, daß es gar nichts bedeutet, ob die Welt recht oder unrecht hat, ob sie gut oder schlecht ist. Sie ist – und das genügt. Die Welt ist, was sie ist, und ich bin, was ich bin. Ich sage das nicht mit gekreuzten Beinen wie ein dahockender Buddha, sondern aus einer fröhlichen und gut fundierten Weisheit heraus, aus einer inneren Sicherheit. Dieses Äußere dort und dieses Innere in mir, all dieses, *alles* ist das Ergebnis unerklärlicher Kräfte. Ein Chaos, dessen Ordnung über unser Fassungsvermögen geht – über das *menschliche* Fassungsvermögen.
Als menschliches Wesen, das im abendlichen Zwielicht, in der Morgendämmerung, zu sonderbaren unirdischen Stunden einherwandelt, stärkt mich das Gefühl, allein und einzigartig zu sein, in einem solchen Maße, daß, wenn ich mit der Menge gehe und kein menschliches Wesen mehr zu sein scheine, sondern nur noch ein Staubkörnchen, ein Fleckchen Spucke – daß ich mir vorstelle, ich wäre allein im Raum, ein einzelnes Wesen,

umgeben von den prächtigsten leeren Straßen, ein menschlicher Zweifüßler zwischen Wolkenkratzern, aus denen alle Bewohner geflohen sind, während ich allein singend einherschreite und der Erde Befehle erteile. Ich brauche nicht in der Westentasche zu suchen, um meine Seele zu finden, ich spüre sie die ganze Zeit, wie sie gegen meine Rippen hämmert, anschwillt und sich aufbläht, weil sie voll von Liedern ist. Wenn ich gerade eine Versammlung verließe, wo man sich darüber geeinigt hätte, daß alles, wenn ich jetzt allein und Gott gleich durch die Straßen gehe, tot ist, wüßte ich, daß das eine Lüge ist. Die Tatsache des Todes steht mir beständig vor Augen, aber dieser Tod der Welt, der ununterbrochen weitergeht, bewegt sich nicht von der Peripherie her auf mich zu, um mich zu verschlucken, dieser Tod ist mir direkt vor den Füßen, er bewegt sich von mir weg nach außen hin, mein eigener Tod ist mir stets um einen Schritt voraus. Die Welt ist der Spiegel meines eigenen Todes, wobei die Welt nicht mehr stirbt als ich, denn ich werde in tausend Jahren lebendiger sein als in diesem Augenblick, und die Welt, in der ich jetzt meinen Geist aushauche, dann ebenfalls lebendiger als jetzt, obschon sie tausend Jahre tot ist. Wenn jedes Ding bis zum Ende durchlebt wird, gibt es keinen Tod, kein Bedauern, ebenso wie es keinen falschen Frühling gibt. Jeder gelebte Augenblick öffnet einen größeren, weiteren Horizont, dessen einziger Ausweg das Leben ist.

Die Träumer träumen nur vom Hals ab, während ihr übriger Körper fest an den elektrischen Stuhl geschnallt ist. Eine neue Welt erdenken heißt, sie täglich leben, jeder Gedanke, jeder Blick, jeder Schritt, jede Gebärde tötet und schafft neu, wobei der Tod immer einen Schritt voraus ist. Auf die Vergangenheit zu spucken genügt nicht. Die Zukunft zu verkünden genügt nicht. Man muß handeln, als ob der nächste Schritt der letzte wäre, was er ja ist. Jeder Schritt vorwärts ist der letzte, mit ihm stirbt eine Welt, das eigene Selbst eingeschlossen. Wir sind hier auf einer Erde, die niemals enden wird, die Vergangenheit hört

nie auf, die Zukunft wird nie beginnen, die Gegenwart nie enden. Diese Welt des Niemals – Niemals, die wir in unseren Händen halten und sehen, und die doch nicht wir selbst ist. Wir sind das, was nie ein Ende findet, nie zu erkennbarer Form gestaltet wird, alles ist darin und doch nicht das Ganze, die Teile so viel größer als das Ganze, daß nur der Mathematiker Gott sich dabei auskennt.
Lachen! riet Rabelais. Für alle deine Leiden – Lachen! Aber bei Jesus, es ist schwer, nach all den Quacksalbereien, die wir haben hinunterschlucken müssen, sich diese Weisheit der heiligen Heiterkeit anzueignen! Wie kann man lachen, wenn die innere Magenhaut zerfressen ist? Wie kann man lachen nach all dem Jammer, mit dem uns die teiggesichtigen, hohlwangigen, traurigen, schmerzlich dreinblickenden, feierlichen, ernsten, seraphischen Geister vergiftet haben? Ich verstehe die Perfidie, mit der sie zu Werke gegangen sind. Ich verzeihe ihnen ihr Genie. Aber es ist schwer, sich von all der Trauer zu befreien, die sie geschaffen haben.
Wenn ich an all die Fanatiker denke, die gekreuzigt wurden, und an jene, die keine Fanatiker, sondern reine Idioten waren, und die alle um einer Idee willen hingemetzelt wurden, so stiehlt sich ein Lächeln auf mein Gesicht. Versperrt jeden Fluchtweg, sage ich. Schlagt mir den Sargdeckel über das neue Jerusalem fest zu! Laßt uns hart gegen sie losgehen, Bauch gegen Bauch, ohne Hoffnung. Gewaschen oder ungewaschen, Mörder und Evangelisten, die Teig- und die Dreiviertelmondgesichter, die Wetterfahnen und die Ohrfeigengesichter – treibt sie nur nahe zusammen, laßt sie für ein paar Jahrhunderte in dieser Sackgasse schmoren!
Entweder ist die Welt zu schlaff oder ich bin nicht hart genug. Wenn ich unverständlich würde, würde man mich sofort verstehen. Der Unterschied zwischen Verstehen und Nichtverstehen ist haarfein, noch feiner, ein Unterschied von einem Millimeter, ein Raumfaden zwischen China und dem Neptun. Wie sehr ich

auch aus dem Gleichgewicht gerate, das Verhältnis bleibt dasselbe, es hat nichts mit Klarheit, Genauigkeit und so weiter zu tun – *das Und-so-weiter* ist wichtig! Der Geist macht Schnitzer, weil er ein zu genaues Instrument ist. Die Fäden brechen an den Mahagoniastknoten, an dem Zeder- und Ebenholz fremder Materie. Wir sprechen von der Wirklichkeit, als wäre sie mit unseren Maßstäben meßbar, eine Klavierübung oder eine Physikstunde. Der Schwarze Tod kam mit der Rückkehr der Kreuzfahrer, die Syphilis kam mit der Rückkehr des Kolumbus. *Auch die Wirklichkeit wird kommen. In erster Linie Wirklichkeit,* sagt mein Freund Cronstadt. Das stammt aus einem Gedicht, das auf dem Meeresboden geschrieben wurde.

Wenn man diese Wirklichkeit vorherbestimmen will, kann man um einen Millimeter, aber auch um eine Million Lichtjahre vorbeiraten. Der Unterschied ist eine durch den Winkel sich schneidender Straßen gebildete Größe. Eine Größe ist eine Funktionsstörung, die dadurch geschaffen wird, daß man versucht, sich in einen bestimmten Beziehungsrahmen hineinzuquetschen. Eine Beziehung ist ein Entlassungsschreiben eines ehemaligen Arbeitgebers, das heißt, von einem alten Leiden abgesonderter Eiterschleim.

Diese Gedanken stammen von der Straße, genus epileptoid. Man geht mit der Gitarre aus, und die Saiten reißen – weil die Idee kein morphologisch geeignetes Aufnahmegefäß findet. Um den Traum zurückzurufen, muß man die Augen geschlossen halten und darf sich nicht rühren, die geringste Bewegung, und der ganze Aufbau fällt zusammen. Auf der Straße setze ich mich den zerstörenden, auflösenden Elementen aus, die mich umgeben. Ich lasse jedes Ding Raubbau an mir treiben. Ich lehne mich vor, um die geheimen Vorgänge zu erspähen, nicht um zu befehlen, sondern um zu gehorchen.

Große Blöcke meines Lebens sind für immer verschwunden, gewaltige Strecken zerstört, verschwendet in Unterhaltung, in Tätigkeit, Erinnerung und Träumen. Es gab nie eine Zeit, wo ich nur *ein* Leben lebte, das Leben eines Ehemannes, eines Verliebten, eines Freundes. Wo ich auch war, womit ich mich auch beschäftigte, ich lebte *vielfache* Leben. So ist alles, was ich gern als meine eigene Geschichte betrachten möchte, verloren, ertränkt, unauflöslich verwoben mit dem Dasein, der Tragödie, den Geschichten anderer.

Ich bin ein Mensch der alten Welt, ein vom Wind vertragenes Samenkorn, das auf dem Treibhausboden Amerikas nicht zur Blüte kam. Ich gehöre zu dem dicken alten Baum der Vergangenheit. Körperlich und geistig bin ich mit europäischen Menschen verwandt, mit jenen, die einst Franken, Gallier, Wikinger, Hunnen, Tataren und wer weiß noch was waren. Das für meinen Körper und meine Seele geeignete Klima ist hier, wo Vitalität und Korruption blühen. Ich bin stolz, nicht diesem Jahrhundert anzugehören.

Für jene Sterngucker, die dem Akt der Offenbarung nicht folgen können, füge ich hier einige horoskopische Pinselstriche zur Illustrierung *meines Universums des Todes* bei.

Ich bin der Krebs *Schanker*, der sich beliebig seitwärts, rückwärts und vorwärts bewegen kann. Ich bewege mich in sonderbaren Wendekreisen und handle mit hochgradig explosiven Stoffen, flüssigen Salben, Jaspis, Myrrhe, Smaragden, gerilltem Rotz und Stachelschweinzehen. Weil Uranus meinen Längengrad kreuzt, bin ich unmäßig versessen auf geschlechtliche Dinge, heißes Schweinsgekröse und Wasserflaschen. Neptun beherrscht meinen Aszendenten. Das bedeutet, daß ich aus einer wässerigen Flüssigkeit bestehe, wankelmütig, abenteuerlustig, unzuverlässig, ungebunden und flüchtig bin. Auch streitsüchtig. Wenn ich Feuer unter dem Hintern habe, kann ich den Prahlhans oder den Spaßmacher spielen und nehme es darin mit jedem auf, unter welchem Zeichen er auch geboren sei. Dies ist ein Selbstporträt, das nur die fehlenden Teile zeigt – einen Anker, eine Speisesaalglocke, die Reste meines Bartes, das Hinterteil einer Kuh. Kurz, ich bin ein fauler Bursche, der seine Zeit verschwendet.

Ich habe trotz meiner Bemühungen gar nichts herzuzeigen außer meinem Genie. Aber selbst im Leben eines müßigen Genies kommt eine Zeit, wo es zum Fenster gehen und das überflüssige Gepäck hinauskotzen muß. Wenn man ein Genie ist, muß man das tun, wäre es auch nur, um sich selbst eine kleine, begreifliche Welt aufzubauen, die nicht wie eine Wanduhr ewig zu laufen scheint und doch nach acht Tagen stillsteht. Und je mehr Ballast man über Bord wirft, desto höher steigt man in der Achtung seiner Nachbarn, bis man sich ganz allein in der Stratosphäre befindet. Dann bindet man sich einen Stein um den Hals und springt mit den Füßen zuerst. Das führt die vollständige Zerstörung jeder mystischen Traumdeutung sowie der durch Salben entstandenen merkurialischen Wundentzündung herbei. Man spart dann den Traum für die Nacht auf und hält sich bei Tage den Bauch vor Lachen.

Wenn ich daher in der Bar des Märchendäumlings stehe und die Menschen mit grinsenden Gesichtern aus den Falltüren der Hölle kommen sehe, wie sie mit Flaschenzügen und Hosenträgern Lokomotiven, Klaviere und Spucknäpfe ziehen, sage ich mir: »Großartig! Großartig! Dieser ganze Plunder, diese ganze Maschinerie kommt zu mir auf einem silbernen Tablett! Großartig, einfach wunderbar! Ein Gedicht, das entstand, während ich im Schlaf lag.«

Das wenige, was ich über Schreiben gelernt habe, läuft hierauf hinaus: *Es ist nicht das, was die Leute sich vorstellen.* Es ist jedesmal, mit jedem einzelnen eine völlig neue Sache. Valparaiso zum Beispiel. Wenn ich Valparaiso sage, bedeutet das durchaus nicht mehr, was es früher bedeutet hat. Es kann eine englische Hure bedeuten, der alle Vorderzähne fehlen, während der Schankwirt mitten auf der Straße steht und nach Kunden sucht. Es kann einen Engel im seidenen Hemd bedeuten, der seine behenden Finger über eine schwarze Harfe gleiten läßt. Es kann auch eine Odaliske bedeuten, die ein Moskitonetz um ihre Hinterbacken geschlungen hat. Es kann alles dies bedeuten oder nichts von

allem, aber auf jeden Fall kann man sicher sein, daß es etwas anderes, etwas Neues bedeutet. Valparaiso ist immer fünf Minuten vor dem Ende, ein wenig diesseits von Peru oder vielleicht drei Zoll näher. Es ist der perspektivische Quadratzoll, den man fieberhaft abmißt, weil man Feuer unter dem Hintern hat und der Heilige Geist einem die Eingeweide benagt – die orthopädischen Fehler eingeschlossen. Es bedeutet »warm pissen und kalt trinken«, wie Trimalchio sagt, »weil unsere Mutter, die Erde, in der Mitte ist, rund, rundlich wie ein Ei, und alle guten Sachen in sich hat, gleich einer Honigwabe«.
Und nun, meine Damen und Herren, mit diesem kleinen Universalbüchsenöffner, den ich in der Hand halte, werde ich nun eine Büchse Sardinen öffnen. Mit diesem kleinen Büchsenöffner, den ich in der Hand halte, kann ich sowohl eine Büchse Sardinen wie auch eine Drogerie öffnen. Es ist der dritte oder vierte Frühlingstag, wie ich bereits mehrmals gesagt habe, und wenn es auch ein armer, schäbiger Frühling ist mit lauter Erinnerungen, macht mich das Thermometer wild wie eine Bettwanze. Sie haben sich sicher gedacht, ich hätte die ganze Zeit auf der Place Clichy gesessen und vielleicht einen Apéritif getrunken. Gesessen habe ich freilich dort, aber das war vor zwei oder drei Jahren. Und ich war auch tatsächlich in der Däumlingsbar, aber das war vor langer Zeit, und seitdem hat mir ein Krebs die Eingeweide benagt. All dies begann in der Untergrundbahn mit dem Satz: *»L'homme que j'étais, je ne le suis plus.«*
Als ich am Güterbahnhof vorbeiging, wurde ich von zwei Ängsten geplagt – die eine war, daß mir die Augen, wenn ich sie ein bißchen höher erhöbe, aus dem Kopf springen würden, die andere, ich könnte meinen After verlieren. Eine so starke Spannung, daß jede Begriffsbildung sofort rhomboidisch wurde. Ich stellte mir vor, es würde ein Weltfeiertag eingeführt, damit die Menschen über die Statik nachdenken könnten. An diesem Tage gäbe es so viele Selbstmorde, daß man nicht genug Eisenbahnwaggons herbeischaffen könnte, um die Toten zu sammeln.

Am Eingang zum Güterbahnhof steigt mir der ekelerregende Gestank aus den Viehzügen in die Nase. Heute den ganzen Tag – vor drei oder vier Jahren natürlich – stand das Vieh Leib an Leib in Angst und Schweiß. Ihre Körper sind mit Untergangsstimmung gesättigt. Als ich an ihnen vorübergehe, ist mein Geist schrecklich wach, meine Gedanken sind kristallklar. Ich habe es so eilig, meine Gedanken zu entladen, daß ich an ihnen im Dunkeln vorüberlaufe. Auch ich habe große Angst. Auch ich schwitze und keuche, bin am Verdursten, bin mit Untergangsstimmung gesättigt. Ich gehe an ihnen vorüber wie ein Eilbrief durch die Post. Oder auch nicht ich, sondern gewisse Ideen sind bereits etikettiert, eingeschrieben, versiegelt, abgestempelt und mit Wasserzeichen versehen. Sie entrollen sich reihenweise, meine Ideen, wie elektrische Spulen. Jenseits der Illusion oder mit ihr leben, das ist die Frage. In mir trage ich einen angsterregenden Edelstein, der sich nicht abnützt, der die Fensterscheiben ankratzt, während ich durch die Nacht fliehe. Das Vieh brüllt und blökt. Es steht da in dem warmen Gestank seines Dungs. Ich höre wieder die Musik des Quartetts in a-Moll, das schmerzliche Zittern der Saiten. Es steckt so etwas wie ein Wahnsinniger in mir, und er hackt nur so drauflos bis zur Enddissonanz. Reine Vernichtung, zum Unterschied von geringeren, unklareren Vernichtungen. Eine Vernichtung, bei der nachher nichts mehr aufzuwischen ist. Ein Lichtrad, das zum Abgrund rollt und hinein in die bodenlose Tiefe. Ich, Beethoven, habe es geschaffen. Ich, Beethoven, zerstöre es.

Und jetzt, meine Damen und Herren, kommen Sie nach Mexiko. Von nun an wird alles wundervoll und schön sein, wunderbar schön, wunderbar wundervoll. Immer noch wundervoll schöner und wundervoller. Von nun an gibt es keine Waschleinen, keine Hosenträger, keine Flanellunterwäsche mehr. Ewiger Sommer und alles so, wie es sich gehört. Wenn es ein Pferd ist, so ist es für immer ein Pferd. Wenn es ein Schlaganfall ist, so ist es eben ein Schlaganfall und kein Veitstanz. Keine Huren im Morgengrauen, keine Gardenien. Keine toten Katzen in der Gosse, kein Schweiß und kein Schweißgeruch. Wenn es eine Lippe ist, so muß es eine sein, die in alle Ewigkeit zittert. Denn in Mexiko, meine Damen und Herren, ist immer hoher Mittag, und was glüht, sind Fuchsien, und was tot ist, ist tot und kein Federstaubwedel. Man liegt auf einem Zementbett und schläft wie eine Acetylenlampe. Wenn man reich ist, läßt man sich's gutgehen. Wenn man ein armer Teufel ist, so ist man eben elend dran, *schlimmer als elend.* Keine Arpeggien, keine Koloraturen, keine Kadenzen. Entweder hat man den Pfiff weg oder nicht. Entweder fängt man mit reiner Melodie an oder gleich mit einer antiseptischen Lösung. Aber kein Fegefeuer und kein Elixier. Es ist die vierte Ekloge oder das dreizehnte Arrondissement!

John Updike
Kurze Ostern

Fogel konnte sich nicht erinnern, daß es das jemals zuvor gegeben hätte – daß Ostern durch den Beginn der Sommerzeit um eine Stunde verkürzt wurde. Kirchenglocken läuteten in der Dunkelheit; die Frommen würden hastig, in Hut und Mantel, die Uhren vorstellen. Den ganzen Tag würde die zögernd knospende Erde ihre Krone aus wolkigem Firmament ein wenig schief tragen. Ostern war Fogel immer als ein Feiertag ohne richtigen Pep erschienen, obwohl zu seinen lebhafteren Kindheitserinnerungen der magische Blick in ein großes Zuckerei gehörte; es war im Haus seiner Tante gewesen, in Connecticut, wo die Häuser sauberer wirkten als in New Jersey, die Leute reicher, das Gelb der Narzissen leuchtender. Im Innern des Eis war aus Papiersilhouetten eine Landschaft zusammengestellt: eine strohgedeckte Kate, ein Kaninchen mit Weste, ein Saum aus lila Blumen, ein im Hintergrund sich verlierender Pfad und Berge – alles gebadet in einem unerwartet hellen Licht. Woher war das Licht gekommen? Das Ei mußte noch ein Loch gehabt haben, außer dem, durch das er lugte, eine Art Oberlicht, das himmlische Helligkeit auf diese Miniaturwelt fallen ließ.
Doch im allgemeinen hatte die Feststimmung, die an diesem Tag herrschen sollte, sich ziemlich in Grenzen gehalten: nörgelige, verlegene, von der ganzen Familie unternommene Gottesdienstbesuche, bei denen sich alle unwohl fühlten in ihren österlichen Kleidern; melancholisches Eiersuchen in einem matschigen Hintergarten, das jüngste Kind dabei immer verwirrt und Opfer kleiner Schikanen; Kopfschmerzen verursachende Brunches, bei denen der Sektpunsch sauer schmeckte und die

Konversation sich hinschleppte. Wenn es Fogel nicht in diese Gegend nördlich von Boston verschlagen hätte, wo zur Osterzeit Krokusse und Narzissen sich aus toten Rasenflächen hervorwagten wie bewußt mutige Gedanken und nicht einmal die Forsythien es eilig hatten zu blühen, hätte vielleicht die Natur der angeblich zu diesem Fest gehörenden Hoffnungs- und Neuanfangsstimmung nachgeholfen. Doch der Tag war zumeist rauh, und auch dieser bildete keine Ausnahme – ein vernieselter, naßkalter Tag, nur eine Stunde kürzer.

Fogel war zweiundsechzig und fühlte, wie das Pensionierungsalter näher rückte. Im täglichen Geschiebe und Getriebe entdeckte er immer neue Gründe, sich zu ärgern. Die Schlange beim Postamt wurde von Leuten aufgehalten, die Geld überweisen wollten, und die beim Lebensmittelladen kam nicht voran, weil die Leute staatliche Lotteriescheine kauften. Für ihn war das schiere Obstruktion. Warum hatten diese Leute keine Girokonten und erledigten ihre Glücksspiele nicht an der Börse, wie er das machte? Wenn er mit dem Auto zur Arbeit fuhr – an den Tagen, an denen er nicht den Pendlerzug nahm –, haßte er es, wenn andere von hinten zu dicht an ihn heranfuhren, besonders, wenn es junge Fahrer waren, und ganz besonders, wenn es junge Männer mit Sonnenbrillen waren, die sich obendrein hinter getönten Windschutzscheiben und neuerdings in Mode gekommenen, von außen undurchsichtigen Seitenfenstern versteckten. Eines Morgens trug das Auto hinter ihm, ein niedriger leuchtendroter Sportwagen, eine Art Maske oder Maulkorb aus dunklem Vinyl über dem Kühlergrill, und dieser Ultra-Chic, diese Ultra-Schutzmaßnahme erbosten ihn, genauso wie Sonnenblenden aus Pappe in geparkten Wagen, halbfingerige Autohandschuhe mit Lederrücken, Maskottchen, die aufdringlich über Armaturenbrettern angebracht waren, und Heckaufkleber, die erklärten: ALLES SCHEISSE, MACH DIR NICHTS DRAUS oder ironisch befahlen: TU WAS FÜR DIE NATUR – SCHMEISS 'NE PARTY. Das vinylgesichtige Auto war wild drauf aus zu überholen, es streckte die Nase nach rechts vor, zog sie wieder zurück, weil da ein Dreißigtonner rollte, und schwenkte nach links, auf eine Spur, die nach wenigen hundert Metern in einem blinkenden gelben Pfeil endete. Fogel trat das Gaspedal durch, um auf gleicher Höhe mit dem Jungen zu bleiben und dafür zu sorgen, daß er aus der Sackgassenspur nicht mehr herauskam. Fogel lächelte hinter seinem Steuer und malte sich voll Befriedigung aus, wie das andere Auto in den großen Pfeil krachte – stellte sich das wüste Knirschen von Metall vor, die stäubende Explosion von Glas, und sah sich selbst gelassen überlegen davonsegeln auf seiner Mittelspur. Aber der Junge kapierte und schwenkte so scharf nach rechts, daß Fogel entweder bremsen oder in ihn hineinfahren mußte; er entschied sich fürs Bremsen, und der jugendliche Fahrer hielt, mit einer Hand am Lenkrad, den Mittelfinger der andern hoch, indes sein rotes Auto rülpsend an Fogel vorbeizog.

Wenn Fogels vornehmer Mercedes ein Knöpfchen gehabt hätte, mit dem sich andere Fahrzeuge vernichten ließen, er hätte drei- oder viermal pro Meile davon Gebrauch gemacht. Nahezu jedes andere Automobil auf der Straße – die, die ihn überholten, die, die so langsam waren, daß er sie überholen mußte, die, die mit der gleichen Geschwindigkeit fuhren wie er und in seinen Seitenspiegeln hingen wie Furien, die ihn verfolgten – kam ihm wie ein vorsätzlicher Affront vor, schränkte ihn in seiner Freiheit ein und schien sich darauf auch noch was einzubilden. Was für einen Sinn hatte so eine finstere Darth-Vader-Maske auf dem Kühlergrill? Gar keinen, pure Einschüchterung. Was, wie er sechzig Jahre Gelegenheit gehabt hatte zu erkennen, das Ziel von fünfundachtzig Prozent allen menschlichen Verhaltens war.

Auch ärgerten ihn die sich mehrenden Insuffizienzen seines Körpers. Dauernd fielen ihm Wimpernhärchen in die Augen, und die Weitsichtigkeit, die im vorgerückten mittleren Alter eintritt, hinderte ihn daran, im Spiegel seine Augen deutlich genug zu sehen, um die Härchen herauszuholen. Die quälende

Weigerung seiner Augen, scharf zu sehen, machte jeden Versuch zunichte, so wie der Wasserdruck uns verwehrt, vom sandigen, zwei Meter tief liegenden Grund eines kristallklaren Meers eine verlockende Muschel zu klauben. Und wenn er die Lesebrille aufsetzte, sah er zwar den dunklen gebogenen Fremdkörper, kam aber mit Fingern und Taschentuchzipfel nicht hinter die Gläser, um ihn zu entfernen. Also blinzelte und grimassierte er fluchend und wünschte, er hätte eine junge Frau. Die Sehkraft seiner Frau war nicht besser als seine eigene, und die Sache abtuend, sagte sie Sätze wie: »Mit der Zeit arbeitet es sich von ganz allein raus« oder: »Vielleicht kommt's dir bloß so vor, als wär's eine Wimper.« Seine Mutter, konnte er nicht umhin zu denken, pflegte mit einem gefalteten Stück Toilettenpapier sicher und geschickt das Schmutzkörnchen zu entfernen, das seine empfindliche Hornhaut irritierte. Aber seine Mutter, wurde ihm jetzt klar, war damals halb so alt gewesen wie er jetzt, auch wenn sie ihm alterslos erschienen war, gewaltig und allmächtig.

Als er eines Spätnachmittags im vergangenen Winter von New York nach Boston zurückflog, hatte er in einer Reihe – bloß auf der anderen Seite des Mittelgangs – mit einem jungen Mann und einer jungen Frau gesessen, beide um die Dreißig, die einander offenkundig nicht gekannt hatten, bevor sie Seite an Seite im Flugzeug Platz nahmen. Der Mann war ein wenig fleischig, hatte einen rötlichblonden Schnurrbart und schütter werdendes helles Haar; die Frau, durch den Mann fast ganz verdeckt, hielt eine große Pappmappe auf dem Schoß und schien in einer gewissen Erregung zu sein. Ihre Hände, die vor dem ovalen Fenster hin und her flatterten und gestikulierten, sahen ringlos aus und nervös. Sie erzählte von sich – von der Werbeagentur, zu der sie mit der Mappe unterwegs war, von ihren gemischten Gefühlen über das Leben in New York, was ihre Wohnungsgenossin so alles sage und was für eine komische Einstellung sie dem Leben gegenüber habe –, und ihre Stimme

vollführte dabei einen enervierenden Tanz, unermüdlich, durchdringend, obgleich es eine leichte und helle Stimme war. Vielleicht war die Frau jünger als dreißig – streckte gerade die Fühler aus, erprobte ihre Kräfte. Sie redete unaufhörlich, aber mit einer gewissen Befangenheit, brachte die Worte auf eine federleichte Weise heraus, als wolle sie deren Wirkung abmildern. Dann und wann schickte sie ohne Sinn und Verstand ein langgezogenes »Jaaa?« einem Satz hinterher und schaltete ein leises rasches Gekicher an, ein einnehmendes Gezwitscher, ein Schimmern von Schüchternheit, in das sie ihren unerbittlichen verbalen Angriff auf ihren Sitznachbarn wickelte. Dessen Entgegnungen fielen – wie hätte es anders sein können – immer respekteinflößender und raunender aus, er äußerte sich über Städte, über Berufliches und über alle anderen Gebiete, auf denen er meinte, sich mit männlicher Expertenschaft auskennen zu müssen. Seine klobigen Hände begannen zu gestikulieren, die Luft zu zerhacken; er kreuzte großspurig mal das linke Bein über das rechte, mal das rechte übers linke, hob gockelhaft den Fuß an und ließ die Schuhspitze kreisen; seine Stimme wurde heiser und vertraulich, indes die fedrige, fragende, kichernde, aufgeregte Stimme neben ihm immer weiter sein Ohr attackierte und, unabsichtlich, auch das Fogels.
In Fogels Leben hatte es eine Frau gegeben, die mit exakt der gleichen Stimme zu ihm gesprochen hatte. Sie war ein Bad gewesen, diese Stimme, in dem er schwerelos wurde, ein irisierendes Aufsprudeln, in dem immer eine Frage schwamm, die süß singende neckende weibliche Frage, auf die seine Männlichkeit, so unbeholfen und schwer von Begriff sie sein mochte, die einzige Antwort war. Mit ihm und dieser Frau, erinnerte Fogel sich weiter, hatte es vor über zwanzig Jahren ein unglückliches Ende genommen, das damals tragisch erschienen und kaum zu verkraften gewesen war, das aber jetzt für den älteren Mann, der da über den Wolken saß, während die Motoren dröhnten und die Stewardessen sich mühten, Getränke zu servieren, und das Mäd-

chen auf der anderen Seite des Gangs ergötzlich schnatterte und die nackten Hände vor dem schwärzer werdenden Dunkel des Flugzeugfensters flattern ließ, nur mehr etwas Unvermeidliches hatte, da alles einmal zu Ende geht. Eine kleine Nebensächlichkeit schmerzte noch: die Affäre war im Frühling in die Brüche gegangen, und seine ehemalige Geliebte hatte es abgelehnt, ihn und seine Familie zum Ostereiersuchen einzuladen, das sie und ihr Mann alljährlich veranstalteten. Seine Kinder waren traurig gewesen, und zum Trost war er mit ihnen nach der Kirche ins International House of Pancakes gegangen. Stapel von Pfannkuchen, erinnerte Fogel sich – Buchweizen, Buttermilch, Blaubeer –, die, in Sirup getränkt, so süß gewesen waren, daß man sie kaum hinunterwürgen konnte.
Als das Flugzeug dann aber landete und das Gedränge entstand, das immer entsteht, wenn alle ihre Siebensachen aus der Gepäckablage zusammensuchen, vergaß Fogel zu tun, was er sich vorgenommen hatte: zur jungen Frau hinzusehen, festzustellen, wie groß sie war, was für Hüften sie hatte, wie ihr Gesicht von vorn aussah und ob an ihren schönen langen lebhaften Händen wirklich kein Ring steckte. Während er mit seinen Augen und Gedanken anderswo oder nirgendwo war, mußte sie aufgestanden sein, und ihren Rücken dem seinen zukehrend, war sie für immer aus seinem Leben verschwunden. Sie blieb ihm nur als eine Stimme, die ewige Stimme des Flirts.

Fogels Zerstreutheit nahm besorgniserregende Züge an. An diesem eigenartig kurzen Ostersonntag, als Glockengeläut die Luft in der Stadt am Fuß des Hügels durchlöcherte, ging er zu seinem Briefkasten, um den morgendlichen *Globe* zu holen, und sein alter grauschnauziger Hund, ein Labrador-Retriever, scheuchte die sechs oder sieben Trauertauben auf, die sich im borstigen Gestrüpp auf der warmen Böschung oberhalb der geschwungenen Auffahrt versammelt hatten. An jedem Wochenendmorgen passierte das, jeden Samstag und jeden Sonn-

tag: der Hund setzte schwerfällig zu seinem Angriff an, und die Trauertauben warfen sich mit jähem Geschrei und wildem Flügelgeschwirr in die Luft, und doch vergaß Fogel immer wieder, daß es passieren würde, und erschrak jedesmal so, daß das Blut in ihm raste und sein Herz einen Satz machte, als sei es auch eine Taube. Es hämmerte ihm noch in der Brust, wenn er mit der dicken, anmaßenden, einschüchternden Sonntagszeitung unterm Arm die Auffahrt wieder hinaufging. Das Hämmern hatte etwas Bedrohliches, und er fühlte sich in Gefahr, als seine Frau beim Frühstück vorschlug, er solle ihr beim Harken im Garten helfen. »Wir sind letzten Herbst unverzeihlich schlampig gewesen«, sagte sie. »Wir haben überall unter den Büschen und drüben bei den großen Steinen das Laub liegenlassen, und wenn wir es jetzt nicht wegschaffen, erstickt es das neue Wachstum.« Sie war geboren und aufgewachsen in dieser nördlichen Gegend und kannte sich aus mit den Witterungsverhältnissen. »Man kann sich nicht drauf verlassen, daß die Jungs vom Gartendienst das erledigen. Mit ihrem dummen sinnlosen Laubpuster haben sie die Blätter da überhaupt erst hingeblasen. Als ich ein Kind war, gab es diese Laubpuster nicht; die Gärtner meines Vaters haben geharkt.«
Anders als beim Mädchen im Flugzeug waren die Kräfte dieser Frau längst eine ausgemachte Sache, und sie spürte kein Bedürfnis, sie zu erproben. Mit unstillbarem silberhaarigen Tatendrang bewegte sie sich hin und her zwischen Küchenblock und Spüle, zwischen Spüle und Kühlschrank und Herd. Als Fogel sich mit der Zeitung an den Frühstückstisch setzte und sich zu erinnern versuchte, welche Teile er schon gelesen hatte, war ihm, als würde er von hinten bedrängt, als führe jemand zu dicht auf. Woher wußte sie, daß er nicht sentimental beschlossen hatte, zur Kirche zu gehen? »Ich werde nie vergessen«, fuhr sie fort, »das Jahr, als wir nach Marokko geflogen sind und das Laub erst im Mai von den vorderen Beeten entfernt haben, wie da die armen Tulpen alle zentimeterlang unterm Mulch gewachsen waren –

furchtbar, diese rührenden weißen Stengel, wie sie sich seitwärts schlängelten! Sobald sie Sonne abkriegten, haben sie sich aufgerichtet, aber den ganzen Sommer über, bis sie einzogen, waren sie wie der Buchstabe L geformt. Alle hatten sie Ellbogen!«

Dieser Monolog, ging ihm auf, war eine reifere, eine zu stechenden, schmerzenden Scharten und Spitzen gehärtete Version des flaumigen, einwickelnden Geplauders der jungen Frau auf der anderen Seite des Flugzeuggangs – eine Version jenes hartnäckigen weiblichen Bemühens um männliche Aufmerksamkeit, eine Kraft, so unwiderstehlich wie die, mit welcher gefrierendes Wasser Felsen spaltet.

»Ich versuche, Zeitung zu lesen«, sagte Fogel mit Nachdruck.

»Ich finde es grotesk, absolut vertrottelt«, sagte sie, »wie du neuerdings mit der Zeitung rumtrödelst – sogar mit dem Immobilienteil gibst du dich ab, sogar mit den Kochtips! Das ist eine schlechte Angewohnheit, kommt vom Zeittotschlagen in der Eisenbahn. Kein Mensch erwartet von dir, daß du *alles* liest, du sollst bloß einen Blick auf die Anzeigen werfen.«

»Ist es nicht ziemlich kalt und unangenehm draußen?« fragte er.

»Nicht mehr als sonst um diese Zeit im Jahr. Je länger wir arbeiten, desto wärmer wird uns. Wenn du's dir mal überlegst, Schatz, die Sonne ist um diese Zeit genauso stark wie im August, bloß daß man's nicht so merkt. Na komm, sei nicht so trödelig und trottelig – eine Stunde gute stramme Gartenarbeit, dann der Brunch bei den Allisons, und du kannst dir die Football-Play-offs ansehen.«

»Die sind vorbei.«

»Ehrlich? Ich dachte, die dauern endlos.«

»Du hast das wegen des Hula Bowl durcheinandergebracht. Jetzt sind Eishockey und Basketball dran.«

»Wie soll man das wissen. Sind doch alles bloß scheußliche brutale Kerle, die aufeinander eindreschen. Einfach gräßlich, wie das Fernsehen aus Gewalttätigkeit einen Spaß gemacht hat.« Sie hatte plötzlich die Küche verlassen.

Resigniert, mit schleppendem Schritt, ging Fogel ihr nach. Feuchte, zusammengepappte Eichenblätter unter der Forsythie und den Fliedersträuchern hervorkratzend, darauf achtend, daß ihm kein knospender Zweig ins Auge stach, mußte Fogel ans Ostereiersuchen denken, und so in Tagträumereien vor sich hin brütend, indes seine Frau mit Packen letztjährigen Laubs und Schwaden flotter Anweisungen hin und her fuhrwerkte, stieg wieder der alte Ärger in ihm auf, nicht zur Party der Geliebten eingeladen worden zu sein, der er damals soeben erst entsagt hatte. Sie hätte ihm vertrauen können. Er hätte sich abseits gehalten, reserviert, diskret, während seine Kinder suchten und seine Frau für unverfängliche Geselligkeit sorgte. Die Kränkung verschärfte sich, als ihm einige Monate später, im Haus einer dritten Familie, Amateurfilme von dem Tag vorgeführt wurden – die durcheinanderwuselnden Kinder, ihre Gesichter in Großaufnahme verschmiert von Schokolade und der Angst, nicht genug abzubekommen; die Männer in dunklen Straßenanzügen und pastellfarbenen Hemden, zu dritt oder zu viert in kleinen Konferenzen auf dem braunen Rasen zusammenstehend, Weingläser und Crackers mit Gänseleberpastete in der Hand; und die Frauen, alle in Miniröcken zu jener Zeit, mit braunen Papiertüten und aufgesammelten Pullovern hinter ihren Kindern hertobend. Es war eine vertraute Szene, Jahr um Jahr die gleiche, nur daß er in diesem Jahr nicht darin vorkam; wie oft die Kamera auch von Gruppe zu Gruppe schwenkte und schlitterte, Fogel war nicht zu sehen. Seine ehemalige Geliebte trug ein glitzerndes violettes Kleid, meinte er sich zu erinnern, das mit knapper Not ihr geschäftiges Hinterteil bedeckte, und jedesmal, wenn sie ins Bild kam, schnitt sie Grimassen, und ihre Lippen bewegten sich und rahmten eine fröhliche, federleichte Stimme, die unhörbar war.

Wie zäh Forsythien das Laub des letzten Herbstes festhalten! Und noch schlimmer war der bodendeckende Efeu, der leistete noch mehr Widerstand. Immer mehr Zinken von Fogels kleiner

Bambusharke brachen ab bei dem Kampf mit der feindseligen Vegetation. Eine seiner Wunschvorstellungen war, daß er eine Art Strahlenpistole hätte, die, auf einen Busch oder Baum gerichtet, das Gewächs nicht nur tötete, sondern augenblicklich zu feiner, fruchtbarer Asche zerstäubte. Landarbeit, dies endlose Unkrautrupfen und Ackerpflügen, war ihm immer als Inbegriff der Vergeblichkeit erschienen; sechzig Jahre hatte er gebraucht, um zu erkennen, daß auch jede andere Arbeit, sei es die der Juristen, der Mediziner oder der Finanzexperten, zu denen er gehörte, eine Sisyphussache war, ein Recyceln und Hin- und Herbewegen träger, undankbarer Masse, ein Umsetzen (wie in seinem Fall) des fetten Komposts von Unternehmensverbindlichkeiten. Alle Arbeit war an menschliches Leben gebunden, Leben, so sinnlos wie das jedes neuen kleinen jadegrünen Unkrauts, das schon munter unter dem alten schwarz-modrigen Laub zu sprießen begann.

Der Brunch bei den Allisons war ebenfalls sinnlos – dieselben Leute, die sie jedes Wochenende sahen: ein Dutzend in die Jahre kommende Ehepaare, dazu drei Witwen und ein Junggeselle. Fogel bemühte sich die ganze Zeit, aus den Augenwinkeln auf die Schultern seines marineblauen Blazers zu spähen und die weißen Haare abzustreifen, die sich dort zeigten; er haarte. Um eine beschwerliche Unterhaltung über die Zukunft des Yachtsports nach dem diesjährigen Debakel in San Diego durchzustehen, genehmigte er sich eine zweite Bloody Mary. Danach war er so klug, zum leicht sauren, platinfarbenen Sektpunsch überzugehen. Eine der Witwen sagte ihm, er solle es mit seinem Cholesterinspiegel sehr genau nehmen; hätte ihr Mann es getan, wäre sie jetzt nicht Witwe. Tränen trübten unvermittelt ihre Augen mit den kobaltblauen Kontaktlinsen. Eine andere Frau, sie trug ein violettes Kleid, trat nah an Fogel heran, reckte ihr faltiges Gesicht zu ihm auf, als mühe sie sich, durch ein verschmutztes Oberlicht zu sehen, und ließ ihre Stimme in ei-

nem insistierenden süßen Singsang los. Er bedauerte, daß keine Filmkameras – Videokameras benutzte man jetzt, mit integrierter Tonspur – die Tatsache festhielten, daß er hier, auf dieser Party war: daß man ihn eingeladen hatte. Er und seine Frau gingen um halb drei, ein Zeitpunkt, der dem Mittag näher schien als dem Nachmittag. Weil die Uhren vorgestellt worden waren, vermittelte der Tag ständig das Gefühl, als hinke er der Stunde hinterher, an der er in Wahrheit angelangt war. Es war später, als Fogel dachte. Das kalte Nieseln wurde stärker und verhinderte die Rückkehr zur Gartenarbeit; die Bursitis in seinen Schultern tat weh von all dem Geharke. Er fand im Fernsehen ein paar Ausschnitte aus Golfturnieren. Erst waren es Anlagen in der Wüste, mit lavendelblauen Bergen im Hintergrund, smaragdgrünen, dem Sand und den Kakteen aufgedrängten Fairways und betagten Hollywood-Komikern als Turniersponsoren, dann im amerikanischen Süden gelegene Plätze, mit Bäumen im ersten zarten Laub und Azaleen in blasser Blüte. Junge blonde Männer putteten wieder und wieder um Birdies. Eine ungeheure Schläfrigkeit packte Fogel, während er, in seinem Sessel sitzend, zuschaute. Die frische Luft und die Gartenarbeit, der Gin und der Tomatensaft, der Sekt und die Anstrengung, gesellig zu sein, all das addierte sich zu einer zermalmenden Summe.
Vorsichtig am Schlafzimmer vorbeischleichend, wo er seine Frau am Telephon mit einer ihrer unzähligen Freundinnen ratschen hörte, ging er mit dem Teil der Zeitung, den er vielleicht noch nicht ganz gelesen hatte, ins alte Zimmer seines jüngeren Sohnes und legte sich dort aufs Bett. An den Wänden hingen immer noch Poster von europäischen Autos und amerikanischen Rockstars, obwohl der Junge vor über zehn Jahren aufs College gegangen und ausgezogen war. Seiner Mutter gefiel es, das Zimmer in dem Zustand zu halten, in dem er es verlassen hatte, so wie manche fanatischen Sekten ein Zimmer bereithalten für den Fall, daß Jesus wiederkommt und um gastliche Aufnahme bittet. Ein Heizungsrohr schnarrte – frischer Dampf, der auf Kondens-

wasser in einem Eisenknie traf. Fogel hatte ein Gespür für sein Haus entwickelt, er identifizierte sich mit seinem Knacken, seinen Ecken des Verfalls, seinem irreversiblen Verbrauch an Energie. Er versuchte, den Zeitungsteil zu lesen, den er mitgebracht hatte, den Wirtschaftsteil. »DAS DEFIZIT-PROBLEM – ALLES NUR EINBILDUNG?« lautete eine Schlagzeile. Zinssätze, Umstrukturierung, nachgebende Märkte, Schulden, Schulden …

Er ließ die Zeitung auf den Fußboden neben dem schmalen Bett seines Sohnes sinken und schlief auf der Stelle ein, während es draußen gegen die Fensterscheiben nieselte und der Dampf in den Heizkörpern tickte. Er träumte, in den tiefen Farben wahrer Müdigkeit. Elektrizität wanderte durch sein Gehirn, aktivierte bald diesen Satz Gedächtniszellen, bald jenen. Ein Aufwallen verschütteter Gefühle tauchte die Bilder in Licht und Schatten und entlockte Fogels Phantom-Ich Tränen und Schreie der Empörung; er bestimmte das Geschehen auf der belebten, erleuchteten Bühne seines Unterbewußten als Souffleur und Stückeschreiber, als Publikum und Deus ex machina und zugleich als Held. Seine Eltern kamen in Sicht – sein Vater, ein rauher einfacher Mann, der mit den Händen sein Brot verdiente, und seine Mutter, jungfräulich in ihrer Geistesschlichtheit, ihrer engen Leidenschaft, den kleinen Raum, den ihre Familie sich von der Welt geborgt hatte, zu schützen, als sei er etwas Heiliges. Er drückte seinen Lieblingsteddybär an sich, Bruno. Bruno hatte ein Glasauge, an einem langen Drahtstengel, wie eine Spielzeugblume. Die Eltern redeten im Stockwerk über ihm dringlich miteinander, in einer Sprache, die er nicht kannte. Fogel wurde, so nah bei ihnen, schwer in jeder Zelle, so verdichtet und massiv, daß er durchsackte ins Erwachen und, obgleich die Traumwelt sich an seinen warmen Körper zu klammern versuchte, diesen widernatürlichen Schmerz des Auferstehens erlitt – dies Gewicht, dies entsetzliche Gewicht, ins Leben zurückzumüssen!

Sein Mund fühlte sich ausgedörrt an, Speichel war ihm seitlich zwischen den Lippen hervorgetropft und hatte das Kissen benetzt. Es war dunkel im Zimmer. Er wußte zuerst nicht, welches Zimmer es war, er hatte sich in seinem langen Leben in so vielen aufgehalten. Ein Pelz aus Schatten war auf jeder Oberfläche gewachsen, sogar auf den glänzenden Postern. Es war ungewiß, wie spät es war, doch er wußte sofort, es war noch Ostern. Wie lange hatte er so fest geschlafen? Ein Nickerchen machen, das war normalerweise nicht seine Art. In seinem Alter hob man sich den Schlaf besser für die Nacht auf. Er lauschte, ob seine Frau noch im Schlafzimmer redete, und hörte nichts. Er bekam es mit der Angst. Er lag zusammengerollt auf dem schmalen Bett wie ein Fötus, der keine Flexibilität mehr hat. Sein Unterleib härtete in einer gekrümmten Gußform des Entsetzens, silbrig und wund. Wäre er das Phantom-Ich aus seinen Träumen gewesen, hätte er laut aufgeschrien bei dieser Empfindung. Seine Augen kontrollierten die Gegenstände im Zimmer – Hochglanzposter, leerer Kamin, Lichtschalter, Regal voll ausgedienter Schulbücher, Gestell mit veralteten Kassetten, gestohlenes PARKEN-VERBOTEN-Schild, Stoffkaninchen mit Weste –, einen nach dem andern. Alles schien an seinem Platz, aber irgend etwas fehlte grenzenlos.

Kevin Canty
Auf der Durchreise

Ihr Mann steht vor dem Badezimmerspiegel und rasiert sich. Er hat gerade geduscht, und der Spiegel ist ganz beschlagen, bis auf die Stelle, die er mit der Hand abgewischt hat. Greg ist nackt, aber ungezwungen, nicht steif und linkisch wie die meisten Männer, wenn sie merken, daß man sie beobachtet. Er ist noch immer zwanzig und wird nie älter sein. Und Candy ist ebenfalls nackt, bis auf ein Paar Schuhe, und auch sie ist noch immer zwanzig. Sie ziehen sich gerade für eine Party oder ein Dinner um, etwas Gehobenes. Er sieht sie im Spiegel und mustert sie ernst, wie ein Vater. Candy fragt ihn: »Gefällt dir mein Kleid?«

»Mit solchen Schuhen brauchst du kein Kleid«, sagt er und rasiert sich weiter. Candy umarmt ihn von hinten. Die Schuhe haben sie größer gemacht: Sie kann ihm über die Schulter sehen. Sie spürt seine zarte, feuchte Haut unter den Händen. Sie versucht sich zu erinnern, was für Schuhe sie anhat, aber es gelingt ihr nicht, und es ist jetzt auch unwichtig. Ihr Körper fühlt sich eigenartig an: fast, als hätte sie einen Penis. Sie spürt, wie er sich aufrichtet, sich hart gegen Gregs Rücken drückt, während Greg sich weiter rasiert. Es ist ein eigenartiges, aber vertrautes Gefühl, als hätte sie schon ihr Leben lang einen Penis gehabt und ihn nur vergessen. Wie kann man ein solches Ding vergessen? Neben ihrem Kopf beginnt der Wind zu brausen …

Neben ihrem Kopf begann der Wind zu brausen, und Walter sagte: »Tut mir leid, tut mir leid.«

Es dauerte einen Augenblick, bis Candy merkte, daß sie geträumt hatte, und selbst dann blieb sie eingetaucht in die Atmo-

sphäre des Traums, die stärker war als die Wirklichkeit. Sie sah Walter, ihren Freund, an und sagte: »Was?«
»Wir müssen uns überlegen, wie es weitergeht«, sagte Walter. Candy setzte sich auf, streckte die Schultern und den Hals, der vom Schlafen auf dem Beifahrersitz steif war. Sie konnte noch immer Gregs Haut unter ihren Händen spüren, doch draußen vor dem Fenster zogen die Smoky Mountains mit sechzig Meilen pro Stunde vorbei. »Wie lange hab ich geschlafen?« fragte sie.
»Ein paar Stunden«, sagte Walter. »Seit Asheville. Du hast das Schönste verpaßt.«
»Hast du eine Ahnung«, erwiderte Candy. Sie zündete sich eine Zigarette an, stützte die Knie gegen das Armaturenbrett und betrachtete die Landschaft. Als sie das Radio einschaltete, kam aus den Lautsprechern die Stimme von Reverend Al Green – Jesus wird alles gutmachen, und das mochte wohl so sein. Sie spürte, wie die Landschaft sie aus ihrem Traum zurückrief, spürte die Lust des Fahrens: Bewegung, Freiheit, Landschaft. Sie ließen die Berge auf einer breiten, leeren, weißen Landstraße hinter sich, warm im Schein der Nachmittagssonne. Wo man die Hügel sich selbst überlassen hatte, waren sie mit Wald, mit den hundert Grüntönen des Frühlings bedeckt. Wo die Landstraße sie durchschnitt oder wo Bauunternehmen den Boden für einen Supermarkt oder einen Reifen-Discount eingeebnet hatten, leuchtete die Erde rot wie eine Wunde. Manchmal führte die Straße dicht an den Waldrand, und Candy blickte zur Seite ins Dunkel und sah tief drinnen die Hartriegel, weiße Blüten, die im Wind hüpften wie fliehende Rehe.
»Was war das für eine Entscheidung, von der du eben gesprochen hast?« fragte sie. »Wegen der du mich aus dem Schlummer gerissen hast.«
»Na ja, es wird langsam spät, und ich dachte, wir halten entweder hier irgendwo und suchen uns ein Motel, oder wir fahren durch.«
»Wie weit ist es noch?«

»Ich weiß nicht, sechs oder sieben Stunden«, sagte Walter. »Wir haben noch ganz Georgia vor uns.«

»Und Meilen noch, bevor ich schlaf«, sagte sie, »und Meilen, noch, bevor ich schlaf.« Sie starrte aus dem Fenster auf den vorbeiziehenden Wald und ließ ihn zu einem einzigen schlierigen Grün verschwimmen. Sie wünschte sich in ihren Traum zurück, in die Geborgenheit an der Seite ihres Mannes, der seit zwölf Jahren tot war, seit dem Unglück auf der Landebahn in Ismir. Er war Jagdflieger gewesen. Walter war ein »Freund«. Wann hören sie auf, Freunde zu sein? fragte sie sich. Candy war vierunddreißig und hatte noch immer einen Freund.

»Vielleicht sollten wir es einfach lassen«, sagte sie.

»Was meinst du damit?«

»Eine Collegefreundin von mir wohnt in Sarasota, am Meer.« Mit ihrem Mann und drei Kindern, fiel ihr plötzlich ein, aber das war vielleicht immer noch besser als Walters Eltern.

»Ich hab ihnen aber schon gesagt, daß ich komme«, wandte Walter ein. »Für mich gibt's kein Entrinnen. Wenn du willst, kann ich dich am Busbahnhof absetzen.«

»Denken sie, wir werden heiraten?«

»Ich habe keine Ahnung, was sie denken. Ich meine, deshalb lebe ich ja schließlich fünfzehnhundert Meilen von ihnen entfernt.«

Candy dachte wehmütig an die weißen Sandstrände von Sarasota, an die Frühlingssonne und die Collegestudenten mit den Waschbrettbäuchen. Sie sagte: »Laß uns einfach durchfahren.«

»Wie du willst. Ich weiß nicht, warum du es so eilig hast, meine Mutter kennenzulernen. Ich an deiner Stelle würde mir mehr Zeit lassen.«

»Tja«, sagte sie, »du weißt schon: das Hinrichtungskommando. Bringen wir's hinter uns.«

»Du weißt nicht, was du da sagst, Candy, du weißt einfach nicht, was du da sagst.« Es klang, als würde er ihr Vorhaltungen machen, wie ein Vater oder ein Ehemann, und in diesem Augenblick haßte sie ihn. Das war nicht fair, denn er meinte es nicht so, aber sie haßte ihn trotzdem. Er war so ausgeglichen, er wußte so viel, er war so vernünftig und rational und geschickt mit den Händen, daß sie ihn haßte. Schuldbewußt rutschte sie über die vordere Sitzbank des Impala zu ihm hin und lehnte sich wie ein High-School-Mädchen an seine Schulter. Sie stellte das Radio wieder lauter, und die Gospel Harmonettes der Full Zion Baptist Church in Durham, North Carolina, sangen *He Gives Me Strength*. Walter legte den Arm um sie und klopfte mit den Fingern der anderen Hand den Takt auf dem Lenkrad. Sie schob ihre Hand zwischen seine Beine und legte die Finger an die Innennaht seiner Jeans.

»Wie heißt das?« fragte sie ihn. »Ich sehe öfters Pärchen so eng beieinandersitzen. Gibt es ein Wort dafür?«

»Das ist der Schnepfensitz«, sagte Walter.

Das Lied im Radio löste sich in einem allgemeinen Durcheinander von Gesang, Rufen und Beifall auf – Lobet den Herren! Gelobt sei Sein Name! –, und dann entwickelte sich aus ein paar knappen Klavierakkorden das nächste.

»Schnepfensitz«, sagte Candy und ließ sich das Wort auf der Zunge zergehen. Schnepfe. »Wenn die in meiner Kirche sich so anhören würden, würde ich freiwillig hingehen.«

»Nein, würdest du nicht«, sagte Walter und ließ seine Hand ihre Schulter hinuntergleiten, bis sie auf der Wölbung ihres Busens ruhte. »Tut mir leid, Candy, aber dich könnten keine zehn Pferde in eine Kirche schleifen, wenn du kein Geld dafür bekämst.«

»Okay, okay, okay, okay«, sagte sie. Sie wollte sich nicht streiten, zog ihre Gedanken einem Gespräch mit ihm vor. Die weißen Blüten der Hartriegelbüsche schienen sie einzuladen, ihnen zu folgen – ein Märchenanfang, Abenteuer im Wald. Sie schloß die Augen und spürte den Wind auf ihrem Gesicht. Die Leadsängerin der Gospel Harmonettes rief mit hoher, klarer Stimme, sie sei in dieser Welt nur auf der Durchreise.

Walters Elternhaus: rosa gesprenkelte Ziegelsteine, Säulen an der Vorderseite. Es stand wie eine Reklametafel in einem See aus Scheinwerferlicht allein auf der Flanke eines nackten, kahlen Hügels und sah aus, als wäre es ungefähr sechs Wochen alt, drei Zentimeter dick und auf der Rückseite mit Balken abgestützt. Was hatte sie erwartet? Den legendären, den romantischen Süden: Moos und Fäulnis, weißgestrichene, von Zypressen überragte Veranden, eine gewaltige Eiche im Garten, im Wohnzimmer ehemals dunkelroter, inzwischen zu Braun verschossener Samt. Doch dieses Ding wirkte, als gehörte es zu einem Barbie-Set: neu, billig, rosa. Selbst der angelegte Garten machte den Eindruck, als wäre er künstlich: kleine, steife Büsche und ein grüner Filzrasen, der aus einer Modelleisenbahnlandschaft gestohlen schien.
Die Mutter war noch schlimmer: gutaussehend, gut erhalten, mit Zähnen wie die Tasten eines Kinderklaviers. Sie begrüßte sie um Mitternacht in vollem Make-up und einem pfirsichfarbenen Satinpyjama und hatte sich in einen Morgenmantel gehüllt, um die Kühle des Hauses abzuhalten. Draußen waren es noch immer fünfunddreißig Grad. Sie sprach so langsam, daß Candy den Gedanken zu Ende dachte, bevor Walters Mutter den Satz ausgesprochen hatte.
Sie sind also –
Es ist so schön –
Ich habe so viel von Ihnen –
Wie ungehörig von ihm, Sie so weit fahren –
Kabuki: Es wurde etwas mitgeteilt; Mutter und Sohn hörten Bedeutungen, die Candy entgingen. Man sagte etwas über sie. Aber was?
»Ich habe dir dein altes Zimmer zurechtgemacht«, sagte Walters Mutter zu ihm, »und für deine Freundin das Extrazimmer oben an der Treppe.«
»Warum nicht das Gästezimmer?«
»Tja«, sagte seine Mutter, »darüber mußt du dich mit deinem

Bruder unterhalten. Ich glaube, er und Kaye haben eine kleine Auseinandersetzung gehabt – jedenfalls kampiert er jetzt schon seit ein paar Wochen im Gästezimmer. Ich hätte nichts dagegen, wenn du ihn ausräuchern würdest.«
Unvermittelt sah die Mutter sie an. Candy fand den Blick beunruhigend.
»Er bleibt immer sehr lange auf«, sagte sie. »Walter hat mir erzählt, daß Sie auch gerne spät aufstehen.«
Sie neigte den Kopf wie ein neugieriger Vogel und wartete auf eine Antwort, doch Candy konnte sich keine vorstellen.
Dann wieder zu ihrem Sohn: »Der frühe Vogel fängt den Wurm, und in meinem Alter brauche ich alle Würmer, die ich kriegen kann. Ich überlasse es euch, die Aufteilung der Zimmer mit Jimbo zu besprechen. Schön, daß du da bist, mein Schatz.«
Sie umarmte ihren Sohn und verschwand, ohne Candy zu beachten. »Laß uns was trinken«, sagte sie. »Ich hab noch immer die Straße in den Knochen, als würde ich vibrieren oder so.«
»Es ist komisch, wieder hier zu sein«, sagte Walter. »Besonders jetzt, wo du auch hier bist.«
Candy folgte ihm und fragte sich, was zum Teufel er damit eigentlich meinte. Sie gingen durch das Mahagoni-Dunkel des Eßzimmers und durch mit weichem, beigem Teppich ausgelegte, peinlich saubere Flure, in denen der Fichtennadelgeruch eines Raumsprays hing. Es war die Art von Haus, in der sie Lust bekam zu rauchen und die Asche zu verstreuen. Die Küche hinten war so sauber und aufgeräumt wie ein Operationssaal, und am Küchentisch saß ihr Mann.
Es war Greg.
Doch als sie genauer hinsah, war es nicht Greg, sondern ein Mann von seinem Wuchs und seiner Statur, groß, aber kräftig, ein Mann mit demselben dunklen, militärisch kurzgeschnittenen Haar, mit denselben langen Händen und mit noch etwas – etwas in der Art, wie er sich hielt und sich bewegte. Sobald sie ihren ersten Eindruck auf diese Weise analysierte, verflüchtigte

er sich, aber wenn sie den Mann einfach bloß ansah, schlug das Gefühl wieder über ihr zusammen, und sie erlebte einen Augenblick der Klarheit, als wäre sie durch ein sich jäh auftuendes Loch im Boden gefallen – wie wenn ein Parfumduft, den sie jahrelang nicht gerochen hatte, sie mit einemmal in die Vergangenheit versetzte. Nicht Greg kippelte auf einem schmiedeeisernen Stuhl und sah auf einem kleinen Schwarzweißfernseher, der vor ihm auf dem Glastisch stand, Barbara Bain und Martin Landau in *Kobra, übernehmen Sie!* Neben dem Fernseher standen eine viereckige Flasche Early Times und ein Eiskühler in Form eines Taucherhelms, der größer war als der Fernseher. Das Glas befand sich in seiner Hand, in Gregs Hand.

Candy wußte, daß es ein Fehler war, aber ihr Herz sprang ihm unwillkürlich entgegen. Ihre heimlichen, schleichenden Hoffnungen – er war irgendwie noch mit dem Schleudersitz abgesprungen; er hatte im Wald versteckt gelebt; es war alles Teil eines geheimen Regierungsplans gewesen – erfüllten sich mit einemmal, traten aus der Dunkelheit ins Licht ihrer Gedanken. Es war Greg, er lebte, ihr Glück konnte von neuem beginnen. Dann drehte er sich mit der langsamen, spöttischen Bewegung eines höflichen Betrunkenen zu ihr um.

»Walter«, sagte er, »ich scheine deine Freundin zu verwirren. Warum stellst du uns nicht vor?«

»Candy Collins« sagte Candy, ging auf ihn zu und gab ihm die Hand. Sie ließ sie einen Augenblick zu lange in seiner, genoß die vertraute Wärme, die Art, wie sie ineinander paßten – wie ein Handschuh. Das gehört sich nicht, dachte sie. Dieser Mann ist nicht mein Mann.

»James Madison«, sagte Walters Bruder, »wie der Präsident. Unsere Mutter behauptet, wir wären entfernt mit ihm verwandt.«

»Das hat sie erfunden«, sagte Walter.

»Das hat sie erfunden«, pflichtete ihm sein Bruder bei. »Nenn mich Jim, wie alle anderen. Ich glaube, ›Mister President‹ wäre übertrieben, findest du nicht auch?«

»Mir gefällt's«, sagte Candy.
»Wie du willst«, sagte Jim. »Bist du auch Spion, wie Walter?«
»Ich bin Übersetzer«, sagte Walter.
»Und was hast du in letzter Zeit übersetzt?« fragte Jim, und die Brüder grinsten sich an. Jim wandte sich wieder an Candy und sagte: »Beweis Nummer eins: Er kann es uns nicht sagen. Ich warne dich: Er ist ein Spion. Aber vielleicht bist du auch bloß ein Geist.«
Dieser Mann ist nicht mein Mann, dachte Candy, und Träume können ihn nicht dazu machen. Aber es war schön, ihn anzusehen, es war schön, sich etwas vorzumachen, und dies waren die Fragen, die er stellen würde, wenn er zurückkäme:
Wer bist du geworden? Was hast du aus deinem Leben gemacht? Sie brauchte einen Augenblick, um ihre Antworten klein genug zu verpacken. »Ich arbeite in einer Buchhandlung«, sagte sie.
»Und sie ist Sängerin«, sagte Walter. Er pries sie an – und in diesem Augenblick der Ehrung sah sie die Balance zwischen ihnen: Walter, der jüngere Bruder, der immer versuchte, Jim einzuholen, der ihm als älterer immer voraus sein würde. Und das, diese endlose Verfolgungsjagd, war eigentlich traurig, nur merkte Candy jetzt, daß es ihr vollkommen egal war, was aus Walter wurde – vergleichsweise egal jedenfalls.
»Was für eine Sängerin?« fragte Jim, und Candy spürte, daß sie rot wurde.
»In letzter Zeit hab ich jeden Sonntag in einem Kirchenchor gesungen. Ich kriege Geld dafür.« Das reichte nicht. Jim wartete auf mehr, bis sie sagte: »Ursprünglich wollte ich Opernsängerin werden.«
»Ich dachte, Opernsängerinnen dürfen nicht rauchen«, sagte Jim.
»Ich singe ja keine Opernpartien, jedenfalls im Augenblick nicht. Ich bin ein kleines bißchen zu schlecht.«
»Sie hat eine wunderbare Stimme«, sagte Walter. Jim sah ihn an,

als hätte er den Verdacht, daß sein Bruder log. »Wirklich«, sagte Walter.

»Es ist wie ein Trick«, sagte Candy. Sie richtete ihre Worte durch Jim direkt an Greg, wo immer er sein mochte, und erklärte, was sie meinte: »Du arbeitest und arbeitest und entwickelst deine Stimme, und nach einer Weile ist sie gar nicht mehr ein Teil von dir selbst – sie ist einfach etwas, das in deiner Kehle lebt. Und du mußt dich um sie kümmern, du mußt Rücksicht auf ihre Launen nehmen und so weiter. Und dann kannst du sie manchmal wirklich hören, und eines Tages erkennst du: Nein, nicht ganz.«

Die Brüder sahen sie an, als wären ihr plötzlich Antennen aus dem Kopf gewachsen. Dann sagte Jim: »Laß mal hören.«

»Ich will nicht das ganze Haus wecken.«

»Wir können ja rausgehen.«

»Vorher möchte ich einen Drink.«

Statt zu antworten nahm Jim die Flasche Early Times vom Tisch, winkte ihr damit zu und ging ihnen voran durch die Hintertür. Walter holte sich eine Dose Bier aus dem Kühlschrank. Draußen war es blutwarm, badewannenwarm, und zehn Millionen Insekten surrten durch die Nacht. An einem Stacheldrahtzaun, etwa dreißig Meter vom Haus entfernt, endete das grüne Gras des Gartens so abrupt wie ein Teppich. Jenseits des Zauns waren ein Baum und eine Kuh und die Schemen anderer Kühe, die sich in der Dunkelheit bewegten. Die Brüder setzten sich an den Picknicktisch und sahen auf zu den Sternen. Das sei das wahre Leben, sagten sie zu ihr. So sollte es immer sein, sagten sie und tranken Whiskey aus der Flasche.

Candy zündete sich eine Zigarette an. Jims Nähe ließ Schweiß auf ihrer Haut prickeln, und sie näherte sich dem Punkt, wo sie niemandem mehr etwas vormachen konnte. Es gab etwas Echtes, das man Liebe nannte, und sie hatte es vergessen, sie hatte vergessen, wie es war, seinen Namen zu sagen, mitten in der Nacht seinen Rücken zu streicheln, die Finger in das kurze Haar an seinem Hinterkopf zu krallen und ihn an sich zu drücken, während er ihre Brustwarzen küßte. Sie spürte ein leises Erbeben, das bei ihren Eierstöcken begann und sich im ganzen Körper ausbreitete. Sie nahm Jim die Whiskeyflasche aus der Hand und trank einen Schluck – ein Sakrament. Dann begann sie zu singen: *Amazing Grace, how sweet the sound, that saved a wretch like me* …

»Wunderschön gesungen«, unterbrach Jim sie, »aber dieses Lied ist, ich weiß nicht, vielleicht ein bißchen deprimierend.«

»Es ist ein wunderschönes Lied«, sagte Walter. Er warf Candy einen Anerkennung heischenden Blick zu, doch Walter war ihr vollkommen egal. Sie sah nur Jim an, und alle drei merkten es.

»Was willst du denn hören?« fragte sie ihn.

»Sing uns einen Blues«, sagte Jim.

»Ich dachte, du magst keine deprimierende Musik.«

»Dieses Jesus-Zeug ist deprimierend«, antwortete Jim. »Ein Blues ist was Tröstliches, oder nicht?«

Keiner antwortete. Candy versuchte herauszufinden, ob er es ernst meinte oder ob er sich über sie lustig machen wollte, weil er spürte, daß sie im Gespräch den Boden unter den Füßen verlor – und sie wollte, daß er sie bewunderte, daß er nachts davon träumte, wie cool sie war. Mehr als alles andere wollte sie ihm zeigen, wo sie sich befand: nicht in dem Körper, den jeder sehen konnte, oder in dem Chaos, das sie aus ihrem Leben gemacht hatte, sondern in der winzigen Seele irgendwo in ihr. Ringsumher in der Nacht sagten die Insekten und Vögel dasselbe: Ich bin hier, ich bin hier, ich bin hier … Komm und such mich, komm und such mich, triff mich im Dunkel der Nacht.

Sie sang *Lover Man*, so düster und bittersüß, wie sie konnte. Es war wie immer, wenn sie sang: Ihre Stimme schien über sie hinauszuwachsen, und nach kurzer Zeit war sie selbst gar nicht mehr da – nur noch die Stimme und das Lied. Der Gesang verklang in der feuchten Nachtluft, die Kühe sahen gleichgültig herüber. Sie fand sich am besten, wenn sie sich fast ganz auflöste, und als der letzte Ton heraus war, mußte sie erst langsam wieder zu sich finden und hatte das Gefühl, daß sie zu weit gegangen war: *Lover Man, where can you be?*

»Nicht schlecht«, sagte Jim. »Ein bißchen steif, aber nicht schlecht für eine Weiße.«

Doch es war ein Kompliment, und Walter starrte sie an. Candy hatte irgendeinen kleinen, winzigen Fehler gemacht, und nun würde nichts daraus werden, weder aus dem Abend noch aus dieser Reise. Oder aus diesem Leben, dachte sie und verbeugte sich vor sich selbst, als wäre sie Sarah Bernhardt. Meine Tragödie, ja, ja, ja. Sie blickte zu Jim, der im Augenblick nicht wie ein Ehemann aussah, weder wie ihrer noch wie irgendein anderer.

»Entschuldigt mich«, sagte sie. »Ich habe ein bißchen Kopfschmerzen, wahrscheinlich vom Fahren.«

»Zwei Aspirin und ein Glas Whiskey«, sagte Jim. »Bei mir wirkt das immer, früher oder später.«

Aber er wollte nur angeben. Die Jungs waren enttäuscht, weil ihr Publikum sie sitzenließ und es keinen Spaß machte, allein zu üben. Candy faßte einen Entschluß. »Ich glaube, ich brauche etwas Schlaf«, sagte sie. »Morgen ist dann wieder alles in Ordnung.«

»Ich bring dich rauf«, sagte Walter.

»Angenehme Träume«, sagte Jim. Er blieb mit der Whiskeyflasche draußen sitzen, lauschte auf die Insekten und betrachtete die Sterne: Ich bin hier, ich bin hier, ich bin hier …

Walter führte sie ums Haus zum Vordereingang, und es war, als ginge alles wieder von vorn los. Er holte ihre Koffer aus dem Kofferraum des Impala und schleppte sie ins Haus und die Treppe hinauf ins Dunkel. Er führte Candy, ohne auf sie zu achten. Mein kleiner Page, dachte sie. Candy mochte Motelzimmer, nicht nur wegen der lichtdichten Vorhänge und der kleinen Seifenstücke, sondern hauptsächlich, weil sie in diesen neutralen Zimmern irgend jemand oder auch niemand sein konnte und weil sie an all die Scotch-und-Fernseh-Verführungen denken konnte, die hier stattgefunden hatten, an all die einsamen Vertreter, die den Kopf auf dieses Kissen gelegt hatten. Das Zimmer, in das Walter sie führte, war ein Niemand-Zimmer, ein kalter, kleiner Raum über der Treppe. Alte Ausgaben des *National Geographic*, eine Bibel und auf dem Toilettentisch eine antike Schüssel mit einem Krug, in dem ein paar vertrocknete Blumen steckten. Es war mehr ein Bed-and-Breakfast-Zimmer als ein Motelzimmer, aber es hatte dieselbe Atmosphäre – der makellos saubere Teppich, die jungfräulich raschelnde Bettwäsche. Walter schaltete die Nachttischlampe an, die den Raum mit rosigem Licht erfüllte, und ließ sich schwer auf das Fußende des Bettes fallen. »Möchtest du noch ein bißchen Gesellschaft?« flüsterte er.

Candy mußte lachen. »Hast du zu viele Filme gesehen?« fragte sie. »Solltest du nicht eine Rose zwischen den Zähnen haben?«

»Mache ich was falsch?«

»Nein, du machst alles ganz richtig. Es gefällt mir. Ich bin bloß nicht in Stimmung.«

»Für mich?«

»Für irgend jemanden. Tut mir leid. Und außerdem: Was ist, wenn deine Mutter uns hört? Du könntest Schwierigkeiten kriegen.«

Walter stand auf und warf ihr beim Hinausgehen einen bösen Blick zu. Er hätte die Tür zugeknallt, aber er hatte tatsächlich Angst, seine Mutter zu wecken. Okay, dann ist er eben wütend auf mich, dachte Candy. Sie nahm die vertrockneten Blumen aus dem Krug auf dem Toilettentisch, wischte ihn mit einem Taschentuch aus und wühlte in den Tiefen ihres Koffers, bis sie das Dutzend Portionsfläschchen mit Brandy gefunden hatte, die sie auf diversen Flügen für Notfälle eingesteckt hatte. Ich erkläre dies zu einem Notfall, sagte sie in Gedanken, zündete sich eine Zigarette an, die erste, die je in diesem Zimmer geraucht wurde, legte sich aufs Bett und versuchte, ihren Krimi zu lesen:

der Revolver, der Kuß, der belanglose kleine Auftrag. Jemand sollte ermordet werden oder war gerade ermordet worden, sie konnte sich nicht erinnern. Eigentlich verstand sie überhaupt nichts.

Sie ging zum Fenster und sah hinunter, wo die Brüder noch immer am Picknicktisch saßen und sich unterhielten, auch wenn sie sie nicht hören konnte. Der Mond war zu zwei Dritteln voll und gab genug Licht. Da waren das Haus, der Garten und dann nichts, ein dunkles Feld, so eben wie ein Billardtisch. Am Ende des Feldes erhob sich die gezackte Mauer eines Waldes. Wilde Palmen zeichneten sich schwarz auf schwarz gegen den Himmel ab. Mein Geliebter, dachte sie, mein Geliebter ist dort unten, und bald schon wird er zu mir eilen. Er wird unter meinem Fenster singen. Sie dachte den Gedanken nicht weiter, zog den Vorhang zu und kehrte zu ihrem leeren Bett und ihrem Krimi zurück. Das gehört sich nicht, dachte sie. Das ist nicht gesund. Doch die Wörter auf dem Papier verwandelten sich in Insekten und wollten sich nicht lesen lassen. Es gab etwas, das man Liebe nannte, und es ließ sie nicht in Ruhe. Wie schwer es war … Ein Nachmittag an einem Strand in der Türkei, einer weiten, ebenen Sandfläche. Hier könnte man mit einem Düsenjäger landen, sagte Greg. Dann das grenzenlose Mittelmeerblau, Inseln am Horizont, wie Traumkönigreiche, und die kalte Sonne betonte jeden Muskel im Körper ihres Mannes, jedes Sandkorn, das wie Puderzucker an seiner Haut klebte. Sie betrachtete ihn, wie er mit geschlossenen Augen dalag – der stolze Besitzer dieses Körpers. Candys Kummer vermischte sich immer mit Verlangen: neben Greg im Sand liegen, seine geschickten Hände, die türkische Musik aus den hundert Meter entfernten Coca-Cola-Buden. Vor dem Wind und dem Rauschen der Brandung verklang das blecherne Scheppern der Lautsprecher fast zu nichts. Sie konnten nirgendwohin, konnten sich nirgends verstecken, sie waren zwar allein, aber der Strand war so flach, daß man sie aus einer Viertelmeile Entfernung sehen konnte. Das kam also nicht

in Frage, und bis zu ihrer Wohnung war es eine Stunde. Was für eine Frau sie gewesen war, als sie dieses Leben hatte leben dürfen: zwanzig, nicht schön, aber stolz auf ihren Körper und risikofreudig. Greg zog sie zum Wasser, sie standen bis zur Brust im Meer, und er fummelte an ihrem Bikinihöschen herum, in Sichtweite der türkischen Familien, die in einiger Entfernung picknickten, und was für ein Gefühl es war, als er in sie eindrang ... Wie schwer es war: wie Wasser, das auf sie herabströmte. Wie schön es war. Es gab Szenen, die sie ausließ, sie erinnerte sich dunkel an sie, aber die Schönheit war wirklich.
Sie gab den Kriminalroman auf und schenkte sich noch einen und dann noch zwei weitere Brandys ein. Die leeren Flaschen reihte sie wie kleine Raketen am Rand des Toilettentisches auf. Die Nacht würde bald vorüber sein. Sie würde schlafen, und morgen würde sie nett zu Walter sein, und Jim würde niemand anderem als sich selbst ähneln. Ihr Herz würde sich nicht daran erinnern, daß es geweckt worden war. Draußen schliefen die Kühe, und die Brüder saßen nicht mehr am Picknicktisch.
Ich werde das nicht zulassen, dachte sie.

Weil sie noch immer Liebe in sich spürte, wie Fäden, die gezogen werden mußten. Weil sie es fast vergessen hatte. Weil sie nicht mehr über die Gründe nachdenken wollte. Weil sie wollte. Weil Walter ein so vernünftiger Mann war, obwohl das hier im Grunde überhaupt nichts mit Walter zu tun hatte. Er war wie ein Mann, den man von einem fahrenden Zug aus sah, doch während sie ihr Haar bürstete und ihre Kleider glattstrich, bedachte sie ihn einen Augenblick mit Verachtung: Er war so solide! Solide wie ein Haus, fiel ihr ein. Greg hatte am liebsten eine F-111 geflogen, mit doppelter Schallgeschwindigkeit.
Barfuß und in Shorts schlich Candy die mit Teppich belegte Treppe hinunter. Er war noch immer in der Küche, kippelte mit dem Stuhl und trank Whiskey. Als er sie bemerkte, zeigte er

mit dem Glas auf den Fernseher. »Das ist der beschissenste Film, den ich je gesehen habe«, sagte er. »Irgendein Piratenfilm.«
Candy blinzelte in das graue Licht des Bildschirms, auf dem zwei Orientalen in gestreiften Hemden in einem ganz normalen Motorboot herumfuhren. Nicht einmal die Musik paßte dazu.
»Gibt es hier irgendwo Gin?« fragte sie.
»Irgendwo, ja«, sagte er, ohne den Blick vom Fernseher zu wenden. Die beiden Orientalen fuhren noch immer mit dem Motorboot herum. Dann drang zu ihm durch, daß man konkrete Schritte von ihm erwartete, und er schüttelte den Kopf, als wäre er eben erst aufgewacht. »Gin«, sagte er. »Wie für Gin Tonic zum Beispiel? Ich werde einen auftreiben. Bleib, wo du bist.«
»Oder ein Glas Wein«, sagte sie.
»Das könnte leichter sein.« Er öffnete den Kühlschrank, stand da und sah in das Licht, und es war still im Haus, es gab nur sie beide. Mit Greg war sie dauernd umgezogen, sie hatten in ständig wechselnden Zweizimmerwohnungen in Häusern gelebt, die aussahen wie gestapelte Gemüsekisten. Ihre Nachbarn waren stets Air-Force-Leute wie sie gewesen, aber Candy und Greg hatten einen Plan gehabt, eine Zukunft. Eines Tages würde er ein Ehemann sein, seiner Frau ein Glas Wein holen und im Licht der Kühlschrankbeleuchtung dastehen ... Sie hatten bereits beschlossen, erst mit fünfunddreißig Kinder zu bekommen. Sie würden selbstsüchtig mit ihrer Zeit umgehen. Fünfunddreißig, dachte sie. Nächstes Jahr.
Jim stellte eine Flasche französischen Weißwein auf den Tisch und machte sich mit viel Krafteinsatz daran, sie zu öffnen. »Den hat sie bestimmt für irgendeine besondere Gelegenheit aufgehoben«, sagte er. »Und morgen werden wir bestimmt Ärger bekommen. Aber den hab ich sowieso schon dauernd.«
»Und was ist mit mir?«
»Du fliegst unterhalb des Radarbereichs«, sagte Jim. »Freundin

des jüngsten Sohns und Nesthäkchens. Du bist zu etwa sechzig Prozent eine Bedrohung, und der Rest ist pure Bosheit.«

»Wie beruhigend«, sagte Candy, nahm Jim das Glas Wein aus der Hand und setzte sich auf den Stuhl neben ihn. Jetzt umkreisten zwei Boote einander, jemand feuerte mit einer Maschinenpistole, und sie sah sich den Film mit ihrem Mann an. Säuferträume, rief sie sich zur Ordnung. Drei Uhr morgens. Nichts von alledem war real. Aber spielte das eine Rolle? Wenn ihre Lust real war – und das war sie: die Wärme seiner Gegenwart, selbst die ruhige, entspannte Art, wie er dasaß –, welche Rolle spielte es dann, ob es beweisbar war oder nicht? Schließlich stellte sie kein wissenschaftliches Experiment an.

Sie sagte: »Das Dumme ist, daß ich überhaupt nicht müde bin.«

»In zweieinhalb Stunden wird es hell«, sagte er. »Das ist das Besondere am Kabelfernsehen: Irgendwo ist immer gerade Tag. Aber die schmutzigen Filme zeigen sie nur nachts.«

»Tatsächlich?«

»Klar. Ein regelrechtes Sodom im Äther.«

»Laß mal sehen«, sagte sie.

Jim sah sie von der Seite an, und in dieser Sekunde hing alles in der Schwebe. Wieder, schon wieder war Candy zu weit gegangen, und jetzt war der Augenblick gekommen, da Jim sich in einen Erwachsenen verwandeln, das Spiel beenden und die Ordnung wiederherstellen mußte. Sie wußte nicht, auf was sie hoffte, aber das erwartete sie. Und dann würde der Augenblick für Entschuldigungen gekommen sein, dachte sie, für Peinlichkeit und Reue. Der Augenblick, da das Herz wieder einschlafen mußte, das Herz, das jetzt wach und rastlos war und unternehmungslustig Ausschau hielt. Sie wappnete sich.

Doch er grinste sie nur an. »Solltest du nicht lieber schlafen?« fragte er.

»Solltest du nicht lieber zu Hause sein?« erwiderte sie. Er war getroffen. Sie sah, daß er leicht zusammenzuckte, wütend, und ohne ein weiteres Wort schaltete er auf den Sexkanal um. Ein

Garten mit zwei nackten Mädchen, die einander die Brüste streichelten und leckten. Dazu viel Grün, fliegendes Wasser und keuchender Atem. Komisch im Sinn von eigenartig, dachte Candy, nicht im Sinn von witzig. Ist es das, was Männer in Wirklichkeit wollen? Beim Rennen Sex gegen Lächerlichkeit lag die Lächerlichkeit klar in Führung. Das fühlt sich gut an, sagte das dunkelhaarige Mädchen, hör nicht auf. Aber was ist, wenn dein Mann kommt? fragte die Blonde. Das ist mir egal, sagte die Dunkelhaarige. Leck mich, leck mich, leck mich.
Lächerlich, dachte Candy. Gleichzeitig rührte dieser Quatsch etwas tief in ihrem Körper an. Was wäre, wenn jemand jetzt ihre Brüste küssen würde? Was, wenn es Jim wäre? Sie dachte daran, wie gut sich das anfühlen würde und wie einsam ihr Körper war und wie sehr er sich nach der Berührung durch eine Männerhand, durch Jims Hand, sehnte, und dann dachte sie: Das reicht.
»Okay«, sagte sie, »das reicht.«
»Das ist noch harmloses Zeug«, sagte Jim und sah vom Bildschirm zu ihrem Gesicht und wieder zum Bildschirm. »Du solltest mal die harten Sachen sehen, die sie manchmal bringen, ich meine, Schwänze und so.«
Er schaltete den Fernseher aus, und die beiden Sexmädchen verschwanden in einem kleinen Punkt in der Mitte des Bildschirms, der noch kurz flackerte wie ein Geist. In der plötzlichen Stille konnte sie durch die Klimaanlage die Geräusche der Nacht hören, die Insekten und Vögel, die einander riefen. Die Einsamkeit, die sich mit der ihres Körpers vermischte. Die Sache war nur: Sie riefen bloß in die Nacht hinaus, sie riefen nicht nach einem bestimmten Partner. Sie waren austauschbar, und das war es, was Candy ihre eigene Einsamkeit spüren ließ.
»Ich bin überhaupt nicht müde«, sagte sie, obwohl sie ihrer Stimme die Müdigkeit anhörte. Das große Mädchen, das weit über seine Bettzeit hinaus aufgeblieben war. Sie wußte noch aus ihrer Kindheit, was passiert, wenn man müde wird: Die Welt

zerbröckelt wie eine Sandburg. Und dann sah Jim sie an, und seine verwegene Kopfhaltung und das leise Lächeln waren nicht die von Jim, sondern die von Greg, und ihr fiel wieder ein, was sie hier eigentlich tat.

»Hast du Lust auf eine kleine Spritztour?« fragte er.

»Na klar«, sagte sie. »Ich hab ja erst zweieinhalb Tage im Auto gesessen.«

»Heißt das ja oder nein?« fragte er. »Bei dir bin ich mir da nicht sicher.«

»Du kannst davon ausgehen, daß es bis auf weiteres ja heißt«, sagte sie und fügte dann, bevor er darüber nachdenken konnte, hinzu: »Brauche ich eine Jacke?«

»Erst im November«, murmelte er, doch er schien abgelenkt, als hätte er schlechte Laune. Und wer hätte ihm daraus einen Vorwurf machen können? Sex und Lächerlichkeit, beides gleichzeitig. Sie folgte ihm hinaus in die feuchte Nacht. Es war viel einfacher, wenn sie nicht darüber nachdachte.

Und dann fuhren sie im offenen Cabrio und tranken kaltes Bier aus einer Kühltasche auf dem Rücksitz, ein großer bequemer Schlitten. Candy fragte sich, wie betrunken Jim eigentlich war. Es schien egal zu sein. Wenn er einen Unfall baute, würde sie dann einfach aufwachen, oder würde sie wirklich tot sein? Und wenn sie tot war, würde sie dann wieder zwanzig sein, so daß Greg und sie mit ihren vollkommenen Körpern für alle Zeit vollkommen zusammensein konnten? Alles war möglich, und alles war egal. Sie konnte so viele Zigaretten rauchen, wie sie wollte, solange sie es schaffte, sie anzuzünden. Sie folgten dem Scheinwerferlicht des Buick, dem endlosen, schnurgeraden Reißverschluß der Straße, die auf einem flachen Damm verlief. Zu beiden Seiten konnte Candy dunkles Grün und dunkles Wasser sehen, manchmal auch Augen, die wie Edelsteine in der Nacht funkelten.

»Ihr Jungs liebt eure großen Autos«, sagte sie. Der Fahrtwind riß ihr die Worte aus dem Mund.

»Ja, Ma'am, so isses«, sagte er und verfiel in einen so breiten Südstaatendialekt, daß er sich anhörte wie ein Hillbilly. »Wir stehn auf unsre großen Autos und unsern Katfisch und unsre Yankee-Verwandten, die uns sagen, was wir tun solln.«
»So hab ich das nicht gemeint.«
»Ich weiß«, sagte Jim. »Ich bin halt ein Arschloch.«
»Was ist das da draußen im Wasser?«
»Alligatoren. So findet man sie, wenn man sie jagt: Man leuchtet das Wasser mit einem Scheinwerfer ab und hält nach den Augen Ausschau.«
»Und dann?« fragte sie.
»Dann verpaßt man ihm eine Harpune, gibt ihm Leine und läßt ihn das Boot schleppen, bis er müde wird, und dann zieht man ihm eins mit dem Bummstock über, das ist eine Schrotpatrone am Ende einer langen Stange. Direkt auf den Kopf. Damit bläst man ihm das Hirn raus, aber der Rest des Körpers kriegt das nicht gleich mit. Ich kannte mal einen, dem ein toter Alligator noch aus dem Boot gesprungen ist, als er es schon auf den Anhänger geladen hatte und unterwegs zur Fabrik war. Sie standen zu dritt am Straßenrand und hatten ihre liebe Not, das Scheißvieh wieder ins Boot zu laden, weil der Schwanz die ganze Zeit hin und her schlug.«
»Fabrik?«
»Wo sie die Haut und den Kopf und das Fleisch verarbeiten. Man kann ganz schön viel Kohle damit machen.«
»Jagst du sie darum?«
»Nein, Ma'am«, sagte er, wieder in seinem Hillbillydialekt. »Ich mach das, weil ich Echsenblut in den Adern hab. Ein Mann wird damit geboren oder nicht, ich hab's in mir, daß ich Alligatoren jag.«
»Geschieht dir recht«, sagte Candy.
»Ja, Ma'am, so isses«, sagte Jim.
In diesem Augenblick bog er von der Landstraße auf einen holprigen Parkplatz ab, und zwar so schnell, daß Candy dachte,

sie hätten einen Unfall. An der Einfahrt war ein Schild aufgestellt, aber es war unbeleuchtet, und Candy konnte es nicht entziffern. Der große Wagen hüpfte und walzte durch die Schlaglöcher und rollte schließlich neben einem schmutzigweißen Gebäude aus. In den Fenstern standen Leuchtreklamen für Bier, doch sie waren allesamt ausgeschaltet. Von dem Haus blätterte die Farbe ab, als hätte es eine Hautkrankheit. Jim schaltete die Scheinwerfer aus.

»Was machen wir hier?« fragte Candy.

»Juniors 99«, sagte er und sprang, ohne die Tür zu öffnen, aus dem Wagen.

Candy folgte ihm vorsichtig und sah sich um. Von irgendwoher, vielleicht vom Mond, kam Licht, genug jedenfalls, daß sie die Zypressen im schwarzen Wasser des Sumpfes sehen konnte. Auf dem Parkplatz stand ein Pickup, aber der sah aus, als wäre er schon seit Jahren da. Das Gebäude war mit Reklameschildern für Limonade bedeckt und an der Seite mit Balken abgestützt, damit es nicht in den Sumpf fiel. Durch die schmutzigen Fenster drang ein schwacher rosiger Schimmer.

»Gefällt mir nicht besonders«, sagte Candy. »In welchem Land sind wir hier?«

»Das ist der Club 99«, sagte Jim gedankenverloren, als läse er es von der Karte ab. »Trinken, Tanzen und Romanzen seit 1943. Viel Spaß.«

Er trat durch die Tür, als ginge er unter Wasser, und Candy folgte ihm. Der Geruch, der ihr entgegenschlug, nahm ihr fast den Atem: Katzenpisse, Zigarren, nasses Papier, ein Geruch nach Krankheit oder Tod. Zu ihrer Überraschung konnte sie drinnen etwas erkennen: sechs oder sieben Jukeboxen, einen Billardtisch, eine roh gezimmerte Theke mit fünf silbernen Barhockern und dahinter einen alten, austernfarbenen Mann in einem grünen, geflickten Fernsehsessel. Über seinem Kopf hing ein Schild:

WILLKOMMEN IM CLUB 99
TRINKEN, TANZEN UND ROMANZEN SEIT 1943
VIEL SPASS

»Nicht viel los heute«, sagte Jim.

Der alte Mann grunzte und sah Jim durch seine dicken Brillengläser an. Als er aufstand – schwerfällig, fand Candy, eingerostet –, sah sie, daß er am linken Arm einen schmutzigen Gipsverband trug. Er griff mit seiner gesunden Hand in einen Kühlbehälter, holte ein paar nasse, kalte Flaschen Bier heraus und stellte sie auf die Theke. »Verdammt, es ist Viertel vor drei«, sagte er.

»War vorher denn mehr los?« fragte Jim.

»Nein.« Der alte Mann ging wieder zu seinem Sessel, und Jim öffnete die nassen Bierflaschen. Kein Geld wechselte den Besitzer. In den Schatten am Ende der Theke standen reglos drei Schwarze und starrten sie an. Die Spitzen ihrer Zigarren glühten vor den Gesichtern wie bei den alten Männern in der Türkei – und abermals fand sich Candy irgendwo zwischen heute und der Erinnerung, in der sie mit Greg in irgendwelche unheimliche Bars ging und ihm vertraute, das Denken ihm überließ. Zweiundzwanzig Jahre, aber heute tat sie genau dasselbe, nur daß sie Jim nicht gut genug kannte, um ihm zu vertrauen. In ihrem Kopf klingelte eine kleine Alarmglocke, und noch etwas war da, eine Erinnerung, aus der kein deutliches Bild werden wollte.

»Was passiert hier?« fragte Candy. »Was für Formen der Freizeitgestaltung?«

»Mehr oder weniger das, was du hier siehst«, sagte Jim. »Hin und wieder Tanzen und Viehhandel.«

»Wie meinst du das?«

»So, wie ich's gesagt hab.« Er kramte in seiner Tasche nach Kleingeld, schlenderte zur Jukebox, warf ein paar Münzen ein, stand, vom rosigen Licht beleuchtet, da und versuchte, sich zu entscheiden. Was hatte es zu bedeuten, wenn ein Mann seine

Laster so ernst nahm? Candy bemühte sich, an ihr kleines Apartment in Washington zu denken und sich vorzustellen, daß es ein sicherer Ort war, aber eigentlich war es ihr genauso fremd wie diese Bar. Für sie gab es überhaupt kein Zuhause mehr. Das war so offensichtlich, daß sie nicht verstehen konnte, warum sie nicht schon früher auf diesen Gedanken gekommen war. Vielleicht wandelte sie im Schlaf. Vielleicht tat sie nur so als ob. Sie sah, wie der Mann, der nicht ihr Mann war, mit einem ungepflegten Finger auf die Knöpfe der Jukebox drückte.

Während er ein halbes Dutzend Stücke auswählte, wurde eine rauschende, verkratzte Platte aufgelegt: *Sometimes I feel like crying, but the tears won't come down* ... Dann kam Jim wieder zu ihr, ganz langsam, wie unter Wasser.

»Hoffentlich hab ich dir keine falschen Hoffnungen gemacht«, sagte er mit leiser Stimme, unterhalb des Geräuschpegels der Jukebox, so daß nur sie es hören konnte. Sie spürte seinen Atem an ihrem Hals. »Ich bin in dieser Familie nicht gerade der brave Junge«, sagte er. »Eher so eine Art schwarzes Schaf.«

Er grinste Candy an, und sie roch den Whiskeydunst in seinem Atem und den wirren Gestank der Bar, und es war, als säße sie auf einem Motorrad, auf dem Sozius: die Kraft des starken Motors zu spüren und zu wissen, daß es egal war, daß jemand anders fuhr, daß es keine Rolle mehr spielte, was sie eigentlich wollte ...

»Entschuldigung«, sagte sie, »ich würde gern –«

»Was?« fragte er.

Aber sie wußte nicht, wie sie den Satz zu Ende bringen sollte, und so improvisierte sie: »Ich weiß nicht, es ist so stickig hier drinnen. Könnten wir ein bißchen rausgehen?«

Jim sah sie an, und vielleicht hätte sie etwas bemerkt, wenn sie wacher gewesen wäre. Doch sie war in Gedanken versunken, sie träumte: In einer Zeit, als das Wünschen noch geholfen hat ... Dieser eine Herbsttag, als sie in Virginia waren und mit Gregs Motorrad in die Berge fuhren, um sich die buntgefärbten Wälder anzusehen. Im Schatten war es kalt, in der Sonne warm, und sie fuhren meilenweit an weißen Bretterzäunen entlang, auf den Weiden standen verstreut die Pferde, und die Hügel leuchteten in allen Schattierungen von Braun, Orange und Gelb, wie der Mantel eines Bettlers. Als sie schneller und schneller durch die Kurven fuhren, schmiegte sich Candy an Gregs Rücken und hatte nach einer Weile nicht einmal mehr Angst – keine Helme, damals noch nicht, nur der Wind in ihrem Gesicht und das Wimmern der alten Kawasaki 500 und der Kick, wenn sie durch eine Kurve fuhren und Greg das Gas aufriß, so daß das Gras am Straßenrand verschwamm und das Rad unter ihr bebte. Als sie sich in eine der Kurven legte, sah sie die feuchten Blätter im selben Moment wie Greg, zu spät, und dann spürte sie, wie das Hinterrad und dann das Vorderrad ausbrachen. Sie schlitterten auf die Leitplanke zu, sie klammerte sich an ihn, als könnte er sie retten, und das Motorrad schleuderte über die Straßenmitte auf die Gegenfahrbahn und irgendwie wieder zurück und stand zufällig im richtigen Winkel, als sie auf den mit Kies bestreuten Seitenstreifen gerieten, und so fielen sie noch nicht mal hin, jedenfalls nicht richtig. Greg machte gar nicht erst den Motor aus. Er saß einfach auf der Maschine und starrte auf die Straße, während Candy wie eine Klette an seinem Rücken hing, und nach einer Weile fing er an zu lachen. Er wandte den Kopf, damit Candy ihn auf die Wange küssen konnte, und das tat sie. Sie konnte sich vor Angst noch immer nicht rühren, und er lachte und ließ den Motor aufheulen, bis er wieder rund lief. Selbst damals war das verrückt gewesen. Es war Liebe in ihrer reinsten Form, es hatte überhaupt nichts mit Vernunft zu tun, nur mit der reinen Sehnsucht im Bauch und in der Kehle. Um ein Haar wären sie tot gewesen, und er lachte. Als sie weiterfuhren, weinte Candy, zum Teil wegen des Fahrtwinds, zum Teil aus reiner Liebe. Die Fahrt und dann das warme Apartment, und die Blätter und die Pferde.

Darin verbarg sich etwas, über das Candy nachdenken wollte, das sie aber nicht zu fassen bekam, etwas, das mit Männern und Frauen und Abenteuern zu tun hatte: damit, daß Frauen in Abenteuern immer kleiner zu werden und sich auszuliefern schienen, während die Männer immer größer wurden ... Aber es fehlte noch etwas anderes, noch ein Stück dieses Puzzles. Ein bißchen mehr Zeit, und sie hätte es finden können, doch Jim führte sie schon wieder hinaus in die Nacht. Das war der Augenblick, in dem die Dinge begannen, sich zu schnell zu entwickeln. Sie wollte eine Pause, sich einfach irgendwo hinsetzen und alles sortieren oder wenigstens sehen, wie betrunken sie eigentlich war – auch das war ihr nicht ganz klar.

Draußen waren dasselbe rosige Licht und derselbe Gestank, und aus Lautsprechern, die sie nicht sehen konnte, hallte die Musik durch die Zypressen. Jim führte sie auf einem alten, rissigen Betonsteg, dessen Geländer aus Leitungsrohren bestand, am Wasser entlang. Kaputte Dekorationen: An den Bäumen hingen erloschene Lichterketten mit zerbrochenen Birnen. Candy dachte: Warum ergeben Rot, Grün, Blau und Gelb zusammen Rosa? Hinter dem Haus erhob sich eine Wand aus Kiefern. Jim führte sie durch ein Gittertor.

»Die Flüsterkiefern«, sagte er. Die Bäume umringten sie dunkel, und dann sahen sie einen Kreis aus zwischen Pfählen aufgehängten Lichtern, von denen die meisten brannten, und in diesem Kreis befand sich die Tanzfläche. Sie war aus Holz und stand auf ein Meter hohen Pfählen, mit einem Geländer ringsherum und einem Pavillon in der Mitte. Früher war sie weiß gewesen, doch die Farbe blätterte ab und war mit Schimmel und grünen Flechten überzogen. Die Musik aus der Jukebox war hier lauter und kam aus trichterförmigen Lautsprechern, wie man sie in Schulen und Gefängnissen hatte. Als würde der Klang durch ein Metallrohr gepreßt, dachte Candy. Das verhieß Kopfschmerzen, bei dieser Lautstärke. Jim sagte: »Laß uns tanzen. Hast du Lust?«

»Eigentlich tanze ich nie«, sagte Candy.
»Mach eine Ausnahme, mir zuliebe, nur diesmal. Na komm.«
Er nahm sie beim Handgelenk und führte sie die Treppe hinauf, auf den Sperrholzboden der Tanzfläche. An den Rändern standen Nägel heraus, und durch den Regen hatte das Holz sich geworfen, so daß zwischen den Platten Spalten und Höhenunterschiede entstanden waren. Die Stützbalken quietschten und ächzten, und der Hohlraum unter der Tanzfläche verstärkte Candys Schritte zu einem dumpf trommelnden Geräusch – es war, als schritte sie über ein großes Musikinstrument. Aus den Lautsprechern erklang das Klacken und Rumpeln einer neuen Platte, und dann wich das Rauschen einem leichten, hüpfenden Rhythmus von Al Green, doch diesmal war es nicht der Reverend, sondern der alte, sexy Al Green, der *I don't know why I love you like I do* sang.
Jim begann sich in den Hüften zu wiegen. Es war ein steifer, unbeholfener Weißer-Jungen-Tanz, aber das schien ihm egal zu sein. Er grinste sie an. »Na komm«, sagte er. »Komm schon, Baby.«
Die Tanzfläche donnerte und bebte, als wäre sie im Begriff zusammenzubrechen, und Candy sah in Gedanken schon die Schlagzeile FREMDE AUS DEM NORDEN STIRBT BEI TANZFLÄCHENKATASTROPHE, aber Jim tanzte, und auch sie hatte Lust zu tanzen. Vorsichtig trat sie näher, damit sie auf derselben Holzplatte standen und die Gefahr des Stolperns kleiner war. Sie tanzte die einzigen Tänze, die sie kannte, die Tänze aus ihrer High-School-Zeit: den Frug, den Philly Jerk, den James Brown. Sie fuhr mit den Armen durch die Luft wie eine Verrückte. Jim sah sie an. Er wiegte die Hüften und schwenkte die Arme und sah auf zu den Lichtern, so daß ihm das Rosa und Gelb voll ins Gesicht schienen, und dann schloß er die Augen und tanzte weiter, und in diesem Augenblick wurde die Zeit ganz seltsam, und Candy verlor sich, flog durch die Jahre zurück zur High-School, und nichts war real, nichts existierte

außer diesem … diesem Jungen in ihren Armen: Greg, der die Arme schwenkte …
Candy klammerte sich weinend an Jims Brust. Die Platte spielte weiter. Er ließ sie einen Augenblick weinen, aber dann machte er sich frei und hielt sie auf Armeslänge von sich.
»Was ist denn los mit dir?« fragte er. »Alles ist wunderbar, und dann, auf einmal …«
Er war wütend, aber das war noch so eine Sache, die sie zu diesem Zeitpunkt nicht verstehen konnte. Sie hatte ihren Mann gesehen, wie er sich ihr sonst nur in ihren Träumen gezeigt hatte, ihren Geliebten, ihren Jungen, und in seinen Augen hatte sie das Mädchen gesehen, das sie einst gewesen war, und dieses Mädchen war ebenso tot wie Greg. Arme Candy, dachte sie. Candy ist tot, arme Candy. Es war wie eine Erkennungsmelodie oder ein Kinderreim – sie brachte es nicht aus dem Kopf. Zwischen ihnen war Leben und Liebe gewesen, und nach seinem Tod war Trauer gekommen, aber jetzt, auf der Tanzfläche, erkannte Candy, daß die Trauer zu einer bloßen Gewohnheit geworden war. Sie selbst war nur noch eine Hülle, ein verlassener Ort, an dem einst etwas geschehen war, wie ein Schlachtfeld zum Beispiel: meilenweit nichts als Rasen, sorgsam gepflegt. Es gab nichts, wohin sie noch hätte gehen können. Sie konnte ebensogut einfach in den Wald laufen und sich zum Sterben hinlegen, einer von diesen ungelösten Fällen. Sie stellte sich vor, wie das sein würde: Sie stellte sich das Geräusch des Regens vor, der ersten Tropfen, die durch das Laubdach auf die Blätter neben ihren Ohren fielen. Sie sah sich dort liegen. Wenn man sie nicht fand, würden die Blätter zwischen den Rippen hindurch in ihre Brust wachsen, durch diese kleine leere Höhle aus Knochen. Candy glaubte sie zu spüren. Arme Candy, dachte sie. Candy ist tot.
Sie merkte kaum, daß Jim sie von der Tanzfläche in die Dunkelheit des kleinen Pavillons führte. Als er sie küßte, war das wie etwas in einem Traum, die unvermeidliche Überraschung. Hier,

im Dunkeln, war es leicht, sich etwas vorzumachen. Sie ließ ihre Gedanken unscharf werden, ließ los, ließ es an sich vorbeiziehen. Doch als sie die Zunge des Fremden in ihrem Mund spürte, war er plötzlich real und ganz falsch.

»Moment mal«, sagte sie und versuchte zurückzuweichen.

Doch sein Arm um ihre Hüfte hielt sie nur noch fester, die andere Hand fuhr unter ihre Bluse. Sie spürte seine Kraft und Größe und hatte Angst. Auf dem Rücken brach ihr der kalte Schweiß aus, sie zitterte unter seiner Hand und sah, wie dumm sie gewesen war. Zugleich eine erste Regung von Wut: Warum war immer sie diejenige, die bezahlen mußte?

»Hör zu«, sagte sie, »ich hab vielleicht irgendwas gesagt oder getan, das du –«

»So läuft das nicht«, sagte er.

»Was?«

»Du kannst irgendwelche anderen Kerle anmachen und hängenlassen, aber nicht mich«, sagte er. Er trat von ihr zurück. Im rosigen Licht konnte sie nur eine Seite seines Gesichts erkennen. Er schien ganz ruhig, als würde er einem kleinen Kind eine grundsätzliche Tatsache des Lebens erklären. »Es gibt alle möglichen Menschen auf dieser Welt, und ich bin einer von den anderen«, sagte er. »Walter kannst du verarschen, soviel du willst.«

»Fred C. Dobbs«, sagte sie. »1948.«

»Was?«

»Du erinnerst mich an jemanden«, sagte sie. »Tut mir leid, ich glaube, wir sollten jetzt gehen.«

»So läuft das nicht«, sagte er noch einmal, und diesmal nahm er ihre Hand und drückte sie an seinen Bauch, so daß sie durch den Stoff der Hose seinen steifen Schwanz fühlen konnte. Er war lang und dünn – wie der eines Hundes, dachte Candy, und ein leiser Schauer überlief sie. Er drückte sie mit der Hand zu Boden, bis sie vor ihm kniete. Gebete aus ihrer Kindheit rasten ihr blödsinnig durch den Kopf: Gegrüßet seist du, Maria, Jungfrau voller Gnaden, der Herr ist mit dir … Sie öffnete seine Gürtel und den Reißverschluß, schob die Hose hinunter, hielt inne und zog ihm erst den einen und dann den anderen Schuh aus.

»Das brauchst du nicht zu tun«, sagte er.

»Ich weiß, aber ich will es«, sagte Candy und streifte die Hose über die bestrumpften Füße. Ihr Hände wanderten zu seiner Taille. Langsam schob sie die Unterhose hinunter, eine Kleine-Jungen-Unterhose: weiße Jockey-Shorts mit einem schmalen Streifen am Bund. Von dieser Unterhose hatte sie nichts zu befürchten. Auch sein Schwanz war lächerlich, er stand da wie ein schiefer Pilz, ein bißchen krumm. Als ihm die Unterhose um die Knöchel hing, packte Candy seine Hose und rannte davon.

»He, verdammt«, rief Jim. »Bleib hier, verdammt noch mal!«

Die Jukebox war so laut wie zuvor, als Candy über die Tanzfläche hüpfte. Sie sah sich nicht um: Wenn er dabei war, sie einzuholen, wollte sie es nicht sehen. Im Rennen wühlte sie in den Taschen und fand den Schlüssel, als sie den Kreis der Kiefern verließ und auf dem rissigen Steg am Wasser entlanglief. An der Oberfläche ihrer Gedanken war die Angst, doch darunter war sie ganz ruhig, als wüßte sie, was sie zu tun hatte. Sie warf die Hose über das Geländer ins Wasser und rannte durch das rosige Licht an der Bar vorbei. Sie entkam. Erst als sie im Wagen saß und der Motor lief, blickte sie sich um: Nichts, und dann sah sie ihn am Rand des Lichtkreises stehen, seine weißen Beine leuchteten. »Schnepfe!« schrie er. »Du verdammte Schnepfe!« Sie stellte den Wählhebel auf Drive, ließ den Kies auf dem Parkplatz aufspritzen und hielt einen Arm mit gerecktem Mittelfinger aus dem Fenster. Sie wußte, daß das Pech brachte, aber es war ihr egal. Mit ihrem Pech war es jetzt ohnehin vorbei. Sie war wieder ganz ruhig, und dann fiel ihr ein, an was sie sich hatte erinnern oder was sie vielleicht hatte vergessen wollen: ein Abend, zwei oder drei Monate nach der Beerdigung. Sie war nach Hause gekommen, und die Wohnung war kalt und leer wie immer gewesen, und sie hatte, ohne das Licht einzuschalten, allein im Wohnzimmer gestanden und sich gefragt: Was nun? Was will ich? Und jetzt, auf der Flucht – das ist tatsächlich ein gestohlener Wagen, dachte sie, so was habe ich noch nie getan –, wurde ihr der eigenartige Geschmack bewußt, den diese Frage auf ihrer Zunge hinterlassen hatte, und die Kraft, die Hexenkraft, die sie ihr verlieh. Sie war jenseits von Liebe und Tod – sie konnten ihr nichts anhaben. Sie erschauerte in der warmen Nachtluft und versuchte, sich zu erinnern. Es gab etwas, das sie wollte. Was wollte sie jetzt? Es gab das verborgene Etwas. Eigentlich will ich nichts, nicht für mich jedenfalls – die höfliche Selbstverleugnung. Scheiß drauf, dachte Candy. Sie griff nach hinten, nahm eins von Gregs gekühlten Bieren, machte es auf, wendete den großen, weich gefederten Wagen in Richtung Sarasota und gab Gas.

Miss Read
Frühlingsfieber

Am Tag nach Dotty Harmers Heimkehr aus dem Krankenhaus durchquerte Ella Thrush Green, schlug den schmalen Pfad zwischen den *Zwei Fasanen* und Albert Piggots Häuschen ein und erreichte so den Fußweg, der sich durch die Wiesen in Richtung Lulling-Forst schlängelte.

Es war einer jener klaren, milden Tage, wie sie gelegentlich mitten im Winter vorkommen und als Vorbote des Frühlings die Stimmung heben. An der Haselhecke hinter Alberts Haus wedelten bereits Kätzchen, und der Himmel war von einem durchscheinenden Hellblau und so zartfarbig wie ein Drosselei.

Zwei gefleckte Rebhühner kauerten im Gras unweit des Weges wie ein Paar gebauchte, runde Flaschen. Ella musterte sie mit gütigem Blick. Sie hatte gehört, daß sie nach der Paarung bis ans Ende ihrer Tage in Einehe lebten. Sie selbst hielt zwar nicht viel von den Freuden des Ehestandes, Beständigkeit jedoch gefiel ihr.

Von den Rebhühnern kam sie ganz von selbst auf Dimity und deren mögliche Heirat. Die beiden Freundinnen hatten das Thema nicht angeschnitten, und Ella fragte sich oft, ob sie sich das alles nur einbildete. Doch seit dem Tag, an dem sie sich ihren Ängsten gestellt hatte, war sie nicht mehr von ihrem einmal gefaßten Entschluß abgewichen. Falls Dimity sie verlassen wollte, mußte sie ihr dazu alles nur erdenklich Gute wünschen und ihr die Trennung leichtmachen. Das schuldete sie ihr nach so vielen Jahren treuer Freundschaft, und sie hatte auch keine andere Wahl, wenn sie sich diese erhalten wollte.

Dottys Tür wurde von Betty Bell geöffnet. Sie hatte angeboten, so lange in dem Cottage zu bleiben, bis Dotty wieder richtig auf dem Damm war. Sie arbeitete zwar wie gewohnt bei Harold Shoosmith, da Dotty schon wieder herumwerkeln und sich beschäftigen konnte, aber Dottys Freunde waren erleichtert, daß Betty dort schlief und ihren wunderlichen Pflegling ein wenig im Auge hatte.

»Jetzt mußt du mir haarklein erzählen«, sagte Dotty, nachdem sie Mrs. Curdle aus dem Sessel verscheucht und Ella darin Platz genommen hatte, »was in Thrush Green so alles passiert ist?«

»Das mit Sam Curdle hast du sicherlich gehört?« fragte Ella. »Er kommt nächsten Monat vor Gericht – und ist es nicht zum Piepen, Dotty, er könnte auch dein Eierdieb gewesen sein.«

»Ehrlich?« Dotty machte große Augen. »Wenn ich ihn doch bloß in Vaters Menschenfalle hätte fangen können! Keiner hätte Sam eine Träne nachgeweint, auch wenn er sich dabei ein Bein gebrochen hätte.«

»Wie unchristlich von dir«, posaunte Ella, griff zu ihrem Tabak und wollte sich eine Zigarette drehen. »Anscheinend haben dieser Paul Young und sein fetter Freund – Christopher Soundso – ein Versteck in einem von Harold Shoosmiths Bäumen, und die haben Sam eines Nachmittags zu deinem Hühnerhaus gehen sehen.«

»Ha!« sagte Dotty und schlug sich auf die mageren Schenkel unter dem braunen, handgewebten Rock. »Was habe ich dir gesagt? Wenn ich die Menschenfalle gehabt hätte, die ganze Sache wäre schon vor Monaten aufgeklärt gewesen.«

Und dann stürzte sie sich auf einen anderen Aspekt in Ellas Bericht.

»Aber was wollten die Kinder in Harold Shoosmiths Garten? Es war ihnen doch sicher bewußt, daß sie da nichts zu suchen haben? Kinder können heutzutage anscheinend nicht mehr zwischen Recht und Unrecht unterscheiden. Zu wenig auf den Hosenboden hat mein Vater immer gesagt – und wie recht er damit gehabt hat. Ich habe den Rohrstock jeden Samstagabend

zu spüren bekommen, nach dem Haarewaschen«, setzte Dotty richtig stolz hinzu.
»Für was um Himmels willen?« fragte Ella erstaunt.
»Weil ich geschrien habe, liebe Ella, ich habe das Haus zusammengebrüllt, und mein Vater fand das überflüssig.«
»Aber wenn er dich verprügelt hat«, hakte Ella nach, da die Vorstellung sie entsetzte, »dann hast du doch noch mehr gebrüllt, oder?«
»Aber ja doch!« bestätigte Dotty gelassen, »aber mein Vater hat sich wohl gedacht, dann hätte ich wenigstens Grund zum Brüllen. Der Gedanke dürfte ihm ein gewisser Trost gewesen sein.«
Ella tat einen tiefen Lungenzug aus ihrer übelriechenden Zigarette und blies den Rauch nachdrücklich durch die Nase. Mrs. Curdle, die auf dem Kaminvorleger lauerte und nur darauf wartete, ihren Sessel zurückzuerobern, verzog sich entrüstet und mit hocherhobenem Schwanz in Richtung Küche.
»Harold Shoosmith hat gewußt, daß sie den Baum als Treffpunkt benutzen«, sagte Ella, »aber er hat sich nicht daran gestört. Sie haben ihren harmlosen Spaß gehabt und weiter nichts angestellt.«
Über soviel Nachsicht rümpfte Dotty angewidert die Nase.
»Und übrigens«, fuhr Ella fort und warf sich für Harold in die Bresche, »hättest du ganz schön dumm dagestanden, wenn die Jungs das ›Betreten verboten‹ beachtet und deine Glocke nicht gehört hätten.«
Dotty hatte den Anstand, das zuzugeben.
»Du«, sagte sie vertraulich, »ich habe Harold Shoosmith ein halbes Dutzend Flaschen von meinem selbstgemachten Wein vom letzten Jahr geschickt – lauter verschiedene Sorten. Betty Bell hat sie heute morgen mitgenommen, und sie sagt, es hat ihn richtiggehend umgeworfen.«
Kein Wunder, dachte Ella grimmig. Sie hatte Dottys Wein wie auch so manch anderes Gebräu probiert und zu ihrem Leidwesen

erfahren, daß die einheimische Krankheit, »Dottys Flotter« genannt, den Menschen ziemlich mitnehmen konnte. Sie machte sich im Geist einen Knoten ins Taschentuch, Harold zu warnen, bevor er von seinem Geschenk kostete.
Sie rauchte schweigend, während Dotty weiterschwatzte, denn die freute sich, daß sie mit jemandem reden konnte.
»Ich kann ihm gar nicht genug danken«, sagte Dotty aus tiefster Seele. »Wie furchtbar nett, wie aufmerksam er doch ist – wirklich ein Gewinn für Thrush Green. Sehen er und Dimity sich noch oft?«
Bei der Frage zuckte Ella zusammen.
»Ehrlich gesagt machen sie gerade einen Ausflug«, erzählte Ella. »Sonst wäre Dimity mitgekommen. Wieder mal mit dem Seniorenkreis. Sie wollen sich, glaube ich, prähistorische Schubkarren in Bedfordshire ansehen. Kann aber auch Berkshire sein«, fügte Ella hinzu, denn Geographie war nicht ihre starke Seite.
»Ich glaube, da tut sich was«, sagte Dotty gelassen. Sie hob ein graues Strickzeug vom Fußboden neben dem Sessel auf und fing an zu stricken. Ella merkte, daß sie es verdreht hatte und, statt die Reihe zu beenden, zurück über die vorherige strickte. Das war wohl auch der Grund für die eigentümliche Form des Teils und die erstaunlich vielen Löcher. Aber Dottys letzte Bemerkung hatte sie so getroffen, daß sie diese nicht auf Fehler im Strickzeug hinweisen mochte.
»Bei Dimity und Harold, meinst du?« fragte Ella vorsichtig, und all ihre früheren Ängste kehrten zurück.
»Ja, liebe Ella«, sagte Dotty mit klappernden Nadeln. »Fast alle glauben, daß daraus was wird. Na, hoffentlich. Aber was tust du dann?«
»Abwarten und Tee trinken«, sagte Ella, denn für ihren Geschmack ging das Ganze reichlich schnell. »Dimity hat mir gegenüber kein Sterbenswörtchen verlauten lassen, und Harold ist zu jedermann ganz reizend, wie du selber weißt, und ich an

deiner Stelle würde solche Gerüchte unterbinden, statt sie noch zu verbreiten.«

»Ha! Jetzt bist du böse«, verkündete Dotty. »Aber ich habe dich gewarnt! Niemand sieht, was sich direkt vor seiner Nase tut. Aber Außenstehende, weißt du –«

»Ach, papperlapapp, Dot!« fuhr Ella sie barsch an. »Das bildest du dir bloß ein!«

»Wir werden ja sehen! Wir werden ja sehen!« trällerte Dotty, wackelte dazu mit dem grauen Kopf und musterte ihr abartiges Strickzeug mit zusammengekniffenen Augen. Jetzt sah sie wirklich wie ein Hexe aus.

Ella reichte es für diesmal. Schwerfällig kam sie hoch, schlug ihrer alten Freundin kameradschaftlich auf den Rücken und ging zur Tür.

»Ich komme wieder, Dotty, aber jetzt muß ich los. Werd schön gesund und setz dir nicht noch mehr Flausen in den Kopf.«

Sie posaunte Betty Bell ein Lebewohl zu und trat hinaus in die herrlich frische Luft.

Dotty bringt einen manchmal dazu, daß man sich schon genauso plemplem vorkommt wie sie, dachte Ella verdrießlich, während sie den Fußweg zurückstapfte. Das Ärgerliche war nur, die alte Hexe behielt so oft recht!

Da der Schnee geschmolzen war und eine Schönwetterperiode eingesetzt hatte, konnten die Vorarbeiten zu dem Sockel für Nathaniels Standbild beginnen. Man sperrte mit einem Seil ein Viereck ab, drei muntere Arbeiter machten es sich unter einer Plane gemütlich, unter der sie während der kurzen Wintertage Tee kochten und ab und an arbeiteten.

Der Betonmischer übertönte Miss Fogertys Stimme in der ersten Klasse und machte sie zu einer Meisterin der Gebärdensprache, wenn sie ihren staunenden Schülern Anweisungen geben mußte. Die Spiele auf dem Schulhof fanden nur noch geteiltes Interesse, da sich die Kinderaugen immer öfter auf das

Treiben auf dem Dorfplatz richteten. Miss Fogerty war zwar eine glühende Verehrerin Nathaniel Pattens, aber manchmal wünschte sie ihn doch dahin, wo der Pfeffer wächst.

Mit dem Fortgang der Arbeiten wuchs auch das Interesse der Einwohner von Thrush Green. Jetzt tat sich wirklich etwas, und selbst lauwarme Gemeindemitglieder warteten gespannt. Der Schlachter aus Lulling und seine Anhänger, die in der Weihnachtszeit ihre Einwände erhoben hatten, machten keine Schwierigkeiten mehr, sondern wuschen wahrscheinlich ihre Hände in Unschuld. Doch zu ihrem Leidwesen hatten Harold und der Pfarrer noch niemanden gefunden, den man bitten konnte, das Denkmal zu enthüllen. Die Zeit lief ihnen davon, und sie zermarterten sich seit ihrer fehlgeschlagenen Mission in Pembrokeshire das Gehirn, doch ihnen wollte niemand Geeignetes für den großen Tag einfallen.

»Sie werden es selbst enthüllen müssen«, sagte Harold zum Pfarrer.

»Auf gar keinen Fall!« protestierte Charles Henstock. »Das wäre sehr unpassend. Es muß uns einfach jemand einfallen – vorzugsweise jemand, der eine Beziehung zu der Missionsstation selbst hat, finde ich.«

»Aber die nehmen alle an den dortigen Festivitäten teil«, meinte Harold. »Ich habe Ihnen doch erzählt, daß sie schon vor meiner Abreise mit den Vorbereitungen für große Jubelfeiern beschäftigt waren.«

Der Pfarrer seufzte abgrundtief.

»Ich werde mir heute abend mal tüchtig Bewegung machen«, sagte er schließlich. »Auf einsamen Spaziergängen klärt sich für mich so manches. Vielleicht kommt mir da der rettende Gedanke.«

»Hoffentlich funktioniert es heute abend«, meinte Harold. »Wenn Sie mich fragen, so wird es höchste Zeit.«

Ob der lange, einsame Spaziergang etwas damit zu tun hatte oder ob sich der Pfarrer bei seinen seelsorgerlichen Hausbesuchen angesteckt hatte, blieb unklar. Jedenfalls legte sich der gute Mann noch vor Ende der Woche mit hohem Fieber und höllischen Kopfschmerzen zu Bett. Mrs. Butler pflegte ihn mit leichter Krankenkost aus Zitronensaft und Zwieback und trat jedesmal nach dem Treppenaufstieg völlig aufgelöst und mit Märtyrermiene an sein Bett; ihr Anblick machte den Pfarrer noch kränker, was auch die Absicht war.

Er hütete schon zwei Tage das Bett, ehe Harold Shoosmith davon erfuhr und seinen Freund schnurstracks besuchte. Bei dem, was er da sah, sträubten sich ihm die Haare. Ein kleiner Petroleumofen heizte das hohe Zimmer, und abgesehen davon, daß er kaum wärmte, verstänkerte er auch noch alles.

»Haben Sie den Doktor gerufen?« fragte Harold seinen sichtlich kranken Freund besorgt.

»Du liebe Zeit, nein!« sagte der Pfarrer. »Der hat zuviel mit richtig Kranken um die Ohren, und Mrs. Butler kümmert sich rührend um mich.«

»Ich finde, Sie sollten ihn holen lassen«, sagte Harold. »Es ist viel zu kalt hier, und meiner Meinung nach sollten Sie etwas Nahrhafteres zu sich nehmen als Zwieback.«

»Ich habe nicht viel Appetit«, sagte der Pfarrer matt. »Und ich möchte Mrs. Butler nicht um Gerichte bemühen, die viel Arbeit machen.«

»Ein gekochtes Ei und warme Milch dürften ihre Kräfte nicht übersteigen«, meinte Harold grimmig. »Könnten Sie das hinunterbekommen?«

»Ja, das möchte gehen«, gestand der Pfarrer. »Ich bin wohl über den Berg.«

Harold ging nach unten und brachte Mrs. Butler auf Trab.

»Und ich bringe es ihm selbst hoch«, sagte er kurzangebunden. »Er braucht sorgfältige Pflege, das ist doch klar. Ich nehme es auch auf meine Kappe und rufe Doktor Lovell an.«

Harold wußte sich Respekt zu verschaffen, denn Mrs. Butler kam seiner Aufforderung flink und sogar willig nach.
»Es geht ihm schon besser«, sagte Doktor Lovell zu Harold, nachdem er den Patienten untersucht hatte. Sie waren allein unten im klammen Wohnzimmer des Pfarrhauses.
»Im Grunde genommen ist, glaube ich, dieser Drachen von Haushälterin schuld«, fuhr Doktor Lovell so munter und laut fort, daß man ihn unschwer in der Küche hören konnte. »Ich habe sie angewiesen, den Kamin in seinem Schlafzimmer anzuzünden und das ganze Haus warm zu halten. Ein richtiges Hundeloch ist das hier, finden Sie nicht auch?«
»Stimmt«, sagte Harold. »Hinsichtlich Mrs. Butler müssen wir etwas unternehmen. Sie nutzt Henstocks Gutmütigkeit schlicht und einfach aus.«
»Sie hat augenblicklich viel um die Ohren«, sagte der junge Doktor nachdenklich. »Vielleicht wäre es eine gute Idee, ihr, sagen wir, den Nachmittag freizugeben, dann arbeitet sie möglicherweise williger, solange der Pfarrer noch krank ist. Sie macht ihn ja noch kränker, wenn sie mit dieser Leichenbittermiene ins Zimmer kommt.«
»Das ließe sich leicht arrangieren«, sagte Harold. »Ich werde selber Wache halten, und sicherlich machen andere Freunde mit.«
Und so kam es, daß sich in den folgenden zehn Tagen Harold, Dimity und Ella nachmittags im Pfarrhaus ablösten und Mrs. Butler entlasteten, während der Pfarrer das Bett hütete und staunte, daß in seinem schon lange erkalteten Kamin ein richtiges Feuer brannte.
Charles Henstock genoß es, ein Nickerchen zu machen, während seine Freunde unten murmelten und sich bewegten und ihm Gesellschaft leisteten. Irgendwie lebte das Haus wieder wie zu Zeiten seiner lieben Frau. Er war schon so lange allein, daß er fast vergessen hatte, wie geborgen und heimelig ein Haus durch die Anwesenheit anderer Menschen wurde. Wenn er

dann aufwachte, wurde ihm warm ums Herz beim Gedanken an den Tee, den man in seinem Zimmer einnehmen würde, und er freute sich auf das Klappern des Teegeschirrs, das auf einem Tablett hochgetragen wurde, auf dem auch meistens etwas besonders Leckeres aus Ellas oder Dimitys Backstube lag.

»Es geht mir wirklich schon viel besser«, sagte der Pfarrer eines Nachmittags zu Harold. »Lovell sagt, daß ich morgen aufstehen darf. Ich habe ihn gefragt, ob ich nächste Woche zur Bischofskonferenz fahren kann, aber er meinte lieber nicht.«

Er seufzte betrübt und schob Harold über die Bettdecke ein bedrucktes Blatt zu.

»Zwei, drei hervorragende Redner, wie Sie sehen. Den jungen Bischof aus Westafrika hätte ich besonders gern gehört.«

»Aber den kenne ich doch!« rief Harold und stellte hastig seine Teetasse ab. »Die Missionsstation ist in seiner Diözese. Wie lange der wohl in England ist?«

»Wieso?« fragte der Pfarrer und wunderte sich über die Erregung seines Freundes.

»Merken Sie denn nichts? Das ist genau der Mann, der das Denkmal enthüllen könnte! Eine Fügung des Himmels!«

Das pausbäckige Gesicht des Pfarrers wurde vor Freude ganz rosig.

»Eine ausgezeichnete Idee! Aber wie können wir das herausfinden? Ob Sie meinen Bischof anrufen und mehr darüber in Erfahrung bringen könnten?«

»Darauf können Sie sich verlassen«, sagte Harold und schluckte einen großen Bissen von Dimitys Biskuitkuchen hinunter. »Sofort.«

An der Tür blieb er stehen, denn ihm waren auf einmal Bedenken gekommen.

»Er bewundert Nathaniel sehr«, sagte er. »Hoffentlich hat er nicht vor, dessen Geburtstag auf der Missionsstation zu begehen.«

»Irgendwie glaube ich das nicht«, antwortete der Pfarrer schlicht. »Mein kleiner Finger sagt mir, daß unsere Gebete erhört worden sind.«

Und das schien tatsächlich der Fall zu sein, dachte Harold zehn Minuten später, als er wieder die Treppe hochstieg. Der junge Bischof, so hatte man ihm gesagt, weilte zu einem dreimonatigen Studienaufenthalt in Oxford. Man hatte ihm seine Adresse und Telefonnummer gegeben, und diesen Zettel wedelte er triumphierend, als er das Schlafzimmer betrat.
»Wir müssen eine Sondersitzung des Vergnügungsausschusses einberufen«, sagte er fröhlich, »mal sehen, wie der reagiert.«
»Etwas Besseres könnte uns gar nicht passieren«, sagte sein Freund ruhig und überzeugt.

Anton Tschechow
Die Braut

1

Es war bereits zehn Uhr abends, und der Vollmond stand hell über dem Garten. Im Schuminschen Hause war der Spätabendgottesdienst, den die Großmutter, Marfa Michailowna, angeordnet hatte, soeben zu Ende gegangen. Nadja, die für eine Weile in den Garten hinausgegangen war, konnte von dort aus sehen, wie im Speisesaal der Tisch für den Imbiß hergerichtet wurde und wie die Großmutter in ihrem gebauschten Seidenkleid geschäftig hin und her ging. Vater Andrej, der erste Priester der Domkirche, unterhielt sich mit Nadjas Mutter, Nina Iwanowna, und bei der abendlichen Beleuchtung, die durchs Fenster einfiel, fand Nadja, daß ihre Mutter noch ungewöhnlich jung aussehe. Neben ihnen stand der Sohn des Priesters, Andrej Andrejewitsch, und hörte dem Gespräch aufmerksam zu.

Im Garten war es still und kühl. Unbewegliche Schatten lagen auf der Erde. In der Ferne, ganz weit weg, vielleicht schon außerhalb der Stadt, hörte man Frösche quaken. Der Mai war da, der liebliche Mai. Man holte tief Atem, und es deuchte einem, nicht hier, aber irgendwo unter dem Himmel, hinter diesen Bäumen, in Feldern und Wäldern fern von der Stadt, begänne jetzt das eigentliche Frühlingsleben, ein geheimnisvolles, wundersames, reiches und heiliges Leben, dem Verständnis des schwachen, sündigen Menschengeschlechtes unfaßbar. Unwillkürlich kamen einem Tränen in die Augen.

Nadja war bereits dreiundzwanzig Jahre alt. Seit ihrem sechzehnten Jahr hatte sie leidenschaftlich davon geträumt, sich zu verheiraten, und nun endlich war sie die Braut von Andrej Andrejewitsch geworden, desselben jungen Mannes, den sie dort durchs Gartenfenster sehen konnte. Er gefiel ihr, die Hochzeit war bereits auf den siebenten Juli festgesetzt, aber trotzdem empfand sie keine Freude, nachts schlief sie schlecht, ihr Frohsinn war dahin …

Aus dem Souterrain, in dem sich die Küche befand, vernahm man durch die offenstehenden Fenster, wie alle hastig eilten, wie man mit den Messern klapperte und die eisenbeschlagenen Türen zuschlug. Es roch nach gebratenem Truthahn und eingemachten Kirschen. Nadja hatte plötzlich das Gefühl, als würde sich von jetzt ab ihr ganzes Leben wie alles hier ohne jede Abwechslung abspielen, in endlosem Einerlei.

Da … jemand trat aus dem Hause und blieb auf dem vorgebauten Balkon stehen. Es war Alexander Timofejewitsch oder einfach Ssascha, ein Gast, der vor etwa zehn Tagen aus Moskau gekommen war. Vor vielen Jahren hatte eine entfernte Verwandte, Marja Petrowna, eine verarmte, klein, mager und krank aussehende adlige Witwe, die Großmutter öfter wegen einer Unterstützung aufgesucht. Marja hatte einen Sohn namens Ssascha. Mit mehr oder weniger Recht wurde von ihm behauptet, er besitze vortreffliche künstlerische Fähigkeiten, und als seine Mutter gestorben war, schickte ihn die um ihr eigenes Seelenheil besorgte Großmutter in die Kommissarowsche Lehranstalt nach Moskau. Zwei Jahre später bezog er dort die Kunstschule, verblieb da fast volle fünfzehn Jahre und absolvierte schließlich mit Mühe und Not die Abteilung für Architektur; aber er arbeitete dann doch nicht in diesem Fach, sondern nahm eine Stelle in einer der lithographischen Werkstätten Moskaus an. Fast jeden Sommer kam er, meistens sehr krank, zur Großmutter, um auszuruhen und sich zu erholen.

Er trug jetzt einen zugeknöpften Gehrock und abgetragene Drillichhosen, die unten ausgefranst waren. Sein Hemd war ungeplättet, überhaupt fehlte seinem Äußeren jede Frische. Er war sehr mager, dunkelhäutig, hatte große Augen, lange dürre Finger und trug einen Bart; dennoch war er schön. An Schumins hatte er sich gewöhnt wie an nahe Verwandte, er fühlte sich bei ihnen wie zu Hause, und das Zimmer, das er bei seinen Besuchen immer bewohnte, nannten alle schon längst »Ssaschas Stube«.

Vom Balkon aus sah er Nadja und ging auf sie zu. »Schön ist es hier bei Ihnen«, sagte er.

»Natürlich ist es schön, Sie müßten bis zum Herbst hierbleiben.«

»Ja, voraussichtlich kommt es so. Vielleicht werde ich bis zum September bei Ihnen bleiben.«

Er lachte ohne jeden Grund und setzte sich neben sie.

»Ich sitze hier und sehe die Mutter an«, sagte Nadja. »Von hier aus sieht sie noch so jung aus. Mama hat natürlich ihre Schwächen«, fügte sie nach kurzem Schweigen hinzu, »aber trotzdem ist sie eine ungewöhnliche Frau.«

»Ja, sie ist gut ...«, gab Ssascha zu. »Ihre Mutter ist auf ihre Art sicher eine sehr gute und liebe Frau, aber ... wie soll ich Ihnen das sagen? Heute früh ging ich in die Küche, dort schliefen vier Dienstmädchen einfach auf dem kahlen Fußboden, sie hatten keine Betten und statt des Bettzeugs Lumpen ... Gestank, Wanzen, Schaben ... Dasselbe Bild wie vor zwanzig Jahren, nichts hat sich geändert. Nun, Ihre Großmutter, Gott mit ihr, in ihrem Alter ... aber Ihre Mutter, die doch sicher französisch spricht, an Theateraufführungen teilnimmt – man sollte meinen, die müßte Verständnis dafür haben.«

Wenn Ssascha sprach, streckte er seinem Zuhörer zwei seiner langen, dürren Finger entgegen.

»Mir ist das alles so ungewohnt, so seltsam kommt mir das vor«, fuhr er fort. »Der Teufel mag sich da auskennen, niemand tut hier etwas. Ihre Mutter geht den ganzen Tag über spazieren, wie eine Herzogin oder dergleichen, die Großmutter tut ebenfalls nichts, und Sie – auch nicht. Auch Ihr Bräutigam Andrej Andrejewitsch tut nichts.«

Nadja hatte dies alles schon im vorigen Jahr von ihm gehört, wahrscheinlich auch im vorhergehenden. Sie wußte, daß Sascha diese Dinge nicht anders beurteilen konnte. Früher hatte es sie amüsiert, heute ärgerte sie sich.

»Das hab ich schon hundertmal gehört, ich habe es längst satt«, sagte sie und erhob sich. »Sie sollten sich etwas Neues ausdenken.«

Er lachte wieder und erhob sich gleichfalls, und sie gingen zusammen ins Haus. Hochgewachsen, schön und schlank wirkte sie neben ihm sehr gesund und elegant. Dies fühlte sie, und er tat ihr leid. Es war ihr peinlich.

»Und dann reden Sie viel überflüssiges Zeug«, fuhr sie fort, »soeben sprachen Sie von meinem Andrej, aber Sie kennen ihn ja gar nicht.«

»... Von meinem Andrej! Gott mit ihm, mit Ihrem Andrej. Mir tut es um Ihre Jugend leid.« Als sie den Speisesaal betraten, setzte man sich bereits zu Tisch. Die Babuschka, oder die Babulja, wie alle im Hause sie nannten, war eine sehr korpulente, häßliche alte Dame mit dichten Augenbrauen und einem Schnurrbärtchen; sie sprach laut, und schon an dem Ton ihrer Stimme und ihrer Art zu sprechen erkannte man, daß sie im Haus die erste Rolle spielte. Ihr gehörten die Kaufbudenreihe auf dem Marktplatz und das schöne alte Haus mit den Säulen und dem Garten; trotzdem betete sie jeden Morgen, Gott möge sie vor Verarmung bewahren, und weinte dabei; ihre Schwiegertochter, Nadjas Mutter, Nina Iwanowna, eine blonde, stark geschnürte Dame mit einem Klemmer und mit Brillanten an jedem Finger, ferner der Priester Andrej, ein alter, hagerer, zahnloser Mann mit einem ständigen Gesichtsausdruck, als wolle er gerade etwas sehr Komisches erzählen, und endlich sein Sohn Andrej Andrejewitsch, Nadjas Bräutigam, ein wohlgenährter, schöner junger Mann mit welligem Haar, den man für einen Schauspieler oder Künstler halten konnte. Alle vier sprachen über Hypnotismus.

»Bei mir wirst du dich in einer Woche erholen«, sagte die

Babuschka, sich an Ssascha wendend. »Du mußt nur mehr essen.« Und aufseufzend fuhr sie fort: »Himmel, wie du aussiehst! Einfach furchtbar! Wahr und wahrhaftig wie der verlorene Sohn.«
»Nachdem er das Erbteil seines Vaters verpraßt hatte«, fiel darauf, jedes seiner Worte abwägend, doch mit lachenden Augen, Vater Andrej ein, »weidete er zusammen mit dem unvernünftigen Vieh, der Verruchte ...«
»Ich liebe mein Väterchen«, gestand Andrej Andrejewitsch entzückt und strich seinem Vater über die Schulter. »Ein vortrefflicher alter Herr, ein prachtvoller alter Herr.«
Alle schwiegen still. Ssascha begann plötzlich zu lachen und hielt sich die Serviette vor den Mund.
»Also, Sie glauben an Hypnotismus?« fragte Vater Andrej Nadjas Mutter, Nina Iwanowna.
»Ich will nicht gerade behaupten, daß ich daran glaube«, erwiderte sie, indem sie ihrem Gesicht einen ernsten, fast strengen Ausdruck gab, »aber ich muß zugeben, daß es in der Natur noch viel Geheimnisvolles und Unverständliches gibt.«
»Ganz meine Meinung. Allerdings muß ich hinzufügen, daß der Glaube das Gebiet des Geheimnisvollen bedeutend einschränkt.«
Man trug einen großen, sehr fetten Truthahn auf. Vater Andrej und Nina Iwanowna setzten ihr Gespräch fort. An Nina Iwanownas Fingern blitzten die Brillanten; später, im Laufe des Gesprächs, glänzten Tränen in ihren Augen, sie wurde sehr erregt.
»Wenn ich auch nicht wage, mit Ihnen zu streiten«, sagte sie, »eins müssen Sie mir aber zugeben: es gibt doch im Leben viele Rätsel, die nicht gelöst werden können!«
»Ich kann Ihnen versichern, nicht ein einziges!«
Nach dem Abendessen spielte Andrej Andrejewitsch Geige, und Nina Iwanowna begleitete ihn auf dem Klavier. Vor zehn Jahren hatte er an der philosophischen Fakultät sein Universitätsstu-

dium beendet, war aber nirgends in Dienst getreten und hatte überhaupt keine bestimmte Beschäftigung. Ab und zu wirkte er an einem Wohltätigkeitskonzert mit, in der Stadt galt er für einen Künstler.

Andrej Andrejewitsch spielte, und alle hörten ihm schweigend zu. Auf dem Tisch summte der Samowar, aber nur Ssascha trank Tee. Als es zwölf Uhr schlug, platzte plötzlich auf der Violine eine Saite. Alle lachten, wurden nun unruhig und begannen sich zu verabschieden.

Nachdem Nadja ihren Bräutigam hinausbegleitet hatte, ging sie in ihr Zimmer nach oben, wo sie und die Mutter wohnten. Die Großmutter hatte das Erdgeschoß inne. Unten im Saal wurden bereits die Kerzen gelöscht, nur Ssascha saß noch immer da und trank seinen Tee. Er trank nach Moskauer Art gerne viel Tee, so an die sieben Glas hintereinander. Nadja zog sich aus und ging zu Bett; sie hörte noch lange, wie das Dienstmädchen unten abräumte und die Großmutter herumschimpfte. Endlich war alles still; von Zeit zu Zeit vernahm man nur noch, wie Ssascha unten im Zimmer mit seiner tiefen Baßstimme hustete.

2

Als Nadja erwachte, war es gegen zwei Uhr morgens, es begann bereits zu dämmern. Irgendwo in der Ferne tappte der Nachtwächter. Schlafen mochte sie nicht mehr, das Bett war so unangenehm weich. Wie schon oft in den vergangenen Maiennächten setzte sich Nadja im Bett auf und begann nachzudenken. Und wie in den letzten Nächten waren die Gedanken auch heute eintönig, zwecklos, unentrinnbar: wie Andrej Andrejewitsch begonnen hatte, ihr den Hof zu machen, und wie es dann zu dem Heiratsantrag kam, wie sie ihr Einverständnis gegeben und nach und nach diesen guten, klugen Menschen schätzen gelernt hatte. Warum nur empfand sie jetzt, kaum einen Monat vor der

Hochzeit, diese Beklommenheit, diese unerklärliche Unruhe, als stände ihr irgend etwas Unheilvolles bevor.

»Tick-tock, tick-tock«, stapfte träge der Nachtwächter. »Tick-tock ...«

Durch das große altmodische Fenster sah man im Garten die üppig blühenden, von der Nachtkühle schläfrigen und matten Fliedersträucher. Weißer, dichter Nebel schwamm langsam an den Flieder heran und drohte ihn zuzudecken. Von den fernen Bäumen her drangen die müden Schreie der Saatkrähen.

»Mein Gott, warum fühle ich mich so bedrückt!«

Vielleicht wird jede Braut vor der Hochzeit von den gleichen Empfindungen heimgesucht. Wer weiß? Oder ist es der Einfluß Ssaschas? Aber Ssascha sagt seit Jahr und Tag dasselbe, als läse er es aus einem Buche ab, und so wie er redet, klingt es naiv und sonderbar. Aber warum muß sie trotzdem immer an Ssascha denken? Warum?

Das Tappen des Nachtwächters war längst verstummt. Unter dem Fenster begannen sich die Vögel zu regen, der Nebel war aus dem Garten verschwunden, und über alles ringsumher ergoß sich wie ein Lächeln das freundliche Frühlingslicht. Bald wurde der ganze Garten von der Sonne erwärmt und liebkost, Tautropfen blitzten wie Brillanten an den Blättern, und der alte verwilderte Garten sah an diesem Morgen jung und festlich geschmückt aus.

Auch die Babulja war bereits erwacht. In tiefem Baß hustete Ssascha. Man hörte, wie unten der Samowar auf den Tisch gestellt und mit den Stühlen gerückt wurde.

Träge schlichen die Stunden dahin. Nadja war aufgestanden und lange Zeit im Garten spazierengegangen, und immer noch nahm der Morgen kein Ende.

Da kam auch Nina Iwanowna mit einem Glas Mineralwasser in der Hand. Sie sah verweint aus. Sie beschäftigte sich mit Spiritismus und Homöopathie, las viel und sprach gerne von den Zweifeln, die sie oft befielen. Nadja wollte es scheinen, als stecke ein tiefer, geheimnisvoller Sinn dahinter. Sie küßte ihre Mutter und ging neben ihr her.

»Worüber hast du geweint, Mama?« fragte sie.

»Gestern, bevor ich einschlief, las ich eine Erzählung, die von einem alten Mann und seiner Tochter handelt. Der Alte diente irgendwo, und sein Vorgesetzter verliebte sich in die Tochter. Ich habe die Erzählung noch nicht zu Ende gelesen, aber es gibt da eine Stelle, bei der man sich der Tränen nur schwer enthalten kann«, sagte Nina Iwanowna und nahm einen Schluck aus ihrem Glas. »Heute früh erinnerte ich mich dieser Stelle und mußte gleich wieder weinen.«

»Mir ist in den letzten Tagen auch gar nicht froh zumute«, sagte Nadja nach längerem Schweigen. »Warum kann ich nur nachts nicht schlafen?«

»Ich weiß nicht, Liebes. Wenn ich nachts nicht schlafen kann, so schließe ich die Augen ganz, ganz fest, siehst du, so ... und stelle mir dann Anna Karenina vor, wie sie geht, wie sie spricht, oder ich suche über etwas Historisches nachzudenken, über etwas aus dem Altertum ...«

Nadja fühlte, daß die Mutter für ihren Seelenzustand keinerlei Verständnis hatte und auch nicht haben konnte. Dieser Gedanke kam ihr zum erstenmal in ihrem Leben und flößte ihr Schrecken ein. Sie hätte sich verstecken mögen. Bald darauf ging sie in ihr Zimmer zurück.

Um zwei Uhr setzte man sich zum Mittagessen an den Tisch. Es war Mittwoch, ein Fastentag, und deshalb erhielt die Großmutter ihren Fastenborschtsch und mit Buchweizen gefüllte Brachsen vorgesetzt.

Ssascha aß, um die Großmutter ein wenig aufzureizen, zuerst seine gewöhnliche Suppe und hinterher noch den Fastenborschtsch. Während des Essens machte er Witze, aber seine Witze waren schwerfällig und moralisierend; es sah durchaus nicht spaßig aus, wenn er, bevor er den Scherz vom Stapel ließ, seine übermäßig langen, abgemagerten, leichenartigen Finger vor seinen Zuhörern emporhob. Und wenn man daran dachte, daß er sehr krank sei und voraussichtlich nicht mehr lange auf dieser Welt weilen werde, erfaßte einen so tiefes Mitleid mit ihm, daß man hätte weinen können.

Nach dem Essen begab sich die Großmutter in ihr Zimmer, um auszuruhen. Nina Iwanowna spielte noch eine kurze Zeit Klavier, dann ging auch sie.

»Ach, liebe Nadja«, begann nun Ssascha sein gewöhnliches Nachmittagsgespräch, »wenn Sie doch auf mich hören wollten! Oh, wenn ...«

Sie saß mit geschlossenen Augen tief in einem der altmodischen Sessel, und er ging im Zimmer von einer Ecke in die andere.

»Oh, wenn Sie weglaufen wollten, um zu studieren«, sagte er. »Nur aufgeklärte, gebildete, heilige Leute sind interessant, nur solche sind nötig. Denn je mehr solcher Leute es gibt, desto schneller kommt das Reich Gottes zu uns auf Erden. Es wird dann in Ihrer Stadt kein Stein mehr auf dem anderen bleiben, alles wird umgestürzt, alles wird sich verwandeln wie durch Zauberei. Und danach werden hier mächtig große, wundervolle Gebäude entstehen, herrliche Gärten mit märchenhaften Fontänen darin und einzigartige, interessante Menschen ... Aber das ist nicht das wichtigste, die Hauptsache ist die, daß es dann keine Masse im heutigen Sinne mehr geben wird, denn jeder Mensch wird dem anderen glauben und jeder wird wissen, wozu er lebt, und nicht ein einziger mehr wird seinen Rückhalt und seine Stütze in der Masse suchen. Liebes, gutes Herz, brechen Sie auf, zeigen Sie allen, daß Ihnen dieses bewegungslose, graue, sündige Leben nicht mehr genügt. Beweisen Sie es doch wenigstens sich selbst!«

»Es geht nicht, Ssascha, ich heirate jetzt.«

»Ach, lassen Sie das doch. Wem nützt das etwas?«

Sie gingen in den Garten hinaus und schritten dort eine Weile auf und ab.

»Wie die Verhältnisse auch liegen mögen, Sie müssen sich da

hineindenken, müssen zu begreifen suchen, wie unrein, wie unmoralisch dieses träge, beschäftigungslose Leben ist«, fuhr Ssascha fort. »Verstehen Sie denn nicht, wenn beispielsweise Sie, Ihre Mutter und auch Ihr Großmütterchen nichts tun, so heißt das doch, daß irgendein anderer für Sie arbeiten muß. Ihr eßt dann also irgendein fremdes Leben auf. Ist das etwa anständig und nicht unmoralisch?«

Nadja wollte antworten »ja, das ist wahr«, wollte sagen, daß sie es verstände, aber die Tränen stiegen ihr in die Augen, sie wurde plötzlich ganz still, sah sehr niedergedrückt aus und ging in ihr Zimmer.

Gegen Abend kam Andrej Andrejewitsch und spielte wie gewöhnlich lange auf der Geige. Er war überhaupt wortkarg, und vielleicht liebte er das Geigenspiel auch deshalb, weil er während des Spiels nicht zu reden brauchte. Um elf Uhr abends, als er im Begriff war, nach Hause zu gehen und bereits den Mantel anhatte, umarmte er Nadja und küßte leidenschaftlich ihr Gesicht, die Schulter, die Hände.

»Du mein Liebstes, Teuerstes. Du einzig Schöne du ...«, flüsterte er. »Oh, wie glücklich bin ich! Ganz außer mir bin ich vor Glück!«

Und Nadja schien es, als hätte sie das alles schon einmal gehört, vor sehr langer, langer Zeit; oder hatte sie es irgendwo gelesen, in einem Roman, in einem alten, zerlesenen, schon lange beiseite geworfenen Buch?

Im Saal saß Ssascha und trank seinen Tee, die Untertasse mit seinen langen Fingern haltend. Die Babuschka legte Patience, Nina Iwanowna las. Die eine Flamme des Lämpchens vor der Ikone knisterte leise, und alles erschien still und friedlich. Nadja sagte allen gute Nacht und ging hinauf in ihr Zimmer. Sie legte sich hin und schlief sofort ein. Aber als das erste Morgenlicht aufzudämmern begann, erwachte sie wieder wie in der vergangenen Nacht. Mit dem Schlaf war es vorbei, ihre Seele war voll Unruhe, es wurde ihr schwer ums Herz. Sie saß im Bett, den Kopf auf die Knie gelegt, und dachte über ihren Bräutigam und über die Hochzeit nach … Von irgendwoher stieg in ihr die Erinnerung auf, daß die Mutter ihren verstorbenen Mann nicht geliebt hatte, und daß sie jetzt nichts besaß und in völliger Abhängigkeit von ihrer Schwiegermutter, der Babulja, lebte. Und Nadja, so angestrengt sie auch darüber nachdachte, konnte sich nicht klarwerden, warum sie bis jetzt in ihrer Mutter etwas Besonderes, Ungewöhnliches gesehen hatte und nicht eine schlichte, einfache, unglückliche Frau.

Auch Ssascha in der unteren Etage schlief nicht, man hörte, wie er hustete. »Was für ein merkwürdiger, naiver Mensch«, dachte sie, »all seine Schwärmereien von wunderbaren Gärten und herrlichen Fontänen haben immer so etwas kindlich Unsinniges! … Warum aber liegt in seiner Naivität, ja sogar in seinem Unsinn so unendlich viel Schönes?« Und als sie in ihren Gedanken die Frage näher erwog, ob sie nicht doch weglaufen solle, um zu studieren, weitete sich ihr ganzes Herz, ihre Brust wurde von erfrischender Kühle erfüllt, und ein herrliches Gefühl von Freude und Entzücken ergriff Besitz von ihr.

»Aber lieber nicht denken, nein, lieber nicht denken«, flüsterte sie. »Man darf nicht daran denken.«

»Tick-tock …«, klappte irgendwo in der Ferne der Nachtwächter. »Tick-tock…tick-tock …«

3

Mitte Juni begann sich Ssascha plötzlich unbehaglich zu fühlen und machte Anstalten, nach Moskau abzureisen.

»Ich kann in dieser Stadt nicht leben«, sagte er düster. »Es gibt hier keine Wasserleitung, keine Kanalisation! Das Mittagessen ekelt mich an, in der Küche ist ein unbeschreiblicher Schmutz.«

»Aber so warte doch, du verlorener Sohn!« Die Großmutter

suchte ihn zu überreden, seltsamerweise im Flüsterton. »Am siebenten ist ja die Hochzeit!«

»Ich will nicht.«

»Du solltest doch bis zum September bei uns bleiben!«

»Aber jetzt will ich nicht mehr. Ich muß arbeiten!«

Der Sommer war in diesem Jahre feucht und kalt, die Bäume trieften, im Garten sah alles unfreundlich und mürrisch aus; man konnte wirklich Lust bekommen zu arbeiten. In den Zimmern hörte man oft unbekannte weibliche Stimmen, bei der Großmutter rasselte die Nähmaschine: man mußte sich mit der Aussteuer beeilen. An Pelzen allein erhielt Nadja sechs Stück, und der billigste kostete nach den Worten der Großmutter dreihundert Rubel!

Das ganze Getriebe und Gehaste machte Ssascha nervös; er saß meistens in seinem Zimmer und ärgerte sich; trotzdem suchten ihn alle zum Bleiben zu bewegen, und schließlich gab er auch sein Wort, nicht vor dem ersten Juli abzureisen.

Die Zeit verging schnell. Am Peter-Pauls-Tag gingen Andrej Andrejewitsch und Nadja nach dem Mittagessen in die Moskauer Straße, um noch einmal das Haus in Augenschein zu nehmen, das gemietet und schon seit längerer Zeit für die Jungvermählten hergerichtet war. Das Haus hatte zwei Stockwerke, einstweilen aber wurde nur das obere eingerichtet. Im Saal glänzte der in einer Art Parkettmuster gestrichene Fußboden. Wiener Stühle standen darin, ein Klavier, ein Notenpult für den Geiger. Es roch nach Farbe. An der Wand hing in goldenem Rahmen ein großes Ölgemälde: eine nackte Dame neben einer lila Vase mit abgebrochenem Henkel.

»Ein wundervolles Bild«, sagte Andrej Andrejewitsch und seufzte tief vor Hochachtung. »Es ist von dem Maler Schischmatschewski.«

Danach kam das Besuchszimmer mit einem runden Tisch und Sesseln, die mit leuchtend blauem Stoff bespannt waren. Über dem Sofa hing die Porträtphotographie von Andrejs Vater mit

Kamilawka und Ordensauszeichnungen. Darauf gingen sie in das Speisezimmer mit dem großen Büfett und zuletzt in das Schlafzimmer. Hier standen im Halbdunkel zwei Betten nebeneinander, und es hatte den Anschein, als ob in dieser Ehe alles sehr gut gehen müßte, als ob es gar nicht anders sein könnte. Andrej Andrejewitsch führte Nadja durch die Zimmer und hielt sie die ganze Zeit über um die Taille gefaßt; sie aber fühlte sich schwach, schuldbewußt, sie empfand etwas wie Abscheu vor diesen Zimmern, diesen Betten und Sesseln, und vor der nackten Dame wurde ihr geradezu schlecht.

Sie war sich bereits klar darüber geworden, daß sie Andrej Andrejewitsch nicht mehr liebte oder daß sie ihn vielmehr noch nie geliebt hatte; aber wie sie ihm das verständlich machen, wem sie es sagen sollte, das wußte sie nicht, konnte es auch nicht wissen, obgleich sie in den letzten Tagen und Nächten unaufhörlich nachgedacht hatte … Er hielt sie umfaßt, sprach so zärtlich mit ihr, so bescheiden, war so glücklich über ihre zukünftige Wohnung, aber sie sah in all dem nichts als Geschmacklosigkeit, Banalität, törichte, plumpe, unerträgliche Geschmacklosigkeit, und die Hand, die ihre Taille umfaßt hielt, schien ihr hart und kalt wie ein Eisenreifen. Jeden Augenblick war sie bereit davonzulaufen, in Tränen auszubrechen oder sich aus dem Fenster zu stürzen.

Andrej Andrejewitsch führte sie auch in das Badezimmer, und als er einen an der Wand befestigten Wasserhahn berührte, floß plötzlich Wasser heraus.

»Nun, was sagst du dazu?« fragte er lachend. »Ich habe da auf dem Dachboden einen Bottich anbringen lassen, der hundert Eimer Wasser faßt, wir werden also im Bad immer fließendes Wasser haben.«

Sie gingen noch über den Hof und von da auf die Straße hinaus und nahmen eine Droschke. Dichte Staubwolken wirbelten vor ihnen her, es sah aus, als ob es jeden Augenblick regnen wollte.

»Frierst du nicht?« fragte Andrej Andrejewitsch und blinzelte vor Staub mit den Augen.
Sie schwieg.
»Gestern, du erinnerst dich gewiß, machte mir Ssascha Vorwürfe, daß ich nichts tue«, sagte er nach kurzem Schweigen. »Nun ja, er hat recht. Vollkommen recht. Ich tue nichts und kann gar nichts tun. Warum, mein Liebes, ist mir doch schon der bloße Gedanke daran so unbeschreiblich zuwider, daß ich eines Tages die Kokarde an die Mütze heften und in den Staatsdienst treten soll? Warum berührt es mich immer so unangenehm, wenn ich einen Advokaten sehe, einen Latein-Lehrer oder einen Regierungsbeamten? Oh, Mütterchen Rußland, Mütterchen Rußland, wieviel unnützes Menschenvolk trägst du auf deiner Erde! Wieviel solche Leute, wie ich einer bin, du Arme, Vielgequälte.«
Die Tatsache, daß er nicht arbeitete, stellte er nur einfach fest und erblickte weiter nichts darin als ein Zeichen der Zeit.
»Wenn wir verheiratet sind«, fuhr er fort, »ziehn wir aufs Land, mein Liebes, dort werden wir arbeiten. Wir kaufen uns ein kleines Stück Land mit einem Garten an einem Fluß und werden dort schaffen und arbeiten und das Leben kennenlernen ... Oh, wie schön wird das sein!«
Er nahm den Hut ab, und der Wind fuhr durch sein Haar, sie aber hörte ihm zu und dachte: »Gott, wenn ich nur schon zu Hause wäre, oh, du mein Gott!« Kurz vor ihrem Hause holten sie den Vater ein.
»Ach, da geht ja auch der Vater«, rief Andrej Andrejewitsch und winkte mit dem Hut. »Ich liebe mein Väterchen sehr, wirklich«, sagte er, während er den Droschkenkutscher bezahlte. »Ein vortrefflicher alter Herr, ein prächtiger alter Herr.«
Nadja kam mißgelaunt und gereizt nach Hause. Der Gedanke, daß nun den ganzen Abend über Gäste da sein würden, daß man die werde unterhalten müssen, lächeln und allerlei sinnlosen Gesprächen zuhören, war ihr gräßlich, und die ganze Zeit über würden sie von nichts anderem sprechen als von der Hochzeit.

Die Großmutter in ihrem stattlichen Seidenkleid und mit der hochmütigen Miene, die sie immer zur Schau trug, wenn Gäste da waren, saß neben dem Samowar. Vater Andrej mit seinem schlauen Lächeln trat ins Zimmer.

»Ich habe das Vergnügen und den gnadenreichen Trost, Sie bei guter Gesundheit zu sehen.« Damit begrüßte er die Großmutter, und es war schwer zu erkennen, ob er im Ernst sprach oder nur scherzte.

Der Wind tobte gegen die Fenster und gegen das Dach; man hörte ihn pfeifen, und klagend und grollend sang der Hausgeist im Ofen sein Lied. Es war ein Uhr nachts ... Alle im Hause waren zu Bett gegangen, aber niemand konnte schlafen, und es schien Nadja, als spielte unten jemand auf der Geige. Plötzlich vernahm man ein lautes Gepolter, gewiß hatte der Wind einen der Fensterläden heruntergerissen. Eine Minute später betrat Nina Iwanowna, im Hemd und mit einer Kerze in der Hand, das Zimmer.

»Was war das für ein Gepolter, Nadja?« fragte sie.

Die Mutter mit ihren zu einem Zopf geflochtenen Haaren, ihrem ängstlichen Lächeln, kam ihr in dieser stürmischen Nacht älter, häßlicher und kleiner vor. Nadja dachte daran, daß sie noch bis vor kurzem ihre Mutter für eine ungewöhnliche Frau gehalten und voller Andacht jedem ihrer Worte gelauscht hatte; aber jetzt waren diese Worte ihrem Gedächtnis entschwunden, und was etwa in ihrer Erinnerung haften geblieben, war schwach und unbedeutend.

Aus dem Ofen tönte jetzt der Gesang von mehreren Bässen, man meinte sogar die Worte »Ach, du mein Go-o-tt!« herauszuhören. Nadja setzte sich im Bett auf. Plötzlich griff sie sich mit beiden Händen ins Haar und brach in Tränen aus.

»Mama, Mama«, sagte sie weinend, »meine einzige, gute Mama, wenn du wüßtest, was in mir vorgeht! Ich bitte dich, ich flehe dich an, erlaube mir, von hier wegzugehen! Ich bitte dich flehentlich darum!«

»Wohin?« fragte Nina Iwanowna verständnislos und setzte sich zu ihr auf den Bettrand. »Wohin willst du gehen?«
Nadja weinte und konnte lange kein Wort hervorbringen. Endlich sagte sie: »Erlaube mir, aus der Stadt wegzugehen! Die Hochzeit darf nicht, sie wird nicht stattfinden, versteh mich doch! Ich liebe diesen Menschen nicht ... Ich kann gar nicht von ihm sprechen!«
»Nein, mein Einziges, nein«, sagte Nina Iwanowna hastig und furchtbar erschrocken. »Beruhige dich, solche Gedanken kommen dir, weil du augenblicklich mißgestimmt bist, das geht vorüber. Wahrscheinlich hast du mit Andrej Andrejewitsch einen kleinen Streit gehabt, aber wenn Liebende miteinander streiten, versöhnen sie sich auch bald.«
»Ach, Mama, geh, bitte, laß mich allein, geh!« schluchzte Nadja.
»Ja«, sagte Nina Iwanowna, nachdem sie eine Weile geschwiegen hatte, »gar nicht lange ist es her, da warst du noch ein Kind, ein kleines Mädchen, und jetzt bist du schon Braut! Die Natur verwandelt uns schnell; eh du dich versiehst, bist du schon Mutter und eine alte Frau, und dann wirst du eine ebenso rebellische Tochter neben dir haben wie jetzt ich!«
»Liebe, gute Mama, du bist doch klug und du warst selbst unglücklich, warum redest du denn dieses banale Zeug? Um Gottes willen, warum?«
Nina Iwanowna wollte etwas erwidern, konnte aber vor Tränen nicht sprechen, sie schluchzte auf und ging aus dem Zimmer. Wieder heulten die Bässe im Ofen, die Angst konnte einen packen. Nadja sprang aus dem Bett und ging schnellen Schrittes zur Mutter. Nina Iwanowna lag, mit einer hellblauen Decke zugedeckt, in ihrem Bett. Sie sah verweint aus und hielt ein Buch in der Hand.
»Mama, hör mich an!« sagte Nadja. »Ich bitte dich flehentlich, denk dich in meine Lage hinein, suche zu verstehen! Verstehe doch nur, wie unsagbar kleinlich und erniedrigend unser Leben ist. Mir sind jetzt die Augen aufgegangen, ich sehe alles ganz klar.

Und was findest du denn an diesem Andrej Andrejewitsch? Er ist bestimmt nicht klug, er ist ja dumm!«

Mit einem Ruck setzte sich Nina Iwanowna im Bett auf.

»Du und deine Großmutter, ihr beide quält mich nur«, sagte sie aufschluchzend. »Ich will leben, leben will ich«, wiederholte sie mehrere Male und schlug sich dabei mit der Faust gegen die Brust. »Gebt mir doch meine Freiheit. Ich bin ja noch jung, ich will leben, ihr aber habt eine alte Frau aus mir gemacht! ...«

Sie begann bitterlich zu weinen, legte sich hin und kauerte sich unter der Decke zu einem kleinen Häuflein zusammen, und sie erschien hilflos, bedauernswert wie ein kleines, törichtes Mädchen.

Nadja ging in ihr Zimmer zurück, setzte sich ans Fenster und erwartete den Anbruch des Morgens. So saß sie die ganze Nacht hindurch und sann über alles nach, während es von der Hofseite her fortwährend an den Fensterläden rüttelte und ums Haus pfiff.

Am anderen Morgen klagte die Großmutter, der Wind habe in dieser Nacht alle Äpfel von den Bäumen geschüttelt und einen alten Pflaumenbaum umgebrochen. Draußen war es noch grau, trübe und unfreundlich, man hatte Lust, Licht anzuzünden. Alle klagten über die Kälte, der Regen prasselte gegen die Fensterscheiben. Nach dem Tee ging Nadja zu Ssascha ins Zimmer. Ohne ein Wort zu sagen, kniete sie neben dem Lehnsessel in der Ecke nieder und bedeckte das Gesicht mit den Händen.

»Was hast du?« fragte Ssascha.

»Ich kann nicht mehr ...«, antwortete sie. »Ich begreife nicht, wie ich bis jetzt hier leben konnte, es ist mir völlig unverständlich! Ich verachte ja meinen Bräutigam, verachte mich selbst, verachte mein ganzes, nichtstuerisches, leeres Leben ...«

»Nun, nun, das macht nichts ... Es ist recht so ...«, sagte Ssascha, der noch nicht begriff, was sie so aus der Fassung gebracht hatte.

»Dieses Leben ist mir zuwider«, fuhr Nadja fort. »Ich halte es hier nicht einen Tag länger aus. Morgen fahre ich weg von hier. Lassen Sie mich um Gottes willen mit Ihnen reisen!«

Eine Minute lang schaute Ssascha sie voll Verwunderung an; endlich verstand er und freute sich wie ein Kind. Er fuchtelte mit den Armen herum, trippelte in seinen Hausschuhen einher, als wollte er vor Freude tanzen.

»Das ist ja herrlich!« rief er aus und rieb sich die Hände. »Gott, ist das schön!«

Und sie schaute ihn an mit großen, innig blickenden Augen, ohne auch nur mit der Wimper zu zucken. Wie verzaubert stand sie da und wartete darauf, daß er ihr gleich etwas sehr Bedeutsames sagen würde, etwas von höchster Wichtigkeit. Noch hatte er nichts gesagt, und doch kam es ihr schon vor, als tue sich etwas Neues und Weites auf, etwas, das sie bisher nie gekannt hatte. Und sie sah ihn voller Erwartung an und zu allem entschlossen, wenn es sein müßte, auch zum Tode.

»Morgen reise ich«, sagte er, nachdem er eine Weile nachgedacht hatte, »und Sie fahren mit zum Bahnhof, mich zu begleiten. Ihr Gepäck kommt in meinen Koffer, und ich löse Ihnen die Fahrkarte; sobald das dritte Klingelzeichen ertönt, steigen Sie in den Zug, und wir fahren ab. Sie begleiten mich bis Moskau, und von dort aus fahren Sie allein weiter nach Petersburg. Haben Sie einen Paß?«

»Ja, den habe ich.«

»Ich schwöre Ihnen, daß Sie es nicht bedauern noch bereuen werden«, sagte Ssascha voller Begeisterung. »Sie werden wegfahren, werden studieren, und dann wird das Schicksal Sie weitertragen. Sobald Sie Ihr Leben ändern, wird alles anders. Die Hauptsache ist und bleibt, daß Sie ihr bisheriges Leben aufgeben, alles andere findet sich von selbst. Also fahren wir morgen?«

»O ja! Um Himmels willen ja!«

Nadja fürchtete, daß sie sehr aufgeregt, daß ihr das Herz schwer sein werde wie nie zuvor. Sie glaubte, nun werde sie bis zur Abreise viel leiden und von qualvollen Grübeleien gepeinigt werden. Aber kaum hatte sie sich in ihrem Zimmer niedergelegt, als sie sofort einschlief. Und mit verweintem Gesicht und einem Lächeln um den Mund schlief sie durch bis zum Abend.

4

Man schickte nach einer Droschke. Nadja, bereits in Hut und Mantel, ging hinauf, um die Mutter und alles, was sie jetzt verlassen wollte, noch einmal zu sehen. In ihrem Zimmer blieb sie neben dem noch warmen Bett stehen, blickte sich um und ging dann still zur Mutter hinüber.

Nina Iwanowna schlief, im Zimmer war es ganz still. Nadja küßte die Mutter, strich ihr die Haare zurecht, stand noch eine Weile ... Dann ging sie ohne Eile in die untere Etage hinab.

Draußen regnete es heftig. Die Droschke stand mit aufgeschlagenem Schutzdach nässetriefend vor dem Tor.

»Für beide wird kein Platz in der Droschke sein, Nadja«, sagte die Großmutter, als die Dienstmädchen die Koffer im Wagen unterzubringen begannen. »Was willst du bei solchem Wetter mit zum Bahnhof fahren! Bleib lieber zu Hause. Sieh doch, was für ein Regen!«

Nadja wollte etwas erwidern, aber sie konnte nicht sprechen. Ssascha half ihr beim Einsteigen, bedeckte ihre Füße mit dem Plaid. Dann setzte er sich neben sie.

»Glückliche Reise! Glückliche Reise!« rief die Großmutter ihnen vom Balkon aus zu. »Und du, Ssascha, schreib uns von Moskau aus!«

»Gut, Babulja. Leben Sie wohl!«

»Die Himmelskönigin behüte dich!«

»Ist das ein Wetter!« sagte Ssascha.

Erst jetzt fing Nadja an zu weinen. Mit voller Klarheit wurde sie sich bewußt, daß sie nun wirklich und endgültig ihr Zuhause verließ. Als sie sich von der Großmutter verabschiedete und die

Mutter zum letztenmal ansah, hatte sie noch nicht so recht daran geglaubt. Lebe wohl, Heimatstadt. Und alles huschte ihr plötzlich durch den Sinn, Andrej und sein Vater, die neue Wohnung und die nackte Dame mit der Vase.

Aber das alles ängstigte und bedrückte sie schon nicht mehr, es kam ihr nur so dumm und kleinlich vor und trat immer weiter in die Vergangenheit zurück. Und als sie im Waggon waren und der Zug sich in Bewegung setzte, schmolz all das Vergangene, das ihr einmal wichtig und groß erschienen war, zu einem winzig kleinen Häuflein zusammen, und vor ihr tat sich das Tor der Zukunft unendlich weit auf, das bisher fast ganz verschlossen gewesen war ... Der Regen peitschte gegen die Waggonfenster, man sah nur grüne Felder, vorüberflitzende Telegraphenstangen und Vögel, die auf den Drähten saßen. Und plötzlich benahm ihr die Freude fast den Atem! Es kam ihr zum Bewußtsein, daß sie ja in die Freiheit fahre, studieren würde und daß das so etwas Ähnliches sei, als man vor langen Jahren mit dem Wort »ein freier Kosak werden« bezeichnete. Und sie lachte, weinte und betete durcheinander.

»Das macht nichts«, sagte Ssascha mit glücklichem Lächeln. »Es wird alles gut werden.«

5

Der Herbst verging und danach der Winter. Nadja sehnte sich schon sehr nach Hause und dachte täglich an die Mutter, die Großmutter und auch an Ssascha. Von zu Hause erhielt sie friedliche, gute Briefe, und es machte den Eindruck, als sei alles vergessen und vergeben. Im Mai, als sie die Examina hinter sich hatte, fuhr sie gesund und frohgemut nach Hause. Unterwegs nahm sie Aufenthalt in Moskau, um Ssascha zu besuchen. Er war derselbe wie im vergangenen Sommer. Er trug einen Bart, verwuschelte Haare, denselben alten Rock, dieselben Beinkleider aus Drillichstoff, und hatte dieselben wundervollen Augen; doch sah er kränklich, zerquält aus, auch wirkte er älter und hustete oft. Auf Nadja machte sein Äußeres den Eindruck eines unscheinbaren Kleinbürgers.

»Ach, du mein Gott, Nadja, du bist gekommen!« sagte er und lachte fröhlich. »Du meine Einzige, Gute, mein Liebes!«

Sie saßen zusammen in der lithographischen Werkstatt, die voll Tabakrauch war und wo es so stark nach Tusche und Farben roch, daß es einem den Atem verschlug; danach gingen sie auch in sein Zimmer. Hier war es ebenso verqualmt, und der Fußboden war vollgespuckt. Auf dem Tisch, neben dem erkalteten Samowar, stand ein zerbrochener Teller mit einem fleckigen Papier darauf, und auf dem Tisch wie auf dem Fußboden lag eine Menge toter Fliegen. Man sah aus allem, daß Ssascha sein persönliches Leben hintansetzte, daß er, alle Bequemlichkeiten verachtend, drauflos lebte, und hätte ihm jemand von persönlichem Glück oder persönlichem Leben oder von Liebe sprechen wollen, so hätte er nichts davon verstanden und nur gelacht.

»Es ist damals alles gut abgelaufen«, erzählte Nadja in aller Eile. »Mama kam im Herbst nach Petersburg und erzählte, die Großmutter sei mir nicht böse, sie ginge nur täglich in mein Zimmer und bekreuzige die Wände.«

Ssascha sah zwar vergnügt aus, hustete aber häufig und redete mit heiserer Stimme. Nadja beobachtete ihn und wußte nicht recht, ob er wirklich krank war oder ob es ihr nur so schien.

»Ssascha, mein Lieber«, sagte sie, »aber Sie sind ja krank!«

»Ist nicht der Rede wert. Ich bin krank, aber nicht sehr.«

»Aber, mein Gott«, fuhr Nadja in großer Aufregung fort, »warum kurieren Sie sich nicht, warum schonen Sie Ihre Gesundheit so wenig, mein teurer, mein lieber Ssascha?« Tränen brachen aus ihren Augen, und in ihrer Vorstellung tauchte plötzlich das Bild von Andrej Andrejewitsch, die nackte Dame mit der Vase, auf, und diese Dinge erschienen ihr jetzt so fern wie ihre Kindheit;

und sie weinte, weil ihr Ssascha für sie nun nicht mehr der eigenartige, intelligente und interessante Mensch war wie im vergangenen Jahr. »Lieber Ssascha«, sagte sie, »Sie sind sehr, sehr krank. Ich würde Gott weiß was darum geben, wenn Sie nicht so blaß und so mager wären. Ich bin Ihnen ja so dankbar! Sie ahnen ja gar nicht, wieviel Sie für mich getan haben, mein guter Ssascha! In Wahrheit sind Sie jetzt für mich der Mensch, der mir am allernächsten steht, der mir am meisten wesensverwandt ist.«

So saßen sie und redeten miteinander. Aber nachdem Nadja den Winter in Petersburg verbracht hatte, trat ihr aus seinen Worten, seinem Lächeln, aus seiner ganzen Erscheinung etwas Überlebtes, Altmodisches entgegen, das längst gestorben und vielleicht schon ins Grab gesunken war.

»Übermorgen fahre ich an die Wolga«, sagte Ssascha, »nun, und von dort aus in die Steppe. Ich will eine Stutenmilchkur machen. Zusammen mit mir fährt ein Freund mit seiner Frau. Diese Frau ist ein interessanter Mensch; ich bringe sie immer aus dem Gleichgewicht und suche sie zu überreden, sie solle studieren. Ich möchte, daß sie ihre Lebensweise ändere.«

Nachdem sie über alles gesprochen hatten, fuhren sie zum Bahnhof. Ssascha bestellte Tee und Äpfel, und als der Zug abging und er lächelnd mit dem Taschentuch winkte, merkte man sogar an seinem Gang, daß er sehr krank war und wohl kaum noch lange leben werde.

Nadja kam um die Mittagszeit in ihrer Heimatstadt an. Als sie vom Bahnhof nach Hause fuhr, erschienen ihr die Straßen sehr breit und die Häuser klein und gedrückt. Sie sahen aus, als wären sie mit Staub bedeckt. Kein Mensch war unterwegs, außer dem deutschen Klavierstimmer in seinem fuchsroten Mantel.

Die Großmutter, ganz alt geworden, beleibt und unschön wie früher, umarmte Nadja und weinte lange. Das Gesicht gegen Nadjas Schulter gepreßt, konnte sie sich gar nicht von ihr losreißen. Nina Iwanowna war auch stark gealtert, sie war häßlicher geworden und sehr abgemagert, aber wie früher stark geschnürt, und an ihren Fingern blitzten die Brillanten.

»Mama, meine liebe Mama«, sagte Nadja und zitterte am ganzen Körper. »Liebe Mama!«

Dann saßen sie und weinten schweigend. Beide, die Großmutter wie die Mutter, fühlten, daß das Vergangene für immer und unwiederbringlich ausgelöscht war. Ihre Stellung in der Gesellschaft war erschüttert, weder brachte man ihnen die alte Ehrerbietung entgegen, noch stand ihnen das frühere Recht zu, jeden als Gast in ihr Haus zu laden. Es ist, wie wenn in einem leichten und sorglosen Leben plötzlich eines Nachts die Polizei erschienen sei, Haussuchung vorgenommen und den Hausherrn überführt habe, daß er Geld veruntreut und Unterschriften gefälscht hat – dann leb wohl für ewig, leichtes und sorgloses Leben!

Nadja ging später hinauf und sah in ihrem Zimmer ihr altes Bett, die Fenster mit denselben netten weißen Gardinen und durch die Fenster denselben sonnenbeschienenen, fröhlich-geräuschvollen Garten. Sie strich über ihren Tisch, setzte sich und dachte nach. Sie hatte gut zu Mittag gegessen, Tee mit wohlschmeckender, dicker Sahne getrunken, aber irgend etwas fehlte; man fühlte überall eine Leere in den Zimmern, und die Decken waren so niedrig. Als sie abends zu Bett ging und sich zudeckte, kam es ihr auf einmal ein wenig lächerlich vor, in einem so warmen und weichen Bett zu liegen.

Für kurze Zeit kam auch Nina Iwanowna zu ihr ins Zimmer. Sie setzte sich, verlegen und ängstlich umhersehend, wie sich Leute zu setzen pflegen, die eine Schuld drückt.

»Nun, wie ist es, Nadja«, fragte sie nach kurzem Schweigen. »Bist du zufrieden? Sehr zufrieden?«

»Ich bin zufrieden, Mama.«

Nina Iwanowna erhob sich und bekreuzigte Nadja und die Fenster.

»Und ich bin, wie du siehst, religiös geworden«, sagte sie. »Weißt du, ich beschäftige mich jetzt mit Philosophie und muß fortwährend denken, denken … Und vieles ist mir jetzt klar geworden wie der Tag. Zunächst glaube ich, muß man das ganze Leben wie durch ein Prisma ansehen.«

»Sag doch, Mama, wie geht es der Babulja?«

»Soweit ganz gut. Als du damals mit Ssascha fortgefahren warst und dein Telegramm ankam, fiel die Großmutter, kaum daß sie es gelesen hatte, ohnmächtig zu Boden. Drei Tage lang lag sie dann regungslos im Bett. Später betete und weinte sie in einem fort. Jetzt ist sie ruhiger geworden.«

Nina Iwanowna stand auf und ging im Zimmer auf und ab.

»Tick-tock«, tappte der Nachtwächter. »Tick-tock …«

»Vor allen Dingen muß man das Leben wie durch ein Prisma ansehen«, sagte sie, »das heißt mit anderen Worten, daß sich die Vorgänge des Lebens in unserem Bewußtsein in einfache Elemente aufteilen lassen, gleichsam in die sieben Grundfarben, und jedes dieser Elemente muß man dann einzeln studieren.«

Was Nina Iwanowna noch weiter sagte, und wann sie aus dem Zimmer ging, wußte Nadja nicht, denn sie war sehr bald eingeschlafen.

Der Mai war vergangen und der Juni hatte begonnen. Nadja hatte sich schon an das Leben zu Hause gewöhnt. Die Großmutter saß wie früher neben dem Samowar und seufzte von Zeit zu Zeit schwer. Nina Iwanowna erzählte abends von ihrer Philosophie. Ihre Stellung im Hause war wie früher die einer Frau, die auf das Gnadenbrot angewiesen ist: um jedes Zwanzigkopekenstück mußte sie sich an die Großmutter wenden. Es gab eine Unmenge von Fliegen im Hause, und die Zimmerdecken schienen immer niedriger zu werden.

Die Babulja und Nina Iwanowna gingen fast nie auf die Straße; aus Furcht, sie könnten dort einmal dem Priester Andrej oder seinem Sohn begegnen. Nadja ging im Garten und in den Straßen umher und schaute sich die Häuser und die grauen Zäune an, und sie hatte das Gefühl, als sei hier alles längst

überlebt und veraltet, als warte alles nur auf das Ende oder auf einen neuen, jungen Anfang.
Oh, wenn es doch bald begänne, dieses neue, helle Leben, in dem man seinem Schicksal frei und mutig wird entgegenschauen und sich fröhlich und glücklich in seinem Recht wird fühlen können! Solch ein Leben mußte es sicher früher oder später einmal geben. Denn es mußte doch eine Zeit kommen, in der von dem Hause der Großmutter, wo vier Dienstleute in der Enge und dem Schmutz eines einzigen Souterrainzimmers leben mußten, nichts mehr übrigbleiben würde, in der man es vergessen haben und niemand sich seiner erinnern würde! Und Nadja wurde in ihren Gedanken nur durch die Buben vom Nachbarhof gestört; wenn sie im Garten spazierenging, klopften sie an den Zaun und riefen spottend und lachend: »Die Braut! Die Braut!«
Aus Saratow langte ein Brief von Ssascha an. Mit seiner lustigen, tänzelnden Handschrift teilte er mit, daß ihm seine Wolgareise gut bekommen, daß er aber in Saratow ein wenig erkrankt sei und bereits zwei Wochen im Krankenhaus läge, Nadja verstand, was das bedeutete, und eine Ahnung, fast könnte man sagen eine Gewißheit bemächtigte sich ihrer. Und es war ihr unangenehm, daß diese Vorahnung, diese Gedanken an Ssaschas Schicksal sie gar nicht mehr so stark wie früher aufregten. Sie wollte leidenschaftlich leben, wollte früher nach Petersburg fahren, und ihre Bekanntschaft mit Ssascha kam ihr vor wie etwas sehr, sehr Liebes, das aber bereits in ferner, ferner Vergangenheit läge.
Sie konnte die ganze Nacht über nicht schlafen und saß, als der Morgen kam, am Fenster und lauschte. Und wirklich wurden unten Stimmen laut; die Großmutter stellte hastig und mit aufgeregter Stimme irgendwelche Fragen, später hörte sie jemand weinen …
Als Nadja hinunterkam, stand die Großmutter vor der Ikone und betete. Ihr Gesicht war verweint. Auf dem Tische lag ein Telegramm.

Nadja ging lange im Zimmer auf und ab und hörte, wie die Großmutter weinte, dann nahm sie das Telegramm und las es. Es enthielt die Mitteilung, daß gestern früh in Saratow Alexander Timofejewitsch, den sie Ssascha genannt hatten, an der Schwindsucht verschieden sei.

Die Großmutter und Nina Iwanowna gingen in die Kirche, um Anordnungen wegen der Totenmesse zu treffen, und Nadja ging noch lange in den Zimmern umher und dachte über alles nach. Sie fühlte mit voller Deutlichkeit, daß sie ihr Leben von Grund aus umgewandelt hatte, wie Ssascha es gewollt, und daß sie hier einsam und fremd geworden war. Niemand brauchte sie hier. Und auch sie hatte von dem allen hier nichts mehr nötig, alles Frühere war von ihr losgelöst und vergangen; es war, als sei alles verbrannt und die Asche in alle Winde zerstreut worden. Sie ging in Ssaschas Stübchen und stand da eine Weile.

»Ich verabschiede mich von dir, mein lieber, lieber Ssascha!« dachte sie, und vor ihr tauchte ein neues, weites und freies Leben auf, und dieses neue Leben, noch undeutlich und voller Geheimnisse, rief und lockte sie.

Sie ging hinauf in ihr Zimmer und packte ihre Sachen. Am nächsten Morgen verabschiedete sie sich von den Ihren, und fröhlichen Sinnes verließ sie ihre Heimatstadt – für immer, wie sie glaubte.

Vladimir Nabokov
Frühling in Fialta

Der Frühling in Fialta ist wolkig und trüb. Alles ist feucht: die scheckigen Stämme der Platanen, die Wacholdersträucher, die Geländer, der Kies. Weit entfernt erblickt man zwischen den gezackten Kanten bläulichfahler Häuser, die sich wankend von den Knien erheben, um den Hang zu erklimmen (eine Zypresse weist ihnen den Weg), verschwommen den wässerig-verschleierten Mt. Sankt Georg, der seinem Abbild auf jenen Ansichtskarten unähnlicher denn je sieht, die seit etwa 1910 (diese Strohhüte, diese jugendlichen Droschkenkutscher!) den Touristen von ihrem traurigen Ständerkarussell aus umwerben, umgeben von Steinbrocken mit Amethystzähnen und den Konsolenträumen von Seemuscheln. Ein schwacher Geruch nach Verbranntem hängt in der Luft, die windstill ist und warm. Das Meer, dessen Salz von einer Regenlösung überspült wird, ist eher grau als bläulichgrün und seine Wellen sind zu schwerfällig, um schäumend zu brechen.

An einem solchen Tag in den frühen dreißiger Jahren fand ich mich, alle meine Sinne weit geöffnet, in einer der steilen kleinen Straßen Fialtas und nahm alles gleichzeitig in mich auf – das maritime Rokoko in der Bude, die Korallenkruzifixe in einem Schaufenster, den verzagten Anschlag eines Wanderzirkus (eine Ecke des durchnäßten Papiers hatte sich von der Mauer gelöst) und ein gelbes Stück unreifer Apfelsinenschale auf dem alten, schieferblauen Gehsteig, der sich hier und da eine schwindende Erinnerung an ein uraltes Mosaikmuster bewahrt hatte. Ich liebe Fialta; ich liebe es, weil ich in der Höhlung dieser veilchenblauen Silben die süße, dunkle Feuchtigkeit der krumpeligsten aller kleinen Blumen spüre und weil seine Viola den Alt des Namens einer wunderschönen Stadt auf der Krim nachbildet; und auch darum liebe ich es, weil gerade in der Schlaftrunkenheit seiner feuchten Vorosterzeit etwas liegt, das der Seele besonders wohltut. So war ich denn glücklich, wieder dort zu sein, dem kleinen Bach im Rinnstein entgegen bergan zu steigen, ohne Hut, mit nassem Kopf, die Haut schon von Wärme durchtränkt, obwohl ich über dem Hemd nur einen leichten Regenmantel trug.

Ich war mit dem Capparabella-Expreß gekommen, der mit jenem leichtfertigen Schwung, welcher Eisenbahnzügen in gebirgiger Gegend eigen ist, sich donnernd Mühe gegeben hatte, während der Nacht so viele Tunnel wie möglich zu bewältigen. Einen oder zwei Tage, gerade so lange, wie es mir eine Atempause während einer Geschäftsreise erlaubte – länger gedachte ich nicht zu bleiben. Frau und Kinder hatte ich zu Hause gelassen, und sie bildeten eine Insel des Glücks, die im klaren Norden meines Wesens immerfort gegenwärtig war, die mich ständig begleitete, ja die, möchte ich sagen, durch mich hindurchtrieb, sich aber dennoch meist an der Außenseite meiner selbst hielt.

Ein Kind männlichen Geschlechts, ohne Hosen und mit einem prallen, schlammgrauen kleinen Bauch, trat unsicher von einer Türstufe und tappelte O-beinig davon; es versuchte, drei Apfelsinen auf einmal zu tragen, doch dauernd ließ es die jeweils andere dritte fallen, bis es selber hinfiel, worauf ein etwa zwölfjähriges Mädchen mit einer schweren Perlenkette um den dunklen Hals und einem Rock, der so lang war wie der einer Zigeunerin, prompt alle drei mit ihren geschickteren und zahlreicheren Händen fortnahm. In der Nähe, auf der nassen Terrasse eines Cafés, wischte ein Kellner die Tischplatten ab; ein melancholischer Brigant, der die Bonbon-Spezialitäten des Ortes feilbot, kunstvoll aussehende Dinger mit mondartigem Glanz, hatte einen hoffnungslos vollen Korb auf die geborstene Balustrade gestellt, über die hinweg sich die beiden unterhielten. Der Nieselregen hatte entweder aufgehört, oder Fialta hatte sich so

daran gewöhnt, daß es selber nicht mehr wußte, ob es feuchte Luft oder warmen Regen atmete. Ein Engländer in Knickerbockern, einer von der soliden, exportfähigen Sorte, der sich im Gehen aus einem Gummibeutel mit dem Daumen die Pfeife stopfte, kam unter einem Bogen hervor und betrat eine Apotheke, wo große, bleiche Schwämme in einem blauen Gefäß hinter dem Glas verdursteten. Wie köstlich das Wohlgefühl, das ich durch meine Adern rieseln spürte, wie dankbar antwortete alles in mir auf die Vibrationen und Emanationen dieses grauen Tages, der mit einer Frühlingsessenz gesättigt war, welcher er selber anscheinend nur langsam gewahr wurde! Meine Nerven waren nach einer schlaflosen Nacht ungewöhnlich empfänglich; ich sog alles in mich ein: den Gesang einer Drossel in den Mandelbäumen jenseits der Kapelle, den Frieden der verfallenden Häuser, den Puls der entfernten See, die im Nebel keuchte, all das und dazu das eifersüchtige Grün des Flaschenglases, welches eine Mauerkrone stachelig bewehrte, und die haltbaren Farben eines Zirkusplakats, auf dem ein federgeschmückter Indianer auf dem Rücken eines aufgebäumten Pferdes zu sehen war, der mit seinem Lasso gerade ein kühnermaßen endemisches Zebra einfing, während einige gründlich genarrte Elefanten brütend auf ihren sternenübersäten Thronen saßen.
Nach kurzer Zeit überholte mich derselbe Engländer. Während ich ihn mit dem übrigen zusammen in mich aufnahm, bemerkte ich zufällig, wie sich sein großes blaues Auge plötzlich seitwärts bewegte, den geröteten Lidwinkel zu verziehen suchte und wie er schnell die Lippen befeuchtete – wegen der Trockenheit jener Schwämme, nahm ich an; doch dann folgte ich der Richtung seines Blickes und sah Nina.
Jedesmal, wenn ich ihr im Laufe der fünfzehn Jahre unserer – nun, das genaue Wort für unsere Art der Beziehung will mir nicht einfallen – begegnet war, hatte sie mich offenbar nicht sogleich erkannt; und auch dieses Mal verharrte sie auf dem Gehsteig gegenüber einen Augenblick lang ganz still, in sympathischer

Ungewißheit, in die sich Neugier mischte, halb mir zugewandt, und nur ihr gelber Schal hatte sich schon in Bewegung gesetzt, wie jene Hunde, die einen noch vor ihren Herren erkennen – und dann stieß sie einen Schrei aus, ihre Hände flogen hoch, alle ihre zehn Finger vollführten einen Tanz, und mitten auf der Straße küßte sie mich dreimal mit mehr Mund als Gefühl, allein dank der freimütigen Impulsivität alter Freundschaft (genau wie sie jedesmal, wenn wir uns trennten, schnell ein Kreuz über mir schlug), und dann ging sie neben mir her, hängte sich ein, paßte ihren Schritt dem meinen an, von ihrem engen braunen, unten an der Seite sportlich geschlitzten Rock behindert.

»Aber ja, Ferdie ist auch hier«, erwiderte sie und erkundigte sich ihrerseits sofort höflich nach Elena.

»Er muß mit Segur irgendwo herumbummeln«, fuhr sie fort und meinte wieder ihren Mann. »Und ich muß noch etwas einkaufen; wir fahren nach dem Mittagessen. Warte mal, wo bringst du mich eigentlich hin, Victor, mein Guter?«

Zurück in die Vergangenheit, zurück in die Vergangenheit, wie jedesmal, wenn ich sie traf und alles wiederholte, was sich an Handlung angesammelt hatte, von den Anfängen an bis zu dem letzten Zuwachs – genau wie in russischen Märchen das bereits Erzählte bei jeder neuen Wendung der Geschichte noch einmal zusammengefaßt wird. Dieses Mal hatten wir uns im warmen und nebligen Fialta getroffen, und ich hätte die Gelegenheit nicht mit größerer Kunst feiern, hätte die Liste der früheren Dienste des Schicksals nicht mit leuchtenderen Vignetten ausschmücken können, selbst wenn ich gewußt hätte, daß dies sein letzter Dienst war; doch, der letzte – denn ich kann mir kein himmlisches Vermittlungsbüro vorstellen, das bereit wäre, dafür zu sorgen, daß ich ihr jenseits des Grabes noch einmal begegne. Meine Eingangsszene mit Nina hatte sich vor ziemlich langer Zeit in Rußland abgespielt, um 1917, würde ich sagen, nach gewissem linkem Theatergepolter hinter der Bühne zu urteilen. Es war während einer Geburtstagsfeier auf dem Landsitz meiner

Tante bei Luga, in den tiefsten Falten des Winters (wie gut erinnere ich mich an das erste Anzeichen dafür, daß wir uns dem Ort näherten: eine rote Scheune in einer weißen Wildnis). Ich hatte soeben die Abschlußprüfung am Kaiserlichen Lyzeum bestanden; Nina war bereits verlobt: Obwohl sie genauso alt war wie ich und das Jahrhundert, sah sie mindestens wie zwanzig aus, und das trotz oder gerade wegen ihrer zierlichen, schlanken Figur, während sie dank eben dieser Zierlichkeit mit zweiunddreißig jünger wirkte. Ihr Verlobter war bei der Garde und hatte gerade Fronturlaub – ein gutaussehender, schwerer Mensch, unglaublich wohlerzogen und phlegmatisch, der jedes Wort auf die Waagschale des allergenauesten gesunden Menschenverstandes legte und in einem samtenen Bariton sprach, welcher noch weicher wurde, wenn sich seine Worte an sie richteten; seine Anständigkeit und Ergebenheit gingen ihr schließlich wohl auf die Nerven; und heute ist er ein erfolgreicher, wenngleich etwas einsamer Ingenieur in einem weit entlegenen tropischen Land.

Fenster werden hell und strecken ihre leuchtende Länge über den dunklen, buckligen Schnee; zwischen ihnen bleibt Raum für den Widerschein des fächerförmigen Lichtes über der Haustür. Jede der beiden Säulen zur Seite ist mit einem flaumigen Weiß überzogen, was die Linien des Bildes einigermaßen verdirbt, das sonst ein vollkommenes Exlibris für das Buch unserer beider Lebensläufe abgegeben hätte. Ich kann mich nicht entsinnen, warum wir alle aus dem hallenden Flur in die stille Dunkelheit hinausgetreten waren, die von Tannen bevölkert war, welche der Schnee zu ihrer doppelten Größe hatte anwachsen lassen; hatte der Wächter uns nahegelegt, einen düsteren roten Schein am Himmel zu besichtigen, ein schlimmes Vorzeichen kommender Brandstiftung? Möglich. Waren wir hinausgegangen, um einer Pferdestatue aus Eis Bewunderung zu zollen, die der Schweizer Hauslehrer meiner Cousins in der Nähe des Teiches geschaffen hatte? Auch das ist möglich. Mein Gedächt-

nis erwacht erst auf dem Rückweg zum symmetrisch erleuchteten Herrenhaus wieder zum Leben: Wir gingen im Gänsemarsch eine enge Furche zwischen Schneewehen entlang, und nur das Knirschen unserer Schritte war zu hören – der einzige Kommentar, den eine schweigsame Winternacht über menschliche Wesen abgibt. Ich war der letzte; drei knirschende Schritte vor mir eine kleine, gebeugte Gestalt; ernst wiesen die Tannen ihre beladenen Pfoten. Ich rutschte aus und ließ die tote Taschenlampe fallen, die mir jemand aufgezwungen hatte; sie wiederzufinden erwies sich als verteufelt schwer; und von meinem Geschimpf sogleich angelockt, drehte sich Nina, eines Spaßes gewärtig, mit einem begierigen, tiefen Lachen undeutlich nach mir um. Ich nenne sie Nina, aber noch konnte ich ihren Namen kaum wissen, noch hatten wir beide keine Zeit für irgendwelche Präliminarien gehabt. »Wer ist denn das?« fragte sie interessiert – und schon küßte ich ihren Hals, der glatt war und brennend heiß von dem langen Fuchspelz ihres Mantelkragens, welcher mir in den Weg kam, bis sie mir die Hand auf die Schulter legte und mit der ihr eigenen Freimütigkeit sanft ihre großzügigen, pflichteifrigen Lippen auf die meinen preßte.
Doch als plötzlich wie mit einer Heiterkeitsexplosion im Dunkel das Thema »Schneeballschlacht« seinen Anfang nahm, trennten wir uns, und jemand klomm – fliehend, fallend, knirschend, lachend und keuchend – auf eine Schneewehe, versuchte zu rennen und stöhnte schrecklich auf: Tiefer Schnee hatte die Amputation eines Filzstiefels bewirkt. Und bald darauf trennten wir uns alle, und jeder fuhr nach Hause, ohne daß ich mit Nina gesprochen oder irgendwelche Zukunftspläne gemacht hätte, Pläne für jene fünfzehn Jahre der Wanderschaft, die bereits am trüben Horizont aufgezogen waren, beladen mit den Einzelteilen unserer niemals zusammengefügten Wiedersehen. Während ich sie in dem Durcheinander der Gebärden und der Schatten von Gebärden beobachtete, aus dem der Rest des Abends bestand (wahrscheinlich Gesellschaftsspiele – und Nina beharrlich

auf der gegnerischen Seite), staunte ich, wie ich mich entsinne, nicht so sehr darüber, daß sie mir nach jener Wärme im Schnee keinerlei Aufmerksamkeit schenkte, sondern vielmehr über die naive Natürlichkeit dieser Unaufmerksamkeit, denn ich wußte noch nicht, daß es nur eines Wortes von mir bedurft hätte, und schon hätte sich ihre Gleichgültigkeit in eine wundervoll aufleuchtende Freundlichkeit verwandelt, wäre sie munter und anteilnehmend zu jeglicher Mitwirkung aufgelegt gewesen, ganz als wäre die Liebe einer Frau ein Quellwasser voller gesunder Salze, von dem sie jedermann auf den leisesten Wink bereitwilligst zu trinken gab.

»Warte, wo haben wir uns zuletzt gesehen?« begann ich (zu Ninas Fialta-Version gewandt), um auf ihr kleines Gesicht mit den vorstehenden Backenknochen und den dunkelroten Lippen einen bestimmten, wohlbekannten Ausdruck zurückkehren zu sehen; und wirklich, wie sie den Kopf schüttelte und die Stirn runzelte, das schien nicht so sehr auf Vergeßlichkeit zu deuten, wie die Plattheit eines alten Scherzes zu beklagen; oder um genauer zu sein, so war es, als seien all die Städte, in denen das Schicksal unsere verschiedenen Rendezvous arrangiert hatte, ohne ihnen jemals persönlich beizuwohnen, als seien all die Bahnsteige und Treppen und dreiwändigen Zimmer und dunklen Seitenstraßen banale Szenerien, Überbleibsel irgendwelcher anderer, längst abgeschlossener Lebensläufe, und als hätten sie so wenig mit dem weiteren Ausagieren unseres eigenen, ziellosen Schicksals zu tun, daß es fast schlechter Geschmack war, sie überhaupt zu erwähnen.

Ich begleitete sie in einen Laden unter den Arkaden; dort, im Zwielicht hinter einem Perlenvorhang, betastete sie ein paar Geldbeutel aus rotem Leder, die mit Seidenpapier ausgestopft waren, und spähte auf die Preisschilder, als wolle sie ihre Museumsnamen lernen. Sie wünsche, sagte sie, genau diese Form, aber in rehbraun, und als der alte Dalmatiner nach zehn Minuten fieberhafter Raschelei durch ein Wunder, das mir immer noch ein Rätsel ist, eben solch eine Rarität ausfindig gemacht hatte, da besann sich Nina, die schon drauf und dran gewesen war, mir etwas Geld aus der Hand zu nehmen, eines anderen und verließ den Laden durch die wehenden Perlenschnüre, ohne etwas gekauft zu haben.

Draußen war es so milchig trübe wie zuvor; der gleiche Geruch nach Verbranntem, der tatarische Erinnerungen weckte, kam aus den bloßen Fenstern der bleichen Häuser; ein kleiner Mükkenschwarm war damit beschäftigt, über einer Mimose, die lustlos blühte und ihre Ärmel bis auf den Boden sinken ließ, die Luft zu stopfen; zwei Arbeiter mit breitkrempigen Hüten aßen Käse und Knoblauch zu Mittag; ihre Rücken ruhten an einem Zirkusplakat, auf dem ein roter Husar und eine Art orangefarbener Tiger abgebildet waren; komisch – in der Absicht, das Tier so wild wie möglich zu machen, war der Künstler so weit gegangen, daß er schließlich von der anderen Seite zurückkam, denn das Gesicht des Tigers hatte geradezu menschliche Züge.

»*Au fond* wollte ich einen Kamm«, sagte Nina in verspäteter Reue.

Wie vertraut waren mir ihr Zögern, ihre Nachgedanken, ihre Nachgedanken zu den Nachgedanken, die die frühesten widerspiegelten, ihre kurzlebigen Kümmernisse zwischen zwei Eisenbahnzügen. Immer war sie gerade eingetroffen oder im Aufbruch, und es fällt mir schwer, daran zu denken, ohne daß mich die Vielzahl komplizierter Reiserouten demütigt, denen man fieberhaft folgt, nur um jene abschließende Verabredung einzuhalten, um deren Unvermeidbarkeit selbst der eingeschworenste Weltenbummler weiß. Wäre ich gezwungen, Richtern unseres irdischen Daseins ein Musterbeispiel ihrer durchschnittlichen Haltung zu unterbreiten, so würde ich sie sich vielleicht auf einen Ladentisch im Reisebüro Cook's lehnen lassen, die linke Wade über dem rechten Schienbein, während der linke Zeh auf den Fußboden trommelt, ihre spitz angewinkelten Ellbogen zusammen mit einer Handtasche, aus der die Geldstücke quellen, auf dem Ladentisch ruhen und die Angestellte, einen Bleistift in der Hand, mit ihr über den Plan eines ewigen Schlafwagens berät.

Nach dem Exodus aus Rußland sah ich sie – und das war das zweite Mal – im Haus einiger Bekannter in Berlin. Es war kurz vor meiner Hochzeit; sie hatte sich gerade von ihrem Verlobten getrennt. Als ich das Zimmer betrat, erblickte ich sie sofort, und nach einem Blick auf die anderen Gäste war mir instinktiv klar, welche der anwesenden Männer mehr von ihr wußten als ich. Sie saß in der Ecke einer Couch, die Füße angezogen, den kleinen Körper bequem zu einem Z gefaltet; neben ihren Absätzen stand schräg auf der Couch ein Aschenbecher; sie schielte zu mir herüber, hörte sich meinen Namen an, dann nahm sie ihre langstielige Zigarettenspitze aus dem Mund und sagte langsam und voller Freude: »Also daß ich gerade dich treffe ...« – und sofort wurde es allen klar, bei ihr angefangen, daß wir seit langem innig miteinander befreundet waren: Zweifellos hatte sie den tatsächlichen Kuß völlig vergessen, doch dank jenem trivialen Vorkommnis erinnerte sie sich undeutlich an ein Stück warmer, wohltuender Freundschaft, die es in Wahrheit zwischen uns niemals gegeben hatte. So beruhte die ganze Form unserer Beziehung fälschlich auf einer eingebildeten Freundschaft – die nichts mit ihrem blindlings bewiesenen guten Willen zu tun hatte. Was die Worte anbetraf, die wir einander sagten, so erwies sich unsere Wiederbegegnung als völlig bedeutungslos; aber es gab keine Schranken mehr zwischen uns; und als ich an jenem Abend beim Essen zufällig neben sie zu sitzen kam, erprobte ich schamlos das Ausmaß ihrer geheimen Geduld.

Dann verschwand sie wieder; und als meine Frau und ich ein Jahr darauf meinen Bruder an den Zug nach Posen gebracht hatten und auf der anderen Seite des Bahnsteigs dem Ausgang zustrebten, erblickte ich neben einem Wagen des D-Zugs nach Paris plötzlich Nina, das Gesicht in einen Blumenstrauß gesteckt, den sie in der Hand hielt; im Kreis um sie herum stand eine Gruppe von Menschen, mit denen sie sich ohne mein Wissen angefreundet hatte und die sie anstarrten wie müßige Passanten eine Rauferei auf der Straße, ein Kind, das sich verlaufen hat, oder das Opfer eines Verkehrsunfalls. Strahlend winkte sie mir mit ihren Blumen zu; ich stellte sie Elena vor, und in der belebenden Atmosphäre eines großen Bahnhofs, wo alles bebend am Rand einer Veränderung steht und daher festgehalten und mit Liebe umgeben werden muß, genügten ein paar Worte, um zwei völlig verschiedene Frauen dahin zu bringen, sich bei ihrem nächsten Zusammentreffen bei ihren Kosenamen zu nennen. An jenem Tage wurde im blauen Schatten des Wagens nach Paris Ferdinand zum ersten Mal erwähnt: Es verursachte mir einen lächerlichen Schmerz, zu erfahren, daß sie im Begriff stand, ihn zu heiraten. Schon wurden die Türen zugeschlagen; hastig, aber andächtig küßte sie ihre Freunde, kletterte in den Gang, verschwand; und dann sah ich durch das Glas, wie sie sich in ihrem Abteil einrichtete – wir waren plötzlich vergessen, oder sie war in eine andere Welt eingegangen –, und wir alle, die Hände in den Taschen, schienen ein völlig ahnungsloses Leben zu bespitzeln, das sich dort in jenem Aquariumsdämmer bewegte, bis sie unserer gewahr wurde, erst an die Fensterscheibe trommelte, dann die Augen hob und sich an dem Fensterrahmen zu schaffen machte, als wolle sie ein Bild aufhängen; doch nichts geschah; ein Mitreisender half ihr, und sie lehnte sich heraus, hörbar und wirklich, strahlend vor Freude; neben dem unmerklich anfahrenden Wagen einherlaufend, reichte ihr einer von uns eine Zeitschrift und einen Tauchnitz-Band (sie las nur auf Reisen englische Bücher); alles entglitt mit wunderschöner Leichtigkeit, und ich hielt eine bis zur Unkenntlichkeit zerknüllte Bahnsteigkarte in der Hand, während ein Lied aus dem vergangenen Jahrhundert (wie Gerüchte behaupten, hing es mit irgendeinem Pariser Liebesdrama zusammen) mir unablässig durch den Kopf ging, Gott weiß warum aus der Musikbox des Gedächtnisses aufgetaucht, eine rührselige Romanze, die eine alte, unverheiratete Tante von mir einstmals zu singen pflegte, eine Frau mit einem Gesicht so gelb wie russisches Kirchenwachs, der die Natur indessen eine so mächtige, so hinreißend volle Stimme gegeben hatte, daß sie in der Pracht einer feurigen Wolke aufzugehen schien, sobald sie anhob:

On dit que tu te maries,
tu sais que j'en vais mourir

– und diese Melodie, der Schmerz, das Unrecht, die vom Rhythmus hergestellte Verbindung zwischen Hymen und Tod und die Stimme der toten Sängerin selbst, welche als alleinige Eigentümerin des Liedes die Erinnerung begleitete, ließen mich für einige Stunden nach Ninas Abreise nicht zur Ruhe kommen und stiegen sogar später noch in immer größer werdenden Abständen in mir auf, wie die letzten, niedrigen kleinen Wellen, die ein vorüberfahrendes Schiff an den Strand schickt und deren Anschlag immer seltener und verträumter wird, oder wie die bronzene Agonie eines vibrierenden Glockenstuhls, nachdem sich der Glöckner bereits wieder im frohen Kreis seiner Familie niedergesetzt hat. Und wiederum nach ein oder zwei Jahren hielt ich mich geschäftlich in Paris auf; und eines Morgens, auf dem Treppenabsatz eines Hotels, in dem ich einen Filmschauspieler aufgesucht hatte, sah ich sie wieder – sie trug ein graues Kostüm, wartete auf den Fahrstuhl, der sie hinunterbringen sollte, ein Schlüssel hing an ihrer Hand. »Ferdinand ist fechten gegangen«, sagte sie gesprächsweise; ihr Blick ruhte auf der unteren Hälfte meines Gesichts, als wollte sie mir etwas von den Lippen ablesen, und nach kurzem Nachdenken (ihr erotisches Verständnis hatte nicht seinesgleichen) drehte sie sich um und führte mich wiegenden Ganges auf schmalen Fußgelenken schnell den mit meerblauen Teppichen ausgelegten Flur entlang. Ein Stuhl an der Tür ihres Zimmers trug ein Tablett mit den Überresten des Frühstücks – ein honigbeschmiertes Messer, Krümel auf grauem

Porzellan; doch das Zimmer war bereits aufgeräumt, und in dem plötzlichen Luftzug, den wir verursachten, wurde eine Welle mit weißen Dahlien bestickten Musselins flatternd und knatternd zwischen die empfindlichen Hälften eines französischen Fensters gesaugt, und erst, als die Tür verriegelt war, ließen sie mit einer Art wollüstigem Seufzer den Vorhang wieder los; eine Weile später trat ich auf den winzigen Gußeisenbalkon jenseits des Vorhangs hinaus und atmete einen aus welkem Ahornlaub und Benzin gemischten Geruch – der Abhub der dunstigen, blauen, morgendlichen Straße; und da ich von der wachsenden krankhaften Rührung, die meine folgenden Begegnungen mit Nina so vergällen sollte, noch nichts merkte, war ich wahrscheinlich ebenso gefaßt und unbekümmert wie sie, als ich sie vom Hotel zu irgendeinem Büro begleitete, um einen Koffer, der ihr abhanden gekommen war, wiederzufinden, und von dort aus zu dem Café, wo ihr Mann eine Sitzung mit seinem augenblicklichen Hofstaat abhielt.

Ich werde den Namen dieses Mannes, dieses französisch-ungarischen Schriftstellers, nicht nennen (und die Bestandteile, die ich hier dennoch preisgebe, erscheinen in geziemender Verkleidung) ... Lieber wäre es mir, mich gar nicht mit ihm zu befassen, aber ich kann nicht anders – mit Gewalt bringt er sich unter meinem Federhalter zur Geltung. Heutzutage macht er nicht mehr viel von sich reden; und das ist gut so, denn es beweist, daß ich recht tat, seinem bösen Zauber zu widerstehen, ein Frösteln mein Rückgrat entlangkriechen zu spüren, wenn dieses oder jenes neue Buch von ihm meine Hand berührte. Der Ruhm von seinesgleichen breitet sich geschwind aus, doch bald wirkt er schwer und abgestanden; und was die Literaturhistorie angeht, so wird dieser Umstand seinen Lebenslauf auf den Bindestrich zwischen zwei Daten beschränken. Hager und arrogant, jederzeit bereit, mit einem giftigen Wortspiel nach einem zu züngeln, und einen seltsam erwartungsvollen Blick in seinen mattbraunen, verschleierten Augen, hatte dieser falsche Witzbold allerdings eine unwiderstehliche Wirkung auf kleine Nagetiere. Da er es in der Kunst verbaler Erfindung zur Meisterschaft gebracht hatte, war es sein besonderer Stolz, ein Wörterdrechsler zu sein, ein Titel, der ihm mehr galt als der eines Schriftstellers; ich für mein Teil konnte niemals einsehen, wozu es gut sein sollte, sich Bücher auszudenken und Dinge niederzuschreiben, die sich nicht in der einen oder anderen Form tatsächlich ereignet haben; und ich entsinne mich, wie ich einmal dem Hohn seines ermutigenden Nickens die Stirn bot und ihm sagte, daß ich, wäre ich ein Schriftsteller, allein meinem Herzen Phantasie zubilligen und mich für alles übrige auf mein Gedächtnis verlassen würde, diesen langen Sonnenuntergangsschatten der ureigenen Wahrheit.

Ich kannte seine Bücher, bevor ich ihn selbst kennenlernte; ein leichter Ekel trat bereits an die Stelle des ästhetischen Vergnügens, das ich mir noch von seinem ersten Roman bereiten ließ. Zu Beginn seiner Laufbahn war es vielleicht noch möglich gewesen, durch die Glasfenster seiner erstaunlichen Prosa irgendeine menschliche Landschaft, einen alten Garten, eine wie aus einem Traum her vertraute Baumgruppe zu erkennen – doch mit jedem neuen Buch wurden die Farben noch dichter, das Rot und das Purpur noch unheildrohender; heute kann man durch dieses heraldisch bemalte, gräßlich bunte Glas überhaupt nichts mehr sehen, und es hat den Anschein, als müßte sich die schaudernde Seele einer völligen schwarzen Leere gegenüber finden, wenn man es zerschlüge. Indessen, wie gefährlich war er in seinen besten Jahren, was verspritzte er für Gift, was für Peitschenschläge teilte er aus, sobald er provoziert wurde! Der Tornado seines vorüberziehenden Spottes ließ kahle Verwüstung zurück, eine Reihe gefällter Eichen – noch wirbelte der Staub, und der unglückselige Verfasser irgendeiner unfreundlichen Besprechung drehte sich brüllend vor Schmerz wie ein Kreisel im Sand.

Zu der Zeit, als wir uns kennenlernten, erregte sein *Passage à*

niveau gerade in Paris Aufsehen; er hatte, wie man so sagt, ein Gefolge, und Nina (deren Anpassungsfähigkeit ein erstaunlicher Ersatz für die Bildung war, die ihr abging) hatte bereits die Rolle wenn nicht einer Muse, so doch wenigstens einer Seelengefährtin und klugen und feinfühligen Ratgeberin übernommen, die Ferdinands schöpferischen Konvolutionen folgte und seinen künstlerischen Geschmack getreulich teilte; denn obwohl es mehr als unwahrscheinlich ist, daß sie sich auch nur durch ein einziges seiner Bücher hindurchgequält hatte, so besaß sie doch ein übernatürliches Geschick dafür, sich die besten Stellen aus der Fachsimpelei seiner literarischen Freunde zusammenzustoppeln.
Eine Damenkapelle spielte, als wir das Café betraten; als erstes bemerkte ich in einer der Spiegelsäulen die Straußenkeule einer Harfe, dann sah ich den zusammengesetzten Tisch (bestehend aus mehreren kleinen Tischen, die man aneinandergeschoben hatte, um einen langen zu bilden), an den, den Rücken zur Plüschwand, Ferdinand den Vorsitz führte; und seine ganze Haltung, die Stellung seiner ausgebreiteten Hände, die sämtlich ihm zugewandten Gesichter seiner Tischgenossen erinnerten mich einen Augenblick lang auf groteske, alptraumhafte Art an etwas, das mir nicht sogleich ganz klar wurde, aber als es mir nachträglich einfiel, schien mir der angedeutete Vergleich kaum weniger blasphemisch als das Wesen seiner Kunst. Er trug einen weißen Rollkragenpullover unter einer Tweedjacke; sein glänzendes Haar war von den Schläfen aus zurückgekämmt, und darüber hing Zigarettenrauch wie ein Heiligenschein: sein knochiges, pharaohaftes Gesicht verzog sich nicht: Nur die Augen wanderten bald hier-, bald dorthin, voll von trüber Genugtuung. Die zwei oder drei wahrscheinlichen Lokale, wo naive Liebhaber montparnassischen Lebens ihn anzutreffen erwartet hätten, hatte er aufgegeben und dafür dieses durch und durch bürgerliche Etablissement zu frequentieren begonnen, seinem eigenartigen Sinn für Humor zuliebe, aufgrund dessen er auch der

erbärmlichen *spécialité de la maison* ein teuflisches Vergnügen abgewann – dieser Kapelle aus einem halben Dutzend müde wirkender, verlegener Damen, die auf einem überfüllten Podium in milde Harmonien ineinander verwoben und (wie er sagte) nicht wußten, wohin mit ihren mütterlichen Busen, welche in der Welt der Musik durchaus überflüssig waren. Nach jeder Nummer schüttelte ihn ein Anfall von epileptischem Applaus, von dem die Damen keine Notiz mehr nahmen und der, glaubte ich, bereits einige Zweifel bei dem Inhaber und den Stammkunden des Cafés wachgerufen hatte, Ferdinands Freunden indessen höchst amüsant vorkam. Unter diesen erinnere ich mich an einen Maler mit einem makellos kahlen, obwohl leicht abgeplatzt aussehenden Schädel, den er unter den verschiedensten Vorwänden immer wieder in seine Augen-und-Gitarre-Bilder hineinmalte; an einen Dichter, dessen besonderer Gag in seiner Fähigkeit bestand, auf Verlangen mit Hilfe von fünf Streichhölzern Adams Sündenfall darzustellen; an einen bescheidenen Geschäftsmann, der surrealistische Veröffentlichungen finanzierte (und die Apéritifs bezahlte), wenn ihm gestattet wurde, in einer Ecke Elogen auf die von ihm ausgehaltene Schauspielerin anzubringen; an einen Pianisten, der, was sein Gesicht anging, ganz präsentabel war, dessen Finger jedoch einen gräßlichen Ausdruck hatten; an einen forschen, aber sprachlich impotenten sowjetischen Schriftsteller frisch aus Moskau mit einer alten Pfeife und einer neuen Armbanduhr, der lächerlicherweise nicht die mindeste Ahnung hatte, in was für einer Gesellschaft er sich da befand; es waren noch mehrere andere Herren anwesend, die in meiner Erinnerung durcheinandergeraten sind, und zwei oder drei aus der Schar hatten ohne Zweifel intime Beziehungen zu Nina gehabt. Sie war die einzige Frau am Tisch; gebückt saß sie da, saugte eifrig an einem Strohhalm, der Spiegel ihrer Limonade sank mit einer Art kindlicher Schnelligkeit, und erst als der letzte Tropfen gurgelnd und glucksend verschwunden war und sie den Halm mit der Zunge fortgeschoben hatte, erst dann fing ich ihren Blick auf, den ich beharrlich gesucht hatte, immer noch dem Umstand nicht ganz gewachsen, daß sie Zeit gehabt hatte, zu vergessen, was am Morgen geschehen war – es so gründlich zu vergessen, daß sie meinen Blick mit einem ausdruckslosen, fragenden Lächeln erwiderte und sich erst nach genauerem Hinsehen plötzlich besann, was für ein Lächeln ich zur Antwort erwartete. Da die Damen ihre Instrumente wie gleichgültige Möbelstücke beiseite geschoben und das Podium zeitweise verlassen hatten, machte Ferdinand inzwischen seine Kumpane hämisch auf einen ältlichen Esser in einer entfernten Ecke des Lokals aufmerksam, der an seinem Revers wie viele Franzosen aus irgendeinem Grund ein kleines rotes Band oder etwas Ähnliches trug und dessen grauer Vollbart zusammen mit einem schmatzenden Mund ein gemütliches gelbliches Nest bildete. Die Attribute des Alters pflegten Ferdie zu erheitern.

Ich blieb nicht lange in Paris, doch diese eine Woche reichte, um zwischen ihm und mir jene falsche Vertraulichkeit einreißen zu lassen, die er einem mit soviel Talent aufzudrängen wußte. In der Folge erwies ich mich ihm sogar nützlich: Meine Firma erwarb die Filmrechte an einer seiner verständlicheren Geschichten, und er hatte seinen Spaß daran, mir mit Telegrammen zuzusetzen. Die Jahre vergingen, und hin und wieder ergab es sich, daß wir uns irgendwo anstrahlten, doch ich fühlte mich nie wohl in seiner Gegenwart, und auch an jenem Tag in Fialta empfand ich dasselbe wohlbekannte Mißvergnügen, als ich erfuhr, daß er in der Nähe herumstrich; etwas jedoch heiterte mich beträchtlich auf: daß sein neues Stück durchgefallen war.

Und da kam er uns auch schon entgegen, in einem absolut wasserdichten Mantel mit Gürtel und Taschenklappen, einen Photoapparat über der Schulter, doppelte Gummisohlen an seinen Schuhen, und mit einer Unerschütterlichkeit, die komisch wirken sollte, lutschte er an einer langen Stange zuckrigen Mondgesteins, dieser Spezialität von Fialta. Neben ihm ging der schmucke, puppenhafte, rosige Segur, ein Kunstfreund und

ein Dummkopf obendrein; ich habe niemals herausbekommen, wozu Ferdinand ihn benötigte; und immer noch höre ich Nina mit einer stöhnenden Zärtlichkeit, die sie auf nichts festlegte, ausrufen: »Ach, Segur, der ist so ein lieber Kerl!« Sie kamen näher, Ferdinand und ich begrüßten uns herzlich, indem wir versuchten, in unser Händeschütteln und Auf-den-Rücken-Klopfen soviel Wärme wie möglich zu legen – aus Erfahrung wußten wir, daß dies auch schon alles war, doch wir taten, als sei es nur der Auftakt; und so war es jedesmal: Nach jeder Trennung wurden beim Wiedersehen in geschäftiger Herzlichkeit und einem Durcheinander Platz nehmender Gefühle aufgeregt die Saiten gestimmt; doch dann schlossen die Platzanweiser die Türen, und niemand wurde eingelassen.
Segur beklagte sich bei mir über das Wetter, und zuerst verstand ich gar nicht, wovon er eigentlich redete; selbst wenn das feuchte, graue Gewächshausklima Fialtas »Wetter« genannt werden konnte, so lag es allem, was uns als Gesprächsgegenstand dienen konnte, ebenso fern wie etwa Ninas schlanker Ellbogen, den ich zwischen Zeigefinger und Daumen hielt, oder ein Stückchen Stanniolpapier, das jemand fallen gelassen hatte und das in einiger Entfernung in der Mitte der kopfsteingepflasterten Straße glitzerte.
Zu viert gingen wir weiter, vage Einkäufe vor uns. »Meine Güte, was für ein Indianer!« rief Ferdinand plötzlich mit stürmischer Befriedigung, indem er mir einen kräftigen Rippenstoß versetzte und auf ein Plakat deutete. Ein Stück weiter, an einem Brunnen, gab er seine Zuckerstange einem einheimischen Kind, einem dunkelhäutigen Mädchen mit Perlen um den hübschen Hals; wir blieben stehen, um auf ihn zu warten: Er hatte sich hingekauert und redete auf ihre rußschwarzen gesenkten Wimpern hinab, dann holte er uns grinsend ein und machte eine jener Bemerkungen, mit denen er seine Reden zu würzen liebte. Darauf zog ein unglückseliger Gegenstand in einem Andenkenladen seine Aufmerksamkeit auf sich: eine fürchterliche Mar-

morimitation des Mt. Sankt Georg mit einem schwarzen Tunnel in seinem Fuß, der sich als die Öffnung eines Tintenfasses erwies, und mit einer Rinne für Federhalter, die Geleise vorstellen sollte. Mit offenem Mund, bereit herauszuprusten und ganz aus dem Häuschen vor höhnischem Triumph, wendete er das staubige, hinderliche und völlig schuldlose Ding in den Händen hin und her, bezahlte ohne zu feilschen und kam immer noch offenen Munds mit dem Monstrum in der Hand heraus. Wie ein Herrscher, der sich mit Buckligen und Zwergen umgibt, wandte er seine Zuneigung diesem oder jenem greulichen Gegenstand zu; seine Huld währte von fünf Minuten bis zu mehreren Tagen, oder sogar noch länger, wenn das Ding zufällig lebendig war. Nina deutete sehnsüchtig an, daß es Mittagessenszeit sei, und als Ferdinand und Segur in ein Postamt gingen, ergriff ich die Gelegenheit und führte sie eilig hinweg. Immer noch frage ich mich, was sie mir eigentlich bedeutete, diese kleine dunkle Frau mit den schmalen Schultern und den »lyrischen Gliedmaßen« (um den Ausdruck zu gebrauchen, den ein gezierter Emigrantendichter geprägt hatte, einer der wenigen Männer, die ihr platonisch nachgeseufzt hatten), und noch weniger verstehe ich, welchen Zweck das Schicksal damit verfolgte, daß es uns immer wieder zusammenführte. Nach meinem Aufenthalt in Paris hatte ich sie eine ganze Zeitlang nicht gesehen, und als ich eines Tages aus dem Büro nach Hause kam, saß sie da, trank Tee mit meiner Frau und prüfte auf ihrer seidenbespannten Hand – der Ehering glänzte durch die Seide hindurch – das Gewebe irgendwelcher auf der Tauentzienstraße billig erstandenen Strümpfe. Einmal zeigte man mir ihr Bild in einer Modezeitschrift voller Herbstblätter und Handschuhe und windiger Golfplätze. An einem bestimmten Weihnachtsfest schickte sie mir eine Ansichtskarte mit Schnee und Sternen. An einem Rivierastrand entging sie hinter ihrer Sonnenbrille und ihrem Terracotta-Teint beinahe meiner Aufmerksamkeit. Als mich ein andermal eine Besorgung zur Unzeit in das Haus unbekannter Leute führte, wo gerade eine Gesellschaft gegeben wurde, erblickte ich ihren Schal und ihren Pelzmantel unter fremden Vogelscheuchen auf einem Garderobenständer. In einem Buchladen nickte sie mir aus einer Seite in einer der Geschichten ihres Mannes entgegen, aus einer Seite, auf der von einem episodischen Dienstmädchen die Rede ist und Nina gegen den Willen des Verfassers hereingeschmuggelt wird: »Ihr Gesicht«, schrieb er, »war eher ein Schnappschuß der Natur als ein genaues Portrait, so daß ..., als er es sich vorzustellen suchte, nur flüchtige Eindrücke zusammenhangloser Gesichtszüge vor Augen hatte: den flaumigen Umriß ihrer *pommettes* in der Sonne, die bernsteinbraune Dunkelheit munterer Augen, ihre Lippen, zu einem freundlichen Lächeln verzogen, das immer bereit war, sich in einen feurigen Kuß zu verwandeln.«

Immer wieder tauchte sie flüchtig am Rand meines Lebens auf, ohne seinen eigentlichen Text auch nur im mindesten zu beeinflussen. An einem Sommermorgen (einem Freitag – denn die Dienstmädchen klopften im sonnenstaubigen Hof Teppiche), meine Familie war auf dem Land, döste und rauchte ich im Bett, als es wie wild klingelte – und dann stand sie in der Diele, ein unerwarteter Besuch, der (nebenbei) eine Haarnadel und (hauptsächlich) einen großen, mit Hotelschildern illustrierten Reisekoffer zurückließ, den ein netter österreichischer Junge vierzehn Tage später für sie abholte – nach ungreifbaren, aber sicheren Symptomen zu schließen gehörte er zu der gleichen, recht kosmopolitischen Genossenschaft wie ich. Gelegentlich fiel mitten in einer Unterhaltung ihr Name, und ohne den Kopf zu wenden, lief sie die Stufen eines zufälligen Satzes hinab. Auf einer Reise in die Pyrenäen verbrachte ich eine Woche in einem Château, das Leuten gehörte, bei denen sie und Ferdinand sich gerade aufhielten, und nie werde ich meine erste Nacht dort vergessen: wie ich wartete, wie ich sicher war, daß sie aus eigenem Antrieb in mein Zimmer schleichen würde, wie sie nicht kam, und den Lärm, den Tausende von Grillen in der delirierenden Tiefe des felsigen, von Mondschein triefenden Gartens vollführten, die tollen murmelnden Bäche und meinen Kampf zwischen wohltuender südlicher Müdigkeit nach einem langen Tag der Jagd auf den Geröllhängen und dem wilden Verlangen nach ihrem heimlichen Kommen, ihrem tiefen Lachen, ihren rosa Fußgelenken über dem Schwanendaunenbesatz hochhackiger Pantoffeln; die Nacht indessen tobte weiter, ohne daß sie kam, und als ich ihr am Tag darauf im Laufe einer gemeinschaftlichen Bergwanderung von meinem Warten erzählte, faltete sie bestürzt die Hände – und taxierte sofort mit schnellem Blick, ob die Rücken Ferdinands (er gestikulierte) und seines Freundes weit genug entfernt waren. Ich erinnere mich, über halb Europa hinweg (in einer geschäftlichen Angelegenheit ihres Mannes) mit ihr telephoniert und ihre eifrige, bellende Stimme anfangs gar nicht erkannt zu haben; und ich erinnere mich, wie ich einmal von ihr träumte: Ich träumte, meine älteste Tochter käme hereingelaufen, um mir zu sagen, daß der Hausmeister in arger Bedrängnis sei – und als ich zu ihm hinunterging, sah ich Nina in tiefem Schlaf auf einem Koffer liegen, eine Rolle grober Leinwand unter dem Kopf, mit bleichen Lippen und in ein wollenes Tuch gehüllt, so wie elende Flüchtlinge auf gottverlassenen Bahnhöfen schlafen. Und was mir oder ihr in der Zwischenzeit auch zustieß, es kam nie zu irgendwelchen Aussprachen zwischen uns, da wir in den Pausen unseres Schicksals niemals aneinander dachten, so daß sich bei jedem Wiedersehen das Tempo des Lebens auf der Stelle änderte, alle seine Atome neu kombiniert wurden und wir in ein anderes, leichteres Zeitmedium gerieten, dessen Maß nicht die langwierigen Trennungen, sondern die wenigen Begegnungen waren, aus denen auf diese Weise künstlich ein kurzes, vermeintlich leichtfertiges Leben entstand. Und mit jeder neuen Begegnung wurde ich besorgter; nein, meine Gefühle wurden nicht aus der Bahn geworfen, nicht geisterte der Schatten der Tragödie durch unsere Freuden, meine Ehe wurde nicht in Mitleidenschaft gezogen, während auf der anderen Seite ihr in erotischer Hinsicht eklektischer Ehegatte ihre beiläufigen Affairen übersah, obwohl er aus ihnen einigen Vorteil in Form angenehmer und nützlicher Beziehungen schlug. Ich wurde besorgt, weil etwas Wunderschönes, Zartes und Unwiederholbares vergeudet wurde: etwas, das ich mißbrauchte, wenn ich mir in großer Eile armselige helle Stückchen davon abbrach und dabei den bescheidenen, aber wahren Kern verschmähte, den es mir möglicherweise in einem Mitleid heischenden Wispern darbot. Ich war besorgt, weil ich schließlich Ninas Leben irgendwie doch akzeptierte, die Lügen, die Vergeblichkeit, das Kauderwelsch dieses Lebens. Obwohl es keinerlei Gefühlsdissonanz gab, fühlte ich mich verpflichtet, nach einer vernünftigen, wenn auch nicht moralischen Erklärung meines Daseins zu suchen, und das hieß, zwischen der Welt zu wählen, in der ich Modell saß für mein Portrait, mit meiner Frau, meinen kleinen Töchtern, dem Dobermannpinscher (idyllische Girlanden, ein Siegelring, ein dünner Spazierstock), zwischen dieser glücklichen, weisen und guten Welt … und was? Bestand irgendeine praktische Chance, ein Leben gemeinsam mit Nina zu führen? Ich vermochte es mir schwer auch nur vorzustellen, denn ich wußte, es wäre mit einer leidenschaftlichen, unerträglichen Bitterkeit durchtränkt, und jeder seiner Augenblicke wäre sich einer Vergangenheit bewußt, in der es von proteischen Partnern nur so wimmelte. Nein, das Ganze war absurd. Und war sie darüber hinaus nicht durch etwas Stärkeres als Liebe an ihren Gatten gekettet – die unerschütterliche Freundschaft zwischen zwei Strafgefangenen? Absurd! Doch was denn hätte ich mit dir anfangen sollen, Nina, wie hätte ich mich dieser aufgespeicherten Traurigkeit entledigen können, die sich als Ergebnis unserer scheinbar unbekümmerten, in Wahrheit jedoch hoffnungslosen Begegnungen angesammelt hatte?

Fialta besteht aus einer Alt- und einer Neustadt; hier und da sind Vergangenheit und Gegenwart miteinander verflochten und liegen im Kampf, um sich entweder voneinander freizumachen oder gegenseitig vollends auszustoßen; jede hat ihre eigenen Methoden: Die Neue liefert einen ehrlichen Kampf – sie importiert Palmen, richtet schmucke Reisebüros ein und bemalt die rote Fläche der Tennisplätze mit hellgelben Linien; wohingegen die heimtückische Stadt von dazumal hinter einer Ecke in Gestalt einer auf Krücken gehenden Gasse hervorkommt oder in der von Treppenstufen, die nirgendwo hinführen. Auf unserem Weg zum Hotel kamen wir an einer halbfertigen, weißen, innen mit Abfällen übersäten Villa vorbei, an deren einer Wand wieder die gleichen Elefanten auf gewaltigen, buntbemalten Trommeln saßen, ihre ungetümen Babyknie weit gespreizt; eine (bereits mit einem Bleistiftschnurrbart versehene) Kunstreiterin in ätherischem Ballettröckchen ruhte auf der breiten Kruppe eines Pferdes; und ein Clown mit Tomatennase lief über ein Drahtseil, einen Schirm balancierend, der mit jenen immer wiederkehrenden Sternen geschmückt war – eine auf vage Weise sinnbildhafte Erinnerung an die himmlische Heimat der Zirkuskünstler. Hier, in Fialtas Rivierateil, knirschte der nasse Kies luxuriöser, deutlicher war das träge Aufseufzen der See zu vernehmen. Im Hinterhof des Hotels jagte ein mit einem Messer bewaffneter Küchenjunge hinter einem Huhn her, das wild gluckend um sein Leben lief. Ein Schuhputzer bot mir mit zahnlosem Lächeln seinen uralten Thron. Unter den Platanen standen ein Motorrad deutscher Herkunft, eine schlammbespritzte Limousine und ein gelber, langrumpfiger Icarus, der wie ein gigantischer Skarabäus aussah (»Das ist unser – Segurs, meine ich«, sagte Nina und fügte hinzu: »Warum kommst du nicht mit, Victor?« – obwohl sie sehr wohl wußte, daß ich nicht mitkommen konnte). In den Lack seiner Flügeldecken war ein Gouachebild mit Himmel und Gezweig versenkt; das Metall eines seiner bombenförmigen Scheinwerfer spiegelte einen Augenblick lang uns selbst, hagere Fußgänger aus dem Lande des Films, die über die konvexe Oberfläche glitten: und dann, nach einigen Schritten, warf ich einen Blick zurück und sah sozusagen beinahe optisch voraus, was in Wirklichkeit erst etwa eine Stunde später geschah: wie die drei in Sturzhelmen einstiegen, lächelten und mir zuwinkten, durchsichtig für mich wie Gespenster, durch welche die Farbe der Welt hindurchleuchtet, und sich dann in Bewegung setzten, sich entfernten, kleiner wurden (Ninas letzter zehnfingriger Abschied); in Wirklichkeit jedoch rührte sich das Automobil, glatt und heil wie ein Ei, noch nicht von der Stelle, und Nina schritt unter meinem ausgestreckten Arm durch einen von Lorbeer flankierten Eingang, und als wir uns setzten, konnten wir durch das Fenster Ferdinand und Segur, die einen anderen Weg genommen hatten, langsam näher kommen sehen.

Auf der Veranda, wo wir unsere Mittagsmahlzeit einnahmen, befand sich niemand außer dem Engländer, der mir unlängst aufgefallen war; vor ihm warf ein hohes Glas mit einem knallroten Drink ein ovales Lichtmuster auf das Tischtuch. In seinen Augen nahm ich das gleiche blutunterlaufene Verlangen wahr, aber jetzt stand es mit Nina in keinem Zusammenhang; der gierige Blick galt nicht ihr, er war unverwandt auf die obere rechte Ecke des breiten Fensters gerichtet, neben dem er saß. Nina hatte die Handschuhe von den kleinen, dünnen Händen gestreift und aß zum letzten Mal in ihrem Leben jene Krustentiere, für die sie eine solche Vorliebe hatte. Auch Ferdinand beschäftigte sich mit dem Essen, und ich nutzte seinen Hunger aus, ein Gespräch anzufangen, das mir einen Anschein von Macht über ihn gab: Genauer gesagt, ich erwähnte den Mißerfolg seines neuen Stückes. Nach einer kurzen Periode religiösen Umgangs, wie er gerade in Mode war, in deren Verlauf er der Gnade teilhaftig wurde und mehrere reichlich zweideutige Pilgerfahrten unternahm, die in einem entschieden skandalösen Abenteuer endeten, hatte er seinen matten Blick gen Moskau gewandt, das barbarische Moskau. Nun habe ich mich, offen gesagt, immer über die selbstgefällige Überzeugung geärgert, daß ein kleines Wellchen Bewußtseinsstrom, ein paar gesunde Obszönitäten und eine Prise Kommunismus in irgendeinem alten Spüleimer auf alchimistische Weise und ganz von allein ultramoderne Literatur ergäben; und bis man mich erschießt, werde ich darauf beharren, daß Kunst, sobald sie mit Politik in Berührung gebracht wird, unvermeidlich auf das Niveau beliebigen ideologischen Plunders herabsinkt. In Ferdinands Fall allerdings war all dies unerheblich: Die Muskeln seiner Muse waren außergewöhnlich kräftig, ganz zu schweigen von dem Umstand, daß ihm das Elend der Unterdrückten völlig egal war; doch wegen gewisser, auf dunkle Weise bösartiger Unterströmungen dieser Art war seine Kunst noch widerwärtiger geworden. Bis auf ein paar Snobs hatte kein Mensch das Stück verstanden; selber hatte ich es nicht gesehen, aber jene komplizierte kremleske Nacht, an deren unmöglichen Spiralen entlang er verschiedene Räder zerstückelter Symbole kreisen ließ, konnte ich mir gut vorstellen; und jetzt fragte ich ihn nicht ohne Schadenfreude, ob er kürzlich eine bestimmte kleine Kritik gelesen hätte.

»Kritik!« rief er. »Schöne Kritik! Jeder geleckte Affe hält es für angebracht, mir Lehren zu erteilen. Keine Ahnung zu haben von meinem Werk ist ihr Stolz. Meine Bücher werden behutsam angefaßt, wie etwas, das in die Luft gehen könnte. Kritik! Man untersucht sie unter jedem Aspekt, nur unter dem wesentlichen nicht. Es ist, als ob ein Naturforscher, der das *genus equus* beschreiben will, anfinge, über Sättel oder Madame de V. zu quasseln (er nannte eine bekannte literarische Salondame, die in der Tat große Ähnlichkeit mit einem grinsenden Pferd hatte). Ich möchte auch etwas von diesem Taubenblut«, fuhr er im gleichen scharfen Ton fort, jetzt an den Kellner gewandt, der seinen Wunsch erst begriff, als er in die Richtung des Fingers mit dem langen Nagel blickte, der unmanierlich auf das Glas des Engländers deutete. Aus irgendeinem Grund erwähnte Segur Ruby Rose, die Dame, die Blumen auf ihren Busen malte, und die Unterhaltung nahm einen weniger beleidigenden Charakter an. Inzwischen kam der große Engländer plötzlich zu einem Entschluß, stieg auf einen Stuhl, trat von da auf das Fensterbrett und reckte sich, bis er die erstrebte Ecke des Fensterrahmens erreichte, wo ein kompakter, pelziger Nachtfalter saß, den er behende in eine kleine Schachtel steckte.

»... etwa wie Wouwermans Schimmel«, sagte Ferdinand in Zusammenhang mit dem, worüber er gerade mit Segur sprach.

»*Tu es très hippique ce matin*«, bemerkte letzterer.

Bald gingen sie beide telephonieren. Ferdinand hatte eine besondere Vorliebe für Ferngespräche und dazu ein besonderes Geschick, sie – egal, um welche Entfernung hin – mit freundlicher Wärme auszustatten, wenn es galt, wie zum Beispiel jetzt, eine kostenlose Übernachtung zu ergattern.

Von weither kamen Musikgeräusche – eine Trompete, eine Zither. Nina und ich begaben uns wieder nach draußen und bummelten durch die Straßen. Offenbar hatte der Zirkus auf seinem Weg nach Fialta eine Vorausabteilung vorgeschickt: Eine Reklameprozession zog vorüber. Ihr Anfang allerdings entging uns, da sie bergauf in eine Nebenallee abgebogen war: Die vergoldete Rückwand irgendeines Gefährts entschwand, ein Mann im Burnus führte ein Kamel, vier hintereinander gehende mittelmäßige Indianer trugen an Stangen Plakate, und hinter ihnen saß dank einer Sondererlaubnis der kleine Sohn eines Touristen im Matrosenanzug andächtig auf einem winzigen Pony.

Wir kamen an einem Café vorbei, wo die Tische jetzt fast trocken, aber immer noch leer waren; der Kellner begutachtete einen gräßlichen Findling (hoffentlich adoptierte er ihn später), das absurde Tintenfaßungeheuer, das Ferdinand im Vorübergehen auf der Balustrade ausgesetzt hatte. An der nächsten Ecke zog uns eine alte steinerne Treppe an, wir stiegen hinauf, und ich blickte unverwandt auf den spitzen Winkel, den Ninas Schritt beim Hinaufsteigen bildete – sie hob ihren Rock, und seine Enge erforderte die gleiche Geste wie früher die Rocklänge; eine mir vertraute Wärme ging von ihr aus, und während ich neben ihr hinaufstieg, kam mir unser letztes Wiedersehen in den Sinn. Es war in einem Haus in Paris gewesen, viele Leute waren anwesend, und mein guter Freund Jules Darboux, im Wunsch, mir einen erlesenen ästhetischen Gefallen zu erweisen, hatte mich am Ärmel berührt und gesagt: »Darf ich dich vorstellen ...«, und mich dann zu Nina geführt, die in der Ecke einer Couch saß, ihre Gestalt zu einem Z gefaltet, einen Aschenbecher neben dem Schuhabsatz; sie hatte eine lange Türkiszigarettenspitze von den Lippen genommen und freudig und langsam gerufen: »Also daß ich gerade dich treffe ...« – und dann, den ganzen Abend lang, war mir, als wolle mir das Herz zerspringen, während ich mit einem klebrigen Glas in der Faust von Gruppe zu Gruppe ging, hin und wieder aus der Ferne nach ihr Ausschau hielt (ihre Augen suchten mich nicht), einzelne Gesprächsbrocken erhaschte und mithörte, wie ein Mann zu einem anderen sagte: »Komisch, daß sie alle gleich riechen, durch jedes Parfum hindurch nach verbranntem Laub, diese dunkelhaarigen Mädchen mit den scharfen Gelenken«, und wie es oft geschieht, klammerte sich eine triviale Bemerkung über irgendeinen unbekannten Gegenstand an diese eigene vertraute Erinnerung, hielt sich daran fest und krümmte sich, ein Parasit ihrer Traurigkeit.

Oben auf der Treppe angekommen, fanden wir uns auf einer Art Terrasse. Von hier aus war der zarte Umriß des taubengrauen Mt. Sankt Georg mit einem Haufen knochenweißer Flecken (irgendein kleines Dorf) auf einem seiner Hänge zu sehen; der Rauch eines unsichtbaren Zuges wellte sich um seinen runden Fuß – und verschwand plötzlich; noch weiter unten, über dem Dächergewirr, konnte man eine einsame Zypresse erkennen, die Ähnlichkeit hatte mit der feuchten, gezwirbelten schwarzen Spitze eines Tuschpinsels: zur Rechten sah man einen kleinen Teil des Meeres, das grau war und silbrige Falten warf. Zu unseren Füßen lag ein rostiger alter Schlüssel, und an der Wand des halbverfallenen Hauses neben der Terrasse hingen immer noch irgendwelche Drahtenden ... Es kam mir in den Sinn, daß es hier einst Leben gegeben, eine Familie die Kühle der Abenddämmerung genossen hatte, daß ungeschickte Kinder im Licht einer Lampe mit Malbüchern beschäftigt gewesen waren ... Wir verweilten dort oben, als horchten wir auf irgend etwas – Nina, die höher stand als ich, legte mir eine Hand auf die Schulter und lächelte, und mit Sorgfalt, auf daß ihr Lächeln nicht knitterte, küßte sie mich. Mit unerträglicher Heftigkeit erlebte ich noch einmal (so scheint es mir wenigstens) alles, was angefangen mit einem ähnlichen Kuß, je zwischen uns gewesen war; ich sagte (anstelle unseres billigen, förmlichen »Du« jenes seltsam volle und bedeutungsschwere »Sie« verwendend, zu dem der Weltumsegler in jeder Hinsicht bereichert zurückkehrt): »Schauen Sie – was wäre, wenn ich Sie liebe?« Nina sah mich kurz an, ich wiederholte die Worte, ich wollte hinzusetzen ... aber etwas wie eine Fledermaus strich kurz über ihr Gesicht, ein schneller, sonderbarer, fast häßlicher Ausdruck, und sie, die in völliger Unschuld grobe Worte in den Mund nehmen konnte, wurde verlegen; auch ich war verlegen ... »Keine Sorge, ich habe nur Spaß gemacht«, sagte ich rasch und legte leicht den Arm um ihre Taille. Von irgendwoher erschien ein fester Strauß kleiner, dunkler, selbstlos duftender Veilchen in ihren Händen, und bevor sie zu ihrem Gatten und Auto zurückkehrte, standen wir noch eine kurze Weile an der Steinbrüstung, und unsere Affaire war hoffnungsloser denn je. Doch der Stein war warm wie Menschenhaut, und plötzlich verstand ich etwas, das ich gesehen hatte, ohne es zu begreifen – warum ein Stückchen Stanniolpapier auf dem Pflaster so geglitzert, warum auf einem Tischtuch der Abglanz eines Glases gezittert hatte, warum die See ein einziger Lichtschimmer war: Irgendwie hatte sich allmählich der weiße Himmel über Fialta unmerklich mit Sonnenschein gesättigt, und nun war er ganz und gar von Sonne durchdrungen, und das überströmende weiße Leuchten wurde weiter und weiter, alles löste sich darin auf, alles verschwand, alles verging, und ich stand auf dem Bahnsteig von Mlech, in der Hand eine soeben gekaufte Zeitung, aus der ich erfuhr, daß der gelbe Wagen, den ich unter den Platanen gesehen hatte, hinter Fialta einen Unfall gehabt hatte, als er in voller Geschwindigkeit in den Lastwagen eines Wanderzirkus auf dem Weg in die Stadt gerast war, einen Unfall, aus dem Ferdinand und sein Freund, diese unverwundbaren Schurken, diese Salamander des Schicksals, diese glücklichen Basilisken mit örtlichen und heilbaren Verletzungen ihrer Schuppenhaut hervorgegangen waren, während Nina trotz ihrer anhaltenden und getreulichen Versuche, es ihnen gleichzutun, sich am Ende doch als sterblich erwiesen hatte.

Eric Newby
Ostern

1

Der Winter, der dem Kauf von *I Castagni* folgte, war bitter kalt. In unserem Haus in der Nähe des Wimbledon Common war es besonders kalt, weil wir es uns nicht leisten konnten, eine Zentralheizung einbauen zu lassen. Wir hatten all unser Geld dafür aufgewendet, einem unseligen Ausbruch von Trockenfäule Einhalt zu gebieten, der die Entfernung der gesamten Hausfassade nötig gemacht hatte. Von außen sah es während der Reparaturarbeiten, wenn die Plane, die es bedeckte, zurückgeschlagen war, aus wie ein Puppenhaus.

Manchmal, wenn ich zu Hause für den *Observer* Artikel mit Titeln wie »Die besten Bistros auf Martinique« redigierte, in dem sich jemand, den ich dorthin geschickt hatte, über die karibische Hitze beklagte, lief ich, lange bevor das Joggen erfunden wurde, durch den Wimbledon Common und den Richmond Park, um meinen Kreislauf in Schwung zu bringen.

Während ich in der Dämmerung über die langen, verschneiten Schneisen lief, zwischen jahrhundertealten riesigen Eichen hindurch, über denen hoch im Wind Saatkrähen wie schwarze Stoffetzen kreisten, dachte ich an das kleine Haus in Italien, das löcherig war wie ein Sieb, und an Attilio, seinen winzigen Bewohner, und fragte mich, wie es beiden gehen mochte. Das Haus war nicht einmal versichert. In der Aufregung hatten wir vergessen, eine Versicherung abzuschließen. Sollten wir vielleicht Attilio versichern, für den Fall, daß das Haus über ihm zusammenbrach?

Eines war gewiß: Außer Signor Vescovo, der genug eigene Sorgen mit seinem Restaurant und der *produzione propria* hatte, und unserer Freundin Valeria in Tellaro würde niemand uns eine Nachricht zukommen lassen, falls etwas Schlimmes geschah.
Wir konnten nur bis zum nächsten Osterfest warten; dann würde ich, wenn alles gutging, ein wenig mehr Zeit haben, mein erworbenes Haus in Besitz zu nehmen. Zum Glück waren unsere Kinder damals bereits erwachsen; sie studierten und verließen sich nicht mehr darauf, daß wir in den Ferien für ihre Unterhaltung sorgten.

In diesem Jahr lag der Ostersonntag so spät wie nur möglich, und als wir am Dienstag vor Ostern nach Italien aufbrachen, war der Landrover mit allen erdenklichen Dingen beladen, die uns helfen sollten, in einem Haus zu überleben, das kaum mehr als eine Hülse war.
Auf der Fahrt durch Frankreich und Norditalien regnete es ununterbrochen; außer auf dem Mont Blanc, wo es, wie beim letzten Mal, beiderseits des Tunnels schneite.
Am Karfreitag erreichten wir schließlich am frühen Nachmittag den achtzehnten, einundzwanzigsten oder zweiundzwanzigsten *tornante,* oder der wievielte es sein mochte. Das Wetter war viel zu schlecht, um im Haus zu übernachten, und so beschlossen wir, die Nacht in einem Hotel in Fosdinovo zu verbringen. Wir hatten die Nase voll von Camping. Also fuhren wir weiter bergaufwärts und nahmen noch eine Reihe *tornati,* ehe wir Fosdinovo erreichten, das wir nur einmal auf der Durchfahrt gesehen hatten, und in einem der zwei Hotels abstiegen.
Die Stadt liegt auf einem schroff abfallenden Berg, mehr als 500 Meter über dem Meeresspiegel, zum größten Teil verborgen hinter mittelalterlichen Festungswällen. Das von uns ausgesuchte Hotel lag vor dem unteren der beiden Haupttore. Die Wälle endeten im Osten und Westen an steilen Schluchten, die auf der östlichen Seite zu einem dichten Wald abfielen. Im

Westen fielen sie ebenso steil zu einer terrassenförmigen Hügellandschaft ab, die jener ähnelte, in der *I Castagni* stand. Durch sie zog sich eine tiefe Schlucht, von einem *torrente* geschaffen, der hoch oben am Berg entsprang und schließlich, wie jedes Rinnsal, jeder Bach, jedes Flüßchen dieser Region bei Sarzana in die Magra mündete. Einer Armee wäre es schwergefallen, Fosdinovo einzunehmen. Die einzige Möglichkeit hätte darin bestanden, es von oben anzugreifen, doch dort erhob sich das riesige Kastell Malaspina.

Das Kastell war der ideale Landsitz für die Malaspinas, die, gemeinsam mit anderen Mitgliedern des einheimischen Adels, im Lauf der Jahrhunderte viele Komplotte geschmiedet hatten. Seit dem 14. Jahrhundert stellten sie in diesem Landstrich eine Macht dar, untermauert durch wohlüberlegte Heiraten mit so berühmten Familien wie den Gambacortis aus Pisa, den Dorias, den Centuriones, den Pallavicinis von Genua, den Orsuccis von Lucca, den Santellis von Pesaro und den Cangrandes della Scale, eine Verbindung, von der ein über dem Eingang des Kastells angebrachtes Marmorrelief kündet, auf dem ein Hund mit einem blühenden Weißdornzweig im Maul zu sehen ist. Und sie blieben mächtig, bis die Franzosen im Jahr 1796 Carlo Emanuele Malaspina seiner Domänen beraubten.

Unser *albergo* gehörte zu jener Art von Herbergen, die seit langem in den meisten Teilen Italiens, selbst den abgelegensten, eine Seltenheit sind, und seine Tage waren, was wir damals nicht wußten, bereits gezählt.

Es war uralt, dunkel, höhlenartig, weiträumig. Die Zimmer waren voller schöner rustikaler Möbel aus der Mitte des 19. Jahrhunderts, die wir nur zu gern für *I Castagni* erworben hätten: Schränke und *cassettoni* (Kommoden) aus Mahagoni und Kastanie, die Berge von Kleidungsstücken aufnehmen konnten; zylindrische Nachttischchen mit Marmorplatten, wie Attilio eines besaß, und die auch hier massive, mit Blumen verzierte *vasi da notto* verbargen, Gefäße, die wir, nach den sanitären Einrichtungen auf *I Castagni* zu urteilen, wahrscheinlich ständig brauchen würden.

Doch am begehrenswertesten waren die wunderschönen Bettstätten, in vielerlei Formen und Größen, aus Holz oder Schmiedeeisen, deren Blechverkleidungen mit Blumen und arkadischen Landschaften bemalt oder mit Perlmuttarbeiten geschmückt waren, oder ganz einfache, schmucklose, schmiedeeiserne Betten.

Der *albergo* gehörte einem einheimischen Metzger, der nur wenige Meter die Straße hinauf in einem der früheren Stadttore einen Laden besaß. Er machte ausgezeichnete *salume* (Würste) und war ein guter Metzger, schien aber ständig nahe daran einzuschlafen, wie die Schlafmaus in *Alice im Wunderland.* Selbst ein Händeschütteln mit ihm war eine entnervende Erfahrung.

Seine Frau war ganz anders: Groß, aber nicht dick, schwarzhaarig und voller Energie, war sie das, was die Italiener *slancio* (lebhaft, voller Schwung) nennen. Sie besaß eine Stimme, mit der sie die Dachsparren zum Klingen bringen konnte, und verstand sich ebensogut wie ihr Mann darauf, Fleisch zu schneiden und Schinken zu entbeinen.

Außerdem war sie ungeheuer großzügig. Als wir am Ostersamstag das Hotel verließen und unsere Rechnung bezahlten, gab sie uns als Willkommensgeschenk eine ganze Salami, und wenn wir später etwas in der Metzgerei kauften, gab sie uns immer etwas extra; deshalb konnten wir nicht so oft bei ihr einkaufen, wie wir es gern getan hätten.

Der Metzger und seine Frau hatten zwei Töchter im heiratsfähigen Alter, die beide verlobt waren; ansehnliche Mädchen und mit einem *albergo*, einem *ristorante*, einer *caffé / bar*, einer *macelleria* und einer *salumeria* eine gute Partie für einen jungen Mann. Im Augenblick arbeiteten sie als Kellnerin und Zimmermädchen und waren für die Bar zuständig, während die ältliche Mutter der Signora für das Restaurant kochte, mit ein wenig Unterstützung in der Saison, die jedoch noch nicht begonnen hatte. Beide Töchter heirateten später.

Nachdem wir uns eingetragen hatten und in eines der höhlenartigen Schlafzimmer geführt worden waren, das wegen des fürchterlichen Wetters fast völlig finster war, luden die beiden Mädchen uns ein, an der *Processione del Venerdi Santo* teilzunehmen. Die Prozession, die am Nachmittag, zur Todesstunde Christi, endete, sollte in wenigen Minuten am Oratorio dei Bianchi beginnen, einer alten, im Zentrum der Stadt gelegenen Kirche. Sie würde fast durch die ganze Stadt führen. Auch sie würden daran teilnehmen. Ob wir uns ihnen anschließen wollten? Wir nahmen die Einladung an.

In unsere wärmsten Sachen gehüllt, doch trotzdem ungenügend bekleidet – der Wind kam von den Apuanischen Alpen, in denen gerade Neuschnee gefallen war –, gingen wir mit den Mädchen zu dem Platz vor dem Oratorio, auf dem sich die Teilnehmer versammelten.

Die Piazza war ungefähr so groß wie ein Squash Court. Die ganze eine Seite des Platzes nahm die Vorderfront des Oratorio Dei Bianchi ein, ein schmuckloses, wunderschönes Gebäude, das aussah, als bestünde es aus fast durchsichtigem Marmor. Es war im Jahr 1600 von Pasquale Malaspina errichtet worden, und ein großes marmornes Schild über dem Eingang zeigte das Wappen der Malaspinas, einen blühenden Weißdornstrauch. Darunter befand sich eine aus dem gleichen Material gemeißelte Darstellung von Mariä Verkündigung.

Im Innern des Gebäudes, hinter dem Hochaltar verborgen, stand eine aus dem 13. Jahrhundert stammende Madonnenstatue, die man nach Fertigstellung der Kirche aufgestellt hatte, nachdem die ursprüngliche ein Opfer der Flammen geworden war.

Normalerweise waren die Kirchentüren geschlossen. Doch an diesem Nachmittag standen sie weit offen, damit eine Gruppe von Männern den Gekreuzigten auf einer hölzernen Plattform auf den Platz tragen konnten. Hinter ihnen tauchten zwei wei-

tere Männer auf, die eine schwarz-silberne Fahne trugen, an der der über den Platz wirbelnde Wind zerrte.
An der Spitze der Prozession schritt der schon ziemlich betagte, in ein schwarzes Meßgewand gehüllte Priester von Fosdinovo und Caniparola. Er wurde von zwei *chierici* (Meßdienern) begleitet, die ihre *turiboli* (Weihrauchfässer) nicht bei sich hatten, weil sie bei derartigen Prozessionen nicht gebraucht wurden. Das war gut so, denn bei dem Wind, der durch die Stadt wehte, hätten sie sich oder andere Prozessionsteilnehmer leicht damit in Brand stecken können.
Ihnen folgte die Gruppe der Gläubigen, zu der auch wir gehörten. Alles in allem waren es nicht viel mehr als fünfzig Teilnehmer, die meisten davon Frauen. Auch ein paar Kinder waren dabei. Doch es überraschte nicht, daß sich nur so wenige Menschen eingefunden hatten, denn es war ein schreckliches Wetter für eine Prozession. Schon um zwei Uhr nachmittags wurde es finster.
Zwischen den wenigen Männern auf der Piazza, ein wenig abseits von der Plattform mit der Madonnenstatue, stand Attilio und ließ wohlwollend seinen Blick umherschweifen. Er war, wie wir später erfuhren, nicht nur *molto religioso,* sondern auch ein *grande appassionato* von kirchlichen Festen und Prozessionen. Er war trotz des scheußlichen Wetters von *I Castagni* den Berg hinaufgestiegen, um an der Prozession teilzunehmen, und wirkte trotz der Strapazen, die er durchgemacht haben mußte, sehr elegant mit seinem langen, altmodisch geschnittenen, marineblauen Mantel mit Pelzkragen, der ihm bis zu den Knöcheln reichte, und seiner Mütze, ohne die wir ihn, außer als er später einmal ins Krankenhaus mußte, nie gesehen haben.
Als er uns erblickte, schoß er über die Piazza, als sei sie aus Eis; tatsächlich bestand sie aus nassem Marmor und war genauso glatt. Nachdem er die beiden Mädchen höflich gegrüßt hatte, ergriff er unsere Hände, erst Wandas und dann meine, und schwenkte sie auf und ab, als erwarte er, daß Wasser aus unseren

Mündern spritzen würde, wobei er uns, soweit wir ihn verstanden, versicherte, daß er sich sehr freue, uns zu sehen.
Noch seltsamer aber erschien mir, daß er, als er mit dem Pumpen begann, laut und vernehmlich »Adesso ricordo!« (»Jetzt erinnere ich mich!«) zu mir sagte, nachdem er mich bis zu diesem Augenblick mehr oder weniger links liegen gelassen hatte.
Ich zerbrach mir den Kopf, was er wohl damit meinte. Damals wußte ich nicht, was ich jetzt zweifelsfrei weiß – daß Attilio und der alte Mann, den ich vor über zwanzig Jahren in den Bergen getroffen hatte, nicht identisch waren –, und so dachte ich bei diesem *»Adesso ricordo!«*, daß er sich an damals erinnerte; während er vermutlich auf unsere kurze Begegnung vor fünf Monaten anspielte. Ich gab es auf. Zwei Geschichtenerzähler, beide handwerklich begabt, beide *religioso,* von denen einer, möglicherweise sogar beide, neben dem Bett betete; obwohl es, wie mir klar wurde, in Italien ganze Scharen von kleinen alten Männern geben mußte, die genau das taten – das war zuviel für mich. Das Rätsel löste sich, als ich Signora fragte, ob Attilio während des Krieges einmal längere Zeit von zu Hause fort gewesen sei. Nein, sagte sie kategorisch, nie. Ich bedauerte, sie danach gefragt zu haben. Vielleicht wäre es besser gewesen, wenn es ein Geheimnis geblieben wäre.
Doch das alles war nicht so wichtig Seine Worte erfüllten mich mit dem gleichen freudigen Gefühl, das ich später empfand, wenn Signora Angiolina »Hai fatto bene!« sagte. Daß Attilio sich an mich erinnerte, war eine ganz besondere Ehre. Er ließ sich nie darüber aus, was er mit seinen Worten gemeint hatte. Doch jetzt schloß er sich, als wolle er zeigen, wem seine Sympathien gehörten, uns an, um mit uns an der Prozession teilzunehmen.
In diesem Augenblick gab der Priester ein unauffälliges Zeichen, worauf der Zug sich in Bewegung setzte. Wir marschierten den Berg hinauf, der Priester an der Spitze, flankiert von den *chierici*, gefolgt von dem ans Kreuz genagelten Christus und den beiden Männern mit der schwarz-silbernen Fahne, die wie verrückt im

Wind flatterte, dahinter die kleine Schar von Gläubigen, unter denen ich bestimmt der einzige Protestant war, schniefend und niesend, denn einige hatten sich bereits eine Erkältung zugezogen, manchmal singend, manchmal den Rosenkranz betend oder Fastengebete sprechend, doch nie alles zugleich, was zu einem Pandämonium geführt hätte.
Der Priester war, obwohl er recht betagt wirkte, noch schrecklich rüstig. Er führte uns im Trab in den Rachen des kalten Windes und scheuchte uns durch die von eiskaltem Wind durchtosten mittelalterlichen Straßen und Gassen, in denen an diesem Freitagnachmittag fast in jedem Haus hinter wenigstens einem Fenster eine Kerze brannte, um die Prozession willkommen zu heißen.
Einige Fenster waren mit schwarzen Vorhängen verhängt, an anderen hingen weniger traurige Spitzengardinen, und einige waren mit Blumen geschmückt. Wir kamen am uralten Malaspina-Theater vorbei, das kein Theater, und an der Malaspina-Münzstätte, die keine Münzstätte mehr war und die in ihrer ganzen Geschichte nur 50 echte Münzen geprägt hat. Der Rest, der nach Genf und Frankreich exportiert wurde, war falsch.
Und dann gab es noch die von Kerzen erleuchteten Läden, manche davon winzig klein; Geschäfte, in denen Wein, Spaten, Handsägen und andere Eisenwaren verkauft wurden, handgestrickte Socken, in denen noch das natürliche Wollfett war, und Zeitschriften, in denen die letzten Enthüllungen über die Grimaldis im Fürstentum Monaco standen, die alle Italiener brennend interessierten.
Wir kamen an einem *caffè* vorbei, durch dessen Fenster einige männliche Gäste die Prozession neugierig und mit dem etwas spöttischen Blick betrachteten, mit dem Männer in Italien durch Caféfenster religiöse Prozessionen zu betrachten pflegen. Das heißt, wenn sie Agnostiker oder Kommunisten waren oder einfach aus persönlichen Gründen nicht an der Prozession teilnahmen und so gewissermaßen mit verdeckten Karten spielten.

Oder wenn sie keine Frauen oder Mütter oder Großmütter hatten, die an diesen *processioni* teilnahmen. Wenn sie welche hatten und bei klarem Verstand waren und ein ruhiges Leben führen wollten, taten sie besser daran, sich zurückzuhalten und fernzusehen oder *briscola,* eine Art Whist, zu spielen, statt mit dieser überheblichen Miene aus dem Fenster zu schauen.
Der Wind tobte. Als wir zu einem Wall unterhalb des Kastells kamen, ergriff eine Windbö das Kreuz, zwang die Träger auf die Knie und schleuderte das Kreuz fast auf den Boden, was ein *malaugurio* gewesen wäre. Die beiden Männer mit der Fahne waren gezwungen, sie zusammenzurollen.
Dann umrundeten wir den Bergfried, auf dem sich das Kastell erhob, eine riesige Festung, in der Dante im Jahre 1306 einige Stanzen des *Inferno* geschrieben hat; anscheinend hat er im gleichen Jahr einige Zeit im Kastell von Castelnuovo di Magra verbracht, das wir gesehen hatten, als wir die Straße von Canipa-rola hinauffuhren, bevor er eine Weile auf mysteriöse Weise verschwand. Als wir durch die grabenähnlichen Gassen zwischen den Häusern und Mauern zogen, blickten die Dienstboten der Burg von oben auf uns herab.
Jetzt ging es fast nur noch bergab. Vor der San-Remigio-Kirche in der Mitte der Stadt, der Hauptkirche von Fosdinovo, machten wir halt, und das Kruzifix und die zusammengerollte Fahne wurden für die *Adorazione della Croce,* die Anbetung des Kreuzes, hineingetragen, gefolgt von den Gläubigen.
Der Priester sang *Ecce lignum crucis* (Schauet das Holz des Kreuzes), zog seine Schuhe aus und betete das Kreuz an, wobei er sich dreimal zu Boden warf. Dann verbeugte er sich tief und küßte die Füße des Gekreuzigten. Danach schritten die Gläubigen jeweils zu zweit zum Kreuz und warfen sich davor nieder, während *Improperia,* sanfte Tadel Christi an sein Volk, gesungen wurden, wie *Popule meus, quid feci tibi? Aut in quo contristavi te? Responde mihi.* (Mein Volk, was habe ich dir getan, oder worin habe ich dich betrübt? Antworte mir!)

Das Innere der Kirche war in einem kalten Blaugrau gehalten; und es war so kalt dort, daß wir unseren Atem sehen konnten. Ursprünglich eine romanische Kirche, war sie im Jahr 1600 von einem Feuer zerstört und von Marchese Pasquale Malaspina als Barockkirche wiedererbaut worden, mit vielen prächtigen, abwechselnd glatten und gewundenen korinthischen Säulen. Sie hatte ein mit zahlreichen Fresken geschmücktes Tonnendach, die im letzten Kriegsjahr während der Kämpfe um die Gotenlinie zerstört worden waren.

In einem gotischen Gewölbe links vom Altar, neben dem Presbyterium, befand sich das Grab von Galeotto Malaspina, dem Feudalherrn der Region. Die Malaspinas brachten die Burg im Jahr 1340 an sich, und Galeotto starb im Jahr 1367. In voller Rüstung ruht sein Abbild auf einer marmornen Grabplatte, deren Verkleidung Basreliefs zieren.

Etwas höher über dem Altar sah man eine weitere, von einem unbekannten Bildhauer im 14. Jahrhundert gemeißelte Skulptur, einen sitzenden San Remigio, welcher der Schutzheilige von Fosdinovo war; bekannt auch als St. Remigius, Bischof von Reims. Er soll der größte Redner seiner Zeit gewesen sein. Am Weihnachtstag des Jahres 496 taufte er in der Kathedrale von Reims Chlodwig I., den König der Franken, mit den Worten: »Beuge demütig dein Haupt, o Sugambrer. Bete an, was du verbrannt, und verbrenne, was du angebetet hast.« Einige Knochen des Heiligen werden in der Kirche von Fosdinovo in einem silbernen, mit vielarmigen Kerzenleuchtern geschmückten Reliquienschrein aufbewahrt.

Die Prozession war zu Ende. Christus war tot. Wir waren naß und wir froren, doch als ich mich nach Attilio umschaute, um ihm anzubieten, mit uns nach *I Castagni* zu fahren, war er nirgends zu sehen. Ich hielt an mehreren *tornanti* vergeblich nach ihm Ausschau. Er war einfach verschwunden.

2

Am Morgen des Ostersamstag zeigte sich die Welt von ihrer heiteren Seite – es war kalt, klar und fast wolkenlos; alles war naß und funkelte nach dem Regen.
Man sah sogar ein paar mutige Zugvögel, von denen einige die Verwegenheit besaßen zu singen. Wenn sie klug waren, so machten sie nur eine kurze Stippvisite in Italien, bevor sie nach nördlicher gelegenen Ländern aufbrachen, deren Einwohner wilden Vögeln freundlicher gesonnen waren als die Italiener, die sie am liebsten aufgespießt und gebraten mochten.
Am Karfreitag mit seinem schlechten Wetter, den schwarzen Gewändern der Geistlichen und den all ihres Schmuckes, ja sogar der Hostien beraubten Altären war noch Winter gewesen.
Am Ostersamstag war Frühling. Selbst das Fasten hatte, mit einem in violette und weiße Meßgewänder gehüllten Klerus, viel von seiner Strenge verloren. Über die Altäre waren weiße Leinentücher gebreitet, und die Priester hatten vor dem Hauptportal der Kirche frische Weihrauchkörner angezündet und zündeten daran die Kerzen im Innern der Kirche an, die sie vor dem Karfreitag ausgelöscht hatten.
Wir standen um sechs Uhr auf, um Helfer für die Restaurierung von *I Castagni* zu rekrutieren.
Signora Angiolina, die schon lange wach war, gab uns die Schlüssel für das Haus. Sie war glücklich, daß wir jetzt, wie sie es ausdrückte, *sempre con noi,* immer dasein würden, obwohl wir ihr erklärt hatten, daß wir *I Castagni* bestenfalls zwei- oder dreimal im Jahr einen Besuch abstatten konnten, und dann wahrscheinlich auch nur zu einem flüchtigen Aufenthalt auf dem Weg zu einem anderen Ziel. Es sei denn, ich würde entlassen; in diesem Fall würden wir wahrscheinlich für immer bleiben müssen.
Wir waren froh, daß sie uns nicht anbot, mit zum Haus zu

kommen, sondern uns ein paar Eier, etwas grünen Salat, eine Flasche Wein und einen Laib köstliches, frischgebackenes Brot mitgab.

Doch vorher fragten wir sie, ob es Neuigkeiten von Attilio gäbe, der wieder eine seiner unzähligen Rollen spielte, diesmal den »sich in dünner Luft auflösenden Attilio, den Houdini von *I Castagni*«. Sie sagte, sie habe ihn seit gestern, kurz nach *mezzogiorno* (Mittag), als er aufbrach, um an der Prozession teilzunehmen, nicht mehr gesehen; deshalb wußte sie auch nicht, daß wir in Fosdinovo angekommen waren. »Sie haben gut daran getan«, sagte sie, ihre ständige Redewendung benutzend, »bei dem Wetter nicht im Haus zu übernachten. Das hätte böse enden können.«

»Heute«, sagte sie, »macht Attilio *giornata*. Vielleicht ist er ein paar Tage fort, denn der Bauernhof, zu dem er muß, liegt weit hinter Fosdinovo, in einem Ort namens Foce il Cuccù (Kukkucksschnabel); aber am Ostersonntag wird er natürlich nicht arbeiten.«

Giornata bedeutete, daß er tageweise für jemand anderen arbeitete, entweder grub oder hackte oder verschiedene landwirtschaftliche Geräte reparierte, gebrochene Griffe durch neue ersetzte, Sicheln schärfte und andere Arbeiten verrichtete, zu denen er imstande war. Das konnte, wie wir bereits wußten, alles mögliche sein, vorausgesetzt, es hatte nichts mit Maschinen zu tun, und wahrscheinlich würde er, falls nötig, auch damit fertigwerden.

»Attilio ist einer der wenigen, die noch tageweise arbeiten«, fuhr Signora Angiolina fort. »Viele machen es nicht mehr, weil die Arbeit so schlecht bezahlt wird. Er müßte viel mehr Geld bekommen. Die Leute nutzen ihn aus.«

Doch die wichtigste Neuigkeit, die Signora Angiolina uns mitteilte, war, daß Attilio zwar noch in seinem kleinen Zimmer schlief, was er unseretwegen auch weiterhin tun konnte, doch aus der Küche ausgezogen war. Ein benachbarter Bauer hatte

ihm angeboten, während unserer Aufenthalte in *I Castagni* seine Küche zu benutzen, die eine eigene Wasserleitung hatte.
»Wissen Sie eigentlich, wie Attilio Sie nennt?« fragte Signora Angiolina Wanda, als wir in den Landrover stiegen, um mit ihm zum ersten Mal zu unserem Haus zu fahren. »La Mia Padrona« (»Meine Chefin«).
Der abschüssige Weg nach *I Castagni* und vor allem die *curva* unterhalb Signora Angiolinas Haus erwiesen sich als äußerst schwierig, selbst mit einem Landrover. Es war eine sehr enge und schmale Kurve, an deren Innenseite ein Baum stand, während der äußere Straßenrand über einer steilen, etwa sechs Meter hohen Böschung hing, an deren unterem Ende sich eine *vasca* befand, ein rechteckiges Zementbecken, in dem man Wäsche spülen konnte. An einem Ende war eine schräge Marmorplatte, auf der die Wäsche gewalkt und geschlagen werden konnte. Die *vasca* wurde von einer Quelle gespeist; das Wasser kam durch ein Rohr in der Böschung, in dem ein Korken steckte, mit dem man es verschließen konnte. Ob diese *vasca* Signora Angiolina gehörte oder jemand anderem, war unklar; doch uns war damals nichts klar, was mit *I Castagni* zusammenhing.
In dieser ersten Kurve vor dem Haus, bei der ich mich mit dem Landrover so nahe wie möglich an der Innenseite zu halten versuchte, blieb ich mit der hinteren Radkappe an einem Aststrunk des Baums hängen, so daß ich weder rückwärts noch vorwärts fahren oder die Fahrertür völlig öffnen konnte, um aussteigen zu können. Eine dieser absurden Pannen, für die ich besonders anfällig zu sein scheine, wenn auch nicht so lächerlich wie jene, als ich in dichtem Nebel von Mailand nach Venedig fuhr und das Gaspedal abbrach.
»Was ist passiert?« fragte Wanda.
»Wir hängen an einem Baum fest«, sagte ich. »Tut mir leid, du mußt aussteigen, sonst komme ich nicht raus.«
Sie stieg zögernd aus, als tue sie mir einen Gefallen.

»Ich brauche eine Säge«, sagte ich, nachdem ich mir die Bescherung genauer angesehen hatte.
»Du kannst den Baum nicht fällen; er gehört uns vielleicht gar nicht.«
»Ich will ihn nicht fällen«, erwiderte ich. »Ich möchte nur ein Stück von ihm abschneiden.«
»Gut, dann bitte doch Signora Angiolina um eine Säge.«
»Ich möchte Signora Angiolina aber nicht um eine Säge bitten«, sagte ich. »Wenn dieser Baum überhaupt jemandem gehört, dann wahrscheinlich ihr. Das Schlimmste, was ich tun könnte, wäre, ihr zu sagen, daß ich ein Stück von einem ihrer Bäume abschneiden möchte; vor allem jetzt, wo sich alles so gut entwickelt. Du weißt doch, wie die *contadini* sein können. Übrigens haben wir eine Säge dabei.«
»Wo?« fragte Wanda.
»Sie liegt hinter dem Beifahrersitz. Vielleicht erinnerst du dich, daß du gesagt hast, ich soll sie nicht mitnehmen. Also habe ich sie versteckt.«
»Ich habe nie gesagt, daß du sie nicht mitnehmen sollst.«
»Nein? Dann täusche ich mich wohl.«
»Dein Problem ist, daß du nie zuhörst«, erwiderte sie.
Ich entfernte also mit unserer Säge den störenden Auswuchs und bedeckte die Narbe mit ein wenig feuchter Erde. Dann fuhren wir in leicht gereizter Stimmung den Berg hinunter, um unser Anwesen jenseits des *torrente* in Besitz zu nehmen, und als wir ankamen, hatte die alte *I-Castagni*-Magie erneut gewirkt, und wir waren wieder Freunde. Ich schwor mir, als erstes die bröckelige Außenseite der Kurve mit Pfosten zu verstärken, die ich mit einem Vorschlaghammer in den Boden rammen würde.
»Erinnere mich beim nächsten Einkauf daran, daß ich einen Vorschlaghammer und ein Brecheisen kaufe«, bat ich Wanda.
Aber natürlich erinnerte sie mich nicht daran, und ich habe die *curva* niemals verstärkt, obwohl es im Haus, was ich damals noch nicht wußte, mehrere Hämmer, sogar Vorschlaghämmer, und

Brecheisen gab. Dringendere Angelegenheiten nahmen uns in Anspruch, und wir hatten keine Zeit, uns wegen eines Aststrunks von der Größe einer Streichholzschachtel den Kopf zu zerbrechen.

Vor dem Haus sonnte sich völlig furchtlos ein großer Frosch im nassen Gras, was mir damals als *buonaugurio* (gutes Omen) für die Zukunft erschien.

Nachdem es uns endlich gelungen war, mit dem verdrehten Schlüssel die Küchentür zu öffnen, jene Tür, die bei starkem Südwestwind von selbst aufging, stellten wir fest, daß Attilio in Erwartung unserer Ankunft in der Küche einiges getan hatte. Er hatte die von Holzwürmern befallene Trennwand herausgerissen, hinters Haus getragen und verbrannt. Von nun an brannte jedesmal, wenn wir uns in *I Castagni* aufhielten, die meiste Zeit ein Feuer, in das Unmengen von mehr oder weniger unbrennbarem Material geworfen wurde, das beseitigt werden mußte. Außerdem hatte er den ganzen Raum und das Schlafzimmer im ersten Stock gefegt und einen alten, toten, eisenharten Olivenbaum gefällt und zu Brennholz zerlegt – mit einer *rezga*, einer primitiven Säge, bei der die Spannung im Blatt durch eine gedrehte Schnur aufrechterhalten wird, und einer Doppelaxt, einer gefährlichen Waffe, deren eine Seite zum Schneiden und deren andere, schrägere Kante zum Spalten benutzt werden kann, wobei man sich die obere Schneide leicht in den Kopf rammen kann, wenn man sie hochhebt. Und er hatte eine Menge Kastanienzweige gesammelt und zerkleinert und einige Bündel getrockneter Rebentriebe, von Reben, die er nach der letzten *vendemmia*, der Weinlese, beschnitten hatte und die ein ausgezeichnetes Anmachholz ergaben. Es war sogar ein Sack Kohle für den *fornello a carbone* da.

Doch das war noch nicht alles. Mit Hilfe mehrerer Leitern hatte er es fertiggebracht, eine riesige, alte grüne Plane über den schadhaftesten Teil des *fienile*-Daches zu ziehen und an allen vier Ecken mit Seilen zu befestigen, was für einen Mann mit seiner Statur eine schier übermenschliche Leistung gewesen sein muß.

Doch der beste Beweis für Attilios Feingefühl war, daß er den Holzsitz des Plumpsklosetts mit einer Säge auf eine Größe gebracht hatte, die besser zu unseren erwachsenen Proportionen paßte. Es war klar, daß Attilio ohne Umschweife auf die Gehaltsliste gesetzt werden mußte.

»Ich weiß kaum, wo ich anfangen soll«, sagte ich. »Wir brauchen Helfer; eine Menge Helfer.«

»Jetzt essen mir erst einmal«, sagte Wanda, »und trinken ein wenig von Signora Angiolinas *vino*. Dann schauen wir uns nach einem Maurer und nach jemandem um, der das Dach in Ordnung bringt.« Es war erst sieben Uhr morgens, doch wir hatten schrecklich wenig Zeit. Bis zu unserer Abreise nach England blieben uns nur zehn Tage. Ich fragte mich, was wohl geschehen würde, wenn ich dem Herausgeber des *Observer* telegrafieren und ihn fragen würde, ob man mich vermisse, und wenn nicht, ob ich noch etwas länger bleiben könnte.

Wir brauchten dringend Sickerrohre, einen Faulbehälter, in den das Abwasser hineinlaufen konnte, und eine Toilette im Haus. Und wohin verschwand eigentlich das gebrauchte Wasser aus dem winzigen Spülbecken in der Küche? Mit diesen Problemen mußten wir uns herumquälen; sie machten es uns schwer, uns einfach hinzusetzen und die ländliche Szene zu genießen.

Der *fienile* brauchte ein völlig neues Dach, mit Ausnahme der Dachziegel, die größtenteils noch ganz waren, aber jeden Augenblick herunterfallen und zerbrechen konnten, was sie jedoch nicht taten. Und er brauchte einen völlig neuen Fußboden oder eine neue Decke – das hing davon ab, ob wir gerade unten oder im ersten Stock waren – samt aller dafür notwendigen Balken und Bohlen. Auch Attilios Zimmer brauchte dringend ein neues Dach, falls wir nicht wollten, daß er an einem rheumatischen Fieber oder einem ähnlichen Leiden starb.

Um all das zu bewerkstelligen, mußten wir uns umgehend der

Dienste eines *idraulico* (Installateurs), eines *falegname* (Zimmermanns) und eines *muratore*, eines Mannes, der zugleich Maurer und Steinmetz war, versichern; und alle mußten körperlich gut in Form sein, um beim Herumkrabbeln auf dem vermoderten Dach nicht herunterzufallen.

Wir brauchten auch bald einen *elettricista*, wenn wir uns nicht an den gegenwärtigen Stromleitungen einen elektrischen Schlag holen wollten.

Der obere Teil des *fienile* sollte ein Schlafzimmer werden, zugänglich durch die Außentür an der Rückwand, die man jetzt nur über eine wackelige Leiter erreichen konnte, und der untere eine Mischung aus Badezimmer, Toilette, Umkleide- und Vorratsraum.

Daß wir die Toilette im Parterre, unter dem zukünftigen Schlafzimmer, haben wollten, bedeutete wiederum, daß es unmöglich war, die Leiter und die Falltür, durch die man jetzt innerhalb des Hauses auf den *fienile* gelangen konnte, an ihrem angestammten Platz zu lassen. Sonst mußte jeder Gast, der das Bad benutzen wollte, eine Leiter am hinteren Teil des Gebäudes hinabsteigen und im Freien um zwei Ecken gehen.

Vielleicht hätten wir daran denken sollen, bevor wir das Haus kauften, doch das hatten wir nicht getan. Wir mußten unbedingt darauf achten, den Boden zwischen Schlafzimmer und Bad geräusch- und geruchsundurchlässig zu machen. Bei den Gerüchen gelang es uns, bei den Geräuschen weniger.

Wir bliesen für die erste Nacht in *I Castagni* unsere Luftmatratzen auf und breiteten unsere Schlafsäcke aus, wie wir es schon so oft an vielen ungemütlichen Flecken auf der ganzen Welt getan hatten; der schlimmste war ein rattenverseuchtes Eisenbahnerhotel am Ufer des Ganges gewesen. Als Wanda sich daran erinnerte, beschloß sie, auf der alten Truhe zu schlafen, für den Fall, daß Mäuse in diesem Haus wohnten, denn Signora Angiolina hatte uns erzählt, daß es in dieser Gegend Mäuse gab, die groß wie Katzen waren.

Wir probierten auch die exzentrische Lichtanlage aus, in deren Gebrauch uns Signora Angiolina unterwiesen hatte und die, zu unserem Erstaunen, sogar funktionierte, aber nur in der Küche. Danach setzten wir uns in den Wagen und fuhren ein Stück den Berg hinauf, wo der *falegname* wohnte.

3

Der Zimmermann hieß Alberto und bestand darauf, so und nicht Berto genannt zu werden, was dem englischen Bert entspricht. Alberto war genau der Mann, den wir brauchten. Er war jung und gelenkig und versprach, sich das Haus am kommenden Montag morgen, also Ostermontag, anzuschauen. Wir fragten ihn, ob er einen Installateur kenne, und er sagte, ja, er kenne einen älteren, aber guten Mann namens Bergamaschi, den er fragen würde, ob er mitkäme.

Dann machten wir uns auf die Suche nach Renato, dem Maurer/Steinmetz. Er lebte in einem nahe gelegenen Tal, das von den östlich von Fosdinovo gelegenen steilen Abhängen begrenzt wurde.

Renato war ein kleiner, energiegeladener Mann in den Dreißigern mit ungewöhnlichen hellen blauen Augen und durch die fast lebenslange Arbeit im Freien nußbrauner Haut. Wanda fragte ihn bei unserem ersten Treffen, ob er ein *manovale*, ein ungelernter Arbeiter, sei, die Art von Arbeiter, die ich von nun an war, doch Renato war ein *muratore*, und zwar ein sehr geschickter. Einen Augenblick lang sah es so aus, als sei die Besprechung damit beendet, doch zum Glück hatte Renato Humor.

»Ich bin ein *muratore*, kein *manovale*«, sagte er, und seine Augen blitzten, »früher war ich einmal ein *manovale!*«

Renato lebte mit seiner Frau und drei Kindern, zwei kleinen, ungefähr neun und elf Jahren alten Jungen und einer hübschen, ein paar Jahre jüngeren Tochter, in einem kleinen, mitten in einem schönen Weinberg gelegenen Haus. Er war ein leidenschaftlicher *cacciatore* (Jäger) und besaß mehrere Schrotflinten und Gewehre. Überall in seinem Haus lagen Stapel von Jagdzeitschriften, und an den Wänden hingen Jagdtrophäen.

Renato klagte ständig darüber, daß man in Italien so gut wie nicht mehr auf die Jagd gehen konnte. Er plante, zusammen mit einer Reihe gleichgesinnter *cacciatori*, ein paar männliche und weibliche *cinghiali*, Wildschweine, im dichten Wald in der Nähe von Foce il Cuccù, dort, wo Attilio augenblicklich arbeitete, auszusetzen, in der Hoffnung, daß sie sich genügend vermehren würden, daß es sich lohnte, sie zu jagen. Die Befürchtung, daß die *cinghiali* sich nicht vermehren würden, erwies sich als unbegründet. Sie vermehrten sich derart, daß sie sich in dieser Region zu einer regelrechten Plage entwickelten.

Außerdem sparte er, um nicht aus der Übung zu kommen, auf einen Jagdurlaub in einem der Länder hinter dem Eisernen Vorhang, wie Jugoslawien oder Bulgarien, die damals Jagdexpeditionen für all jene veranstalteten, die typisch kapitalistischen Aktivitäten wie dem Erlegen von Bären, Wildschweinen, Rotwild, Jagdvögeln, Wölfen und Hasen frönten, und dafür eine Menge Devisen verlangten. In manchen dieser Länder mußte man die Jagd mit Gold bezahlen.

Doch Renato war nicht nur ein guter Schütze, sondern wußte auch einen wirklich guten Wein herzustellen, obwohl die Region, wie wir nach einigen eingehenden Proben feststellen sollten, kein besonders gutes Weinanbaugebiet war. Das damalige Endprodukt trug keine Bezeichnung wie DOCG *(Denominazione de Origine Controllata e Garantia)* oder DOC *(Denominazione de Origine Controllata)* oder auch nur DS *(Denominazione Semplice)*, die allerbescheidenste. Als wir begannen, unseren eigenen Wein auf Flaschen zu ziehen, entwarf unser Sohn ein Etikett, das eine Tuschzeichnung von unserem Haus und die Worte *Produzione Propria*, Eigenprodukt, zeigte.

Renato öffnete eine Flasche seines eigenen Rotweins, was ein wenig die magere Ration wettmachte, auf die Wanda uns wegen der Fastenzeit gesetzt hatte. Er versprach, am Morgen des Ostermontags nach *I Castagni* zu kommen, und gab uns, bevor wir gingen, einen, wie sich später erweisen sollte, guten Rat.
»Sie werden keine Schwierigkeiten haben, Leute wie Alberto oder Bergamaschi, den Installateur, oder auch mich, einen *muratore, una volta manovale,* einen ehemals ungelernten Arbeiter, dazu zu bringen, für Sie zu arbeiten«, sagte er schelmisch. »Aber wenn Sie möchten, daß wir mit unserer Arbeit weitermachen, müssen Sie uns bezahlen, wenn wir Ihnen sagen, daß wir Geld brauchen. Es ist in Italien ein Elend, daß man als Arbeiter, gelernt oder ungelernt, nie ohne Kampf das Geld bekommt, das einem zusteht. Wenn Sie also rechtzeitig bezahlen, werden Sie keine Schwierigkeiten haben. Es wird sich schnell herumsprechen, und es wird Ihnen nie an Hilfe mangeln.«
Wir befolgten seinen Rat und ließen immer nur Arbeiten machen, die wir gleich bezahlen konnten; mit dem Resultat, daß alle, die für uns tätig waren, ihre Arbeit machten – nun, fast alle. Tatsächlich vergingen viele Jahre, bis sich die Dinge zum Schlechten wendeten und wir in dieser Hinsicht Schwierigkeiten bekamen.
Anschließend fuhren wir zur *ferramenta*, dem Eisenwarenladen in Ponte Isolone. Dort bestellten wir verschiedene Dinge, die noch diesen Abend vor Anbruch der Dunkelheit geliefert werden sollten: einen Gasherd und eine Gasflasche, ein paar spezielle Gummieimer, die, wie Renato uns versicherte, ein *muratore* unbedingt brauchte; einen galvanisierten Eimer, ein Sortiment von Bürsten und Besen, ein paar Säcke Zement, Sand und einen Schlauch mit einem Endstück, das, wie ich hoffte, auf den Hahn in der Küche passen würde.
Wir seien die ersten *stranieri*, Ausländer, die jemals seinen Laden betreten hätten, sagte uns der Besitzer mit einer für ihn höchst untypischen Vertraulichkeit. Untypisch deshalb, weil es, abge-

sehen davon, daß er uns bei Hochzeiten und Beerdigungen förmlich grüßte – »*Come sta, Signor, Signore?*« –, das letzte Mal war, daß er mit uns sprach. Er richtete fünfundzwanzig Jahre lang kein einziges Wort an uns, außer wenn er uns den Preis einer Ware nannte oder uns an der Kasse sagte, was wir zu bezahlen hatten.

Danach kehrten wir nach Hause zurück, um auf die Lieferung zu warten – wenigstens wurde uns keine Gebühr dafür berechnet.

Die Waren wurden in einem ziemlich großen, aber recht hinfälligen Lieferwagen gebracht, der bestimmt keinen Vierradantrieb hatte, vom Fahrer jedoch mit solcher Leichtigkeit durch die Kurven und über den *torrente* gesteuert wurde, daß ich mir ziemlich dumm vorkam. Er stellte den Gasherd, der nur ein zweiflammiger Gaskocher ohne Backrohr war, auf den *fornello a carbone*, den zu benutzen Wanda sich verständlicherweise nicht traute.

Bevor er wieder den Berg hinauffuhr und die *curva* nahm, ohne den Baum zu streifen, schüttete der Fahrer, bevor wir ihm Einhalt gebieten konnten, noch einen riesigen Haufen Sand vor unser zukünftiges Bad, so daß wir nicht hinein konnten, bis ich den Sand mit einem Schubkarren hinter das Haus befördert hatte, was eine Ewigkeit dauerte.

4

Am Abend des Ostersamstag stellten wir fest, daß keine Milch im Haus war. Wir hatten vergessen, welche in Fosdinovo zu kaufen. Als wir den Berg hinunter zur *bottega* fuhren, hatte sie bereits geschlossen.

»Rina wird Ihnen etwas Milch geben«, sagte Signora Angiolina. »Ich kaufe meine auch bei Rina Dadà. Sie gibt Ihnen bestimmt welche. Sie ist die Frau von Tranquillo, dem ältesten Sohn. Sie

haben eine Kuh. Sie geht zweimal am Tag in die *stalla*, um fünf Uhr morgens und am Abend, und melkt sie.
Sie sollten ohnehin einmal hinübergehen und die Familie kennenlernen. Sie möchten alle gern wissen, was für Menschen Sie sind. Bei dieser Gelegenheit können Sie auch mit Tranquillo darüber sprechen, wieviel er für die Benutzung des Wassers von La Contessa, der Quelle, bekommt, für die er verantwortlich ist.
Die Dadàs sind eine gute Familie«, fuhr sie fort. »Und obwohl sie *contadini* sind, sind sie in dieser Gegend so etwas wie eine *famiglia reale* (königliche Familie) und sehr angesehen.
Lassen Sie die Milch in diese Flasche füllen«, sagte sie. »Gehen Sie gleich, sonst ist keine mehr da. Die *stalla* ist hinterm Haus. Gehen Sie nur dann vorn herum, wenn jemand von der Familie da ist. Die Dadà haben einen Hund, der an der Kette liegt, an einer sehr langen Kette.«
»Warum haben Sie keinen Hund, Signora?« fragte Wanda. »Ist es hier nicht recht einsam für eine alleinstehende Frau?«
»Ich habe meine Katze«, sagte sie. »Das genügt mir. Und bis jetzt ist mir noch nichts Schlimmes passiert, außer einmal.«
»Und was?« fragte Wanda.
»Das werde ich Ihnen später einmal erzählen«, sagte Signora Angiolina.
Der *podere* der Dadàs lag ein wenig von der Straße entfernt und war über einen Feldweg zu erreichen, der im spitzen Winkel zur Straße verlief. Deshalb war er uns bisher nicht aufgefallen.
Das Haus war ein solide gebautes, recht schlichtes, in *sangue di bue* gestrichenes Gebäude, von dem wir nur ein Fenster sahen. Es hatte einen großen Schornsteinkasten, aus dem Rauch quoll. Auf dem Hof standen, kaum sichtbar in der Dämmerung, Pflüge und Eggen, ein Traktor, ein großer Anhänger. Berge von Brennholz lagen herum. Froh, außer Sichtweite des, wie sich herausstellen sollte, recht unfreundlichen Hundes zu sein, näherten wir uns der *stalla*, aus der das Muhen von Kühen drang.

Wir klopften mit einem *»Permesso?«* (»Dürfen wir hereinkommen?«) an die Tür. Eine weibliche Stimme bat uns, einzutreten. Im Stall war es sehr warm. Er erinnerte mich an all die Ställe, in denen ich während meiner Flucht geschlafen hatte; und daran, wie froh ich jedesmal gewesen war, wenn man mir sagte, ich könne mein müdes Haupt dort betten. Man kann vielleicht in einer *stalla* ersticken, aber wenigstens besteht keine Gefahr, zu erfrieren.

Der Stall wurde, wie es früher allgemein üblich war, von einer Öllaterne erhellt. Signora Rina saß auf einem Schemel, den Kopf an der Flanke der Kuh, und molk. Die Lampe warf fantastische Schatten der Protagonisten an die Wand, Mißgestalten, die mich an Platos Höhlengleichnis erinnerten.

Signora Rina entpuppte sich als schlanke, braunäugige, braunhaarige und sehr gut aussehende junge Frau mit feinen Gesichtszügen; eine Diana in *contadini*-Kleidung: Kopftuch, Jacke, knielanger Rock, Schürze, handgestrickte Socken und *zoccoli*, Arbeitsschuhe mit ledernem Oberteil und Holzsohlen.

»Entschuldigen Sie!« sagte sie. »Ich bin gleich fertig. He, *stai brava Bionda, brutta bestia*!« Das galt der Kuh, die ihr Bestes tat, das Ergebnis ihrer gemeinsamen Bemühungen umzustoßen.

Als ich dies sah und hörte, war ich plötzlich wieder im Jahr 1943, in der *stalla* von Signor Ugolotti in Lagrimone in der Nähe von Parma in den Apenninen. Es war ein dunkler, regnerischer Abend, und ich hatte ihn, während er molk – seine Kuh hieß Bella –, gefragt, ob ich in seiner *stalla* oder auf seinem *fienile* schlafen könne. Nein, hatte er gesagt, das könne ich nicht, aber ich könne in einem Bett schlafen, was ich dann auch tat; in einem Bett, das ich nie vergessen habe. Signora Rina ging, genau wie damals Signor Ugolotti, der nicht mehr lebt, mit uns ins Haus, in die Küche, einen Raum mit einem einzigen Fenster, von dem aus man den Weg überblicken konnte, der zur Straße führte. Wir kamen an dem knurrenden Wachhund vorbei, der Mosso hieß, was »rauh« im Sinne von »rauher See« oder »ärgerlich« bedeutet. Mosso war beides. Es war niemand in der Küche, doch auf dem Herd kochte etwas.

Nachdem Signora Rina Signora Angiolinas Flasche mit Milch gefüllt hatte und wir bezahlt und sie gebeten hatten, uns während unseres Aufenthaltes in *I Castagni* abends und morgens mit frischer Kuhmilch zu versorgen, fragte sie uns, ob wir Lust hätten, am folgenden Tag, dem Ostersonntag, zum Mittagessen zu kommen. »Dann werden Sie ein paar Familienmitglieder kennenlernen«, sagte sie.

In all den Jahren, in denen wir Rina kannten – und wir kennen sie immer noch –, haben wir sie nie untätig herumsitzen sehen. Wenn sie saß, dann nur, um irgend etwas zu mischen oder auszubessern. Sonst war sie immer auf den Beinen; entweder auf den Feldern oder in der Küche; oder sie wusch, bügelte oder machte *salsa di pomidoro* oder *pesto*, eine grüne Soße aus Basilikum, Knoblauch, *pecorino*, einem harten Schafkäse (der frisch zubereitet noch weich ist), zerstoßenen Pinienkernen und Olivenöl; oder sie kochte, holte ihren Sohn von der Schule ab und so weiter. Als wir sie kennenlernten, erwartete sie gerade ihren zweiten Sohn.

Zurück in *I Castagni*, begaben wir uns, nachdem wir vor dem Kaminfeuer zu Abend gegessen hatten, zu unseren Schlafsäcken im ersten Stock. Wanda legte ihre Luftmatratze auf die mittelalterliche Truhe, doch es stellte sich heraus, daß es unmöglich war, auf dem gewölbten Deckel zu schlafen. Nachdem sie zweimal heruntergefallen war, gab sie ihre Bemühungen auf und legte sich neben mich auf den Fußboden.

Doch weder an diesem Abend noch an den folgenden Abenden ließ sich eine Maus blicken, denn ihrer Meinung nach war der Frühling bereits ausgebrochen, und sie waren auf die Felder hinausgeeilt. Sie würden erst im Herbst zurückkehren, und erst dann würden wir imstande sein, die von ihnen angerichteten Schäden an Kleidung und Bettwäsche abzuschätzen, die wir, wie

unsere Matratzen, in dicke Plastikplanen verpacken und mit Drähten an die Decke hängen mußten.
Irgendwann in der Nacht merkte ich, daß Wanda im dunklen Zimmer herumtapste – ich hatte die Taschenlampe am Abend fallen gelassen, und sie war kaputtgegangen – und den Ausgang suchte. Sie wollte in die Küche, um Wasser zu trinken.
Als nächstes hörte ich einen Schrei: »Eric! Hilfe! *Aiuto! Aiuto! Ci sono dei scarafaggi! Migliaia di scarafaggi!* Hier sind Tausende von *scarafaggi.*« Ich wußte nicht, was *scarafaggi* waren, wand mich jedoch aus meinem Schlafsack, tastete mich bis zum Treppenhaus, stolperte im Halbschlaf über einen Ziegelstein, der als Türstopper diente, und wäre fast die Treppe hinuntergestürzt.
Das Licht in der Küche brannte, und mir bot sich ein schrecklicher Anblick. Wanda stand auf Attilios kleinem Stuhl und starrte auf den Fußboden vor dem Kamin, der fast völlig von einem wogenden braunen Meer aus Küchenschaben oder *scarafaggi* überschwemmt war, die aus den unzähligen Löchern in der gemauerten Kamineinfassung strömten, unter der sie sich wahrscheinlich tagsüber aufhielten.
Wäre ich ein Mann vom Kaliber meines Vaters gewesen, wäre ich wahrscheinlich mit der Bratpfanne auf sie losgegangen, was er vor Jahren während eines Picknicks an der Themse angesichts eines Wespenschwarms tat, nachdem er die Unterseite der Pfanne mit Marmelade beschmiert hatte, was schreckliche Folgen hatte; doch ich wußte, wann ich mich geschlagen geben mußte. Zu dieser nächtlichen Zeit konnte man nichts tun; wahrscheinlich mußten wir sogar bis Montag warten, es sei denn, wir konnten uns eine Lötlampe besorgen. Doch eigentlich hätten wir einen richtigen Flammenwerfer gebraucht.
Ich warf Wanda über die Schulter und trug sie aus der Alptraumküche. Bei jedem Schritt spürte ich, wie die Schaben unter meinen nackten Füßen knirschten.
»Du hast vergessen, das Licht auszuschalten!« sagte Wanda, als

ich sie schließlich auf den schabenfreien Boden am Fuß der Treppe stellte. Sie haßte es, elektrischen Strom zu verschwenden.

»Scheiß auf das Licht!« sagte ich vermutlich im gleichen Ton, in dem George V. zu seinen Ärzten »Scheiß auf Bognor« sagte, als sie ihn nach Bognor zurückschicken wollten. »Heute nacht gehe ich nicht mehr in die Küche. Und wie soll ich mir deiner Meinung nach die Füße waschen? Es gibt nur in der Küche und im Brunnen Wasser, und wir haben zwar einen brandneuen, galvanisierten Eimer, aber kein Seil!«

»Dein Problem ist«, sagte Wanda, »daß du alles immer komplizierter machst, als es ist. Draußen gibt es massenhaft nasses Gras.«

Und so hockte ich mich auf die unterste Treppenstufe und säuberte meine Füße mit nassem Gras; doch ich wäre um nichts in der Welt in die Küche zurückgegangen, um das Licht auszuschalten.

Es war bereits heller Tag, als ich am nächsten Morgen in die Küche hinunterging, um die Lage zu peilen; doch abgesehen von denen, die ich unter meinen Füßen zermalmt hatte, waren keine Schaben zu sehen. Doch das tröstete mich nur wenig. Bestimmt würden sie in der kommenden Nacht die Küche wieder in Besitz nehmen.

Theoretisch konnten wir bis Ostermontag, wenn die Handwerker wieder kommen würden, nichts tun; doch wir waren nicht bereit, uns ein zweites Mal einem solchen Angriff auszusetzen. Attilios Einstellung zu den *scarfaggi* war unklar. Vielleicht war er immer schon zu Bett gegangen, bevor sie auftauchten und mit ihren nächtlichen Orgien begannen. Vielleicht kamen sie nur in den frühen Morgenstunden aus ihren Verstecken. Wie auch immer – wir mußten etwas unternehmen.

»Ich werde versuchen, Renato zu holen«, sagte ich zu Wanda. Nachdem sie die Nacht auf einer, wie sich herausstellte, löche-

rigen Luftmatratze auf dem Fußboden verbracht hatte, fühlte sie sich, als hätte sie auf einer Folterbank gelegen.
»Unmöglich«, sagte sie. »Heute ist Ostersonntag.«
»Das ist mir egal«, erwiderte ich. »Es ist erst sieben Uhr morgens. Jemand muß uns helfen.«
Ich fuhr also zu Renato.
Er fragte, ob ich eine Spitzhacke hätte, und ich sagte ihm, daß es im Haus mehrere gab, die alle Attilio gehörten. Nachdem Renato sich mit einer Lötlampe bewaffnet hatte, fuhren wir nach *I Castagni* zurück.
Wir hackten den Steinboden und die Einfassung des Kamins auf; dann richtete Renato die Flamme der Lötlampe auf die wimmelnde, brodelnde Masse in den Nestern, die uralt zu sein schienen. Auch er war beeindruckt; ich merkte es daran, daß er immer wieder seinen Lieblingsfluch *»porca miseria«* ausstieß.
Der Brandgeruch war unbeschreiblich. Doch von diesem Tag an haben wir weder in der Küche noch im übrigen Haus je wieder eine Schabe gesehen. Wahrscheinlich war der Kamin der einzige Ort gewesen, der warm genug war, um sie anzulocken. Keiner von uns hatte Gewissensbisse, weil wir sie vernichtet hatten. Entweder würden die *scarfaggi* in *I Castagni* leben oder wir.
An diesem Morgen pflanzte Wanda eine Reihe von Queen-Elizabeth-Rosen, die sie aus England mitgebracht hatte. Schon nach wenigen Jahren wimmelte es dank der von Wanda verteilten Ableger in der ganzen Gegend nur so von Queen Elizabeths.
Jahre später ließ sich ein Hornissenschwarm irgendwo in den Mauern von Attilios »Geheimzimmer« nieder. Sie tauchten immer wieder auf und summten um unsere Köpfe herum, griffen uns jedoch nie an. Trotzdem gingen sie uns auf die Nerven, und so beschloß ich auf den Rat eines Nachbarn hin, sie auszuräuchern.
Ich rechnete damit, daß sie mich dabei angreifen würden, doch die Hornissen waren nur darauf bedacht, ihre Jungen zu retten. Ich kam mir wie ein Mörder vor.

Tim Parks
Primavera

Ich weiß nicht warum, aber auch ich habe ein Exemplar des *frate-indovino*-Kalenders erstanden. Nachdem ich ihn in drei oder vier weiteren Wohnungen hängen sah. Er scheint ähnlich populär zu sein wie Reader's Digest, als eine Quelle der Weisheit zu gelten, die immer zur Hand ist. Und wer möchte schon ohne eine Quelle der Weisheit leben? Daher lese ich, als der Frühling anbricht, unter der Überschrift *Per Tutti* folgenden Eintrag: »Denken Sie daran, daß Liebe unabhängig vom Alter existiert und die Liebe, die am längsten überdauert, auch die stärkste ist. Dennoch muß auch daran erinnert werden, daß die Jugend sexuellen Lockungen ausgesetzt ist, vor allem zu gewissen Jahreszeiten. Glücklicherweise können solche Triebe besänftigt werden und sogar gänzlich verschwinden, wenn die Betroffenen es zuwege bringen, zu Eltern, wahren Freunden und geistigen Führern auf Treue und Ergebenheit gründende Beziehungen zu pflegen.«

Eine Welt, in der Heranwachsende nicht von sexuellen Regungen gequält werden! Darüber kann man nur lauthals lachen; es ist zu vermuten, daß unser *frate* sich hier auf einem zölibatären Holzweg befindet. Wer könnte so etwas überhaupt wollen? Trotzdem halte ich von nun an diesbezüglich die Augen offen und stelle fest, daß ein großer Teil meiner Studenten an der Universität das anscheinend nicht nur will, sondern bereits dieses Stadium gottesfürchtiger Gelassenheit erreicht hat, von dem der Autor spricht. Und eine beträchtliche Anzahl der Jugendlichen von Montecchio ebenfalls. Es umgibt sie eine Aura von Anstand und Ruhe, die ebenso bewundernswert wie erschreckend ist. »Nein, ich will nicht von zu Hause ausziehen«, antworten sie einem. »Mir gefällt mein Zusammenleben mit *mamma e papà*. Und nichts von dem, was ich gern tue, könnte ich nicht auch zu Hause tun.« Oder: »Francesca und ich werden in fünf Jahren heiraten und zusammenleben, wenn ich mein Staatsexamen geschafft habe und in meinem Heimatort Buttapietra Steuerberater geworden bin.« Sexuelle Dinge scheinen sie kaum zu berühren.

Ich erkundige mich, wie viele meiner Studenten zur Messe gehen (wenn man Englisch unterrichtet, kann man so etwas als linguistische Übung tarnen). Mehr als die Hälfte regelmäßig, die meisten anderen gelegentlich. Ja, sie gehen zusammen mit den Eltern. Und sogar mit den Großeltern. (Natürlich ist das in gewisser Hinsicht wundervoll, geradezu beneidenswert.) Ich frage, was sie letztes Wochenende unternommen haben, und bekomme von drei oder vier Studentinnen die Antwort, sie hätten sich zu einer spirituellen Einkehr zurückgezogen. Um beisammen zu sein und für den Frieden zu beten. Die Mädchen kleiden sich mit italienischer Eleganz und wirken völlig ausgeglichen. Freitag abend allerdings waren sie in einer Diskothek. Ah ja, Frederica, und was hast du da angehabt? (Wiederholung von Lektion 4) Schwarzen Rock und schwarze Strümpfe. Und du, Christina? Schwarzen Rock und schwarze Strümpfe. Und du, Monica? Schwarzen Rock, schwarze Strümpfe. Tragen die Jungen in der Diskothek Krawatte? Manche ja, andere nicht. Und was habt ihr getrunken? Fanta, Coca-Cola. Keinen Wein? Keinen Wein.

Man vermutet permanent, daß irgend etwas vertuscht wird. Irgend etwas geht vor, doch man weiß nicht, was. Es können doch nicht alle so sein, sich ihrer selbst so sicher, so ungezaust von den Stürmen des Lebens. Auf gut Glück stelle ich weitere Fragen. Wie seid ihr in die Diskothek gekommen? Im Wagen von *papà*. Was für einen Wagen fährt er? Einen Mercedes. Oh, und wie lange seid ihr geblieben? Bis zwei Uhr früh. Und passiert

tatsächlich etwas in diesen Diskotheken? Wie, passieren, was meinen Sie damit?
Ist das wahrhaftig Gelassenheit, die abgeklärte Ruhe von Jugendlichen, die gute Beziehungen zu treuen Freunden, vernünftigen Eltern und geistigen Führern pflegen? Oder aber Zurückhaltung und Stumpfsinn? Wie steht das in Einklang mit all den ledigen Müttern von Montecchio, die auf der Piazza Buccari traurig die Kinderwagen um den kaputten Brunnen schieben?
»Die mit Abstand am weitesten verbreitete Methode der Empfängnisverhütung in Italien«, klärt uns Maria Grazia in ihrer *sanitaria* auf (sie liebt solche Gespräche), »ist der *coitus interruptus.* Haben Sie das gewußt? Nicht gerade etwas, worin junge Männer besonders gut sind.« Ein wehmütiger Ausdruck huscht über ihr Gesicht. »Und dann kommt der Frühling hier so plötzlich.«
Da hat sie zweifellos recht. Ende März, Anfang April ist es soweit: San Francesco, San Sisto, Sant'Isidoro ... Die drückenden Nebelschwaden, die kalten, farblosen Tage, die wütenden Regenschauer, mit einemmal ist das alles vorbei. Die Sonne kämpft sich durch und brennt so heiß, daß man plötzlich viel zu dick eingemummelt ist. Und dabei hätten die Frauen so gern noch ein letztes Mal ihre Pelze getragen. Doch zu spät. Eines Morgens wacht man auf – mein Kalender sagt mir, daß heute San Celestino ist –, und in den Lüften wirbeln Mauersegler und Schwalben umher. Wie sie die Hügel, die Bauernhöfe, die Brücken mit ihrer unersättlichen, pfeilschnellen Suche nach Futter – und wahrscheinlich nach Sex – beleben! Kirsch- und Pfirsichblüten explodieren geradezu. An allen Bäumen auf einmal. Reihe für Reihe die Hügel hinan, zwischen den noch immer kahlen Reben. Und schon krabbeln die Bienen in zuckrige Kelche. Die Plastiktüten werden von den Zitronenbäumen genommen. Die Erde läßt die in ihr eingeschlossenen Gerüche wieder frei. Und wenn in der Abenddämmerung weiße Kirschblüten wie Signalfeuer lodern, quaken an den Wasserläu-

fen von Montecchio Tausende von Fröschen – und legen ihren Laich ab.

Wie laut diese Frösche quaken! Wirklich obszön! Kein Wunder, daß ein bis zwei der weniger von geistiger Führung Durchdrungenen dabei vom Weg abkommen: hin zum weichen Gras, zu Primeln und Immergrün. Doch schließlich hat ja der *frate indovino* gewarnt, daß es besonders gefährliche Jahreszeiten gibt.

In Nummer 10 beschließt ein Gartenpflegekomitee der Hausbewohner, einen Mann kommen und all unsere Sträucher beschneiden zu lassen, bevor sie erblühen. Er schneidet und stutzt, zwängt das Wachstum eines Jahres in strenge geometrische Formen. Und dabei haben die Knospen so vielversprechend ausgesehen. Rita ist wütend und stellt überall in der Wohnung Vasen mit den abgeschnittenen Zweigen auf. Wenn sie doch nur mehr Zeit gehabt hätte, seufzt Lucilla, sie hätte den Hibiskus auf die andere Seite der kleinen Zypresse umgepflanzt. Doch mit der kranken Vittorina …

An Palmsonntag kommt jeder mit einem Ölzweig in der Hand aus der Messe. Von Don Guido eigens gesegnet. Die Kinder bieten ein hübsches Bild. Ihre gutgekleideten Eltern sehen ziemlich einfältig aus. *Il frate indovino* meint dazu:

La domenica dell'olivo, ogni ucello fa il suo nido,
e se gocciola la frasca, sarà bello il dì di Pasqua.
(An Palmsonntag bauen alle Vögel ihre Nester,
wenn an den Zweiglein Regentropfen hängen,
ist es Ostern wieder schön.)

Jedenfalls ist am *domenica dell'olivo* schönes Wetter, wie auch an *Pasqua*. Soviel zu unserem *indovino*.

Am Ostermontag, hier *Pasquetta* genannt, geht man traditionellerweise mit Grillausrüstung und etlichen Flaschen Wein zu einem großen Picknick in die Hügel. Wie immer ist auch hier die Verbindung von religiösem Feiertag und üppigem Essen scheinbar ehernes Gesetz. Jedermann ist mit Picknickkorb und

Kühlbox unterwegs. Marisa und Leone nehmen die beiden alten Damen mit hinauf nach Cancello. Bepi gibt eine Party auf seinem Grundstück in Rivoli. Und wir wandern, sehr viel bescheidener, mit Giampaolo, Orietta und einem gut gefüllten Picknickkorb durch das Tal nach Mizzole. Als wir die Hauptstraße kreuzen, fährt eine Autolawine vorbei, Säcke voll Holzkohle auf die Dachgepäckträger geschnallt.

Außerhalb des Ortes ist das Tal heute gespenstisch grün. Man schlendert umher und stellt fest, daß dieses Frühlingslicht irgendwie anders als in England ist. Zuerst vermutet man, die Luft sei klarer; denn man kann, nach wochenlangem Nebel und Regen, weit, weit entfernt wieder die Berge sehen. Und sie dort zu sehen, noch in ihrem majestätisch weißen Wintergewand, gibt einem ein ungeheures Gefühl der Weite. Doch es ist nicht wirklich eine Frage der Klarheit. Nichts könnte klarer sein als die Luft in England, wenn ein stürmischer Wind die letzten Dunst- und Abgaswolken vertreibt und man das Gefühl hat, man könnte vom einen Ende der Edgware Road bis zum anderen sehen, wenn man nur wollte. Gegen zehn Uhr sind die Alpen, von Montecchio aus gesehen, wieder in dem dichter werdenden Hitzenebel verschwunden. Das Panorama verliert schon bald die scharfen Konturen, die es in windigeren Regionen den ganzen Tag lang zeigt.

Nein, es ist dieses Durchflutetsein von Licht, das dem Frühling hier seine Kraft, seine ausgesprochen erotische Atmosphäre verleiht. Ganz einfach gesagt, das Licht scheint von überall zu kommen, es strahlt von allen Seiten. Vielleicht, weil der pastellfarbene Putz der Häuser mit ihren kalkweißen Fenstereinfassungen es so stark zurückwirft, weil es die Luft über den Terrakottadächern und dem staubgrauen Asphalt flimmern läßt – ein Licht, das gleißender Glanz, Dunst und Hitze in einem ist. So daß die Frauen buchstäblich die Hüllen fallen lassen. Im Zeitraum von nur wenigen Wochen ist man von Pelzen zu dünnen Blusen und modischen T-Shirts übergegangen. Wohlriechende

Helligkeit umschmeichelt die Menschen, und man hat irgendwie das Gefühl, alles geschehe in Zeitlupe. Schon das Licht allein hat diese Wirkung. Vor allem wenn man die Angewohnheit hat, drei Flaschen Wein zu einem Picknick mitzunehmen, sich unter dem ersten blühenden Kirschbaum auszustrecken und einfach ins Blaue zu schauen, während unternehmungslustigere Wanderer weitereilen.

Und während man so daliegt, hört man den frechen Ruf des ersten Kuckucks, Lerchengezwitscher hoch oben in den Lüften, das eindringliche Summen Tausender von Bienen (denn viele Obstgärten haben ihre eigenen Stöcke); und Frösche quaken schamlos im Duett mit Kröten, während sie durchs hohe Gras zum Wasser hopsen.

Was für eine Chance hat ein geistiger Führer in Augenblicken wie diesem? Sicher kann einen auch die beste bibelfeste Gesinnung nicht gegen einen solch durchdringenden Schrei nach Leben und Taten immun machen. Wie könnte sich die katholische Jugend von Montecchio dessen erwehren? Der *frate indovino* müßte sich die Tonsur raufen.

Da ertönt von jenseits des intensiv duftenden Grases ein aufdringliches, dumpfes Dröhnen. Näher und näher, lauter und lauter. Bis plötzlich eine in Leder gekleidete Gestalt aus einem nahen Graben schnellt, durch den Weinberg braust, in dem wir picknicken, die erste Steigung des Hügels nimmt, Dreck und Steine spritzen hoch. Dann folgt die nächste Gestalt, und die nächste, und die nächste …

Es liegt eine gewisse Ironie darin, daß es ausgerechnet die Technik ist, die der alten Kirche zu Hilfe kommt. Denn da gibt es den Verbrennungsmotor. Und der gleichen rituellen Gesetzmäßigkeit folgend, die die Sonne jeden Tag ein Stückchen höher steigen und den Saft in die Pflanzen schießen läßt, antworten die hiesigen Jugendlichen den Zugvögeln und wiedererwachten Bienen mit dem Aufheulen ihrer nicht schallgedämpften Mopeds und Motorräder. Die Maschinen werden hochgejagt

und wieder gedrosselt, hochgejagt und wieder gedrosselt, rhythmisch jaulen die Motoren in der Frühlingsluft. Der gerissene Don Guido – ein Mann, der im gegebenen Falle das kleinere von zwei Übeln erkennt – erlaubt den Burschen, auf dem Kirchenparkplatz immer und immer wieder ihre ekstatischen Runden zu drehen. Dann brausen sie zu Un Panino due, um sich dort ein Stück Pizza zu holen, danach geht es zu Giula am anderen Ortsende, wo sie eisgekühlte Coca-Cola schlürfen. Zur gleichen Zeit traktieren in der Via Colombare die Negretti-Jungen den Fiat 500 ihrer Mutter, auf der großen Terrasse schießt der Wagen zwischen den zerbrochenen Blumenkübeln und den Wäschestangen hin und her, hin und her: drei Meter im Rückwärtsgang, Bremsen quietschen, drei Meter im ersten Gang. drei Meter im Rückwärtsgang, drei Meter im ersten Gang. Düfte, die das Blut in Wallung bringen, werden von bläulichem Gestank überdeckt. Der Krach übertönt die Lockrufe der *ambulanti* mit ihrem Saisonangebot an Liegestühlen und knapper Strandbekleidung.
Der abendliche Spaziergang zur Bar, die kurvigen Straßen ohne Gehweg entlang, wird zum selbstmörderischen Unterfangen, Hordenweise heulen *motorini* vorbei, steigen auf die Hinterräder, schleudern und brechen aus. Könnten, so fragt man sich, Fiat und der Heilige Stuhl einen Pakt geschlossen, sich verschworen haben, um die Libido der italienischen Jugend umzulenken und das Straucheln in der Frühlingsoffensive auf ein Minimum zu beschränken? Orietta gesteht, daß sie und Giampaolo sich jetzt Sorgen um Lara machen, die seit kurzem bei der Mopedbrigade vor der Kirche herumhängt und angeblich mit einem großen blonden Jungen Händchen gehalten haben soll. Ich empfehle ihr, ganz unbesorgt zu sein.
Mitte April. Wir radeln durch die ländliche Kirschblüte. Bei unseren Spaziergängen in den Hügeln sind die Raine so voller Primeln, Narzissen, Veilchen und Hyazinthen, es ist fast nicht zu ertragen. Das Wintergetreide schießt in die Höhe. Jeder hat

in seinem Gemüsegarten alle Hände voll zu tun. Die Bauern spritzen ihre Bäume mit dem üblichen Gemisch aus giftigen Chemikalien.

Und dann wird es plötzlich wieder kalt und regnerisch. Es regnet nicht nur, es gibt Graupelschauer, ein oder zwei Stunden lang schneit es sogar. Wie weißer Zuckerguß überzieht der Schnee die weißen Kirschblüten. Der alte Marini schüttelt den Kopf. Kein Jahr für Obst, sagt er.

Auch Giampaolo schüttelt den Kopf. Denn allmählich wird es Zeit für uns, den *prosecco* abzufüllen, den er in drei riesigen Korbflaschen unten im Keller aufbewahrt. Das Problem ist, daß *prosecco* immer bei hohem oder steigendem Luftdruck abgefüllt werden muß. Die plötzliche Rückkehr des Winters ist eine Katastrophe.

Aber nächste Woche soll das Wetter doch wieder besser werden, meine ich. Ich habe die langfristige Wettervorhersage gehört. Wir bräuchten also bloß in Ruhe abzuwarten, bis die Sonne wieder vom blauen Himmel scheine. Der Luftdruck wird steigen.

Doch er runzelt die Stirn, verzieht den Mund.

Was ist denn das Problem?

Prosecco sollte unbedingt auch bei zunehmendem Mond abgefüllt werden, erwidert er. Und Sonntag ist Vollmond. Er weiß, daß nächste Woche schönes Wetter sein soll, doch da nimmt der Mond bereits wieder ab.

Ich habe ihn für einen wissenschaftlich denkenden Mann gehalten, gebe ich zurück. Ganz bestimmt stehe in seiner Enzyklopädie nichts von diesem Mondgefasel. Das sei doch wohl mehr das Gebiet des *frate indovino*.

Giampaolo ist ein wirklich netter Mann, weil er weiß, wann er auf den Arm genommen wird, und das nicht krummnimmt; gleichzeitig beharrt er jedoch völlig ernst auf seiner Argumentationslinie. Die Enzyklopädie, so entgegnet er, verliere kein Wort über das Abfüllen von *prosecco*. Und Tatsache sei nun einmal,

daß er große Achtung vor dem Volksglauben habe. Er sei überzeugt, daß die Wissenschaft eines Tages herausfinden werde, was hinter dem Mondglauben der Bauern stecke. Zweckdienlicher war dann sein Hinweis, wir hätten schließlich ziemlich viel Geld für unsere sechzig Liter *prosecco* ausgegeben, da wolle er nicht riskieren, daß irgend etwas schieflaufe.
Was könnte denn passieren?
Vielleicht würde er schal, meint er bedrückt. Es sei der zunehmende Mond, der für die perlende Qualität sorgt.
Nun, mir liegt ebensoviel daran, das zu vermeiden, wie ihm. Immer wenn ich ihm in den nächsten Tagen begegne, auf der Treppe, in der Garage oder draußen auf dem Rasen – um mir noch einmal zeigen zu lassen, wo er die Blumenzwiebeln gesetzt hat, damit ich nicht darüber mähe (denn wir mußten bereits wieder damit anfangen, den Rasen zu schneiden) –, jedesmal, wenn ich ihn treffe, sprechen wir über fallenden und steigenden Luftdruck, über zunehmende und abnehmende Monde.
Könnten wir nicht einfach bis zum nächsten zunehmenden Mond warten?
Wir könnten. Doch das wäre erst Mitte Mai. Es wäre unsere absolut letzte Chance. Sonst sei der Gärprozeß schon zu weit fortgeschritten.
Giampaolo hängt ein Barometer auf seinen Balkon und trägt eine besorgte Miene zur Schau. Wir diskutieren, wie ratsam es sei, den *prosecco* nolens volens am letzten Tag des zunehmenden Mondes abzufüllen, unabhängig vom Luftdruck. Mein Instinkt rät mir, eher auf den Luftdruck als auf den Mond zu setzen. Er blickt mich forschend an, ob ich vielleicht etwas wisse. Schnell beeile ich mich, ihm zu versichern, daß dem nicht so sei. Er muß entscheiden. Oder soll er den alten Marini fragen? Nein, die Leute hier in Montecchio, erzählt er mir, kennen sich nur mit ihrem Wein aus. Sie wüßten absolut nicht, wie man mit einem *prosecco* umzugehen habe. So gelingt es ihm, noch während er sich wegen des Mondes Gedanken macht, einen modernen

Mann des Veneto darzustellen, der diesen provinziellen Eingeborenen haushoch überlegen ist.

Die Tage verstreichen. Der Mond am Himmel ist bereits eine kreisrunde Silbermünze. Wie sollte er unserem *prosecco* gefährlich werden können? Ich stehe auf dem Balkon und beobachte, wie er zwischen den Regenwolken so voll, wie es voller nicht mehr geht, über die stillgelegte Abfüllanlage steigt. Um nicht mehr weiter zuzunehmen. Wir werden bis Mitte Mai warten müssen.

Il 25 Aprile

Am 25. April hängen entlang der Hauptstraße von Montecchio Fahnen von den Fenstern und Balkonen. Es ist der Tag der Befreiung. Leute, deren Wohnung auf die Durchgangsstraßen hinausgehen, sind verpflichtet zu flaggen. Die meisten tun es auch. Jemand hat ein rosafarbenes Handtuch über seinem Balkongeländer vergessen. Im strahlenden Sonnenlicht bildet es einen herrlichen Kontrast zu all dem Rot, Weiß und Grün.

Während wir zum Centro Primo Maggio schlendern – denn es ist ein allgemeiner Feiertag –, hören wir die Klänge einer Blaskapelle. Eine liebenswerte Mischung aus Jugendlichen und gestandenen Männern mittleren Alters in dunklen Uniformen, sie spielen einen Marsch und erreichen das Denkmal für die Gefallenen etwa gleichzeitig mit uns. Nicht das Denkmal auf dem Hauptplatz, das an die im Krieg getöteten Soldaten erinnert – dort sind sie bereits gewesen –, sondern ein bescheideneres, moderner gestaltetes an der Ecke vor der ehemaligen Gerberei, wo ein weiteres kleines Grundstück mit *case popolari* bebaut ist. Hier erinnert eine Kupfertafel an elf Bürger von Montecchio, die bei einem Bombenangriff ums Leben kamen. Ein Jahr für Jahr wiederverwendeter Kranz liegt am Fuß des Denkmals.

Die Mitglieder der Musikkapelle senken ihre Instrumente, und ein paar Jugendliche in Jeans stellen geschäftig einen Verstärker auf. Eine kleine Menge versammelt sich, Familien im Sonntagsstaat; sie treten von einem Fuß auf den anderen, Kinder zerren an Mänteln. Alle paar Minuten müssen sie den Weg freigeben, um ein Auto oder eine Gruppe Radrennfahrer durchzulassen. An der Ecke gegenüber befindet sich eine der phonstärkeren Bars für die Dorfjugend, das Fenster ist mit einer Ansicht der New Yorker Skyline zugeklebt, dem Symbol unvorstellbarer Dekadenz.

Ein stattlicher alter Mann in ordensgeschmückter Uniform hält mit Hilfe des Mikrophons eine Rede, obwohl sich nur etwa dreißig Leute versammelt haben. Er beginnt mit den üblichen Einleitungsfloskeln und bedient sich dabei der aufgeblasenen Sprache, die in Italien so gern bei öffentlichen Vorträgen verwendet wird, so daß ich einen Augenblick lang fürchte, er werde eine dieser Politikeransprachen halten, die man hier gewohnt ist und in denen jede mögliche Aussage durch einen endlosen Wirrwarr von Einschränkungen und Relativierungen unverständlich gemacht wird. (»Es hängt davon ab«, – ich zitiere mehr oder weniger willkürlich aus einer vor mir liegenden Zeitung – »ob diese Entwicklung im Lichte eines möglichen *rapprochement* von ihrem Wesen nach unvereinbaren Kräften gesehen werden muß, in Richtung auf – wie man sie meiner Meinung nach bezeichnen muß – zukünftigen Interessen und natürlich auch Hoffnungen der Nation, wobei diese als Gruppe von Menschen zu definieren wäre, die aus geschichtlichen, rassischen und kulturellen Gründen eine Identität zu bilden meinen, welche sich von anderen Identitäten unterscheidet, wenn auch nicht im negativen Sinne, oder ob …«)

Aber nein. Nachdem er seine sorgfältig vorbereitete Einleitung und die Aufzählung von Leuten und Organisationen, denen Dank gebührt, hinter sich gebracht hat, steckt der alte Mann seine Notizen weg und spricht auf sehr einfache Art über den

Krieg und die Toten. Er erinnert daran, daß Italien auf der falschen Seite gekämpft hat, daß Soldaten in leichten Sommeruniformen in das eiskalte Rußland einmarschierten, daß diese Zivilisten von den Bomben ihrer ehemaligen Verbündeten getötet wurden. Er legt eine Pause ein, räuspert sich. »Wenn ihr Tod überhaupt irgendeinen Sinn gehabt haben soll«, sagt er und deutet dabei auf das Denkmal, »so muß dieser in dem Italien liegen, das wir nach dem Krieg haben aufbauen dürfen, das wir jetzt schaffen können. Doch das gegenwärtige Italien der Mafia, des Steuerbetrugs und der allgemeinen Korruption gereicht ihren Namen nicht gerade zur Ehre; wir können nicht das Gefühl haben, aus ihrem Opfer etwas gemacht zu haben.«
In diesem bemerkenswert eindringlichen Ton spricht er weiter, gleichzeitig ruhig und intelligent. Die Aufrichtigkeit des alten Mannes ist ergreifend, gerade wegen seiner roten Nase und der tief eingegrabenen Falten, die das Wetter, das Alter und der Alkoholgenuß hinterlassen haben. Seine Sprache ist nicht geschliffen wie die eines Profis; er kämpft mit »Ähs« und »Ahs«, wenn er überlegt, was er als nächstes sagen soll. Als er sich zu dem Denkmal umdreht, hat er zuerst Probleme mit dem Mikrophon, dann beginnt er die Namen darauf vorzulesen, einen nach dem anderen, als handle es sich um Leute, die er gekannt hat. »Albertini Mario, Pizzini Giuseppe, Stefanelli Emanuele …« Die kleine Menschenmenge lauscht feierlich; es ist einer dieser seltenen Augenblicke der Unschuld, als dieser alte Mann im Frühlingslicht mit seiner rauhen Stimme in ein Mikrophon spricht und die Namen der Toten vorliest, zuerst den Nachnamen, dann den Vornamen, wie bei einem nicht mehr möglichen Anwesenheitsappell. Dann stimmt die Kapelle die Nationalhymne an, und die Leute zerstreuen sich, um einen *cappuccino* trinken zu gehen. Auf dem Weg zur Bar bemerken wir einen Strauß frischer Narzissen neben der Tafel für die drei, die im feindlichen Feuer gefallen sind, als die Deutschen den Rückzug antraten. Es wäre interessant zu wissen, wer die Blumen dort

hingelegt hat. Der dahinter eingesperrte Dalmatiner springt an dem alten Bidet, das ihm als Wasserschüssel dient, auf und ab. In der Bar ist der Preis für einen *cappuccino* um weitere hundert Lire gestiegen, aber da dieser Preis von der Regierung festgesetzt wird, können wir uns schlecht bei der Pasticceria Maggia beschweren. Der Preis für den *espresso* wird festgesetzt, der Preis für den *cappuccino* wird festgesetzt, der Preis für die Zeitung wird festgesetzt, der Preis für Benzin, Diesel und Heizöl wird festgesetzt, auch der Preis für Brot wird festgesetzt. Wie verträgt sich das, so frage ich Lorenzo, mit dem Geist der *Liberazione?* Und als ich an der Kasse bezahle, frage ich die hübsche Cinzia, ob der Preis für *brioches* ebenfalls festgesetzt sei; ich hätte nämlich festgestellt, daß sie überall immer das gleiche kosten. »Nicht offiziell«, lächelt sie und vergißt nicht, mir meine Quittung zu geben.

Als wir in die Via Colombare zurückkehren, sehen wir Lucilla und Vittorina mitten auf dem Rasen sitzen, die in alte, dunkle Wollröcke gehüllten Beine weit gespreizt. Vittorina hat als Schutz vor der täglich merklich kräftiger werdenden Sonne ihren großen Strohhut auf. Jede der Frauen hält ein Messer in der Hand, zwischen ihnen steht ein alter Einkaufskorb. Sie stoßen ihre Messer in die Erde, wackeln heftig damit herum und ziehen die frischen jungen Löwenzahnpflanzen heraus. Die Wurzeln werden abgeschnitten und weggeworfen, die Blätter wandern in den Einkaufskorb, um gewaschen als Salat angemacht oder wie Spinat blanchiert zu werden. Die Frauen schwatzen und singen bei der Arbeit. Ich habe sie noch nie so glücklich gesehen. Lucilla hat der ländlichen Mode entsprechend eine grüne Schürze umgebunden. Wenn sie im Garten nichts mehr finden, sagen sie, werden sie im Obstgarten und im Weinberg weitermachen. Und wirklich sieht man bei Spaziergängen im Frühjahr überall auf den Wiesen Menschen mit Plastiktüten oder Einkaufskörben kauern, die Löwenzahn oder irgendwelche Kräuter sammeln.

Giampaolo kommt heraus, um den Turnus beim Rasenmähen abzusprechen, und sie geben ihm etwas von ihrer Ernte ab. *Vado matto*, sagt er grinsend, ich bin ganz verrückt nach dem Zeug. Auch wir nehmen an, obgleich ich nicht behaupten kann, daß ich besonders begeistert davon bin. Die Leute hier haben ein Faible für solche rauhen, bitteren Salate: Blätter von der Konsistenz einer Katzenzunge und mit dem Geschmack bitterer Medizin. Schrecklich gut gegen ihre Verstopfung, vertraut uns Lucilla an. Ich habe das Gefühl, daß man diese Art von Vorlieben nur in dunkelsten Kriegszeiten entwickeln kann.

Der alte Lovato sieht uns über den Zaun hinweg zu und fragt sich wohl, was wir dieses Jahr mit dem Garten anstellen werden, wie hoch unsere Hecke wachsen und wieviel Licht sie ihm nehmen wird. Hinter ihm sprießen, nach Dünger stinkend, bereits seine Erbsen, dick wie die persischen Speere in der Schlacht bei den Thermophylen. Uns hingegen hat, da Vittorina nach ihrem Schlaganfall noch nicht viel tun kann, Giampaolos wissenschaftlich-ökologische Vorgehensweise nicht viel mehr beschert als ein paar unkrautüberwucherte Reihen von schneckenbefallenem Salat und Spinat. Die Sonne mag ihre schwindelerregende Bahn über die Via Colombare nehmen, Zäune und Asphalt, Weinstöcke und Zypressen mögen von Licht überflutet sein, doch dieser feuchte kleine Flecken Erde unter der alten Kinomauer und Negrettis Terrasse liegt auf ewig im Dunkeln.

Unglaublicherweise – aber als *dipendente* scheint Giampaolo nun mal ein Pechvogel zu sein – schlägt im Mai genau bei Neumond das Wetter um. Wieder sieht es danach aus, als bliebe uns die Kombination von steigendem Luftdruck und zunehmendem Mond auch diesmal versagt. Der strahlende mediterrane Himmel wird plötzlich von Wolken verdunkelt, wie man sie über Halifax oder Slough zu finden erwarten würde. Der Regen ist entsetzlich dicht. Der Belag der Via Colombare ist nicht gewölbt, und so gurgelt das Regenwasser auf der Suche nach einem

Abfluß die Straße hinunter. Lovato steht am Fenster und starrt seine Erbsen an, wie um sie zum Durchhalten zu ermuntern. Unsere Frau vom Reisigbesen radelt unter einem Regenschirm vorbei, hält vor ihrem Haus und kickt trotz des Unwetters mit der Fußspitze einen Zigarettenstummel weg, der vor ihrem Tor liegt. Die alte Signora Marini tritt ebenfalls unter einem Regenschirm in die Pedale.

Das ist hier besser möglich als an irgendeinem anderen Ort, den ich kenne, da es windstill ist. Als es bereits den dritten Tag ununterbrochen regnet, erspähe ich sogar den einarmigen Negretti, der mit seiner heilen Hand rechts den Lenker umklammert, während sein neuer Hund Ursa links angebunden ist; unter seinem Armstumpf klemmt ein roter Regenschirm.

Da Montecchio am Fuß der sich kilometerweit hinziehenden Kalksteinhügel liegt, von denen das Wasser in Strömen nur so herunterrauscht, sind die Gräben bald voll bis zum Überlaufen. Selbst die Hochwassergräben beginnen sich zu füllen, was vielleicht nur ein- oder zweimal pro Jahr vorkommt. Das Wasser ist schmutzigbraun gefärbt, mit weißem Schaum obendrauf, weil es die Abfallhaufen mitführt, die die Leute in die Gräben geworfen haben. Nach einer knappen Woche ist der Straßenabschnitt vor der Cassa di Risparmio di Verona, Vicenza e Belluno, der einzigen Bank des Ortes, überflutet. Die kommunistische Partei bringt erstaunlich schnell Plakate heraus, auf denen der Stadtrat angeklagt wird, zwar Geld für alle möglichen anderen Projekte auszugeben, dieses einfache Drainageproblem jedoch nie anzupacken. Der örtliche Vorsitzende der Christdemokratischen Partei übergeht die Frage bei einer Versammlung, die in der Leihbücherei abgehalten wird; sie ist momentan für die Bücherausleihe geschlossen, weil der Bibliothekar auswärts seinen Militärdienst ableisten muß. Schließlich wird der Regen so heftig, daß er den Hochwassergraben bis zum Rand füllt, dann die dicke Mauer durchbricht, die die Hauptstraße schützt, und diese mit Wasser und Gesteinsbrocken überflutet.

Wie sollen wir bloß bei diesem Wetter *prosecco* abfüllen, stöhnt Giampaolo. Er klopft an sein Barometer. Ich habe es noch nie auf einem so niedrigen Stand gesehen. Wir verbringen einen gemeinsamen Fernsehabend bei den letzten Flaschen vom vergangenen Jahr. Einer der kleineren Sender spielt zwar immer wieder Werbung für Talismane (per Post) und die Dienste hiesiger Astrologen, berichtet aber nichts darüber, wie wir die richtige Kombination von atmosphärischen Bedingungen und Mondphase heraufbeschwören können, die wir für unsere sechzig Liter Sprudelgetränk brauchen. Die Nachrichten nennen eine hohe Summe, die die Regierung bereits als Entschädigung versprochen hat, um die Bauern bei Laune zu halten. Ob wir für unseren wahrscheinlich ruinierten *prosecco* vielleicht auch Ansprüche geltend machen sollten?
Dann geschieht das Wunder. Das Wetter klart auf, und zwar zwei Tage früher, als der Wetterbericht angekündigt hat. Plötzlich steigt der Luftdruck. Wir haben zwölf Stunden, um unsere Sache vor Vollmond zu erledigen.

Rudyard Kipling
Der Frühlingslauf

Der Mensch geht zum Menschen! Sagt es allen im Dschungel!
Unser Bruder geht nun fort.
Doch urteilt selbst, all ihr Völker im Dschungel,
Sagt, wer soll ihn halten – und wer bleibt dort?

Der Mensch geht zum Menschen! Er weint tief im Dschungel:
Der Schmerz wird ihm zur Pein!
Der Mensch geht zum Menschen! (Und wie liebte ihn der Dschungel!)
Auf dem Menschenpfad geht er allein.

Im zweiten Jahr nach dem großen Kampf mit dem Roten Hund und dem Tod Akelas muß Mogli fast siebzehn Jahre alt gewesen sein. Er wirkte älter, denn er übte hart, aß nur das Beste und schwamm, wann immer er auch nur im mindesten erhitzt oder staubig war, was ihm eine Kraft und Statur verliehen hatte, die seinem Alter weit voraus war. Er konnte eine halbe Stunde lang an einer Hand an einem hohen Ast baumeln, wenn er Gelegenheit hatte, die Baumstraßen zu beobachten. Er konnte einen jungen Hirschbock mitten im Galopp anhalten, ihn am Kopf packen und umwerfen. Er konnte sogar die großen nachtblauen Wildeber niederringen, die in den Sümpfen im Norden lebten. Das Dschungelvolk, das ihn wegen seines Einfallsreichtums gefürchtet hatte, hatte nun wirkliche Furcht vor ihm wegen seiner schieren Kraft, und wenn er leise in eigener Sache unterwegs war, leerten sich die Waldpfade beim bloßen Gerücht, daß er sich nähere. Doch der Blick aus seinen Augen war stets milde. Selbst wenn er kämpfte, glühten seine Augen niemals so wie die von Baghira. Er wurde nur immer noch neugieriger und aufgeregter, und das war eines der Dinge, die selbst Baghira nicht verstand.

Er fragte Mogli danach, und der Junge lachte und sagte: »Wenn ich die Beute nicht kriege, bin ich wütend. Wenn ich zwei Tage lang hungern muß, bin ich sehr wütend. Reden meine Augen dann nicht?«

»Dein Mund ist gierig«, entgegnete Baghira, »aber deine Augen verraten nichts. Jagen, Essen oder Schwimmen sind alles eins, wie ein Stein bei feuchtem oder trockenem Wetter.« Mogli blickte träge hinter seinen langen Wimpern hervor, und wie üblich ließ der Panther den Kopf sinken. Baghira wußte, wer sein Herr war.

Sie lagen im Freien, weit oben am Hang eines Hügels, von dem man den Wainganga weit überblicken konnte, und die Morgennebel lagen wie weiße und grüne Bänder unterhalb von ihnen. Als die Sonne aufging, verwandelten sie sich in wallende Meere aus Rot und Gold und wehten dann davon, so daß die Sonnenstrahlen über das trockene Gras streifen konnten, auf dem Mogli und Baghira ruhten. Es war das Ende der kühlen Wetterperiode, die Blätter und Bäume wirkten welk und ausgebleicht, und man hörte ein trockenes Rascheln wie ein Ticken, wenn der Wind hindurchwehte: Ein kleines Blatt poch-poch-pochte wütend gegen einen Zweig, wie es ein einzelnes Blatt manchmal tut, wenn es von einer Luftströmung erfaßt wird. Das brachte Baghira dazu aufzustehen, und er stieß die eingeatmete Morgenluft mit einem kräftigen, hohl klingenden Husten aus, warf sich auf den Rücken und streckte seine Vorderpfoten nach dem hin und her zuckenden Blatt aus.

»Das Jahr geht zu Ende«, sagte er. »Der Dschungel strebt voran. Es ist bald Zeit für die Neue Rede. Das Blatt weiß das. Das ist sehr gut.«

»Das Gras ist trocken«, entgegnete Mogli und rupfte ein Büschel aus. »Selbst das Auge des Frühlings, diese kleine trompetenförmige, wächserne rote Blume, die sich durchs Gras schlängelt, selbst das Auge des Frühlings ist geschlossen, und ... also, Baghira, findest du es für einen Schwarzen Panther eigentlich angemessen, so auf dem Rücken zu liegen und mit den Pfoten in der Luft herumzuwedeln wie eine Baumkatze?«

»Ahuu!« machte Baghira. Er schien an etwas anderes zu denken.

»Ich sagte, findest du es für einen Schwarzen Panther angemessen, solche Geräusche zu machen und zu husten und zu heulen und herumzutollen? Denk daran, wir sind die Herren des Dschungels, du und ich.«

»Ach ja, ich weiß, Menschenjunges.« Baghira, dessen zerzauste Flanken voller Staub waren, rollte schnell herum und setzte sich auf; er verlor gerade sein Winterfell. »Wir sind wahrlich die Herren des Dschungels! Wer ist so stark wie Mogli? Und wer ist so klug?« Es lag ein merkwürdig langgedehnter Ton in seiner Stimme, und Mogli drehte sich um, denn er wollte sehen, ob der Schwarze Panther sich wohl über ihn lustig machte, da der Dschungel voller Wörter ist, die wie das eine klingen, aber etwas anderes bedeuten. »Ich sagte, wir sind ohne Zweifel die Herren des Dschungels«, wiederholte Baghira. »Habe ich was falsch gemacht? Ich wußte nicht, daß das Menschenjunge nicht mehr auf dem Boden liegt. Fliegt es jetzt vielleicht?«

Mogli saß mit den Ellbogen auf den Knien da und schaute hinunter ins Tal, das im vollen Tageslicht lag. Irgendwo in den Wäldern versuchte ein Vogel sich mit rauher, dünner Stimme immer wieder an den ersten paar Tönen seines Frühlingslieds. Es war kaum mehr als ein Schatten des vollkehligen rollenden Rufs, den er später von sich geben würde, aber Baghira hörte es.

»Ich sagte doch, es ist bald Zeit für die Neue Rede«, brummte Baghira und schlug mit dem Schwanz.

»Ich höre es«, sagte Mogli. »Baghira, warum zitterst du am ganzen Körper? Die Sonne scheint doch.«

»Das ist Ferao, der scharlachrote Specht«, sagte Baghira. »*Er* hat es nicht vergessen. Jetzt muß ich mich auch an mein Lied erinnern«, und er fing an zu schnurren und zu gurren, war damit unzufrieden und setzte immer wieder neu an.

»Es ist doch gar kein Wild da«, sagte Mogli träge.

»Kleiner Bruder, hast du zwei taube Ohren? Das ist kein Jagdruf; ich übe nur für den Fall, daß ich mein Lied brauche.«

»Das hatte ich ganz vergessen. Ich sollte wissen, wann die Zeit der Neuen Rede gekommen ist, denn dann rennen du und die anderen einfach weg, und ihr laßt mich allein zurück«, sagte Mogli recht schroff.

»Also wirklich, Kleiner Bruder«, setzte Baghira an, »wir rennen nicht immer ...«

»Tut ihr doch«, erwiderte Mogli und streckte wütend seinen Zeigefinger aus. »Du rennst weg, und ich, der Herr des Dschungels, muß ganz allein umherlaufen. Wie war es denn letztes Jahr, als ich auf den Feldern eines Menschenrudels Zuckerrohr ernten wollte? Ich habe einen Boten ... dich! ... zu Hathi geschickt, damit er in der Nacht kommt und mit seinem Rüssel das süße Gras für mich pflückt.«

»Er ist doch zwei Nächte später gekommen«, sagte Baghira und duckte sich ein wenig, »und hat dir von dem langen süßen Gras, das dir so schmeckt, so viel gesammelt, wie ein Menschenjunges in all den Nächten einer Regenzeit nicht essen kann. Das war nicht meine Schuld.«

»Aber er ist nicht in der Nacht gekommen, als ich nach ihm geschickt habe. Nein, er trompetete und rannte und donnerte im Mondenschein durch die Täler. Seine Fährte war wie die Fährte von drei Elefanten, denn er verbarg sich nicht zwischen den Bäumen. Er tanzte im Mondenschein vor den Häusern des Menschenrudels. Ich habe ihn gesehen, und doch ist er nicht zu mir gekommen, dabei bin ich der Herr des Dschungels!«

»Es war die Zeit der Neuen Rede«, sagte der Panther, der stets sehr bescheiden war. »Vielleicht hast du ihn damals nicht mit einem Merksatz gerufen, Kleiner Bruder? Hör doch mal den Ferao!«

Moglis schlechte Laune schien verraucht zu sein. Er lehnte sich zurück, legte den Kopf auf die Arme und schloß die Augen. »Ich weiß es nicht … es ist mir auch egal. Laß uns schlafen, Baghira. Etwas liegt mir schwer im Magen. Laß mich meinen Kopf auf dich legen.«

Der Panther legte sich mit einem Seufzer wieder hin, denn er konnte hören, wie Ferao immer wieder sein Lied für den Frühling der Neuen Rede übte, wie sie es nennen.

Im indischen Dschungel gleitet eine Jahreszeit nahezu nahtlos in die nächste über. Es scheint nur zwei zu geben – die nasse und die trockene Zeit. Doch wenn man genauer hinter die Regenschauer und Staub- und Aschewolken schaut, dann findet man alle vier Jahreszeiten in ihrer natürlichen Abfolge. Am schönsten ist der Frühling, denn er muß keine leeren Felder mit frischen Blättern und Blüten bedecken, sondern treibt das sich mühsam haltende, gerade noch überlebende Gestrüpp, das der sanfte Winter noch übriggelassen hat, vor sich her und überwuchert es und gibt der halbentblößten, ausgebleichten Erde das Gefühl, wieder neu und jung zu sein. Der Frühling ist sehr gut darin, und es gibt auf der ganzen Welt nichts, was dem Dschungelfrühling gleichkommt.

An einem Tag sind alle Dinge müde, und selbst die Gerüche, die in der lastenden Luft hängen, sind alt und verbraucht. Das kann man nicht erklären, aber so ist es. Und am nächsten Tag – das Auge bemerkt keinen Unterschied – sind alle Gerüche neu und köstlich, die Schnurrhaare der Dschungelbewohner zittern bis in die Wurzeln, und das Winterfell löst sich in langen zerzausten Locken von ihrer Haut. Dann regnet es vielleicht ein wenig, und all die Bäume und Sträucher und der Bambus und die Moose und die saftig-blättrigen Pflanzen erwachen mit einem Lärm zum Wachstum, daß man es fast hören kann, und unter diesem Lärm liegt Tag und Nacht ein tiefes Summen. Das ist das Geräusch des Frühlings – ein donnerndes Vibrieren, das nicht von den Bienen oder vom fallenden Wasser oder vom Wind in den Baumwipfeln stammt, sondern das Schnurren der warmen, glücklichen Welt ist.

Bis zu diesem Jahr hatte sich Mogli stets am Wechsel der Jahreszeiten erfreut. Meistens war er es, der das erste Auge des Frühlings tief zwischen den Gräsern entdeckte und die erste Frühlingswolkenbank, die mit nichts anderem im Dschungel verglichen werden kann. Man konnte seine Stimme an allen möglichen feuchten, sternenbeschienenen, blühenden Flecken hören, wo er den großen Fröschen bei ihren Liedern half oder die kleinen kopfunter hängenden Eulen neckte, die durch die weißen Nächte schreien. Wie sein ganzes Volk nutzte auch er den Frühling, um herumzutollen – aus schierer Freude daran, durch die warme Luft zu rauschen, rannte er umher, legte zwischen Abenddämmerung und Morgenstern dreißig, vierzig oder fünfzig Meilen zurück und kehrte keuchend und lachend und mit fremdartigen Blumen geschmückt zurück. Seine vier Brüder folgten ihm bei diesen wilden Jagden nicht durch den Dschungel, sondern wanderten davon, um mit anderen Wölfen zu singen. Im Frühling sind die Dschungelbewohner sehr beschäftigt, und Mogli konnte sie, je nach Art, grunzen, schreien und pfeifen hören. Ihre Stimmen unterschieden sich von denen zu anderen Zeiten des Jahres, und das ist einer der Gründe, warum der Frühling die Zeit der Neuen Rede genannt wird.

Doch in diesem Frühling, so sagte er zu Baghira, fühlte sich sein Bauch in ihm ganz anders an. Seit dem Augenblick, als sich die Bambussprossen fleckig braun verfärbt hatten, hatte er auf den Morgen gewartet, wenn sich die Gerüche ändern. Doch als dieser Morgen dann kam und Mor, der Pfau, der ganz blau und gold- und bronzefarben erstrahlte, es laut in die nebligen Wälder hinausschrie und Mogli den Mund aufmachte, um den Schrei weiterzugeben, erstarben ihm die Worte auf den Lippen, und es war ein Gefühl in ihm, das in seinen Zehen begonnen hatte und in seinen Haarspitzen endete – ein Gefühl tiefsten Unglücks, und er betrachtete sich von Kopf bis Fuß, um sicherzugehen, daß er nicht auf einen Dorn getreten war. Mor schrie die neuen Gerüche aus, die anderen Vögel übernahmen den Ruf, und von den Felsen am Wainganga hörte er Baghiras heiseren Schrei – irgendwo zwischen dem Schrei eines Adlers und dem Wiehern eines Pferds. In den knospenden Ästen über seinem Kopf brüllte und tobte das *Bandar-log*, und Mogli stand da, und die Brust, die mit Luft gefüllt war, um Mor zu antworten, sank unter kleinen Schluchzern zusammen, als sein Unglücklichsein ihm den Atem verschlug.

Er schaute hin, aber er sah nur das lästernde *Bandar-log*, das durch die Bäume huschte, und Mor, der auf der schrägen Ebene darunter tanzte und seine Schwanzfedern in voller Pracht ausgespreizt hatte.

»Die Gerüche sind anders«, schrie Mor. »Gute Jagd, Kleiner Bruder! Wie lautet deine Antwort?«

»Kleiner Bruder, Gute Jagd!« pfiff Chil, der Weih, und seine Gefährtin, die gemeinsam zu Boden stießen. Die beiden schlugen so dicht unter Moglis Nase vorbei, daß ein paar Flaumfedern aufstoben.

Ein leichter Frühlingsregen – sie nennen ihn Elefantenregen – fuhr in einer Spur von einer halben Meile Breite über den Dschungel, ließ die frischen Blätter feucht nickend zurück und erstarb in einem doppelten Regenbogen und einem leichten Donnergrollen. Für einen Augenblick brach das Frühlingssummen aus und verstummte wieder, doch das ganze Dschungelvolk schien darin einzustimmen. Alle außer Mogli.

»Ich habe gute Nahrung gegessen«, sagte er bei sich. »Ich habe gutes Wasser getrunken. Mir brennt auch nicht die Kehle, und sie schnürt sich auch nicht zu, wie damals, als ich in die blaugefleckte Wurzel gebissen habe, von der Uuh, die Schildkröte sagte, das sei gutes Essen. Aber mein Magen ist schwer, und ich habe grundlos schlecht zu Baghira und anderen geredet, zu Bewohnern des Dschungels und Mitgliedern meines Volks. Und jetzt ist mir heiß, und jetzt ist mir kalt, und jetzt ist mir weder heiß noch kalt, ich bin nur wütend auf etwas, das ich nicht sehen kann. Hah! Es ist Zeit für den Lauf! Heute nacht werde ich die Berge überqueren. Ja, ich werde einen Frühlingslauf zu den Sümpfen im Norden und zurück machen. Zu lange ist mir die Jagd zu leicht gefallen. Die Vier sollen mich begleiten, denn sie werden langsam so fett wie weiße Maden.«

Er rief, doch keiner der vier antwortete. Sie waren weit außerhalb der Hörweite und sangen mit den Wölfen des Rudels die Frühlingslieder – die Mond- und die Sambhur-Lieder –, denn im Frühling macht das Dschungelvolk kaum einen Unterschied zwischen Tag und Nacht. Mogli ließ den scharfen, bellenden Ton erschallen, doch die einzige Antwort war das spöttische *Maiou* der kleinen Baumkatze, die auf der Suche nach ersten Vogelnestern die Äste entlanglief. Darüber wurde Mogli so wütend, daß es ihn schauderte und er sein Messer halb herauszog. Dann benahm er sich sehr hochnäsig, obwohl niemand da war, der ihn dabei sehen konnte, und stapfte mit heftigen Schritten, mit hochgerecktem Kinn und gesenktem Blick den Hügel hinab. Doch niemand aus seinem Volk wollte ihm eine Frage stellen, denn alle waren viel zu sehr mit sich selbst beschäftigt.

»Ja«, sagte Mogli bei sich, obwohl er im Innersten seines Herzen wußte, daß er keinen Grund hatte. »Sollen doch die Roten Dhol aus Deccan kommen oder die Rote Blume durch den Bambus tanzen und der ganze Dschungel winselnd zu Mogli gerannt kommen und ihm große Elefantennamen geben. Aber nur, weil das Auge des Frühlings rot leuchtet und Mor unbedingt seine nackten Beine bei irgendeinem Frühlingstanz zeigen muß, also wirklich, spielt der Dschungel so verrückt wie Tabaqui ... Bei dem Stier, für den ich gekauft wurde, bin ich nun der Herr des Dschungels oder nicht? Still jetzt! Was macht ihr da?«

Ein paar junge Wölfe des Rudels liefen auf der Suche nach einer Lichtung, auf der sie raufen konnten, einen Pfad entlang. (Sie werden sich daran erinnern, daß das Dschungelgesetz es verbietet, sich zu raufen, wenn das Rudel es sehen kann.) Ihre Nackenhaare sträubten sich wie Draht, und sie bellten wild und lauerten auf eine Gelegenheit, übereinander herzufallen. Mogli sprang vor, erwischte mit jeder Hand einen an der ausgestreckten Kehle und hatte vor, die Tiere von sich zu schleudern, wie er es im Spiel oder bei Rudeljagden oft getan hatte. Aber er hatte sich noch nie zuvor in eine Frühlingsrauferei gemischt. Die beiden Wölfe sprangen vor und warfen ihn zu Boden, und ohne ein Wort zu verlieren, verbissen sie sich und rollten umeinander.

Mogli war schon wieder auf den Beinen, bevor er noch richtig hinfiel, das Messer gezückt und die weißen Zähne gebleckt, und in diesem Augenblick hätte er beide aus keinem anderen Grund getötet, als daß sie miteinander rauften, wenn er Ruhe wünschte. Dabei hat jeder Wolf das vom Gesetz gegebene Recht zum Kampf. Er umtanzte sie mit gesenkten Schultern und zitternder Hand, bereit, einen Doppelschlag auszuführen, wenn der erste Ansturm der Rauferei vorüber war, doch während er wartete, schien ihn seine Körperkraft zu verlassen, die Messerspitze senkte sich, und er steckte es ein und sah zu.

»Ich habe Gift gegessen«, sagte er schließlich. »Seit ich den Rat mit der Roten Blume aufgelöst habe ... seit ich Schir Khan getötet habe, konnte mich niemand aus dem Rudel beiseite schubsen. Und das da sind nur Mitläufer im Rudel, kleine Jäger. Meine Kraft hat mich verlassen, und bald werde ich sterben. Ach Mogli, warum tötest du die beiden nicht?«

Der Kampf ging weiter, bis einer der Wölfe wegrannte, und Mogli blieb allein auf dem aufgewühlten und blutigen Boden zurück, besah sich erst sein Messer und dann Arme und Beine, und das Gefühl, unglücklich zu sein, das er noch nie zuvor gekannt hatte, schwemmte über ihn wie Wasser über einen treibenden Baumstamm.

An jenem Abend jagte er früh und aß nur wenig, um für seinen Frühlingslauf in Form zu sein, und er aß allein, weil das ganze Dschungelvolk unterwegs war und sang oder raufte. Es war eine makellose weiße Nacht, wie sie es nennen. Alles Grüne schien seit dem Morgen das Wachstum eines Monats zugelegt zu haben. Der Zweig, der am Vortag noch voller gelber Blätter gewesen war, tropfte von Saft, als Mogli ihn abbrach. Die Moose zu seinen Füßen gaben nach und waren warm, das junge Gras war noch nicht messerscharf, und alle Stimmen des Dschungels donnerten wie eine vom Mond berührte tiefe Harfensaite – dem Vollmond der Neuen Rede, der sein Licht auf Fels und Teich ergoß, es zwischen Baumstamm und Kletterpflanze gleiten ließ, wo es durch Millionen von Blättern gefiltert wurde. Unglücklich, wie er war, sang Mogli laut vor Freude auf, als er loslief. Es ähnelte eher Fliegen als etwas anderem, denn er hatte sich die sich langsam senkende Ebene ausgesucht, die mitten durchs Herz des dichten Dschungels, wo der federnde Boden seine Schritte verschlang, zu den nördlichen Sümpfen führte. Ein von Menschen aufgezogener Mensch hätte sich nur unter großem Gestolper einen Weg in dem täuschenden Mondlicht bahnen können, aber Mogli, dessen Muskeln durch jahrelange Übung trainiert waren, wurde wie eine Feder von seinen Beinen getragen. Wenn sich ein verrotteter Baum oder ein verborgener Stein unter seinen Füßen löste, rettete er sich mühelos und ohne einen Gedanken daran zu verschwenden, ohne auch nur sein Tempo zu verringern. Wenn er das Laufen am Boden leid war, streckte er seine Arme nach Affenart nach der nächsten Kletterpflanze aus und schien eher nach oben in die dünnen Äste zu schweben als zu klettern, wo er dann einer Baumstraße folgte, bis er wieder seine Meinung änderte und in einer langen blättrigen Kurve wieder zu Boden schoß. Es gab stille heiße Senken, die von feuchten Felsen umstanden waren und in denen er kaum atmen konnte wegen der schweren Düfte, der Nachtblumen und den Blüten an den Kriechsprößlingen; dunkle Pfade, über die das Mondlicht so regelmäßig fiel wie das Schachbrettmuster des Marmors in einem Kirchenschiff; Gestrüpp, in dem die jungen Sprößlinge ihn brusthoch umfingen und ihre Arme um seine Taille legten; und Hügelkuppen, die mit zerborstenen Felsen übersät waren, wo er über den Bauten der verschreckten kleinen Füchse von einem Stein zum nächsten sprang. Er konnte sehr leise und weit entfernt das *Tschack-track* eines Ebers hören, der seine Stoßzähne an einem Baumstamm wetzte, und später stieß er auf das große Geschöpf, das ganz allein war und mit schaumbedecktem Maul und glutroten Augen in die rote Rinde eines Baum bohrte und sie herunterriß. Oder er drehte sich zu dem Geräusch von aufeinanderschlagenden Hörnern und zischenden Grunzern um und stürzte an ein paar ungestümen Sambhur vorbei, die voller blutiger Streifen waren, welche im Mondlicht ganz schwarz wirkten, und mit gesenkten Köpfen hin und her stolperten. Und an irgendeiner reißenden Furt hörte er Jakala, das Krokodil, das wie ein Bulle brüllte; oder er scheuchte ein Knotengewirr des Giftvolkes auf; doch bevor sie zuschlagen konnten, war er schon fort, schoß über die helle Lichtung und verschwand wieder im tiefen Dschungel.

Und so rannte er dahin, manchmal rufend, manchmal singend, war in jener Nacht das glücklichste Wesen im ganzen Dschungel, bis der Duft der Blumen ihn warnte, daß er sich den Sümpfen näherte, die weit jenseits seiner entferntesten Jagdgründe lagen.

Auch hier wäre ein von Menschen aufgezogener Mensch nach drei Schritten völlig versunken, aber Moglis Füße hatten Augen, und sie trugen ihn von einem Grasbüschel zum nächsten und von einem zitternden Erdklumpen zum nächsten, ohne die Augen im Kopf um Hilfe zu bitten. Er strebte zur Mitte des Sumpfes, scheuchte eine Ente auf und setzte sich auf einen moosbedeckten Baumstamm, der im schwarzen Wasser plätscherte. Der Sumpf um ihn herum war hellwach, denn im Frühling schläft das Vogelvolk nur sehr leicht, und die Nacht über fielen ganze Schwärme ein, und andere flogen wieder weg. Doch niemand kümmerte sich um Mogli, der zwischen dem hohen Schilfgras saß und Lieder ohne Worte vor sich hin summte und die harten Sohlen seiner braunen Füße nach Dornen absuchte,

die er übersehen hatte. All sein Unglück schien er im Dschungel zurückgelassen zu haben, doch als er gerade ein Lied anstimmen wollte, kehrte es wieder – zehnmal stärker als zuvor. Und um alles noch schlimmer zu machen, ging der Mond unter.
Diesmal bekam es Mogli mit der Angst. »Hier ist es also auch!« sagte er halblaut. »Es ist mir gefolgt«, und er blickte über die Schulter, ob dieses Es nicht vielleicht hinter ihm stand. »Da ist niemand.« Die Nachtgeräusche im Sumpf verstummten, aber kein Vogel und kein Tier sprach mit ihm, und das für ihn neue Gefühl des Jammers wurde immer stärker.
»Ich habe Gift gegessen«, sagte er mit ehrfurchtsvoller Stimme. »Ich muß so sorglos gewesen sein, daß ich Gift gegessen habe, und nun läßt meine Kraft nach. Ich hatte Angst ... dabei war ich es gar nicht, der Angst hatte ... Mogli hatte Angst, als die zwei Wölfe miteinander kämpften. Akela, ja selbst Phao hätte sie zum Schweigen gebracht, aber Mogli hatte Angst. Das ist ein sicheres Zeichen, daß ich Gift gegessen habe ... Aber was kümmert es den Dschungel? Sie singen und jaulen und raufen und rennen in Scharen im Mondenschein umher, und ich – *Hai mai!* – ich sterbe in den Sümpfen an dem Gift, das ich gegessen habe.« Er tat sich selbst so leid, daß er beinahe in Tränen ausgebrochen wäre. »Und dann«, fuhr er fort, »dann werden sie mich im schwarzen Wasser finden. Nein, ich werde in meinen eigenen Dschungel zurückkehren und auf dem Ratsfelsen sterben, und wenn er nicht gerade im Tal herumschreit, wird Baghira, den ich liebe, vielleicht eine Weile meine sterblichen Überreste bewachen, damit Chil mich nicht frißt, wie er Akela gefressen hat.«
Eine große warme Träne platschte ihm aufs Knie, und unglücklich, wie er war, war Mogli glücklich, daß er so unglücklich war, falls jemand diese verdrehte Art von Glücklichsein verstehen kann. »So wie Chil, der Weih, Akela gefressen hat«, wiederholte er, »in der Nacht, als ich das Rudel vor dem Roten Hund rettete.« Eine Weile saß er still da und dachte an die letzten Worte des Einsamen Wolfs, an die wir uns natürlich erinnern. »Akela hat

mir viele dumme Dinge gesagt, bevor er starb, denn wenn man stirbt, dann ändern sich unsere Mägen. Er sagte … Ach, ist doch egal, ich gehöre zum Dschungel!«

In seiner Erregung, als er sich an den Kampf am Wainganga erinnerte, rief er die letzten Worte laut aus, und eine wilde Büffelkuh sprang zwischen den Schilfgräsern auf die Knie und grunzte: »Mensch!«

»Ach!« sagte Mysa, der wilde Büffel, Mogli konnte hören, wie er sich in seiner Schlammpfütze umdrehte, »das ist kein Mensch. Das ist nur der haarlose Wolf des Seoni-Rudels. In solchen Nächten rennt er hin und her.«

»Ach so!« sagte die Kuh und senkte wieder den Kopf, um weiter zu grasen. »Und ich dachte, es sei ein Mensch.«

»Ich sagte doch, nein. O Mogli, gibt es Gefahr?« muhte Mysa.

»O Mogli, gibt es Gefahr?« äffte der Junge spöttisch nach. »Das ist alles, woran Mysa denkt: Gibt es Gefahr? Und was kümmert dich Mogli, der in der Nacht im Dschungel umherstreift und wacht?«

»Wie laut er schreit!« sagte die Kuh.

»So schreien sie nun mal«, meinte Mysa verächtlich, »erst das Gras ausreißen und dann nicht wissen, wie man es ißt.«

»Für weniger als das«, stöhnte Mogli bei sich, »für weniger als das habe ich Mysa erst in der letzten Regenzeit aus seiner Schlammpfütze gepiekst und bin mit ihm am Binsenstrick durch den Sumpf galoppiert.« Er streckte die Hand aus, um einen der fedrigen Binsenhalme zu brechen, doch dann zog er sie mit einem Seufzer zurück. Mysa käute sorgsam wieder, und von dort, wo die Kuh graste, konnte man hören, wie das lange Gras ausgerissen wurde. »Ich werde bestimmt nicht hier sterben«, sagte Mogli wütend. »Mysa, der eines Blutes mit Jakala und dem Schwein ist, würde sich nur über mich lustig machen. Gehen wir über den Sumpf hinaus und sehen mal, was dann kommt. Einen solchen Frühlingslauf habe ich noch nie erlebt … heiß und kalt zugleich. Auf, Mogli!«

Er konnte der Versuchung nicht widerstehen, durchs Gras zu schleichen und Mysa mit der Messerspitze zu pieksen. Der große tropfnasse Bulle sprang aus seiner Schlammpfütze wie eine explodierende Granate, und Mogli lachte, bis er sich setzen mußte.

»Nun kannst du erzählen, daß der haarlose Wolf des Seoni-Rudels dich mal gehütet hat, Mysa«, rief er.

»Du? Ein Wolf?« grunzte der Bulle und stampfte im Schlamm auf. »Der ganze Dschungel weiß doch, daß du mal zahmes Vieh gehütet hast ... genauso ein Menschenrüpel wie die, die im Staub bei den Feldern herumschreien. Du und aus dem Dschungel! Was ist denn das für ein Jäger, der wie eine Schlange zwischen den Blutegeln herumkriecht, nur um mich für einen schlechten Scherz, den Scherz eines Schakals, vor meiner Kuh zu blamieren? Komm du auf festen Untergrund, dann werde ich ... werde ich ...« Mysa hatte Schaum vorm Mund, denn er ist fast noch übellauniger als sonst jemand im Dschungel.

Mogli sah ihn mit festem Blick an, wie er schnaubte und prustete. Als er sich über den spritzenden Schlammschauer hinweg Gehör verschaffen konnte, sagte er: »Welches Menschenrudel nistet denn hier bei den Sümpfen, Mysa? Dieser Dschungel ist neu für mich.«

»Dann geh nach Norden«, brüllte der wütende Bulle, denn Mogli hatte ihn doch ziemlich fest gepiekst. »Das war der Scherz eines nackten Kuhjungen. Geh und erzähl ihnen im Dorf am Fuß der Sümpfe davon.«

»Das Menschenrudel liebt keine Dschungelgeschichten, und ich glaube auch nicht, Mysa, daß ein Kratzer mehr oder weniger in deiner Haut ein Grund ist, den Rat einzuberufen. Aber ich werde gehen und mir mal dieses Dorf anschauen. Ich gehe ja schon. Beruhige dich wieder! Es kommt ja nicht jede Nacht vor, daß der Herr des Dschungels dich hütet.«

Er ging zu dem nachgebenden Untergrund am Rand der Sümpfe, denn er wußte genau, daß Mysa niemals darüber hinwegstürmen würde, und er lachte beim Laufen, als er an die Wut des Bullen dachte.

»Meine Kraft ist doch noch nicht ganz verflogen«, sagte er. »Vielleicht ist das Gift nicht bis in die Knochen gedrungen. Dort unten hängt ein niedriger Stern.« Er besah ihn sich zwischen halbgeschlossenen Händen genauer. »Bei dem Stier, für den ich gekauft wurde, das ist die Rote Blume, die Rote Blume, neben der ich lag, bevor ... bevor ich überhaupt zum ersten Seoni-Rudel gekommen bin! Jetzt, wo ich es gesehen habe, ist mein Lauf zu Ende.«

Der Sumpf endete in einer breiten Ebene, auf der ein Licht blinkte. Es war schon lange her, daß sich Mogli mit dem Treiben der Menschen beschäftigt hatte, doch in dieser Nacht zog ihn der Schein der Roten Blume an, als handele es sich um ein neues Wild.

»Ich werde nachschauen«, sagte er, »und dann werde ich ja sehen, wie sehr sich das Menschenrudel geändert hat.«

Er vergaß ganz, daß er nicht länger in seinem eigenen Dschungel war, wo er tun und lassen konnte, was er wollte, und lief sorglos durchs taunasse Gras, bis er zu der Hütte kam, wo das Licht war. Drei oder vier Hunde schlugen bellend an, denn er befand sich in der Nähe eines Dorfs.

»Ho!« sagte Mogli und setzte sich geräuschlos hin, nachdem er ein tiefes Wolfsgrollen von sich gegeben hatte, das die Köter zum Schweigen brachte. »Mal sehen, was passiert. Mogli, was hast du denn mit den Höhlen des Menschenrudels zu schaffen?« Er wischte sich über den Mund und erinnerte sich daran, wo ihn vor Jahren ein Stein getroffen hatte, als ein anderes Menschenrudel ihn verjagt hatte.

Die Tür zu der Hütte öffnete sich, und eine Frau stand da und spähte in die Dunkelheit hinaus. Ein Kind weinte, und die Frau sagte über die Schulter: »Schlaf. Das war nur ein Schakal, der die Hunde aufgescheucht hat. Bald ist wieder Morgen.«

Mogli im Gras fing wie im Fieber zu zittern an. Er kannte die

Stimme gut, aber um sicher zu sein, rief er leise, selbst überrascht, daß ihm die Menschensprache wieder einfiel, »Messua! O Messua!«

»Wer ruft da?« fragte die Frau mit zittriger Stimme.

»Hast du vergessen?« entgegnete Mogli. Er hatte eine ganz trockene Kehle beim Sprechen.

»Wenn *du* es bist, wie habe ich dich genannt? Sprich!« Sie schloß halb die Tür, und ihre Hand krallte sich in ihre Brust.

»Nathu! Ohé Nathu!« sagte Mogli, denn wie wir wissen, lautete so der Name, den Messua ihm gegeben hatte, als er das erste Mal zum Menschenrudel gekommen war.

»Komm, mein Sohn«, rief sie, und Mogli trat ins Licht, und er sah Messua, der Frau, die so gut zu ihm gewesen war und deren Leben er vor so langer Zeit vor dem Menschenrudel gerettet hatte, ins Gesicht. Sie war älter geworden, und ihr Haar war grau, aber ihre Augen und ihre Stimme hatten sich nicht verändert. Wie Frauen nun einmal sind, erwartete sie, Mogli so vorzufinden, wie sie ihn verlassen hatte, und sie musterte ihn ganz verwirrt von der Brust bis zum Kopf, mit dem er oben an den Türrahmen stieß.

»Mein Sohn«, stammelte sie und fiel dann auf die Knie, »aber das ist nicht mehr mein Sohn. Das ist eine Gottheit aus den Wäldern! *Ahai!*«

Wie er so im roten Schein der Öllampe dastand, kräftig, groß und schön, mit langem, schwarzem Haar, das ihm über die Schultern fiel, das Messer um den Hals baumelnd, den Kopf mit einem Kranz aus Jasmin geschmückt, hätte man ihn leicht für den wilden Gott aus einer Dschungellegende halten können. Das Kind, das halb schlafend auf einem Bettgestell lag, sprang auf und schrie laut vor Entsetzen. Messua drehte sich um und beruhigte es, während Mogli still dastand und die Wasserkrüge und Kochtöpfe, die Kornkiste und die andere menschliche Habe betrachtete, an die er sich so gut erinnerte.

»Was möchtest du essen oder trinken«, flüsterte Messua. »Es

gehört alles dir. Wir verdanken dir unser Leben. Aber bist du wirklich Nathu oder nicht doch eine Gottheit?«

»Ich bin Nathu«, sagte Mogli, »ich bin sehr weit weg von meiner eigenen Heimat. ich habe das Licht gesehen und bin hergekommen. Ich wußte nicht, daß du hier bist.«

»Als wir nach Kanhiwara kamen«, sagte Messua schüchtern, »wollten uns die Engländer gegen die Bewohner unseres Dorfes beistehen, die uns verbrennen wollten. Erinnerst du dich noch?«

»Das habe ich nicht vergessen.«

»Als das englische Gesetz endlich soweit war, wollten wir ins Dorf zu diesen bösen Menschen zurück und haben es nicht mehr gefunden.«

»Ich weiß«, sagte Mogli mit bebenden Nasenflügeln.

»Deshalb hat sich mein Mann auf den Feldern verdingt, und weil er ein starker Mann war, haben wir uns schließlich hier ein Stückchen Land gerodet. Es ist nicht so fruchtbar wie in dem alten Dorf, aber wir brauchen nicht viel, wir zwei.«

»Und wo ist er ... der Mann, der im Staub wühlte, als er es in jener Nacht mit der Angst bekam?«

»Er ist gestorben ... vor einem Jahr.«

»Und er?« Mogli wies auf das Kind.

»Das ist mein Sohn, der vor zwei Regenzeiten geboren wurde. Wenn du eine Gottheit bist, dann verleihe ihm die Gnade des Dschungels, damit er bei deinem ... deinem Volk sicher ist, wie wir es in jener Nacht waren.«

Sie hob das Kind hoch, das seine Angst vergaß und seine Hand nach dem Messer an Moglis Brust ausstreckte, um damit zu spielen, und Mogli nahm die kleinen Finger ganz vorsichtig weg.

»Und wenn du Nathu bist, den die Tiger geholt haben«, fuhr Messua schluchzend fort, »dann ist er dein jüngerer Bruder. Gib ihm den Segen des älteren Bruders.«

»*Hai mai!* Was weiß ich denn von dem, was du Segen nennst? Ich bin weder eine Gottheit noch sein Bruder, und ... ach,

Mutter, Mutter, das Herz ist mir schwer.« Er zitterte, als er das Kind absetzte.
»Kein Wunder«, sagte Messua und machte sich an den Kochtöpfen zu schaffen. »Das kommt davon, wenn man bei Nacht in den Sümpfen herumläuft. Dir ist zweifellos ein Fieber in die Knochen gefahren.« Mogli lächelte ein wenig bei dem Gedanken, daß ihm irgend etwas im Dschungel schaden könnte. »Ich werde ein Feuer machen, und du sollst warme Milch trinken. Leg den Jasminkranz ab, der Duft ist zu stark in so einer kleinen Hütte.«
Mogli setzte sich, legte die Hände vors Gesicht und murmelte etwas vor sich hin. Alle möglichen merkwürdigen Gefühle überkamen ihn, genauso, als sei er vergiftet, und ihm war schwindlig und ein wenig unwohl. Er trank die warme Milch in großen Schlucken, und Messua tätschelte ihm ab und zu die Schulter und war sich nicht sicher, ob er ihr Sohn Nathu aus lange vergangenen Zeiten oder ein wunderbares Dschungelgeschöpf war. Aber sie war froh zu spüren, daß er zumindest aus Fleisch und Blut war.
»Sohn«, sagte sie schließlich – ihre Augen leuchteten voller Stolz – »hat dir schon mal jemand gesagt, daß du schöner bist als alle anderen Männer?«
»Häh?« machte Mogli, denn natürlich hatte er so etwas noch nie gehört. Messua lachte leise und glücklich. Der Ausdruck auf seinem Gesicht sagte ihr alles.
»Also bin ich die erste? Das ist gut, wenn es auch nicht allzu oft vorkommt, daß eine Mutter ihrem Sohn solche guten Dinge sagen sollte. Du bist sehr schön. Ich habe noch nie einen solchen Mann gesehen.«
Mogli drehte den Kopf und versuchte, über die eigene feste Schulter zu blicken, und Messua lachte wieder, so lange, daß Mogli, ohne zu wissen, warum, mit ihr lachen mußte, und das Kind von einem zum anderen lief und mitlachte.
»Nein, du darfst dich nicht über deinen Bruder lustig machen«, sagte Messua und drückte ihn an sich. »Wenn du nur halb so

schön wirst, werden wir dich an die jüngste Tochter eines Königs verheiraten, und du wirst auf großen Elefanten reiten.«

Mogli verstand nicht mal jedes dritte Wort von all dem Gerede. Die warme Milch tat nach seinem vierzig Meilen langen Lauf ihre Wirkung, und so rollte er sich zusammen und schlief augenblicklich ein, und Messua wischte ihm die Haare aus den Augen, breitete ein Laken über ihn und war glücklich. Nach Dschungelart schlief er die restliche Nacht und den ganzen folgenden Tag über, denn seine Instinkte, die nie völlig schliefen, sagten ihm, daß er nichts zu fürchten hatte. Mit einem Sprung, der die ganze Hütte erschütterte, schreckte er irgendwann wieder auf, denn wegen des Lakens über seinem Gesicht hatte er von Fallen geträumt; und da stand er nun, das Messer in der Hand, die rollenden Augen noch schwer vom Schlaf, bereit zum Kampf.

Messua lachte und stellte ihm das Abendessen hin. Es waren nur ein paar grobe, über dem qualmenden Feuer gebackene Fladenbrote, etwas Reis und sauer eingelegte Tamarinden – gerade genug, bis er seine abendliche Beute erlegt hatte. Der Geruch des Taus in den Sümpfen machte ihn hungrig und unruhig. Er wollte seinen Frühlingslauf beenden, aber das Kind bestand darauf, auf seinen Armen zu sitzen, und Messua wollte Mogli unbedingt seine langen blauschwarzen Haare auskämmen. Sie sang dabei dumme kleine Kinderlieder, nannte Mogli einmal ihren Sohn, ein andermal bat sie ihn darum, etwas von seiner Dschungelkraft auf das Kind zu übertragen. Doch Mogli hörte ein Geräusch, das er gut kannte, und sah, wie Messua vor Entsetzen den Mund aufsperrte, als eine große graue Pfote unter der Tür hindurchlugte und Grauer Bruder draußen ein unterdrücktes und schuldbewußtes Winseln aus Sorge und Furcht hören ließ.

»Bleib draußen und warte. Du wolltest ja nicht kommen, als ich rief«, sagte Mogli in der Dschungelsprache, ohne den Kopf zu wenden. Die große graue Pfote verschwand.

»Bitte ... bitte, bring deine ... deine Diener nicht hierher«, sagte

Messua. »Ich … wir haben immer in Frieden mit dem Dschungel gelebt.«
»Es ist Frieden«, entgegnete Mogli und stand auf. »Denk an die Nacht auf dem Weg nach Kanhiwara. Dutzende von ihnen waren vor und hinter euch. Aber ich sehe schon, daß das Dschungelvolk selbst im Frühling nicht alles vergißt. Mutter, ich gehe.«
Messua zog sich demütig zurück – er war wirklich ein Waldgott, fand sie –, doch als er nach der Tür griff, brachte die Mutter in ihr sie dazu, ihre Arme immer wieder um Moglis Hals zu werfen.
»Komm wieder!« flüsterte sie. »Sohn oder nicht, komm wieder, denn ich liebe dich … und schau, er trauert auch.«
Das Kind weinte, weil der Mann mit dem glänzenden Messer fortging.
»Komm wieder«, wiederholte Messua. »Nacht oder Tag, diese Tür steht immer für dich offen.«
Mogli würgte, als schnüre ihm jemand die Kehle zu, und seine Stimme schien aus ihr herausgezerrt zu werden, als er antwortete: »Ich komme bestimmt wieder.«
»Und nun«, sagte er, als er den Kopf des schwanzwedelnden Wolfs auf der Türschwelle beiseite schob, »muß ich mit dir ein wenig schimpfen, Grauer Bruder. Warum seid ihr nicht gekommen, ihr Vier, als ich euch vor so langer Zeit gerufen habe?«
»Vor so langer Zeit? Es war erst letzte Nacht. Ich … wir … waren im Dschungel und sangen die neuen Lieder, denn es ist die Zeit der Neuen Rede. Weißt du nicht?«
»Natürlich, natürlich.«
»Und als die Lieder gerade zu Ende waren«, fuhr Grauer Bruder ernsthaft fort, »bin ich deiner Fährte gefolgt. Ich bin von allen anderen weggelaufen und dir auf schnellstem Weg gefolgt. Aber, o Kleiner Bruder, was hast du denn gemacht … beim Menschenrudel zu essen und zu schlafen!«
»Wenn du gekommen wärst, als ich dich gerufen habe, wäre das nie passiert«, sagte Mogli und lief noch viel schneller.

»Und was nun?« fragte Grauer Bruder.
Mogli wollte gerade eine Antwort geben, als ein Mädchen in einem weißen Gewand den Weg entlangkam, der vom Rand des Dorfes wegführte. Grauer Bruder versteckte sich augenblicklich, und Mogli verschwand geräuschlos in einem Feld aufgeschossener Sprößlinge. Er hätte sie fast mit der Hand berühren können, als die warmen grünen Stengel sich vor seinem Gesicht schlossen und er wie ein Gespenst verschwand. Das Mädchen schrie auf, denn sie dachte, sie habe einen Geist gesehen, und dann seufzte sie laut. Mogli schob die Stengel mit den Händen auseinander und sah ihr nach, bis sie außer Sicht war.
»Ich weiß nicht«, sagte er und seufzte nun seinerseits, »warum bist du nicht gekommen, als ich gerufen habe?«
»Wir folgen dir … wir folgen dir«, murmelte Grauer Bruder und leckte Moglis Ferse. »Wir folgen dir, außer in der Zeit der Neuen Rede.«
»Und würdet ihr mir auch zum Menschenrudel folgen?« flüsterte Mogli.
»Bin ich dir nicht gefolgt, als unser altes Rudel dich ausgestoßen hat? Wer hat dich denn beschützt, als du da in den Feldern lagst?«
»Ja, aber noch mal?«
»Bin ich dir nicht heute nacht gefolgt?«
»Ja, aber wieder und wieder, und vielleicht noch einmal, Grauer Bruder?«
Grauer Bruder schwieg. Als er sprach, brummte er bei sich: »Der Schwarze hat recht gehabt.«
»Was hat er denn gesagt?«
»Am Ende zieht es den Menschen doch zum Menschen. Raksha, unsere Mutter, sagte …«
»Akela hat in der Nacht der Roten Hunde dasselbe gesagt«, murmelte Mogli.
»Und Kaa auch, und der ist klüger als wir alle.«
»Und was sagst du, Grauer Bruder?«

»Sie haben dich einmal übel geschimpft und ausgestoßen. Sie haben dir den Mund mit Steinen zerschlagen. Sie haben Buldeo geschickt, um dich zu töten. Sie hätten dich in die Rote Blume gestoßen. Du hast gesagt, daß sie bös und gefühllos sind, nicht ich. Du hast den Dschungel gegen sie geführt, nicht ich. Ich folge meinem eigenen Volk. Du hast Lieder gegen sie gesungen, die noch verbitterter waren als unser Lied gegen den Roten Hund, nicht ich.«

»Ich habe dich gefragt, was *du* denkst?«

Sie sprachen und liefen dabei. Grauer Bruder trabte eine Weile, ohne zu antworten, und dann sagte er, sozusagen zwischen den einzelnen Sprüngen: »Menschenjunges, Herr des Dschungels, Sohn von Raksha, mein Höhlenbruder, auch wenn ich es im Frühling manchmal vergesse, ist doch meine Fährte deine Fährte, mein Bau ist dein Bau, meine Beute ist deine Beute, und dein Todeskampf ist mein Todeskampf. Ich spreche auch für die drei anderen. Aber was wirst du zum Dschungel sagen?«

»Gut bedacht. Es ist nicht gut, zwischen dem Anblick und dem Beuteschlag zu warten. Geh vor und rufe sie alle zum Ratsfelsen, und ich werde ihnen sagen, was ich fühle. Aber vielleicht kommen sie ja nicht. In der Zeit der Neuen Rede vergessen sie mich vielleicht.«

»Hast du denn noch nie etwas vergessen?« erwiderte Grauer Bruder über die Schulter, als er in Galopp fiel, und Mogli folgte ihm und grübelte.

Zu jeder anderen Zeit hätte seine Nachricht den ganzen Dschungel mit gesträubten Nackenhaaren zusammengerufen, doch nun waren alle damit beschäftigt, zu jagen und zu kämpfen, zu töten und zu singen. Grauer Bruder lief von einem zum anderen und rief: »Der Herr des Dschungels geht zu den Menschen zurück. Kommt zum Ratsfelsen!« Aber die glücklich-eifrigen Bewohner antworteten nur: »Er wird in der Sommerhitze schon wieder zurückkommen. Der Regen wird ihn in die Höhle treiben. Lauf und sing mit uns, Grauer Bruder.«

»Aber der Herr des Dschungels geht zu den Menschen zurück«, wiederholte Grauer Bruder.

»*Iih – Iowawa?* Ist denn die Zeit der Neuen Rede etwa dafür weniger geeignet als irgendeine andere Zeit?« entgegneten sie. Und als Mogli schweren Herzens zwischen den wohlbekannten Felsen hervortrat und an den Ort kam, an dem er ins Rudel aufgenommen worden war, fand er nur die Vier, Balu, der vom Alter fast blind war, und den schweren, kaltblütigen Kaa vor, der sich um Akelas leeren Platz geringelt hatte.

»Hier endet also dein Weg, Menschling?« fragte er, als Mogli sich zu Boden warf und die Hände vors Gesicht schlug. »Weine nur. Wir sind eines Blutes, du und ich, Mensch und Schlange.«

»Warum bin ich nicht von den Roten Hunden in Stücke gerissen worden?« stöhnte der Junge. »Meine Kraft hat mich verlassen, und das kommt nicht vom Gift. Tag und Nacht höre ich einen zweiten Schritt auf meinen Wegen. Wenn ich mich umdrehe, kommt es mir so vor, als hätte sich jemand in diesem Augenblick vor mir versteckt. Ich gehe hin und schaue hinter den Bäumen nach, und es ist niemand da. Ich rufe, aber niemand antwortet, und mir ist, als ob jemand zuhört und sich mit einer Antwort zurückhält. Ich lege mich hin, aber ich werde nicht ruhig. Ich mache meinen Frühlingslauf, aber ich werde nicht still. Ich bade, aber ich werde nicht kühl. Die Jagd macht mich krank, aber ich habe keinen Mut mehr zu kämpfen, außer zur Jagd. Die Rote Blume ist in meinem Körper, und meine Knochen sind aus Wasser ... und ... ach, ich weiß nicht, was ich weiß.«

»Wozu das Gerede«, sagte Balu langsam und drehte sich dem daliegenden Mogli zu. »Akela hat es am Fluß gesagt, daß es Mogli eines Tages zurück zum Menschenrudel treiben wird. Ich habe es gesagt. Aber wer hört schon noch auf Balu? Baghira ... wo ist Baghira eigentlich heute nacht? ... Baghira weiß es auch. So lautet das Gesetz.«

»Als wir uns in der Versunkenen Stadt begegneten, Menschling, da wußte ich es«, sagte Kaa, der sich ein wenig auf seinen mächtigen Windungen bewegte. »Am Ende geht der Mensch zum Menschen, auch wenn ihn der Dschungel nicht verstößt.« Die Vier sahen einander und dann Mogli an, verwirrt, aber gehorsam.

»Der Dschungel verstößt mich also nicht?« stammelte Mogli.

Grauer Bruder und die Drei knurrten wild und setzten an: »Solange wir leben, sollte es keiner wagen ...« Doch Balu unterbrach sie.

»Ich habe dir das Gesetz beigebracht. Die Reihe ist an mir zu sprechen«, sagte er, »und auch wenn ich die Felsen vor mir nicht mehr sehen kann, so sehe ich doch weit. Kleiner Frosch, geh deines Wegs; bau dir deine Höhle bei deinem eigenen Blut und Rudel und Volk; doch wenn du Not an Pfote, Zahn oder Auge hast oder ein Wort soll schnell durch die Nacht getragen werden, denk dran, Herr des Dschungels, du mußt den Dschungel nur rufen.«

»Auch der Mittlere Dschungel ist dein«, sagte Kaa. »Und ich spreche nicht für die kleinen Bewohner.«

»*Hai mai,* meine Brüder«, rief Mogli und warf seine Arme schluchzend nach oben. »Ich weiß nicht, was ich weiß, ich will nicht gehen, aber meine Füße ziehen mich fort. Wie kann ich nur in diesen Nächten weggehen?«

»Kopf hoch, Kleiner Bruder«, sagte Balu. »Bei dieser Jagd gibt es keine Schande. Wenn der Honig gegessen ist, lassen wir die leere Wabe zurück.«

»Wenn wir die Haut abgestreift haben«, sagte Kaa, »dürfen wir nicht wieder in sie hineinkriechen. So lautet das Gesetz.«

»Höre, du bist mir der liebste von allen«, sagte Balu. »Kein Schwur und kein Wille hält dich zurück. Kopf hoch! Wer sollte denn den Herrn des Dschungels in Zweifel stellen? Ich habe dich da hinten zwischen den weißen Kieseln spielen sehen, als du noch ein kleiner Frosch warst; und Baghira, der dich für den Preis eines frisch geschlagenen jungen Stiers kaufte, hat dich ebenfalls gesehen. Von dieser Aufnahme ins Rudel sind nur wir beide noch übriggeblieben, denn Raksha und dein Vater sind tot; das alte Wolfsrudel gibt es schon lange nicht mehr; wohin Schir Khan gegangen ist, weißt du selbst, und Akela starb bei den Hunden, wo das zweite Seoni-Rudel ohne deine Weisheit und Kraft ebenfalls untergegangen wäre. Es sind nichts als alte Knochen übrig. Es ist nicht mehr das Menschenjunge, welches das Rudel um Erlaubnis fragt, sondern der Herr des Dschungels, der einer anderen Fährte folgt. Wer kennt schon die Wege des Menschen?«

»Aber Baghira und der Stier, für den ich gekauft wurde«, sagte Mogli. »Ich würde nicht ...«

Seine Worte wurden von Gebrüll und Krach im tieferliegenden Gestrüpp unterbrochen, und Baghira, schnell, stark und furchterregend wie immer, stand vor ihm.

»Deshalb«, sagte er und streckte die tropfende rechte Tatze vor, »bin ich nicht gekommen. Es war eine lange Jagd, aber nun liegt er tot in den Büschen ... ein Stier in seinem zweiten Jahr, der Stier, der dich befreit, Kleiner Bruder. Nun ist alle Schuld beglichen. Und bei allem anderen ist mein Wort Balus Wort.« Er leckte Moglis Fuß. »Denk daran, Baghira hat dich sehr gern«, rief er und sprang davon. Am Fuße des Hügels rief er noch einmal lang und laut: »Gute Jagd auf neuen Fährten, Herr des Dschungels! Denk daran, Baghira hat dich sehr gern.«

»Du hast es gehört«, sagte Balu. »Mehr gibt es nicht zu sagen. Geh jetzt, aber erst kommst du zu mir. Du kluger Kleiner Frosch, komm zu mir!«

»Es ist schwer, die Haut abzustreifen«, sagte Kaa. Mogli preßte den Kopf an den blinden Bären, schlang seine Arme um dessen Hals und schluchzte bitterlich, während Balu mühsam versuchte, ihm den Fuß zu lecken.

»Die Sterne sind schon schwach«, sagte Grauer Bruder und schnüffelte in der Morgenbrise. »Wo werden wir heute schlafen? Denn von nun an folgen wir neuen Fährten.«

Und dies ist die letzte der Mogli-Geschichten.

Jacob und Wilhelm Grimm
Frühjahr

FRÜHJAHR, n. die erste der vier jahreszeiten, welche bei uns nach den bestimmungen der sternkundigen den 20. oder 21. merz beginnt und den 21. oder 22. juni endigt. das wort findet sich zuerst bei STIELER 879 neben dem älteren *vorjahr* verzeichnet und hat dieses ganz verdrängt, nicht aber den noch älteren ausdruck *frühling* (s. d.). beide benennungen, *frühjahr* und *frühling*, unterscheiden sich dahin, dasz die erste mehr auf die auf den winter zunächst folgende zeit in der jahresrechnung geht, die letzte dagegen gern auf dieselbe zeit als die blütezeit, die zeit der anmut, gleichsam die jugendzeit des jahres. vgl. WEIGAND wörterb. der syn. 1, 476. auf dieser unterscheidung beruht es auch, wenn FR. L. STOLBERG in den liedern im volkston bei dem klaviere zu singen von J. A. P. Schulz 2, 29 sein gedicht *der späte frühling* beginnt

das frühjahr ist kommen, der frühling noch nicht,
noch macht die natur uns ein saures gesicht.

doch schlieszt *frühjahr* nicht aus, dass auch an das wiedererwachen der natur, das junge grün, die blüte gedacht wird: *manchmal sieht unser schicksal aus wie ein fruchtbaum im winter. wer sollte bei dem traurigen ansehn desselben wol denken, dasz diese starren äste, diese zackigen zweige im nächsten frühjahre wieder grünen, blühen, sodann früchte tragen könnten: doch wir hoffens wir wissens.* GÖTHE, 21, 228.

Die wetterauische mundart spricht *froijûr* aus und kennt nur dieses, kein *frühling*, während die baierische blosz *früeling*

(SCHMELLER 1, 599), die göttingisch-grubenhagensche *froijâr* und *froiling*, m. und n. (SCHAMBACH 280) hat. aber beide ausdrücke scheinen aus dem hd. in die mundarten eingedrungen, nicht in diesen entstanden, deren ursprüngliche benennung für die bezeichnete jahreszeit *lenz* (s. d.) ags. *lencten*, *lengten*, gewesen ist.

Copyrightverzeichnis

Kevin Canty, *Auf der Durchreise*. Aus dem Amerikanischen von Dirk van Gunsteren. In: Mondschein und Aspirin. © Rowohlt Verlag GmbH, Reinbek 1977.

Theodor Fontane, *Eine Osterfahrt in das Land Beeskow-Storkow. Ein märkisches Kapitel*. In: Wanderungen durch die Mark Brandenburg.

Jacob und Wilhelm Grimm, *Frühjahr* (aus dem Band 4 des Deutschen Wörterbuchs von 1878).

Wolfgang Hildesheimer, *Der hellgraue Frühlingsmantel*. In: Lieblose Legenden. © Suhrkamp Verlag, Frankfurt am Main 1962.

Michael Holzach, *Frühlingswanderung* (Titel vom Herausgeber). In: Deutschland umsonst. Zu Fuß und ohne Geld durch ein Wohlstandsland. © Hoffmann und Campe Verlag, Hamburg 1982.

Garrison Keillor, *Frühling*. Aus dem Amerikanischen von Christa Eigner und Alexander Auer. In: Lake Wobegon. Die wahre Geschichte einer kleinen Stadt, die auf keiner Landkarte steht. © Paul Zsolnay Verlag Gesellschaft m. b. H., Wien/Hamburg 1987.

Rudyard Kipling, *Der Frühlingslauf*. Aus dem Englischen von Peter Torberg. In: Das zweite Dschungelbuch. © by the National Trust for Places of Historic Interest or Natural Beauty. Für die deutsche Ausgabe © Fischer Taschenbuch Verlag GmbH, Frankfurt am Main 1996.

Irina Liebmann, *März*. In: Mitten im Krieg. © Frankfurter Verlagsanstalt, Frankfurt am Main 1989.

Klaus Mann, *April, nutzlos vertan.* © Rowohlt Taschenbuch Verlag GmbH, Reinbek 1996.

Guy de Maupassant, *An einem Frühlingsabend.* In: Fünfzig Novellen. Aus dem Französischen von N. O. Scarpi. © Manesse Verlag, Zürich 1963.

Peter Mayle, *März.* Aus dem Englischen von Gerhard Beckmann. In: Mein Jahr in der Provence. © Droemer Knaur Verlag, München 1992.

Henry Miller, *Der dritte oder vierte Frühlingstag.* Aus dem Amerikanischen von Kurt Wagenseil. In: Der Engel ist mein Wasserzeichen. Sämtliche Erzählungen. © Rowohlt Verlag GmbH, Reinbek 1968.

Miss Read, *Frühlingsfieber.* Aus dem Englischen von Dorothee Asendorf. In: Winter auf dem Lande. © Piper Verlag GmbH, München 1996.

Vladimir Nabokov, *Frühling in Fialta.* Aus dem Englischen von Dieter E. Zimmer. In: Erzählungen II. © Rowohlt Verlag GmbH, Reinbek 1966/1989.

Eric Newby, *Ostern.* Aus dem Englischen von Inge Holm. In: I Castagni. Unser Haus in Ligurien. © Droemer Knaur Verlag, München 1995.

Tim Parks, *Primavera* (Kapitel 29). Aus dem Englischen von Katharina Foers und Gerlinde Schermer-Rauwolf, Kollektiv Druck-Reif. In: Ein Haus im Veneto. © Droemer Knaur Verlag, München 1994.

Christoph Ransmayr, *Ein Leben auf Hooge.* In: Der Weg nach Surabaya. Reportagen und kleine Prosa. © S. Fischer Verlag GmbH, Frankfurt am Main 1997.

Hjalmar Söderberg, *Aprilveilchen.* Aus dem Schwedischen von Helen Oplatka. In: Erzählungen. © Manesse Verlag, Zürich 1976.

Theodor Storm, *Eine Halligfahrt.* In: Sämtliche Werke, Band 2, herausgegeben von Peter Goldammer, Aufbau Verlag Berlin und Weimar.

Anton Tschechow, *Die Braut*. Aus dem Russischen von Reinhold Trautmann. In: Neue Meistererzählungen. © Sammlung Dieterich Verlagsgesellschaft mbH, Leipzig 1949, 1992.

John Updike, *Kurze Ostern*. Aus dem Amerikanischen von Maria Carlsson. In: Der Mann, der ins Sopranfach wechselte. Erzählungen. © Rowohlt Verlag GmbH, Reinbek 1997.

Herausgeber und Verlag danken den Rechteinhabern für die freundliche Überlassung der Nachdruckrechte.

Für Vorschläge, Buch- und Kopienbeschaffung habe ich zu danken: Susanne Dahmann, Jörg Deventer, Carolin Graehl, Gregor Gumpert, Anita und Traugott Gumpert, Bernhard Jahn, Ilse Kroher, Wolfgang Lukas, der Buchhändlerin Regine Müller, Charlotta Rüegger, Stefan Schomann, Sibylle Seidel, Wolfgang Stockmann und (unermüdlich) Anna Maria Wolandt.

Stockholm, im Juli 1998 Der Herausgeber